滇版精品出版工程资金资助项目

当代著名学者研究资料丛书
周明全　主编

洪子诚研究资料

罗雅琳 ◎ 编

云南出版集团
云南人民出版社

图书在版编目（CIP）数据

洪子诚研究资料 / 罗雅琳编. -- 昆明 : 云南人民出版社, 2022.1
（当代著名学者研究资料丛书 / 周明全主编）
ISBN 978-7-222-19979-8

Ⅰ. ①洪… Ⅱ. ①罗… Ⅲ. ①洪子诚－人物研究 Ⅳ. ①K825.6

中国版本图书馆CIP数据核字(2021)第013995号

当代著名学者研究资料丛书

洪子诚研究资料

周明全　主编　　罗雅琳　编

出 品 人：赵石定　　责任编辑：陈浩东　熊　凌
助理编辑：苏　娅　　责任校对：李　红　董郎文清
装帧设计：马　滨　　责任印制：马文杰

出版	云南出版集团 云南人民出版社
发行	云南人民出版社
地址	昆明市环城西路609号
邮编	650034
网址	www.ynpph.com.cn
E-mail	ynrms@sina.com
开本	787mm×1092mm　1/16
印张	32.5
字数	450千
版次	2022年1月第1版
印次	2022年1月第1次印刷
印刷	云南出版印刷集团有限责任公司国方分公司
书号	ISBN 978-7-222-19979-8
定价	118.00元

如有图书质量及相关问题请与我社联系：
审校部电话：0871-64164626
印制科电话：0871-64191534

洪子诚

序 言

周明全

“当代著名学者研究资料丛书”第一辑编选了中国现当代文学研究领域极为重要的几位学者——谢冕、钱理群、洪子诚、王富仁、丁帆、陈平原、陈思和、南帆的研究资料。他们不但在各自的研究领域做出了卓越贡献，而且其言说的方式为现当代文学研究、当代文学评论研究提供了范式。

20 世纪 80 年代，他们曾被称为“中青年批评家”，其中大多数属于“第五代批评家”。论者认为和前代学者 / 批评家相比，他们具有“宏阔的历史眼光；顽强的探索精神；现代的理性自觉；深刻的自由意识”[①]。这四个主要特征，是这代批评家能在新时期开创文学研究 / 批评新天地的内因。四十年过去了，当年的“青年”已不再年轻，然而从学术生命上讲，直到今天，他们依然是“年轻批评家”，充满探索精神，充满了对文学现场的关注热情。

如果对自“五四”百年来文学批评的发展历程进行梳理辨析，便能清晰地认识到这些学者和批评家在批评史上承上启下的历史地位和精神特征。

1917 年初，胡适、陈独秀在《新青年》先后发表了《文学改良刍议》《文学革命论》，开启了中国现代文学批评之门。1918 年 12 月，周作人发表了《人的文学》，“人的文学”代表了“五四”的时代精神，亦上升为中国新文学的传统，遂成为 20 世纪中国文学的主流。

这一时期，虽然以文学研究会和创造社为代表的各个文学团体提出各自的理论主张，但“人的文学”，新鲜的、立诚的、现实的文学成为时代的“共名”。作为百年来中国文学批评史上的第一代批评家，他们不仅是开创者，也是批评范式的确立者。

① 参见谢昌余《第五代批评家》，《当代文艺思潮》1986 年第 3 期。

1928年后，时代的“共名”被打破，文学批评向更多元和差异方向发展，马克思主义文艺理论批评家、京派批评家以及持个人主义和自由主义的批评家之间有着更多的对话、论争和挑战。1942年5月，随着延安文艺座谈会的召开，马克思主义文艺理论逐渐占上风，这也是现代文学批评史上的一个重要转折点。在座谈会上，毛泽东指出：“在现在的世界上，一切文化或文学艺术都是属于一定阶级的，属于一定的政治路线的。为艺术的艺术，超阶级的艺术，和政治并行或相互独立的艺术，实际上是不存在的。”毛泽东明确提出了“文艺界的主要斗争方法之一，是文艺批评”。毛泽东的讲话为那一时期的文艺批评划定了严格的、不容置疑的批评标准。1949年7月2日至19日，第一次文代会在北平（北京）召开，这是新中国文学理论和批评的起点。周扬在会上发表了影响中国文学创作数十年之久的讲话，这是延安文艺座谈会在新的历史时期的“升级版”。周扬指出：“毛主席的《在延安文艺座谈会上的讲话》规定了新中国的文艺方向，解放区文艺工作者自觉地坚决实践了这个方向，并以自己的全部经验证明了这个方向的完全正确，深信除此之外再没有第二个方向了，如果有，那就是错误的方向。”[①] 毛泽东在延安文艺座谈会上的讲话给批评指定的标准，一直延续到20世纪80年代。

1984年初，福建批评家林兴宅在《鲁迅研究月刊》发表了《论阿Q性格系统》，成为用自然科学方法研究中国现代文学的滥觞。之后，时任中国社科院文学所所长的刘再复发表了《用系统方法分析文学形象的尝试——读〈论阿Q性格系统〉》等文章加以支持。1985年3月在厦门大学召开的“全国文学评论方法论讨论会”，将刘再复关于“方法论变革”的一系列主张推向高潮。同年底，刘再复的《论文学的主体性》分两期刊发在《文学评论》1985年第6期和1986年第1期。刘再复在《论文学的主体性》中强调作家要超越

① 周扬：《新的人民的文艺》，见中华全国文学艺术工作者代表大会宣传处编《中华全国文学艺术工作者代表大会纪念文集》，新华书店1950年版，第69页。

现实主体，写作时一定要进入艺术主体。这是向“五四”时期“人的文学”主张的回归，也是新时期文学批评步入审美层面的开启。“方法热”直接的后果，一是大量西方的文学理论被介绍进来，对此前单一的政治社会学批评形成了极大冲击；二是各省市作家协会和社科院也纷纷创办了自主性的文学批评刊物。这是在之前没有过的，之后也不再重现的辉煌。如：1984 年 1 月 25 日，《当代作家评论》在辽宁省创刊，9 月《文艺评论》（前身为《文艺评论报》）在哈尔滨创刊，10 月上海比较文学的机关刊物《中国比较文学》出版；1985 年 1 月《小说评论》在西安创刊，4 月《文艺新世纪》在广东创刊，4 月 10 日《批评家》在太原创刊，5 月《文艺评论家》在济南创刊；1986 年 1 月，《文艺争鸣》《文艺理论家》分别在吉林和江西创刊；1988 年 1 月，《南方文坛》在南宁创刊，6 月《理论与创作》在长沙创刊；等等。

1985 年前后，中国当代文学批评迎来了它的黄金时代，文学批评起到了引领时代风潮的作用。时势造英雄，第四代批评家正在披荆斩棘开创思想解放的批评道路，第五代批评家也是在这个时期顺利走入批评领域。如陈思和、丁帆、许子东、黄子平、吴亮、程德培、李洁非、蔡翔、张志忠、季红真、周政保等，就是顺应时代而崛起的一代批评家，被称为第五代批评家。

如果说，以周扬、冯牧为代表的第三代、第四代批评家大多数是党的文艺干部，他们的批评与阐释党的文艺政策是联系在一起的，因此具有较大的权威话语权，对文艺作品也有较大的威慑力，那么第五代批评家（包括一部分第四代批评家），则是依靠对文学的审美构建而成为承上启下的一代批评家。第五代批评家，大都在高校里接受过系统的学术训练，随即留校任教，逐渐形成了学院批评的特点。这是文艺批评最为根本性的变化。批评家转入高校最本质的变化就是批评的性质和功能随之发生了根本变化——它不再具备审查作品、指导作家创作的权力。

可以说，第五代批评家中，从事纯粹的文艺批评者并不多，主要是从史的角度对文学进行系统化研究。钱理群主编了《中国现代文学三十年》《中国现代文学编年史》，洪子诚撰写过《中国当代文学史》，丁帆撰写过《中国乡土小说史论》《中国新时期小说主潮》《中国西部现代文学史》，陈平原撰写过《二十世纪中国小说史》《中国散文小说史》，陈思和主编过《中国当代文学史教程》，等等。所以，称他们为学者化的批评家更为合适。

另外，这代人最大的特征是，他们的文学养料和精神传承主要是从“五四”来的。20世纪80年代，一批在高校或学术机构的著名教授恢复了权威的学术地位，如李何林、王瑶、唐弢、贾植芳、钱谷融、徐中玉等，这些老先生都是“五四”一代学人的弟子，他们也是大多数第五代批评家的授业恩师。钱理群、陈平原的导师王瑶，早年师从朱自清，这一师承使得王瑶身上有鲜明的“五四”传统和鲁迅传统。王瑶“因自己的导师和弟子而声名益著，而弟子们也以他为中介，把‘五四’的文化传统，链接到当代的思潮中”[①]。王富仁是中国第一个现代文学专业的博士，师从鲁迅研究专家李何林先生，王富仁多次说“鲁迅改变了我一生”，他本人的鲁迅研究，开启了鲁迅研究的新天地。

在《陈思和文集》研讨会上，一位思和先生的同代批评家说，陈思和研究巴金、胡风等“五四”一代作家的历程，使他自己逐渐成为他研究对象的那种人格，似乎就是最好的注脚。

20世纪90年代，文学界的分化或者说多元化趋势更趋明显，文学制度也处于相对稳定的状态，无论是文学创作还是文学批评，都摆脱了“思想斗争”陈旧观念的束缚，进入活跃繁荣自由的时期。第六代批评家郜元宝、张新颖、王彬彬、张清华、孟繁华、陈晓明、李敬泽、吴义勤、何向阳等，基本上都是高校毕业的硕士、博士，此后不管在高校从事文学研究和文学批评，还是在作协系统担任一定的领导职位，文艺批评的属性基本没有改变，还是延续了第五代

① 孙郁：《王瑶：拖着历史长影》，见孙郁《百年苦梦——20世纪中国文人心态扫描》，群言出版社1997年版，第233页。

批评家开创的范式。

文学批评最近面临的挑战是从新世纪开始的。此时网络文学开始盛行，发表没有门槛设置，人人皆作家，管你批评不批评，该写的都在热火朝天地写。评论家的阵营也更趋分化，形成了传媒批评圈和学院批评圈两个较大的群体。传媒批评“表面上呈现的往往是商业利益作为推手。媒体批评呼风唤雨，左右了社会的一半舆论导向”。学院派批评家常年避居学院的高墙大院，与当下社会和文学创作有一定的隔膜，但为了坚守学院派知识的纯正性，他们依然在艰难地从事着文学批评。在这一波变化中，批评家内部的分化趋于明显，各个代际的批评家参与到这场角逐中，但在稍后的几年间，“80后”批评家因批评界、学界的焦虑而被迅速地捧了起来，成为一支不可忽视的力量。同时，网络的普及，也相应地带来了文学批评的繁荣。

对近百年的文学批评史做一个粗略的梳理就能发现，自1985年以后的当代文学批评取得了巨大的成绩。然而，与作家研究文集、作品集的出版相比，文学研究领域资料的整理出版却显得相对滞后。对当代文学批评的历史化依旧薄弱，对当代文学研究者、文学批评家进行研究的资料整理和出版这样的基础性工作也没有系统地做起来，这和创作的繁荣，和批评对创作的响应是不相符的。

无论是“五四”一代批评家，还是1985年后的第五代批评家，对整个时代的文学创作，甚至是思想观念的现代化，都起到了至关重要的作用。当然，创作的繁荣，与文学研究、文学批评直接和间接的介入，有着密不可分的关系。只研究作家、作品，不研究批评家和文学史家，对研究整个文学的历史是不全面的。

云南人民出版社一直有着出版优秀学者著作的优良传统，从20世纪90年代以来，先后出版过“名编辑文丛”“文艺学新视角丛书”“文体学丛书”“70后批评家文丛”“80后批评家文丛”等大型学者丛书，产生过积极的影响。当初与赵石定社长谈起编辑“当代著名学者研究资料丛书”的构想，他很支持，并表示要将当代批评研究作为一个重要的出版板块来打造，这显示出优秀出版人对学术和文化的担当与情怀。

“丛书”第一辑共编选谢冕、钱理群、洪子诚、王富仁、丁帆、陈平原、陈思和、南帆八位学者的研究资料。他们是当代思想过渡和变迁重要的见证者、亲历者和参与者，在20世纪80年代中期批评转型的过程中起了重要的作用，做出了特别的贡献。另外，这几位先生又都是新时期非常重要的文学史家，一直笔耕不辍，对当代文学研究发挥着持续的影响。

思和先生认为：“只有传道授业、出版和学术研究三位一体，才是一个知识分子的理想岗位。”这句对现代知识分子的期许之言，对我影响甚大。多年来，虽不能至，但努力践行之。2013年底，延续着先生编辑“火凤凰文库”的理念，与先生共同策划、主编了“80后批评家文丛”；2015年，再度和先生共同主编了“70后批评家文丛”；如今这套“当代著名学者研究资料丛书”的策划编辑，无非想再次通过自己切实的努力，在承传、接续、播撒精神传统方面，做一点自己的工作。对我而言，在这个过程中，作为后学既能亲炙前辈们的风范，同时，也算是努力朝思和先生所言的“理想岗位”靠近了一步吧。

“丛书”能顺利出版，首先要感谢赵石定社长的全力支持，感谢云南省新闻出版局在经费上的扶持，感谢李敬泽、孟繁华两位前辈的支持，同时，亦感谢李浴洋兄的协助。最后，感谢所有为这套丛书付出辛勤劳动的编辑。

目 录

辑一：生平自述 // 001

洪子诚：语文课外的书 // 002

洪子诚：《中国当代文学史》编写的回顾 // 007

洪子诚：仍有稳定和值得信赖的事物——“与 20 世纪同行：现代文学与当代中国”会议上的发言 // 019

辑二：研究文选 // 025

孟繁华：当代中国文学研究的学术化——洪子诚的意义与启示 // 026

旷新年：君子儒：洪子诚的意义 // 035

《中国当代文学史》研讨会纪要 // 042

钱理群：读洪子诚《当代文学史》后 // 056

李兆忠：当代文学：打开历史的黑箱——文学史家洪子诚 // 063

戴锦华：面对当代史——读洪子诚《中国当代文学史》 // 074

昌　切：学术立场还是启蒙立场 // 082

王光明：文学史：切入历史的具体型态——以洪子诚的研究为例 // 086

李　杨：为什么关注文学史——从《问题与方法》谈当代“文学史转向” // 101

郜元宝：作家缺席的文学史——对近期三本“中国当代文学史”教材的检讨 // 120
冷　霜：在两次“重写文学史”之间 // 146
赵　园：有感于洪子诚先生文集的出版 // 152
侯桂新：洪子诚与当代文学史写作的主体性 // 155
张洁宇：学者姿态与学科意识——谈洪子诚先生的当代文学研究 // 164
贺桂梅：文学性与当代性——洪子诚的当代文学史研究 // 174
姚　丹：一个人的文学史——洪子诚学术研究的范式意义 // 189
岩佐昌暲、武继平：洪子诚著《中国当代文学史》日文版译后记 // 198
吕正惠：作为生命价值依托的文学 // 206
吴　昊：当代诗歌细读的可能性——评洪子诚《在北大课堂读诗（修订版）》 // 212
刘复生：思想的左右互搏——《材料与注释》的“书法” // 222
杨联芬、邢　洋：真相与良知——洪子诚《材料与注释》引起的思考 // 229
孙民乐：文学史的“救赎”——读洪子诚先生《材料与注释》 // 248

钱文亮： 带引号的“当代”：兼谈文学史家的有为与无为 // 278
当代文学的“材料与注释”——“光启读书会”评《材料与注释》 // 289
李公明： “材料”与“注释”的……另一种力量 // 312
陈培浩： 文学史写作与90年代的知识转型——以洪子诚的研究为例 // 320
毕光明： 洪子诚的学术生命力 // 342
张　涛： 当代文学研究“生长记”——洪子诚著作阅读札记 // 353

辑三：访问与对谈 // 361
洪子诚、贺桂梅： 穿越当代的文学史写作——洪子诚教授访谈录 // 362
洪子诚、季亚娅： 文学史写作：方法 · 立场 · 前景 // 386
洪子诚、吴晓东： 关于文学性与文学批评的对话 // 409
洪子诚、李浴洋、李　静： 重审当代文学中的“制度”与“人”——洪子诚教授访谈录 // 431
洪子诚、丁雄飞： 谈中国当代文学史 // 451

辑四：著述与评论目录 // 465
著作 // 466
编纂 // 469
论文 // 472
访谈、对话 // 485
评论、研究文章 // 489

辑一：生平自述

语文课外的书

洪子诚

有朋友要我为她编的书《我与语文课》写点文字。在她看来，我们做与文学有关系的工作的人，上学的时候，应该对语文课很感兴趣，有许多的感触。其实不然。上初小的时候，我并不爱学习，经常逃学。虽然也翻了一点杂书，但语文课（那时应该叫国文）没有留给我什么印象。用的是什么教材，有哪些课文，是哪位老师讲课，现在一点都记不起来。只记得那时经常和同学到河里游泳，河很深，我游泳的本领很不行，却居然敢往远处去冒险。再就是偷烟摊上的香烟。我不敢去偷，但别人偷到了我会跟着抽。还有是跑到断垣残壁间找蜗牛壳，然后比赛谁的坚硬。这样，我上课常背不出书来，经常挨老师打掌心。期末考试，好几门不及格。家长对我这样胡作非为十分恼怒。终于把我转到另一所学校。这所学校是基督教会办的，冠以"真理"的校名（1949 年后，这个校名被取消了，但在 80 年代后期却又恢复）。听说，我从此变了一个人，变得"老实"了，循规蹈矩了，一副"好学生"的模样，成绩也"突飞猛进"起来。对这些"改邪归正"的转变，我倒是没有一点记忆；这些，都是家里人后来告诉我的。他们讲起这件事，总说是神听了他们的祷告，才有这样的"神迹"发生。

不过，事情总是有利也有弊。从此，我好像换了一种性格，变得不怎么爱活动，不喜欢热闹。与人交往就心存害怕。开口说话总不怎么利索。特别是对于内心的东西，从本能上就不愿意，也畏惧讲出来。要不是有这样的改变，我现在肯定不会在学校教书，做什么“学问”。我会选择去当兵，去野外考察，去做生意什么的。总之，上初中以后，我生活的圈子越来越小。在这种情况下，乱翻书成了我打发时间的最主要的事情。我觉得书本为我提供了另一个世界。这个世界，比起我见到的和每日所过的日子来，要有趣得多。我在生活中不能实现的事，多少总能在书里得到弥补。

因为这样的缘故，在我开始认真学习时，我便很自然地喜欢语文课。不过，教材里的课文，老师对这些课文的讲解，依然没有留给我深刻的印象。选入的肯定有许多名篇佳作，但50年代的语文课已变得有些枯燥。上课时总是千篇一律地划分段落，归纳段落大意，背诵一字都不让改动的“中心思想”，总结出几条“写作技巧”。久而久之，就让人很厌烦。但语文老师是好老师。除了这些例行的课程安排外，常常会和我们谈到一些作家、诗人的事迹，介绍我们不知道的书籍。高兴起来，便朗朗地读起课本之外的诗文。也举办文学讲座，组织“文学社”讨论作品。也要求我们写诗和散文。有一次，我花了一个多星期的时间，写了一篇抒情散文，总有六七千字吧。里面用了许多抒情排比句，来歌颂北自黑龙江，南到海南岛的祖国新貌。我很得意，在文学社讨论时，紧张地等待赞赏；还提醒自己不要太“喜形于色”。想不到的是老师受到了言辞冷峻的批评：“空泛，夸张，还是写你有体会的东西吧。”我想我当时的表情一定凝固了。后来甚至心存怨恨。但从此，我对夸张、空泛，总是十分警惕。这个告诫，是我当时未能真正领会的财富。

虽然喜欢乱翻书，但我们那个地方，书并不好找。读高小是40年代后期，新中国还未成立。我住在南方的一个县城里，当时有几万人口。每天上下学，沿着两边有“骑楼”的街道，会走过饭铺、杂货铺、药店的门口，也常常在青果行、米行、竹器行外面停下来观望：对新上市的香蕉、洋桃垂涎欲滴，或者愣愣地看怎样用竹篾做斗笠、箩筐。但是，记忆里这个县城并无专门的书店，也没有公共图书馆。虽然韩愈当刺史的潮州离我们那里不远，而县城中心就有据说是建于宋代、供奉着“大成至圣先师”牌位的“学宫”。县里只有三几家也兼售不多书籍的文具店。当然，也有藏书颇丰的人家，这是我后来才知道的事情。我家不是“书香门第”，父亲是个学徒出身的医生。家里有一些医书，一些基督教的书籍，上海广学会发行的刊物。那时，能得到一本喜爱的书，在生活里是一件重大的事情。

50年代上中学以后，读书的条件有了改善。县里开办了文化馆，我就读学校的图书馆里藏书也慢慢多起来。我的一个同学，家里有不少三四十年代开明书店、良友图书公司、生活书店、文化生活出版社出版的新文学书籍。能读到好书的可能性大大增加。尽管如此，对于书籍仍产生近于“神圣”的感觉，这种感觉保留了很长的时间。当我从语文老师那里借到几本20年代的《小说月报》时，当我终于有零花钱可以订阅《文艺报》《文艺学习》杂志时，我清楚地记得那种不夸张的“幸福感”。这是现在得到书籍如此容易的时代所无法想象的。

小时候，语文课外的书中，我读得最多的，其实不是最容易得到的武侠和言情小说。我的邻居就有许多这样的小说。但我并不喜欢。现在找起原因来，大概是我太缺乏想象力，对飞檐走壁、腾云驾雾总不能神会。这使我现在对武侠这类小说，仍是不感兴趣。这好像是我的一大“损失”，不能有生活中我不熟悉的另一种乐趣。因为我的外祖母和父母亲都是虔诚的基督教徒，高小上的是教会学校，所以，读（和听别人读）得最多的，是《圣经》。星期天到教堂做礼拜，听牧师布道，参加学校、家庭里宗教性质的活动，都离不开《圣经》。小时候对教义什么的，并不能理解，记得最清楚的是一些故事。神创造世界的经过。亚当夏娃偷吃禁果。洪水和诺亚的方舟。罪恶的所多玛城的毁灭。罗得妻子变为盐柱。摩西带领以色列人出埃及。西奈山上的十诫。——当然，《新约》福音书中有关耶稣言行的记载，就更熟悉。《圣经》中的许多句子，在我脑子里，比后来读的任何书留下的印象都要深。“神的灵运行在水面上。神说，要有光，就有了光”；“在伯利恒之野地里有牧羊的人，夜间按着更次看守羊群。有主的使者站在他们旁边，主的荣光四面照着他们”；“我报给你们大喜的信息，是关乎万民的，因今天在大卫的城里，为你们生了救主”；“那时，有施洗的约翰出来，在犹太的旷野传道，说，天国近了，你们应该悔改”；“现在斧子已经放在树根上，凡不结好果子的树，就砍下来，丢在火里”；“虚心的人有福了，因为天国是他们的。哀恸的人有福了，因为他们必得安慰。温柔的人有福了，因为他们必承受地土。饥渴慕义的人有福了，因为他们必得饱足。怜恤人的人有福了，因为他们必蒙怜恤”……

《圣经》究竟留给我什么，实在很难讲清楚。或者说，不能说清楚的比能说清楚的多。现在能想到的也有一些。比如有关“界限”的意识。人和神，已知和未知，今天和未来，善和恶，真实和虚假，真诚和伪善，平庸的生活和理想的境界，等等，虽然经常混沌一片，但也不是不可区分。再有就是对于词语的感觉。文字能够创造一个世界，对我来说，真是一种奇妙甚至神秘的事情。50年代，报纸刊物，包括语文课所推荐的，是一种规范化的语体文。这类文字读多了以后，我一度觉得《圣经》中文译本不大好。我知道这个通行本叫“和合本”。和当时的语体文相比，觉得许多语词、句式别扭，也不很顺畅。当时，我希望有人来重译。待到我厌倦了那些标准化的语体文之后，想法完全变过来了。设想《圣经》里的叙述，那些祝福、歌唱、劝诫的文字，也如五六十年代标准化语言那样，那将如何是好？让上帝、亚伯拉罕、但以理、约伯、耶稣、犹大都说着我们说的那种“普通话”吗？我真庆幸没有人有我那样愚蠢的念头，去重新翻译《圣经》。

新中国成立后，我爱看的书有了改变。我读了大量“五四”的新文学作品，也读了许多外国的，特别是苏联、俄国的诗和小说。鲁迅的《呐喊》《彷徨》和杂文自不必说，却不能理解他的《野草》和《故事新编》。读曹禺的《北京人》（也看县教师剧团的演出），说来惭愧，最喜欢的人物，竟是相当概念化的人类学家袁任敢和他的女儿。初中有一个时期沉迷于巴金30年代的小说，但持续时间很短暂。我在笔记本上抄录普希金的诗，读他的《驿站长》，读屠格涅夫的《猎人笔记》、契诃夫的短篇、普里希文的散文，也读《远离莫斯科的地方》《日日夜夜》《青年近卫军》。《红与黑》《包法利夫人》也是这个时期读的，却不能让我很投入。我上中学的这个时期，被看作中国现代史的“转折”时期。寻求、确立社会理想和价值观，是那时的“时代主题”。当时，引起我兴趣、能产生“共鸣”的书，好像都和这一“主题”有关。“浪漫”是年轻人的“专利”，他们也和“革命”有一种天然的呼应。这些有关革命的书籍，《钢铁是怎样炼成的》是对我影响很大的一本。尽管它现在已不会有很多读者，文学史对它也不会有高的评价。也有的学者认为它是不值一提的“惑人货”。但我永远不为曾经喜爱过它而羞愧。从上中学到 80 年代，我一共读过三次。当然，每次读的时候，都有很不相同的体验。总的来说，当初那种对理想世界的期待和向往，那种激情，逐渐被一种失落、苦涩的情绪所代替。记得在“文革”两派武斗激烈的日子里，窗外高音喇叭播放着激昂的口号，我却在为保尔和丽达无望的爱情伤心。

我们的一生里会读无数的书。但让我们难忘的其实不多。这不多的书最有可能是在上小学、中学时读的，而且往往不是语文书里的课文。它们是什么书，对每个人来说不会一样。它们给予我们的东西，有一些则可能永远是个秘密，或者意识不到；或者意识到了，却不愿讲出来。

原刊《中华读书报》2002 年 5 月 8 日，此处收录的是作者提供的文档。

《中国当代文学史》编写的回顾

洪子诚

谢谢文学院和斯炎伟教授的邀请，和杭师大的同学们见面很高兴。因为年龄、精力关系，讲不了新题目，只能讲一个老话题，就是当初编写《中国当代文学史》的一些情况。“当初”是什么时候？就是 1999 年，也就是二十年前。如果我们用比较庄严的说法来讲这个时间，就是“上个世纪”。说“上个世纪”，听起来就变得很遥远了。所以，时间既有“物理时间”，也存在“心理时间”。

《中国当代文学史》是 1999 年 8 月出版的，编写用了两年多的时间，从 1996 年就开始动笔了，一直写到 1999 年春天，没有写完就病了。最后的三章，女性文学、90 年代文学是贺桂梅写的初稿。她当时还在读博，没有毕业，在这本文学史编写过程中给了我很多支持、帮助。八九十年代文学思潮、一些作家作品有关的评论的资料，是她提供给我的，我一个人没有办法处理那么多的材料，所以要特别感谢她。《中国当代文学史》在 1999 年 8 月出版，出版后，我其实非常没有信心，确实征求过贺桂梅的意见。这本书的责编是高秀芹，她当时刚博士毕业到北大出版社工作，她责编的第一本书就是这本文学史。她好像比我有信心一点，书出来后，就神通广大地在北大中文系组织了很多现当代学者参加的座谈会。看到我心里没数、忐忑不安的样子，安慰地说，“能用个十年吧”。“十年”在我当时的感觉里是很长时间了。到现在已经二十年，属于超期服役的性质。理所当然地，它已经在化为“历史”尘迹。不过，当初编写的一些想法、经验、存在的问题，可能对同学们还有参考的意义。

虽然编写了两年多时间，其实之前有很长时间的积累。我50年代上大学，1961年开始当老师，这期间对“当代文学”比较感兴趣，对那时的文艺论争、现象有一定了解，重要的作家作品也读过不少。北大中文系大概是1978年组建当代文学教研室，一开始就是集体编教材，就是那本《当代文学概观》（1986年修订版改名为《当代中国文学概观》），我负责诗歌和短篇小说两章。从这个时候开始，就和编写当代文学史“结下不解之缘”。其实，80年代初那个时候，更想做文学批评，进入当时热闹非凡的文学现场，也写了几篇评论文章，但是自己很不满意，觉得它们沉闷、了无生气，很是懊丧。慢慢明白过来，敏锐、才情、艺术感受力和心理承受力，是从事批评工作的几个前提，这几个方面我存在近乎天生的缺陷，就逐渐放弃了这样的“奢望”。那时我在课堂上讲当代文学史，讲杨绛先生的散文《干校六记》《将饮茶》，里面说到人要明白自己能做什么，如果只能做萝卜白菜，那就力求做水多肉脆的好萝卜、瓷瓷实实的包心好白菜。她说得很对。我想，写出一本像样的文学史自然十分不容易，不过只要你肯努力，下点苦功夫，就还能做得过得去。这样就开始把关注点放在文学史上面。不过，杨绛的萝卜白菜这样的意思，只能是年纪大的人来想，不应该在年轻的时候就开始这样想问题，要不就堵塞了开阔的道路，删除了多种可能性。当时我已经四十多了，有资格想这个问题了。

从70年代到写《中国当代文学史》的时候，我给学生上当代文学课已经有七八次，为了备课，读了许多理论书，也搜集了不少资料。我在一个关于当代文学史料的访谈里说到，当时除自己看一些原始性资料外，还借助许多学者编纂的资料书，如开始陆续出版的作家作品研究资料集。许多材料的价值，不是一开始就能认识到的，经过理论的提升和对当代文学问题逐渐加深认识，当初忽略的材料的意义会敞开。因此，一些重要的刊物，《文艺报》什么的，翻阅不止一次，作品的阅读也是这样。90年代初我在日本东京大学，资料室也有整套从50年代初开始刊印的《人民日报》合订本，那时也抱到研究室翻着看。那些报纸没有什么人读，落满灰尘。那时候还没有互联网，因此这是一个鼻孔塞满灰尘的事情。

这十多年中，也陆续读了不少现当代文学史，如80年代钱理群等三位先生的《中国现代文学三十年》，黄修己先生的现代文学史等。当代文学部分，也看了很多部，如80年代初出版的比较流行的三部，也包括后来杭师大金汉先生的《中国当代小说史》和《新编中国当代文学发展史》。同时，又回过头读60年代出版的：一部是科学院（当时还没有社会科学院）文学所毛星先生主编的《十年来的新中国文学》，这是最早总结1949年以来的“新中国文学”状况的书，是集体合作的。那时还没有普遍使用“当代文学”的概念，描述这段文学用的词除“新中国文学”外，还有“建国以来的文学”。另一本是在“大跃进”集体科研背景下，华中师范学院（现在的华中师大）中文系师生集体编写的《中国当代文学史稿》。这本书开始编写的时间应该是在50年代末，后来修改出版拖了一些时间，到1962年才由科学出版社出版。这可以说是第一部当代文学史了。还有社科院文学所朱寨先生主编的、1987年出版的《中国当代文学思潮史》，也是多人合作。出版时，在北京召开了有几十人参加的两天的讨论会。因为让我去参加，所以读得比较仔细。我从这部思潮史中，比较确切地了解了当代许多重要文学现象、论争、事件的来龙去脉。因为是多人合作，各个章节水平并不一律，感觉朱寨先生的胡风部分写得很好。这部书的另一个重要价值是，可以从它内部的理念、逻辑存在的矛盾中，看到“转型期”对当代历史和文学的叙述上，因为采用了不同的叙事模式而显露出来的裂隙。这部思潮史的一个副产品，是参与写作的仲呈祥编的大事记，在资料上对我有很多帮助。

从生活经历来说，1991年到1993年在东京大学工作的几年，也和后来的文学史编写有关系。我去的不是在东大本乡的文学部，而是目黑区驹场的教养学部，也就是东大学生前两年主要学习通识课程的地方。不过，那个时候教养学部也有地域文化、电影学等领域的高年级学生和研究生。东大两年对我来说，无论生活还是工作，可以说都是失败的两年。说起来好笑，我去东大的主要工作是教汉语。可是大家知道，我的普通话很糟糕，潮州乡音一直没有改过来。大学时对汉语语音语法课程也不重视，许多都忘记了。我跟东大中国语教研室主任传田章教授（他也是中国古代戏曲研究专家，特别是《西厢记》明代版本的整理考证）说，对不起，普通话这么差劲，还来教汉语。他笑笑说，没关系的，能培养出讲潮州话口音汉语的日本学生也不错。我猜想，因为汉语是选修的第二外语，他们可能比较看重我们文学专业的知识，不大在乎汉语教学水平。大家可以想象我这两年上课的郁闷。但是我还有一门“当代文学”的专业课。在东大的课表上标为“中国近世文学”。问他们为什么叫“近世文学”，说是日本没有类似中国的“当代”的概念，也不认可中国“当代文学”的说法——现在当然有了改变，也承认中国的“当代文学”这个说法了。这门课是面向高年级学生和研究生的，讲了三个学期。学生人数不多，多的时候二十来人，少的时候就十来个，在一个小的讨论室里。为什么讲那么长时间？原因有两个，一个是日本学生对中国当代的情况很不了解，讲到的事件、作家作品，大多不大清楚，甚至完全不知道；最好的也就读过一些翻译成日文的当代作品，而且局限在 80 年代的部分。还有一个原因就是汉语程度问题，而我又不会日语，沟通起来实在困难。后来和共同主持这门课的东大教授刈间文俊商量，采取我讲一次，他在隔周用日语补充重讲一次的方式，这样时间就拖长了。我开始认为，对不熟悉中国当代文学的日本学生来说，应该讲得浅显、简单些。但是刈间对我说，你不要考虑他们的程度，你在北大怎么讲就怎么讲。但其实无法完成兑现，北大讲稿内容太多太复杂，只有重新写讲稿。当时没有带很多资料，在纸片上写一些提纲，许多材料也没办法去核实。临走的时候，刈间觉得我的讲课可能对日本研究、学习当代文学的老师学生有好处，建议我整理出来，由他们翻译成日文出版。后来我虽然整理出来了，但他们因为各种原因没有翻译。这个讲稿，拖到 1997 年才在香港的青文书屋印出来，薄薄的，十四万字，名为《中国当代文学概说》（以下简称《概说》）的小册子。这本书因为不是在内地发行，只送给少数做当代文学研究的朋友。读到的人不多，虽然得到一些先生，如孟繁华、程文超的好评，其实没有什么影响。前些年我到台湾的清华大学中文系上课，清华的一位教授跟我说他有这本《概说》。问怎么得到的，说是他到香港铜锣湾的青文书屋买书，买了许多经典著作，老板拿了一些书搭配给他，不要钱的，其中就有我的这本小册子。不过，我其实比较喜欢这本小书，特别是它的上编，感觉后来倒是写不出这样的文字了，变得有点啰唆。陈平原好像也说过，比起《中国当代文学史》，他觉得《概说》还要稍好一点。

前面说过，在日本东京的两年，不论上课还是过日子，都很失败，心情也郁闷。课没有上好，身体也不好。90年代初那个时候，国内发生的很多事情我都不知道，基本上和当时的情况、思潮脱节，也没有更多和日本的同行交往，上完课就闷在世田谷区羽根木的公寓里。这两年是情绪比较低落的时期，甚至还想，回国后就再也不做什么研究了。积极向上是美德，情绪低落肯定不是好事。但现在想想，也不一定，自我感觉总是良好也不见得就是好。心情好和不好，对事情的看法、印象，采取的态度是不一样的，写出来的文字也会不同。所以我在《中国当代文学史》日文版（2013）自序里说，“应该感谢东京的那两年，让我对‘当代文学’这个与我的生活、情感胶着、难以分离的对象，在这段时间里取得冷静关照、检讨的必要距离”。

《中国当代文学史》出版后，有一些好的评价，后来就有一些访谈来问我最初是怎么想的，怎么设计的。我们在回顾往事的时候，或多或少，有意无意总会发生那种“后设叙事”的情况，我肯定也不例外，所以要警惕、降低这种“虚构”的成分。确实，这本文学史是在有了许多准备时候才得以写出来，但是当初写的时候，有不少问题是缺乏自觉意识的。譬如说“个人撰史”，就是一种偶然，是在集体合作遭遇困难的情况下不得已的决定。也就是本来没想过要自己来写。也没想过“个人撰史”有什么特别意义。相反，一段时间总觉内心有愧，对不起其他的几位老师，一开始都不敢跟他们说。当代教研室的几位老师都很宽容，对我也不追究记仇。也可能是大家不把编写文学史当回事，觉得无所谓吧。

90年代中期，出版的当代文学史已经不少。我没有准确统计，总有几十部了。正像大家常说的那样，中国是个文学史生产大国。已经有这么多文学史，为什么还要再写一本？简单说就是觉得还有不满意的地方，存在一些可以进一步开拓的空间，或者说还可以有讲述这段历史的其他的角度、方法。比较浅近的层面是，对一些作家作品和文学现象，我可能有另外的评价，当然，也觉得涉及文学史理念、体系、评述方法等的问题值得进一步探索。

我当时看了很多当代文学史，感觉有两种主要的叙述模式。一种是50年代确立的，以革命、阶级作为论述基点的模式：将作家作品、文学社团流派，根据与阶级和与革命的关系，按照两条路线、两个阶级进行划分。我在大学时期参加的文学史的集体科研，和谢冕、孙玉石、孙绍振、刘登翰合编的《新诗发展概况》就是这样处理的。另外一种模式是以80年代兴起的新启蒙、现代性为基点，以人道主义、主体论为主要支撑点的叙事模式。这个模式基本上是以一种压抑的方式来评价"前三十年"的文学，而和第一种模式呈现对立的姿态。当然，我不是说所出版的当代文学史都分属这两种模式，实际上存在互相交错的情况。在80年代，我对"十七年"那种阶级的、革命的叙事模式已经有所反省，到了90年代，也感觉启蒙模式对当代文学历史的解释，也存在许多问题。一个主要的问题是，这一模式在对待发端于延安文学的"人民文艺"——或者社会主义文学的处理过于简单，或者基本全盘否定，或者采取屏蔽删除的方法。撇开好坏高低的评价不说，这段历史刚刚过去，很多问题还未得到解释、得到研究，不应该轻易忘却。没有疑问，很多年后这个时期的文学很可能被忘却，但不应该是在现在。最重要的是，"十七年"文学的影响并没有消失，不管它是"债务"还是"遗产"，都还在继续发挥作用。这个判断，现在看得更清楚了。在这个情况下，我们不可能，也不应该将这段历史抛在脑后。不同时期、不同写作者的文学史编写，总是要回应某些现实问题，包括学科发展的问题。

另外，从学科史的角度说，当代文学有许多基本事实、概念也都还没有得到清理。譬如说，“当代文学”这个“主概念”，就没有得到很好的解释，它被当作理所当然、不需要解释的概念来使用。实际上，不同学者有不同理解，有的差距很大。在编写这个文学史期间，我写过两篇文章。一篇是1997年发表在《文学评论》上的《关于50—70年代的中国文学》，另一篇是1998年的《“当代文学”的概念》。《“当代文学”的概念》就是要厘清“当代文学”是在什么样的情境下产生的，为什么要提出这个概念，赋予它什么样的含义，它与“新文学”“现代文学”等概念是怎样的关系，它的提出如何参与一种“新的”文学史叙述模式的建立，以及后来它的含义在使用上发生怎样的变异，等等。

从性质上说，这大概属于“关键词”研究。那时候，我还没有读过雷蒙·威廉斯的《关键词：文化与社会的词汇》这本书，它的中译本好像2005年才出版。但是读过1988年出版的韦勒克的《批评的诸种概念》，也读过刘禾发表在《学人》上的关于“个人主义”在现代中国输入、接受传播的研究。他们的研究在理念和诉求上不同，不过共同点是指出概念“辨识”、观念史研究的重要性在研究上的推动意义。其他需要辨识、清理的概念、问题还有许多，都关系到如何把握这个时期的文学。如“题材”“人民性”“文艺两条道路斗争”“重大题材”“写真实”，等等。

因为立足于对概念、文学现象的清理，相应的是研究采用历史化的方法。文学史自然离不开评价，文学史就是参与经典的确立。但是如果要对重要的现象、问题“还原”，就需要多少抑制评价的冲动，而主要考虑如何在尽可能占有材料的基础上，回到历史情境中去，提出一种尽可能合理的解释。这就是后来常说的“语境化”。简单来说，就像一位阐释学家说的，历史的方法，就是要说明那些我们认为的“事实”，是怎么成为“事实”的。“当代文学”的概念是怎样成为事实的，在“前三十年”，“当代文学”高于“现代文学”的看法是如何被普遍承认的，“社会主义现实主义”如何成为文艺最高纲领？我们现在明白，那些被看作理所当然的概念、事实，是社会历史的建构物，是各种意义上的“权力”所推动、实现的结晶物。离开对特定的历史条件下和这一条件下的运作机制的剖析，许多问题都会看不清楚。进行“历史化”的清理，就意味着我们要还原当时的条件、语境。而做到这一点，对研究者来说，与研究对象保持一定的“历史距离”是一个前提，即使这个“历史”还近在眼前。这种距离感，是心理的、情感的，也是观念的。获得这种距离感，需要有与研究对象不同的、另外的参照物作为支撑。

其实，过去的文学史写作，并非不注重时代环境等“外部”条件、因素。只是对这些“外部”因素的理解相对狭窄，更重要的是“外部”与“内部”有时候处于割裂、脱节的状态。而我们所采用的文学—社会的历史分析，它的基点建立在将文学作品的“文学性”，看作不是与生俱来、作品自身所携带的品质，而是由广泛意义的“文学体制”所建构的。文学在这里，不仅仅是作家自主、独立精神的体现，或“一定社会的政治和经济的反映”，而是一个整体性的意义生产与传播过程，文学的“内部”和“外部”成了整体。

这样，大家便知道我为什么会相当关注当代文学制度，以及相关的当代文学形态的研究了。制度的问题，我 80 年代后期就已开始注意，也零星在课堂上讲到。集中作为一个问题讲，是在日本东大的课堂上。包括国家对文学事业的管理控制方式，作家身份，文学社团、组织，刊物出版，作家的经济收入，他们的社会地位，作品评鉴的程序和标准。在当代，文学问题大多数情况下都解释为作家的立场、精神的体现，虽然当代崇尚唯物主义，但文学问题的处理却常常忽略物质因素。我在 80 年代时也是这样。我写过一篇谈作家精神和文学独立传统的文章，刊登在天津的《文学自由谈》上，就是把中国当代文学的缺陷，主要解释为精神性、思想境界的问题。《作家姿态与自我意识》这本书，是在北大讲稿的基础上整理的，也基本上是这样的认识。但八九十年代之交，我的看法有了改变。

一方面是读了法国埃斯卡皮这样的文学社会学家的研究著作，印象里也读过香港出版的研究当代稿酬制度的书，不过记不清书名和作者名字。还有就是90年代之后出版的一些制度研究的书——它们虽然没有涉及文学领域，也给我许多启发。如周翼虎、杨晓民合著的《中国单位制度》，这本书1993年初版，作者送给我的，所以比较早就读到。另外一个重要原因是生活经验方面的。从我自己和周围的人的情况，我深知体制对人的思想性格、行为和语言方式产生的那种制约。这其实是“唯物主义”的常识，只是关于文学的那种浪漫主义理解，限制我们在这方面认知上的开展。就是在当代文学作品中，我们也能看到制度对人的心理、思想行为制约影响的例子，我常用来举例的一个作品，就是张贤亮的《绿化树》。在80年代以后，这个问题更加复杂，除了政治体制外，市场、新媒体等对文学，对写作者的选择、走向，对作家写作上的引导、制约，大家都看得很清楚。不能将制度因素简单看成正面或负面，研究首先是要面对这些现象。事实上，任何国家的任何写作者都生活在某种社会政治和经济的体制下，我们要做的只是研究它们不同的特点和规范、制约作家的特殊方式，以及不同的作家所做的选择、处理方式。我在《问题与方法》这本书里说道：“从一个比较长的时间上看，最主要的，并不一定是对作家和读者所实行的思想净化运动。可能更加重要的，或者更有保证的，是相应的文学生产体制的建立。”我很同意这样一种观点，“文学体制与文学生产”对于作家个体乃至群体的思想、心理、情感、语言的复杂渗透、影响，不经过足够的研究，不仅会阻碍人们对于当代文学特殊文化性质和历史形态的认识与理解，同样也会拖累对于当代作家个体乃至群体的心理情感及其表达方式的洞察。这两者的研究，应该是相辅相成的。

与制度相关的文学形态分析，在《中国当代文学史》里也有体现，不过有的读者只注意文学制度方面，不大注意里面谈到的文学形态问题。制度、意识形态和审美、艺术形态时间的关系，是当初要探索的问题，只是在这本书里做得还不太好。2009年是“当代文学 60 年”，有几次大型的研讨会召开，包括上海大学、东北的大学，还有香港的岭南大学。我因为在台湾的一所大学上课，没有参加。上海大学的蔡翔主持的研讨会主要讨论大陆社会主义文学的问题经验，列出的议题也都是关于这个方面的。在香港岭南大学开的会，由王德威、陈思和、许子东三人发起，议题涵盖面很广，包括海峡两岸暨香港，以及海外华文文学。因岭南大学的会议没办法去，我只提交了一篇不长的论文《“组织部”里的当代文学问题》。文章就是单独地谈王蒙的《组织部新来的青年人》。我是想借助这个大家都很熟悉，经常被谈论，而且存在许多争议的短篇，来串联起当代重要的文学形态问题。这个短篇有某种“不纯性”，呈现从新文学时期的启蒙主义文学到人民文学转化的“不彻底”的现象，所以具有“有趣”的典型性。也就是从这里面，可以看到启蒙主义的新文学的编码、叙事方式与人民文学的不同，以及因为未能完全转化而表现出来的矛盾。我谈了几个方面，包括人物、角色分配，哪种身份的人物能充当主要角色，哪些只能做配角，主要人物应该有怎样的身份、性格，怎样出场，在叙述中给予怎样的位置。还有是关于结构的问题，我借用匈牙利美学家卢卡奇的封闭和开放性结构来讨论这个问题，指出王蒙小说，特别是秦兆阳的修改加强了小说的“开放性”，这是它在当时受到批评的重要一点。当代文学小说写作，标准的模式是卢卡奇说的那种“回溯性”写作，是提供答案、出路，消除读者不安的写作。除结构之外，还有人称、叙事视角等方面。另外，如果不限于小说，以至不限于文学，那么形态问题还涉及各文类之间的关系，各文类在文学时期中的不同地位。这些，在当时编写文学史中都有意识想触及。不过因为研究还是不够，没有处理得比较像样。

最后，是这部文学史的“文体”，叙述方式。一般来说，论文和研究著作大家较少关心“文体”问题，因为和文学创作不同，最重要的是要把事情讲清楚。但是好的文学史、理论著作，也都有自身的文体特征。有时候，它们也可以当作文学作品来读。我当然不会有这样的奢望，也不具备这样的条件，不过也考虑过这个问题。在写法上，基本是追求简明的方法，这种方法更明显体现在《中国当代文学概说》的上编里。年轻的时候也追求那种泛漫夸张的文字，还模仿写过郭小川式的“楼梯体”诗歌。后来有了转变，怎么变的，因为什么原因，自己也说不清楚。总之是越来越厌烦那种烦琐和滥情的写法，对过火的浪漫、夸张的言辞有一种警惕、抵触。这也带到了《中国当代文学史》写作里，基本上是一种陈述性的语言，较少展开阐释和说明。我有意把背景材料、说明性文字放在注释里，试图保持正文的流畅。所以注释才有那么多。

《中国当代文学史》也存在许多问题。第一，它在理念、逻辑上存在不统一的现象。虽然质疑当代的“人民文艺”，但又有同情；也质疑启蒙的观念和标准，但正像有学者指出的，又有着它的“残留物”；个人受制于环境，为制度、所使用的语言所拘囿，但坚决认为个体也并非完全无能为力，“束手就擒”，失去“主体性”。在《中国当代文学史》刚出版时，武汉大学的昌切老师就敏锐地说到这一点，后来北大的李杨也一针见血指出。我也多少意识到这一点，但让我做到逻辑一贯，理念的“光滑”很难，也不想勉强自己，其实也是不可能的。往好的方面说，这也是保持一种“张力”。裂痕矛盾是我们的“时代病”，或者是我们这代人心性的“真相”，不光是我自己。

第二个问题是陈平原在座谈会时指出来的，他觉得我的《文学史》定位不准。究竟是把它当作教科书来写，还是作为个人专著来写。不同的目的导致内容、方法上的区别。我这本书好像是处于两者之间，既有专著的成分，又有教科书的成分。最初的设计是为了当教科书用，但后来发现要作为教科书的话，确实有许多的缺点，不能很好地为学生提供阅读、学习的进入通道。所以现在很多学校都不用了，这是有道理的。老师和同学都反映这本书在教学上不是很好用。学生一个直接的反映就是不能作为考试用，因为许多地方找不到答案，缺乏结论性的判断。

另外一个缺点是很多背景性情况被省略，没有得到充分说明。

不大了解这些背景知识的人，学起来就比较困难。所以这个书在有的学校，既是本科生基础课的教材，也是研究生的参考书：这个现象也是定位不准的表现。当然，也不是完全没有处理背景知识，只是很多放到了注释里。现在想想，这也是个烦人的问题。我自己也意识到这一点。在 2013 年出日文版的时候，我就提出来把注释删掉三分之二，还花了一个多星期提供一个注释删减版给日本的岩佐昌暲教授。但是他们讨论之后，最后没有采用我的建议，还是保留全部注释，而且增加了作家生平简介的附录（英文版也增加了两个附录，一是书中提到的机构、作家、作品等中英文对照表，二是书中出现的概念的中英文对照表，如现实主义、真实、真实性、写真实、写本质、阴谋文艺、三突出、伤痕文学、日常生活，等等）。当然，书里注释不仅仅是注明引文出处，还承担了其他功能，比如提供背景知识，提供研究的扩展性线索，也参与对问题的讨论，如提供对这个问题的不同看法……包括的范围太大，任务太繁重。

另外，还有其他的问题。最近有一个采访，说我的《中国当代文学史》，有“当代”但没有“中国”。我想想的确也是。要论“中国”的话，里面没有提到少数民族文学，没有处理台湾文学、香港文学、澳门文学，那书名的“中国”就成为一个问题了。这牵涉如何解释“中国当代文学”这个概念。当初我在写作时，也不是没考虑过这些。最主要的一个原因是我对这方面的研究不够，无法有效处理这两部分的内容。第二个原因是那时对如何定义“少数民族文学”感到困惑。也不想采取将这些内容简单拼凑在一起的组织方式，在每个时期最后分列台湾文学、香港文学等。它们和大陆文学之间是什么关系，如何共处于我所设计的“框架”中，当时没有想出比较好的办法。我想，现在肯定有研究者能够很好地解决这个问题了。当然，文学史也需要各种各样的，可以有大而全的文学史，也可以有限定范围的、内容比较单一的文学史。它们各自承担不同的任务，不必都追求一体化。这也是我为自己未能写全面的文学史开脱的一个理由。

2019 年 3 月 28 日在杭州师大文学院的讲座，由作者根据录音整理修订。原刊《杭州师范大学学报》2019 年第 4 期，此处收录的是作者提供的文档。

仍有稳定和值得信赖的事物
——“与 20 世纪同行：现代文学与当代中国”会议上的发言

洪子诚

很高兴参加这次会议。许多朋友多年没有见面了。最近一次见到李陀，是 2004 年在海南开“文本分析”的研讨会上，是《天涯》杂志组织的，已经快十五年了。上次见到陈思和，是他到北大参加完比较文学年会来我家，那时他的头发还是黑的，估计距现在也有十五六年了。王安忆的作品当然经常读，也是她的“粉丝”，在书刊报纸上无数次看过她的照片，但见到真人还是在今天。当然，蔡翔、罗岗、毛尖、倪文尖见面机会比较多。刚才播放了李欧梵先生的视频，他是在现当代文学研究的视野和方法上有很大影响的学者。八九十年代，我从他的《铁屋里的呐喊》，以及收在乐黛云老师主编的《当代英语世界鲁迅研究》中他的六七篇论文中学到很多，可惜他今天因故没能出席这次会议。

“与 20 世纪同行”的题目很好，也很大。“同行”的说法浪漫、惬意，不过，每个人和“历史”的联系其实是各不相同的。有的可能是叱咤风云的弄潮儿、冲锋战士；有的是像鲁迅谈柔石《二月》说的，“惟有衣履尚整，徘徊海滨的人，一溅水花，便觉得有所沾湿，狼狈起来”的；当然还有是被裹挟者，或成为“历史”的囚徒的……

对这个严肃的问题我确实想了很多天，也不知道能说什么。我就谈一些零碎、感性的生活碎片吧。十几年前到俄罗斯旅游，离开莫斯科机场已经下午三四点，旅游车便把我们直接拉到吃晚饭的北京饭店——一座在 20 世纪 50 年代中苏蜜月期修建的，斯大林式的宏伟建筑。吃了一顿与这座建筑全不相配的“旅游饭”后走出饭店，发现前面广场中心有一个高大的塑像，走近一看，啊，马雅可夫斯基！他是我们这些游客——孙玉石、赵园、吴福辉等都十分熟悉的诗人。这时暮色渐浓，广场上行人不多，他依然高傲、很酷地站在那里，却显得孤单落寞。我骤然意识到，我已经很长时间没有想到他，也没有读他的作品了。50 年代上大学，有几位外国左翼诗人参与塑造我们这些“爱诗者”的诗歌意识，聂鲁达、希克梅特、艾吕雅……其中最重要的是马雅可夫斯基。“假如你们愿意 / 我可以变成百般顺从温柔的人 / 不是男人，而是——穿裤子的云”；当然，读得最多的还是他的《列宁》《好！》《向左进行曲》。《好！》之中的“生活 / 好的 / 生活得 / 很好”的那些“创世纪”式的语句，呼应着我对新生活和新生命的想象。可是，曾经喜爱的诗人，为什么会这样轻易、转眼间就从自己的记忆里清除？这是当时在这个名为马雅可夫斯基广场上留下的问题。

八九十年代编写文学史，和后来写“阅读史”，在查找材料过程中，看到我“文革”前夕和“文革”中的一些笔记、文章。当年批判电影《早春二月》，我也是参与了的，写了两篇文章，一篇曾在全系师生会上宣读，并登载在学校内部刊物《红楼》上，另一篇和教现代文学的一位先生合作，用笔名登载在北京市委主办的理论刊物《前线》。重读这些感到很陌生的笔记和文章，有一种恍如隔世的感觉，惊讶我怎么能写出这样的文字。设想如果我不是留存有这些“证据”，我是不是会否认它们出自我的手？俄国的别尔嘉耶夫在他的《自我认识》的思想自传里说，“选择完成记忆”。这种记忆中的选择，有时候是自觉的，也有的时候其实是无意的。

1959 年集体科研，我和谢冕、孙绍振等编写《中国新诗发展概况》，我们用两条道路、两个阶级斗争来处理新诗史的诗人和流派。在我负责的部分中，“新月派”“现代派”以及当时成为“右派”的艾青，都被列入资产阶级、反动或有问题的行列，推举的则是臧克家、殷夫和“中国诗歌会”的杨骚、蒲风、任钧。可是，前些年我和一些先生（奚密、吴晓东、姜涛、冷霜）合编的《百年新诗选》，这些原先推举的诗人，都没有在里面出现；相反，“反动”、资产阶级、小资产阶级的诗人则出现在显著位置上。

这些前后分裂，既是我的情况，但又相信并不只存在于我的身上。这印证了米兰·昆德拉的一段话：“历史的加速前进改变了个体的存在。过去的几个世纪，个体的存在从出生到死亡都在同一个历史时期里进行，如今要横跨两个时期，甚至更多。历史奔跑，逃离人类，导致生命的连续性与一致性的四分五裂……”（《相遇》，台北版，大陆版为《邂逅》）；这也是福泽谕吉说的“一生而历两世”的情形。

这种分裂，也体现在细微的、隐秘的心理、感情的层面。大学毕业的60年代初，曾一度沉迷于契诃夫的小说、戏剧，读过关于他的许多评论和同时代人的回忆文章。有一本书叫《回忆契诃夫》，里面收了阿维洛娃的长篇回忆《我生活中的契诃夫》，也收了契诃夫妻子、大剧院演员克尼碧尔的回忆文章。阿维洛娃是三个孩子的母亲，是契诃夫的“秘密情人”。我眼泪汪汪地读了阿维洛娃长达几十页的那种“照亮自己灵魂”的爱情描写，对克尼碧尔显得平静的叙述却没有什么感觉。可是2010年我写《我的阅读史》重读这些文字的时候，发现感受发生“翻转”：无感的是阿维洛娃的有些撕心裂肺的倾诉，亲近的却是克尼碧尔懂得人与人之间理解和感情联系的限度，那种因具有深刻的“悲观”因子，而体现在文字上的节制却并非无情的叙述。这就是戴锦华先生的一位学生在评论契诃夫时说的一句话：“说不爱是容易的，但爱却很难成为谈话的内容。”这种感受上的“激变”，既与年龄有关，也与当时一个刚二十出头的人的处境有关——那个时候，没有一个女孩子肯拿正眼看他——但也是时势变迁所导致。

这种情感、观念、评价标准发生颠覆、翻转所引发的生命分裂，不仅发生在个体自身，而且也体现在不同个体对时代感知的错位形成的对比。正是这个因素，让我90年代初读王安忆的《乌托邦诗篇》

时，在这段话上面停留许久：

> 我一直追索着他，结果只染上他的失望，我们要的东西似乎有了，却不是原先以为的东西，我从来没有赶上过他，而他已经被时代抛在后面，成了落伍者。就好像理想国乌托邦，我们从来没有看见过它，却已经熟极而腻……

波兰诗人米沃什的《礼物》这首诗，现在已经为读者熟知，我至少见到六七种中译文本，里面有这样两行——我用的是西川的译文——

> 我知道世上没有什么人能让我羡慕，
> 想起今我和故我同是一个人不再使我难为情。

这是饱经沧桑的老者晚年的平静心境，是他对自己生命过程的回顾。有的译文将“羡慕”译为“嫉妒”；我不知道哪种更接近原文，但感觉“嫉妒”在情意上有点强烈。对我来说，“世上没有什么人能让我羡慕”也许有达到的可能，而“今我和故我同是一个人不再使我难为情”却是相当困难的事情。如何通过阅读、写作来修复生命中的裂痕，重新建立一种今我、故我同一的“整体性”，对我来说始终是个难题；这也许是一条没有终点的路。我的当代文学史研究，自然主要是希望能深入把握对象，但也是对自己问题的清理，对自身问题的回答。

那么，在这变动纷乱、许多时候个人对自己命运无法预测的世纪，这个生命呈现众多裂痕的人生中，是否还存在稳定、可靠、值得信赖的事物？回答当然是肯定的。搜寻起来，比如，那些本原性的，朴素、日常简单的事物和观念——犹如那躲避着一切名称的鼠曲草，“一切的形容，一切喧嚣／到你身边，有的就凋落／有的化成你的静默……”（冯至《十四行集》）比如，如果希望有一个连贯性的主体，以便能承受“狂风乍起，彗星的出现”，那么，关键是如何形成自己的思维构造和行为方式。这种通过转化引起共鸣的思想资源所建构的个体与时代"洪流"的"最具主体性的结合的方式"，不是将自己无保留地交付某种方向、立场、阵线，"不是瞄准新的可能性一口气飞跃"，"而是确认自己当前的所在的地点和自己的力量，然后一丝不苟地干该干的事，从中寻求前进的保证"（丸山升《鲁迅和〈宣言一篇〉》对鲁迅的征引、评述）。

还有就是对文学的信心。人们熟知的左派批评家说："只要有人支持'回归对于语言的敏感'，即使彼此政治立场南辕北辙，也都能在精读细品文学中找到共通点。"［特里·伊格尔顿《如何阅读文学》（台北商周版）单德兴推荐序］。台湾一位左派学者说到他和我的区别，说在文学问题上，他是"灵魂工程师"派，我是"文学自主派"；但是，"我们都把我们的人生体验和某种伟大的艺术世界结合在一起，从而为我们的生命找到某种寄托，这就是文学和艺术的伟大之处，这是我们共同肯定的东西。有了这种肯定，其他差异就显得不那么重要了"（吕正惠序《阅读经验》，台北人间版），这大概就是文学的超越性吧。

在座的毛尖，她被一位年长的学者友善地称为"小左派"——这里的"小"，不是说分量、价值，指的是年龄、身材。可是我发现了和她同样有着共同肯定的、让"其他差异显得不那么重要"的东西。举例来说，我们都认可1959年苏联丘赫莱依的电影《士兵之歌》，那个火车上没有多少台词的舒拉，是"整个20世纪最纯洁的姑娘"（毛尖《夜短，梦长》第165页，香港牛津版）。

2018年10月16日，上海市高峰学科"中国语言文学"和上海师大光启国际学者中心，在上海师大举行"与20世纪同行：现代文学与当代中国"的学术研讨会。洪子诚先生在会上的发言后由"澎湃新闻"的《上海书评》发表于2018年11月11日，题目是《洪子诚"与二十世纪同行"：变动纷乱中的稳定与信赖》。会上发言只讲了一部分，本文根据发言稿补充修订。

辑二：研究文选

当代中国文学研究的学术化
——洪子诚的意义与启示

孟繁华

当代中国文学研究形成规模和气势，是80年代的事情。改革开放的时代环境激活了沉伏已久的知识分子的英雄情怀，那自命不凡的治国平天下的抱负，又一次使他们找到知识分子的身份感。于是，无论是文学创作还是文学批评，到处都充满了“问题”，这些“问题”的相继被发现和被阐发，使当代文学迅速走到时代的前沿，这个一向被认为不是“学问”的学科，无可争议地显得重要起来。而对“问题”急于发表看法，是那一时代作家和批评家的普遍心态，许多人都将目光和思考投入到中心话题中，并期待给予一个“解决”。

一时间里，大家都成了“问题中人”。洪子诚置身于时代这样的总体环境中，他自然不能不受到影响。但是，洪子诚的“问题”与文学主流的“问题”显然不尽相同。后者争相谈论的是“社会问题”，是几十年来，在一体化的精神统治下，所积压起来的诸多现实的问题；而洪子诚思考的却是“艺术问题”。当大家都对“当下”充满热情的时候，他却掉转身去，潜心研究“十七年”的文学，这一卓然不群的选择，本身就说明了洪子诚的研究个性。

“十七年”文学，普遍认为是个比较枯燥的领域，一体化于那个时代已经形成，新的作家完成了情感塑型，日复一日地唱着单调的颂歌，文学日益失去了形式感和深度；而从旧中国迈进中华人民共和国门槛的作家们，尚在摸索探寻如何适应新时代的要求，改变他们作为“自由知识分子”的形象。因此，研究者一般都不大情愿涉足这一领域，谈论起来时，也多为简单的否定。然而，洪子诚却在这里找到了有价值的问题，他也将自己的第一部研究专著命名为《当代中国文学的艺术问题》。在这部著作中，他一开始就触及了一个十分棘手的问题：跨越新、旧两个时代的作家，其创作普遍走着下坡路。这一问题的提出本身就面临着解释的难度。一般的理论认为，新的时代环境和社会主义的优越性，为作家的创作提供了前所未有的广阔天地，提供了尽情发挥他们的才能的时机。但事实表明，这样的承诺远未兑现，理论所提供的逻辑起点并不是历史发展的起点，洪子诚发现了矛盾的存在。但他并不是激进地从社会学的角度进行政治的批判，而是选择了三四十年代取得了艺术成就的作家、诗人的具体创作，在变化中分析他们的精神矛盾和精神困境，在具体的分析中剖析了时代环境对作家的影响，以及作家作为知识分子自身的缺陷。这样，就使洪子诚的研究具有了很强的解释性，而不是简单的判断。

他选择了小说家巴金、沙汀、艾芜的小说创作和何其芳、冯至、艾青的诗歌创作，作为自己研究的“个案”。其中，对冯至的研究尤为精彩。解放后冯至出版了《西郊集》和《十年诗抄》两本诗集，洪子诚将它划分为诗人“第三阶段”的创作，他将其与冯至“第一阶段”即1921年至1929年、“第二阶段”即40年代初的创作，进行了比较分析。他认为，冯至从第一阶段到第二阶段，其诗风“是从外向到内敛，从情感的奔泻流动到含蓄凝定，从侧重情感的抒发到心理的刻画”[①]。他借用唐湜的评价说：是“豪华之后来了真淳，幻美之后来了朴素”。但这种变化仍有冯至艺术个性的承接，它们都“可以说是对20世纪中国的正直的、向往光明的知识分子的生命价值的思考，对个人在风雨飘摇的社会现实中合理的、积极的位置

① 洪子诚：《当代中国文学的艺术问题》，北京大学出版社1986年版，第5页、第8页。

的寻找”[①]。而《十四行集》，更是一个独特的艺术世界，“它向我们揭示了一个富于个性的心理情感过程，这是由诗人在社会中独特的位置，由他特殊的经历、修养、个性所构成的”。“他按照自己的诗歌美学观点，按照自己的想象方式和表现方式，将他的生活体验上升为诗歌艺术。”[②]而新中国成立后，冯至的诗发生了很大的变化，他不仅以修改旧作的方式，表达他对时代的追随和对自我的否定[③]，而且对文学作品“价值的理解”，也“出现了偏颇”，他不恰当地过多地否定了自己前两个时期的创作。他从过去侧重对自己内心世界和生活经验的揭示，转而“主要描绘、表现客观事物”，“过多地割断了自己创作的联系，忽视了诗人创作个性相对独立、完整的重要性，而使自己的作品出现艺术水准全面下降的情况”[④]。这里既表达了时代环境对诗人观念的制约，同时也隐含了洪子诚对知识分子缺乏精神独立品格的批判。同时，他所提出的问题便获得了合理的解释。他与那种将所有的问题都归结于主流话语的压抑的单向判断是非常不同的。

这一研究的视角和方向，在他后来的作品中得到了深化和明晰的表达。1986年，“新时期文学”十年之际，文学界举行了隆重的庆典仪式[⑤]，人们对十年文学给予了几乎没有保留的肯定。然而，洪子诚却冷静地指出：

> 我们的乐观应大大打折扣，在繁荣的现象下面，存在着严重的困难。我们无法否认今日中国文学发展的脆弱、不真实的

① 洪子诚：《当代中国文学的艺术问题》，第9页。

② 洪子诚：《当代中国文学的艺术问题》，第13页。

③ 详见洪子诚的论文:《冯至诗的艺术个性》,《当代文学研究丛刊》第5辑，中国社会科学出版社1984年版。

④ 洪子诚：《当代中国文学的艺术问题》，第13—14页。

⑤ 1986年，“新时期文学”十年之际，中国社会科学院文学研究所在京举行了隆重的庆祝和学术讨论会。

> 因素。不少著名的、曾受到高度评价的作品的艺术生命极为短暂这一当代文学普遍现象，并没有成为过去；作家主体意识的增强与主体意识的丧失、创造力的衰弱同时存在；艰难地从一种思维、创作模式中走出之后，却又极容易地陷入另一框子之中且不自觉；艺术方法、艺术形式的实验既可能构成把握、理解世界的新的手段，也可能成为并无真情实感的创造物的伪饰；唯恐落后、封闭的心理灵敏了我们的感官，更新了我们的感情和思想，也说不定会使我们葬身于惶惶无着的浮躁和左顾右盼之中……[①]

这种乐观之中的忧虑，与欢快的评价潮流显得很不和谐，然而，也正是这一种认识显示了洪子诚的眼光和历史感。他考察了 30 年代以降中国文学的历史发现："文学传统与政治传统从来就是交错在一起而无法分开的。或者更准确地说，文学传统是政治运动斗争的'附着物'，文学，在相当大程度上，失去了它独立的品格和价值。"而对中国作家来说，独立的精神地位的建立，"在被认为已实现'文学自觉'的今日，也并没有得到很好的解决"，"对于中国现代作家、知识分子来说，最可悲的命运是自觉不自觉地落入古代知识分子那种类似'清客'的地位。这在封建主义时期，是一种典型的、从物质到精神上的依附地位。现代知识分子，从经济方面说，这种依附形态已大大减弱，或说已不明显，但思想、精神上的依附却仍旧表现得相当充分"[②]。"文学传统"与"精神地位"的提出，深化了当代文学的研究，它一改昔日仅仅注重作家"时评"式的，或仅在文学与政治、与现实关系层面的纠缠。这些表层的研究固然重要，它表达了批评家对"当下"的敏感和责任，但却很难在学术层面做出令人信服的解释，而这些重要概念的提出，才真正使当代文学的研究进入了学术的范畴。

① 洪子诚：《文学传统与作家的精神地位》，《文学自由谈》1988 年 6 期。

② 洪子诚：《文学传统与作家的精神地位》，《文学自由谈》1988 年 6 期。

此后，“文学传统”和“精神地位”就洪子诚来说，成了阿尔都塞意义上的“问题框架”。这一“问题框架”是知识分子学术的意识形态。俞吾金博士在阐释阿尔都塞时指出：

> 接受了某种意识形态的人总是把这种意识形态所蕴含的“问题框架”作为观察分析、思考一切问题的出发点，这个出发点深藏在人们的无意识的心理层面上。[①]

在洪子诚的“问题框架”中，他透视了80年代以降中国当代文学的各种潮流，对人们在各种场合充分肯定过的80年代文学，提出了新的、与众不同的看法，这在《作家姿态与自我意识》一书中，有相当充分的表达。他对“伤痕文学”“寻根文学”“忏悔意识”等在80年代影响广泛的文学命题做了新的审度。当“伤痕文学”的社会批判意义呈示过后，他指出了这一功利目标中隐含的“姿态”性，它实际上有“一种几乎失去控制的‘感伤’倾向”[②]；而“寻根文学”“实质上属于‘回忆’性质的想象，不过只是一种‘内在观念’”[③]。这些结论的获得，是他通过大量的文本实证取样获得的。当然，洪子诚并不是有意“否定”这些名重一时的文学潮流，而是通过有了一定的距离沉淀后，对其做出新的解释。这一观念同样诉诸对巴金《随想录》的评价上。巴金的《随想录》出版后，曾有人认为，这是一部情透纸背、力透纸背、说真话的大书。它在评论界赢得了极高的荣誉，甚至被誉为巴金创作的又一个高峰。洪子诚则从巴金的“忏悔”、反思的姿态和立足点出发考察了《随想录》。他认为，巴金虽然经常说他是个平凡的人、普通人，“我从来不是战士”，“但是，《随想录》的内容、写作动机、过程，都清楚地表现了一个‘战

---

① 俞吾金：《意识形态论》，上海人民出版社1993年版，第357页。

② 洪子诚：《作家姿态与自我意识》，陕西人民教育出版社1991年版，第6页。

③ 洪子诚：《作家姿态与自我意识》，第97页。

士'的姿态。巴金的忏悔、反思，是英雄式的，或者说，是以一个'战士'、以英雄的尺度作为坐标的。这部作品，完整地表现了一种人格精神，表现了作家对于社会、对于历史、对于文学所意识到的责任。他采取的、坚持的，是一种完全介入的态度"[①]。"由于《随想录》作者仍坚持一种人的理性力量能控制一切、实现一切的神话，并在这'神话'受到一定摧毁时感到难以置信而惊愕和痛苦，这便阻挡了他的体验、探究向更深的层次的发展。"[②]洪子诚对所有"姿态"性的表达都因其虚饰性而持有必要的警觉，这一角度揭开了引导时代潮流、走在时代前沿的"英雄"性格的另一侧面。

与此形成对比的是，他对时代"落伍者"的重视与强调。在以往的研究中，研究者对时代的英雄情有独钟，"落伍者"的边缘地位使他们成了多余的人，他们很少进入研究者的视角，更不要说作为主要对象被研究了。而洪子诚却与众不同，他从杨绛的《干校六纪》《将饮茶》等散文中，发现了与巴金英雄情怀不同的另一种性格。他认为，巴金与杨绛的文字相比较："一为激烈，一为温婉；一为奔泻直率，一为简约含蓄；一为投身事态之中的控诉与自遣，一为走出事态之外的平静的审视。"他们文体与感情的不同，最主要的是他们"有不同的生活位置，在对历史进行反思时确立了不同的基点"[③]。杨绛没有"英雄"欲望，她对个人的期待是："是什么料，充什么用"，"我不是唐·吉诃德"。对杨绛的并不令人鼓舞的表白，洪子诚认为，要做到这一点，"其实是不容易的"。他认为杨绛所选择、推崇的生活位置和人生态度，是甘居于"卑微"，并不求做"人上人"；尽自己一份力，也不谋求报答。在这样的情况下，就不怕下跌，不用费力倾轧排挤，也不用在各种场合察言观色，变化脸孔，装模作样，用杨绛的话说："可以保其天真，成其自然，潜心一志完成自己能做的事。"这一心态使杨绛的作品呈现出了不同于"英

① 洪子诚：《作家姿态与自我意识》，第 132 页。

② 洪子诚：《作家姿态与自我意识》，第 152 页。

③ 洪子诚：《作家姿态与自我意识》，第 154 页。

雄姿态”的风貌：“她并不需要大声抨击，却往往展现了事物的乖谬，她并不需要撕开伤痕，却能透出心中深刻的隐痛。她冷静，但不冷漠；嘲讽，但有宽容。在对知识分子进行反思自审时，不因他们命运多舛而停留在一掬同情之泪的地步，不回避对他们身上污垢的抉剔。”[①] 洪子诚的这一立场，并非来源于他个人的性格和趣味，而是通过对知识分子精神传统的分析，特别是对“创造社”“太阳社”才子们的“代言情怀”、以“战士”自居的立场及失误的分析确定的。

事实上，治国平天下的抱负历来为传统文人和现代知识分子的人生目标，“以文入世”“干预生活”，也成了作家良知、道义的表现。然而，事情远非这样简单，传统文化为文化人所设定的目标，并非每个人都能实现。百年来中国复杂的历史处境，常使一些承担了角色的人，深感力不从心，有人可以做堂吉诃德，而有人生来就是哈姆雷特。瞿秋白《多余的话》，最为集中和典型地表达了现代知识分子性格的另一面。此外，洪子诚还从茅盾、朱自清等人的精神矛盾中发现了这一普遍的现象。这一现象的揭示，进一步证实了作家的有限性和文学的有限性，因此也揭示了作家英雄情怀的幻觉性。但是，洪子诚并非借此表达他对知识分子疏离责任和使命、“隐身”、“潜心”的向往。恰恰相反，他的这一立场，表达的只不过是“他们更清醒地认识自己的特点（也包括弱点），在这样的基础上，寻找与社会、与时代可能建立联系的新方式。他们潜心于写作，潜心于教育事业和学术研究，并不完全是对学术研究等特别沉迷，其动机也有着他们对社会责任的执着”[②]。这一段论述，也可以看作是洪子诚的心态自况。

多年来，他并不是“前沿”的批评家，对“当下”文学情况的表态，他往往持谨慎态度，这自然与他的性格有关，但更与他作为一个学者的郑重、严肃有关。这一谨慎并不是谨小慎微、瞻前顾后。事实上，当表达成为一种内心需要时，他直言不讳、没有顾忌和妥协，

① 洪子诚：《作家姿态与自我意识》，第 158 页。

② 洪子诚：《作家姿态与自我意识》，第 165 页。

如他与公刘关于诗歌观念的分歧；在商品经济时代文学应持有理想情怀的坚持等，他都及时而勇武地发表了看法，这又展示了他作为知识分子的某种执拗和坦率。

将当代中国文学研究，置于“五四”以来新文学发展的整体背景下考察，并从文学传统和精神地位的框架中，发现当代文学的思想、艺术、情感等与传统的连续性，是洪子诚当代中国文学研究的一大特色，也是他深化了当代文学研究的学术视角。很显然，他的研究影响推动了这一学科的发展和整体水平的提高。

但是，通过洪子诚的研究，我们时常会感到他人生的“悲凉感”，这不仅在于他对流行的看法通常持有的否定态度，对时代“落伍者”心态的体察入微甚至兴致盎然，也不仅在于他对“战士”和“英雄”姿态的怀疑，同时还体现在他对人生易老的慨叹上。在《中国当代新诗史》（这是一部体现当代诗歌史研究水平的专著，它的丰富性和理论深度，显示了作者不凡的修养和宽阔的学术视野。限于篇幅，我在这里不能谈到它）的“后记”中，他谈到了他的青春岁月，他怀着美好的情感追忆了1958年，他同谢冕、孙绍振等接受写作《中国新诗发展概况》的情形，他们“把每天一人几角钱的伙食包给一家小饭铺，每天只吃早上九点、下午四点两餐。尽管如此，那时的情绪却格外昂扬，常常挑灯到天明，并为一些问题激烈地争辩不休”。然而，三十余年“弹指一挥间”。他说：“回顾这段往事，我们不免会有一种宿命的感觉。人的一生看似很长，实际上相当短促，能做的事很少，而且往往绕着一个圈子打转。更使我们感到遗憾的是，我们本意是要了却青春岁月遗欠下的一段‘憾梦’，但这个‘梦’看来还远远未曾了却。”[①] 这“远远未曾了却”的东西在书中已有透露，有的诗人因各种情况而没有或深入讨论，但更多的，却是他对人生有限性的认知。当年那“激烈的争论”，已置换为“自己的见解并

① 见洪子诚、刘登翰《中国当代新诗史》“后记”，人民文学出版社1983年版。洪子诚极少谈到他自己，因此，这篇后记是研究他个人心路历程和学术立场的重要资料。

不十分高明，也没有必要总是固执己见”的豁达。他这并不昂扬的表白与淡漠无关，与其相关的，是他作为知识分子对人生和学术的别一种理解，对我们这些自命不凡激进自信的一代学者来说，显然有不比寻常的启示，他启示我们对当下的语境和“姿态”做必要的省察和检讨。

原刊《文艺争鸣》1996 年第 6 期，此处收录的是作者提供的文档。

君子儒：洪子诚的意义

旷新年

一、“我不是堂·吉诃德”

20世纪以来，中国文学是以不断地宣言来取得伟大的进步与超越的，到80年代已经形成了一派“江山代有才人出，各领风骚三五天”的推陈出新的繁荣景象。势不可当的时代潮流不断地鼓荡着、裹挟着我们前进，中国的进步和变化确实是太快了，我们不知有多少人是在时代的浪峰上翻着筋斗过来的。在呼风唤雨、突飞猛进、日新月异的当代文学前沿阵地上，洪子诚老师处于一种非常特殊的位置。他无疑并不是“站在时代的前列”，甚至也没有想过去“追赶时代的潮流”，在学术越来越新闻化的今天，洪子诚老师尤其孤独和落伍。这是一个文化明星的时代，“学者”一夜之间哗变为文化掮客，穿梭于电视工场、无线电台，乃至大街小巷之间。甚至仰之弥高的皇皇经典在今天也以快餐的形式在超级市场上被批发出卖，“文明的碎片”像方便面一样挤满了匆匆忙忙的街市。一位海外学者说，中国学者有“三好”：好名，好利，好不读书。其实这并不是中国的“特色”，而是一种显而易见、不可抗拒的时代精神，所谓“滔滔者，天下皆是也”，是浩浩荡荡的时代潮流。孔老夫子曰：“古之学者为己，今之学者为人。”[①]“为己之学”在两千多年前注定了没落，而学术越来越和马戏一样成为一种观众无多的现代表演。

① 《论语·子路篇》，朱熹《四书章句集注》，中华书局1983年版，第155页。

在明末历史大崩溃之际，顾炎武曾引宋人刘挚的话说："士当以器识为先，一为文人，无足观矣。"[①]"五四"时代，中国的"读书人"和传统产生了历史性的疏离。但是，这种疏离却没有产生真正独立的、现代意义上的新知识分子，反而使他们成为一种愈加莫名其妙和"无依无靠"的半新不旧的东西。郁达夫所谓的"零余人"，瞿秋白所说的"薄海民"，曹聚仁在《我与我的世界》中说"我们都是多余的人"，都是表达这种无可安身立命和无所适从的尴尬。

在《多余的话》中，瞿秋白专门有一节剖析"文人"。他认为，文人是"中国中世纪的残余和遗产——一份很坏的遗产"。这种过渡的、暧昧的时代，破产的绅士往往变成城市的波希美亚——高等游民，颓废的、脆弱的、浪漫的，甚至狂妄的人物。说得实在些，是废物。他说文人"差不多完全没有自信力，每一个见解都是动摇的，站不稳的。总希望有一个依靠"。因此"优柔寡断，随波逐流，是这种'文人'的必然的性格"。"怯懦"是中国现代文人致命的性格特征，而"戏子"则是他们最本质的身份标识，瞿秋白在生命最后的严重时候反省和回顾自己的经历说："如果叫我做一个'戏子'——舞台上的演员，倒很会有些成绩，因为19年我一直觉得自己在扮演一定的角色。扮着大学教授，扮着政治家，也会真正忘记自己而完全成为'剧中人'。"[②]早在20年代初，瞿秋白就在《赤都心史》《饿乡纪程》中对于文人气的现代知识分子进行了深刻自剖。在《小英雄》中，他说现代文人："他自命为智识阶级，其实没有什么实际知识。他没有任何一种技能，而他又是'万能的'，……他不知道绅商，工农，苦力，流氓，三教九流，一切军民人等的生活，甚至于不知道自己的生活。……总之，他什么也不是，可又什么都是，

① 顾炎武：《日知录》卷十九《文人之多》，《日知录集释》，花山文艺出版社1990年版，第849页。

② 瞿秋白：《多余的话》，见刘福勤《心忧书〈多余的话〉》，上海社会科学院出版社1993年版。

他只爱当军师。”[①] 如果说毛泽东是20世纪对知识分子看得最透的伟人，那么瞿秋白则是20世纪知识分子自剖最严格、最深刻的大无畏的勇者。

钱理群老师曾经以“丰富的痛苦”来概括中国现代知识分子在堂·吉诃德与哈姆雷特之间的历史彷徨。我们知道19世纪屠格涅夫对堂·吉诃德曾经充满了由衷的赞颂：“堂·吉诃德全身心浸透着对理想的真诚，为了理想他准备承受种种艰难困苦，准备牺牲自己的生命。他之所以珍视自己的生命，就是因为生命能作为他在世界上实现理想、确立真理与正义的手段。有人说，这个理想是他的心神错乱的想象，从骑士小说的幻想世界里吸取出来的，我同意这点，堂·吉诃德的喜剧性的一面也就在这里，然而理想本身仍然保持着完美无疵的纯洁。”[②] 如果说西方的堂·吉诃德是一个真正的傻子，而中国的堂·吉诃德则是格外聪明的。瞿秋白说：西洋武士道的没落产生了堂·吉诃德那样的戆大。他其实是个十分老实的书呆子。看他在黑夜里仗着宝剑和风车开仗，的确傻相可掬，觉得可笑可怜。然而这是真正的吉诃德。中国的江湖派和流氓种子，却会愚弄吉诃德式的老实人，而自己又假装着堂·吉诃德的姿态。[③] 中国的戏子式的堂·吉诃德，鲁迅把他们叫作“做戏的虚无党”。他们总是在不断地扮演着时代和真理的代言人的角色。就像向日葵是向着太阳一样，他们总是掌握着时代的真理。

然而，洪子诚老师却借了杨绛的话宣布：“我不是堂·吉诃德。”不是当代英雄，而是一个路碑一样的落伍者。“这种位置，是甘愿居于‘卑微’，并不求做‘人上人’；尽自己一份力，也不谋求报

① 瞿秋白：《小英雄·小诸葛》，《瞿秋白文集》文学编第一卷，人民文学出版社1985年版。

② 屠格涅夫：《哈姆雷特与堂·吉诃德》，《外国文学评论选》，湖南人民出版社1982年版。

③ 鲁迅：《真假堂吉诃德》，《鲁迅全集》第4卷，人民文学出版社1981年版，519页。

答。在这样的情况下，就不怕下跌，不用去费力倾轧排挤，也不用在各种场合察言观色，变化脸孔，装模作样，‘可以保其天真，成其自然，潜心一志完成自己能做的事’。”……洪子诚老师对杨绛散文的那些轻描淡写的评论实质上已经成为他自己的学术研究的一种“宣言”：“我不是堂·吉诃德，我不是英雄，也不是幻觉中的英雄，我只是个译了些作品、写了些书、做了些自己能做的事的普通人。我并未也不可能预言什么，不存在控制、引领社会生活朝预设目标发展的奢望。但我和你们一同经受了许多挫折和坎坷，我愿意把这一切看作生命逆旅中虽特别，却也正常的一幕。我可以把自己的观察、体验讲出来。尽管我一样有着‘经不起炎凉、受不得磕碰’的‘肉体包裹的心’，它永远也不会炼得‘刀枪不入，水火不伤’，然而‘伤感’对我来说是不必要的，只有冷静观察咀嚼，才能获得智慧之路。”[①] 正是这样一种态度形成了洪子诚老师与中国当代文学之间的特殊关系，形成了他与中国当代文学争新恐后、随波逐流不同的品质，并且产生了“作家姿态与自我意识”这样和奋勇向前的精神相反的题目。洪子诚以他出离于时代潮流之外的品格将学术表演转变为学术省察，尤其是将中国当代文学“评论”真正转变为一种“研究”。

二、“作家姿态与自我意识”

感伤是20世纪中国文学一个极为平常的问题，梁实秋、袁可嘉、张爱玲等现代作家和批评家注意到中国现代文学的感伤倾向，袁可嘉说：“虚伪、肤浅、幼稚的感情，没有经过周密的思想和感觉而表达的诗文，便是文学的感伤。”[②] 然而，我们多是过于就事论事

① 洪子诚：《作家姿态与自我意识》，陕西人民教育出版社 1991 年版，157—159 页。

② 袁可嘉：《论现代诗中的政治感伤性》，《论新诗现代化》，三联书店 1988 年版。

地把感伤理解为眼泪鼻涕，而从来没有真正把中国文学的幼稚化状态和中国文学的感伤特点联系起来。20 世纪中国文学的概念化、公式化、口号化正是感伤的最明显的标志。当代的文学研究从来没有能力像洪子诚老师这样将感伤不仅仅是作为一种现象，而且是作为一个根本的问题而提出，并且对中国当代文学中的感伤倾向做出深刻的诊断与有力的清算。他不是随波逐流地去追踪 80 年代眼花缭乱的“流变”，而是拨开“80 年代纷杂的文学现象”去把握那已经被“艺术化”、“技巧化”和“魅力化”了的“文学中的‘感伤倾向’和作家表现的‘感伤姿态’”[①]。他从对“感情”重要性的夸大及其理解、艺术表现的形式以及对形式的忽视等方面对中国当代文学的感伤现象进行了深刻的剖析。他尤其从畅销书《血色黄昏》中“自然主义”与“真实”也被“感伤化”了这一现象道出了中国文学发展的悲哀。

正是从“感伤”入手，洪子诚老师对于 80 年代文学发展中被过分地抬高了的“忏悔意识”进行了深刻的揭示与批判，从而做出了与众不同的结论：“对人们津津乐道的所谓 70 年代末到 80 年代的‘全民性反思’，从规模到深度，似乎都应打一个很大的折扣。”[②]这种所谓“反思文学”和“忏悔意识”仍然是公式化、概念化、口号化，是“感伤化”和“虚伪”的：“读着《雪落黄河静无声》，我们感到奇怪的是，范汉儒对自己为什么会被冤屈而成为‘右派分子’这一事实并不关心，他也从未想要去思考、探寻这场陷亿万民众于悲剧中的动乱的根由，去关切他生活的这块土地为何会遭受这样的苦难与不幸。他的思想感情焦点，他的努力，全放在如何维持自己的品质、灵魂的‘纯净’与‘道德’的完善上。在范汉儒这类人物形象的身上，表现着双重的伪饰与‘矫情’。”[③]他一针见血地指出这种“道德的自我完善”的“怯懦”和“忏悔意识”的“虚伪”以及它对于“真实”的掩盖：“他以自我人格完善来构筑自我的封闭

① 洪子诚：《作家姿态与自我意识》，第 4 页。

② 洪子诚：《作家姿态与自我意识》，第 103 页。

③ 洪子诚：《作家姿态与自我意识》，第 119 页。

世界，为‘书生’式的软弱辩解，来回避、拒绝对自己、对人的人生意义和生命价值的深入探询，也为他当时对广大民众遭受的苦难、灾祸不愿正视的有些冷漠态度，提出一种‘合理的’解释。从对知识分子命运的反思的角度看，这恰恰是回避那种痛苦的、常常令人难堪的深刻自剖所采取的‘对策’，虽说这种‘采取’，也许是无意识的。”[①] 洪子诚老师以他对于《雪落黄河静无声》的评论对 80 年代的“反思文学”重新进行了“反思”。

对于巴金的《随想录》，他同样不是予以人云亦云、无关痛痒的捧场与颂扬，而是对这种“真话”的有限性进行了声调不高但是却极为有力的追问：“知识分子从特定历史时期的迷惘、失误中觉醒，重新承担‘开启民智’、向不明白真理的人讲出真理的这一责任——巴金所持的这一基本立场，难道就变得深刻、成为天经地义的看法了吗？应该看到，知识分子的失去精神独立性的现象，并不是只有‘特定’的时期才出现（虽然在‘文革’等阶段，表现得集中而显著），在中国现代历史上，他们早就加入了社会的整个网络系统之中。他们并非游离、自外于这部社会机器的转动运作，而是参与推动它的运作；他们并非一时失去应该承担的责任，而是总在承担着认定的责任。他们一直在宣讲着‘真理’，一直在标示着自身对民族、人民、国家的责任感，如果将知识分子在‘文革’及另外一些时期的‘失误’看作一时的‘迷失’，看作一种‘例外’，看作被‘社会’所排斥的结果，那也并不能说明问题的实质。其实，巴金在《随想录》中，通过‘忏悔’已提供了大量例证，来说明了这种参与，说明不同的人在这部社会机器中所居的不同位置的状况。”[②] 可贵的是，洪子诚老师洞察到了被视为“中国的良心”的巴金“文人英雄”和“忏悔意识”的浮浅与局限性。洪子诚老师以他的“卑微”和“沉默”恰恰使中国当代文学的认识进入到了一种并非不可企及，然而事实上却一直无法接近的高度。

① 洪子诚：《作家姿态与自我意识》，第 122 页。

② 洪子诚：《作家姿态与自我意识》，第 149 页。

在《超越渴望》中，洪子诚老师指出：“一个人的精神高度和生活质量，并不一定与生活际遇的坎坷程度成正比；如果这种人生际遇不能转化为一种深刻的精神体验，那并不值得特别骄傲。随着个人命运的改善，我们很快又会回到那种自以为能洞察一切、把握一切的心绪中去。”[①]“丰富的痛苦”成为20世纪中国文学的特征，甚至成为我们文学创作的一件法宝和一种依靠。展示苦难和伤痕成为中国现代文人的一大能事。然而，只有洪子诚老师才真正把它作为一种缺陷和病态予以揭示。无穷无尽的历史苦难造成了现代中国文人显著的自恋特征。苦难没有成就他们，而是摧毁了他们。苦难的“文革”并不足以产生伟大的文学，而是毁掉了不仅一代知识分子——我不是从肉体，而是从“精神结构”上来使用“毁掉”这两个字的。

在对“寻根文学”的评述里，洪子诚老师指出：“与80年代文学发展的‘风尚’一样，一切创作上的创新都采取‘运动’的形式来展开，并通过谈理论、发宣言，理论与创作并重，甚至没有作品先‘宣言’一番。”[②]从“作家的姿态与自我意识”这一角度重新考察80年代文学的“繁荣”与“超越”，也许我们过于乐观的评价已经有待重新估价；然而，80年代文学的发展确实充分地展览了“作家的姿态”对于总是被“时代潮流”席卷而去的中国文学，洪子诚老师《作家的姿态与自我意识》在1991年的出版似乎成了一种“预言”——对于90年代“精神颓败”和“文学哗变”的不幸预言。

原刊《文艺争鸣》1996年第6期，此处收录的是编者根据刊发稿整理的版本。

① 洪子诚：《作家姿态与自我意识》，第200页。

② 洪子诚：《作家姿态与自我意识》，第46页。

《中国当代文学史》研讨会纪要

主办：北京大学出版社

主持人：谢冕

参加人：洪子诚、严家炎、钱理群、杨匡汉、赵园、蓝棣之、赵祖谟、温儒敏、陈平原、曹文轩、孟繁华、程光炜、李兆忠、李杨、韩毓海、乔征胜、高秀芹、赵晋华

时间：1999 年 9 月 10 日 15：00—18：00

地点：北京大学中文系会议室

谢冕：洪子诚这本书是关于当代文学的，大家可以从书的写作角度、写作特点、研究的成果（当然优点和不足都可以谈）等方面充分地讨论。“当代文学”这个学科很有意思，我长期在这个学科中进行研究，觉得这是很难的一个学科，很多问题的处理需要很机智、很高的技巧。处理的材料、文学与意识形态之间的关系等的方方面面，当代文学史写作的甘苦等，大家都可以谈。

温儒敏：我觉得这本书和我接触过的当代文学史、现代文学史相比，是很有特点的。总的来说，给人的感觉比较切实，用的是比较朴素的、平实的，又很有智慧的一种叙述方式。特色之一，是把抓文学现象作为处理文学史的一个基本方式。“抓现象”也不是什么新东西，从鲁迅的《中国小说史略》到许多的文学史，都注重对文学现象进行分析研究。包括我们以前做文学史，也想向这方面发展，但不容易做到。但是我觉得洪老师这本书做得比较好。从这一点来切入当代文学史，我觉得是很智慧的，也比较切合它的研究对

象。比较而言，我觉得50年代那部分写得比较有生气，有个性，抓文学现象比较到位。特别好的是它注重了文学的生产方式。生产方式包括文学是通过一种什么样的形式出来的，甚至涉及不同的写作姿态和一代、几代人的写作心理，这本书都上升到文学现象进行分析。比较新鲜的包括“读者反应”，比如说有些章节分析“读者来信”——它的构成，它在什么样的政治气氛、历史条件下形成的，它们也参与了文学批评，某种意义上也左右了一个时期的创作。甚至文学社团的介绍，如“作家协会”怎么构成的，在文坛起什么作用，在哪个层面上介入了创作等。——以前的文学史从来没有谈到这些问题，但洪老师这本书做了很好的解释。另外一个特色，是我觉得洪老师真正用了“史家的笔法”，这很不容易。因为研究对象决定了有些话不能直说，历史还没有沉淀下来，这不完全是政治因素的制约。这本书说得很“实”，但又处理得很好。我觉得有点类似《剑桥中国史》那种简要的、勾勒式的写法，点到即止，用的是些中性词。

但是我读了这本书，也有不太满意的地方，如果按更高的要求，有些历史的复杂性还是可以再展开一点。比如“审美”，50年代每个时期的普遍性的审美追求，当然受到政治的影响。你现在是站在90年代“当代”的角度来评述这种审美倾向，但是如果说历史可以有某种层面上的“还原”的话，那么可能更恰如其分。既强调当代性，又对当时特定历史条件下的那种普遍性的审美追求做出一些比较客观的评述，就会更好一些。

陈平原：80年代中期严老师（严家炎）、老钱（钱理群）、洪老师、黄子平、老吴（吴福辉）和我，我们六个人在考虑做“二十世纪中国小说史”。在1986—1987年，我们就不断讨论“文学史怎么写”。我的《二十世纪中国小说史·第一卷》做了一个尝试，基本上可以说有一个比较完整的成果。所以我从文学史怎么写说起。

当时有三个基本的观念。第一，文学史应该单独来写。我反对三十个人、五十个人共同撰写一部文学史的那种做法。虽然“二十世纪中国小说史”是很多人一起做，但每一卷都是独自写的。独立撰史才能体现我们的文学史观，体现我们学术的知识、训练和才情。洪老师单独完成这本文学史书，而不是找几个学生做一本像《当代中国文学概观》那样的东西，已经把这个问题挑明了。第二，以文学现象为突破口来描述一段历史。这也是80年代我们一直讨论的。第三，就是以附录“大事年表”的形式提供基本史料和基本线索，让学生进一步去阅读和思考，把主要的精力放在制度史的写作，而且突出研究者的史思。我当时的说法就是，“把史料压在纸背”。因为现在很多人写文学史是把史料浮在纸面，所以会被史料挤得转不过身来，最后作者的见解没有了，或者被淹没在一大堆的史料中间，或者人云亦云，体现不出来。所以史料的工作应该做，但最好压在纸背。在洪老师这个文学史里面，最基本的史料处理工作很多是在注释和大事表里面来体现，而不是在行文中。我是特别反对那种作家传记，加上故事梗概，最后点评两句的写法。这不叫文学史。这些问题应该由注释来解决，由大事表来解决。洪老师在其他的书里面，把作家的分析、作品的分析和一般的问题给解决了，这本书里面只是立大的思路。

这本书的基本框架，我给它定位为：兼及教科书与学术专著。这不是一本纯粹的教科书，也不是一本纯粹的学术专著。将来它的优点和缺点都从这里出来。因为教科书有教科书的写作体例，包括它对学术质量的要求、对读者的拟想和学术著作是不一样的。这本书希望兼及这两者，所以就出现一个问题。说好的方面——这本书打破了以往教科书的注释体例。教科书一个共同的特点，是不太愿意引当代人的研究成果。洪老师这本书比较多地引用了当代人的研究成果，比如说引用了黄子平的《革命·历史·小说》、杨健的《文化大革命中的地下文学》，引用了谢冕、何西来、季红真、雷达、李子云、陈思和、孟繁华等人的研究成果，我觉得这是一个突破。当代人的研究成果，如何进入文学史的写作，我觉得是一个很大的问题。假如不这样的话，我们的成果不可能迅速地提高。这既是一个学术道德问题，也是学术知识不断积累的必要。我说这本书兼及教科书和学术著作，一方面是我对这本书的欣赏，但另一方面我又提出一个问题。这本书就“单刀直入”这一点，不如《当代中国文学概说》（香港青文书屋，1997 年）。那本书虽然很薄，但基本上是“寸铁杀人”，点到即止。《中国当代文学史》则在展开，观点的“棱角”就反而因为这些进一步的展开或为了学生阅读而做了一些妥协。我的感觉，这本书一方面有学术专著的品位，但另一方面教科书和学术专著毕竟是不一样的，所以处理起来不是很容易。

韩毓海：我有两个看法。第一，温老师刚才提出“文化生产”，这很重要。中国现代文学和当代文学一个很大的差别，首先是作为文化生产的唯物主义基础发生了很大的改变。经过 1952 年生产资料所有制的改造，所有的刊物和社团都变成公有制的了。社会主义改造我们以前只注意它的经济的形式，而不注意它的文化资料生产所有制的改造。大概是在《在延安文艺座谈会上的讲话》之后，中国共产党就已经开始改变文化生产的形式，或者说文化活动、文化公共领域的形式。由于生产资料的社会主义改造，文化领域的表达形式发生了根本性的变化。这种变化我觉得是由“阅读性材料”向“可视性材料”的转换，由私人阅读形式向群众集会的观看形式转换。我觉得我们过去不太注意生产方式的改造与文学之间的关系，也就是我们的文学是在什么形式上存在的。文学首先是一种生产，这在洪老师这本文学史的实践中非常清楚。第二，20 世纪文学后期有一个中国文学和文化不断地融入“世界”的过程。“五四”时期关于“世界”的理解是非常广泛的，比如在鲁迅那儿，俄罗斯文学、弱小民族的文学构成了“世界”。可是在 80 年代以后提出“二十世纪文学”，对它的理解发生了一个偏向，“二十世纪文学”的“世界”好像就是指英美的世界。如果按照 80 年代的理解，那么当代的前三十年就仿佛是“闭关锁国”的三十年，后二十年就是“改革开放”的二十年。这种理解是不对的。因为中华人民共和国是在 1971 年被“第三世界”的六十三个穷兄弟“抬”进了联合国。这毫无疑问是“走向世界”。洪老师这本书也许能够恢复中国当代文学对“世界”的总体图景。

孟繁华: 中国当代文学可能被认为是最没有“学问”的一个学科，甚至它是否构成一个“学科”都成为问题。在 80 年代初期的时候，施蛰存和唐弢先生都提出过当代文学是否能够写“史”的问题。我觉得其他学科对“当代文学”的指责有部分的合理性。我从来都觉得古代文学也好，近现代文学也好，它们的史料工作都比“当代文学”做得要好一点。“当代文学”之所以被认为有问题，而且不成为“学问”，和我们的史料工作做得不好有很大的关系。但这里面有一个治当代文学的人所不能超越的宿命般的困境，就是有些材料，作为一个当代文学史家，你怎么努力也都是不能获得的。比如说《文艺报》，它在 90 年代发的最有价值的文章，恰恰是透露当代文学的几个史料性的文章。比如夏杏珍、梅白的文章。一般人没有条件接触这些第一手材料。当代文学的材料获取的困难，更多的恐怕在这个上面。洪老师治当代文学史，始终把材料作为一个非常重要的问题。他把当代中国文学真的变成了一个学问。过去当代文学史做得不好，除了文学制度的制约之外，另外一个问题是，“一样的文学史”太多了。个人撰写的文学史，洪老师的两本书恐怕是“唯一”的。过去的文学史写作，一个特点是“集体撰史”。1953 年讨论王瑶先生的《新文学史稿》，当时的批判文章说，一个人在这么短的时间中能够写出一本文学史，是非常困难的。从此以后就开启了另外一种写作文学史的范式，就是集体写作。当然也是从北大开始的，55 级搞了“红皮文学史”。后来全国的各个大学，都完全是集体写作文学史。个人文学史的匮乏，和这个背景是完全相关的。洪老师在这一点上，对我们文学史写作制度做了突破。另外一个，当代文学史到现在为止，大概有几十部了。为什么我说它们是对古代文学史的绝对的模仿呢？解放以后古代文学史的写作，基本上有一个预设，开始的时候是“现实主义”与“反现实主义”，到了 60 年代就完全是“阶级斗争”的预设。古代文学有一个比较好的条件，它经过了时间的筛选，有些作家的作品可以在文学史的意义上变成“经典”性的东西。但我们的当代文学史也按照这个思路去写，基本上就是

“戴奖章”的性质，你是一个现实主义作家，或你是一个“以阶级斗争为纲”的作家，你就被写进了文学史。所以当代文学在治史过程中存在的一些问题，是其他学科所没有的。

杨匡汉：我们掌握的资料不全，目前全国正式出版社或各大学出版社出版的中国当代文学史大概有三十八部。绝大多数的当代文学史已经形成了一个套路。一是政治意识形态的观念太强；二是“排排坐，吃果果”，各方面都照顾到。很大的问题是低水平的重复。在这样的情况下，我们一直很关注北大的动作，对洪老师这本书我个人是非常敬重和赞赏的。洪老师这本书有很大的特点，就是回到文学本身。把文学现象、文学作品、作家的活动、文学生产等，放到特定历史文化氛围当中。洪老师这本书在写作上有几个很值得我们注意的地方：第一，“还原”的办法，恢复历史的本来面貌，用充分的历史事实进行还原。把问题放回到历史的环境、历史的语境当中，对文学的演化过程交代得比较清楚。第二，对很多文学现象、文学作品进行了重读，甚至对一些过去被埋没的“珍珠”，也进行了挖掘。第三，“尺度”掌握得比较得体。特别注意当代文学发展过程当中的独特的经验、独特的表达，以及作者所体现的独特的评价。第四，是这本书的“点化”，点到为止，这是老刀笔。很多事情，我看到这里很气愤的时候，他不动声色，点一下，让人自己想去。这也是一种技巧，一种智慧。

这本书也有一些可以改进的地方。第一，章节太多，给人一种“碎”的感觉。当然，我是从希望它既是教材也是学术著作的角度。有些章节可以合并。比如“走向‘文革文学’”和“文革时期的文学”可以合并起来。第二，我同意孟繁华的意见，90 年代只占了十页，有点少。我的意见是，50—60 年代是一元化的，80 年代是二元化的，90 年代才开始走向多元。第三，我觉得理论上的必要展开，还有些欠缺。

赵园：如果我们要描述 20 世纪中国文学，有两个时期是非常关键的：一个是近、现代文学之交，一个是现、当代文学之交。洪先生这本书让我很震动的地方，就是它把现、当代这个“转折”实践在一种内部机制中，尤其借助大量的过去被人忽视的细节。我们好像还不能一般地说“复原历史”。所谓“事实”，从来大家的看法都是不一致的。什么是“事实”，这个“事实”是不是应该写入文学史著作？治史从来就有一个史料的认证问题。我觉得洪先生把许多过去不认为是“事实”或“史料”的东西，写进了这部文学史。我觉得这是非常重要的一种贡献。这本书好的地方在于，所有敏感和尖锐的问题，都不回避，但是着笔的时候非常节制和适度。我觉得文学史的写作就应当是这样，这是很合乎“规范”的。文学史和论文或论著不同的地方正是在这里，它揭示了问题，但也知道应当在哪个地方停止。洪先生给我印象最深的，是这样的一种能力，即所谓的“识断”，就是史识和史断的能力。我觉得这本书不回避什么，这就已经很了不得。好的史著，都有量史之才，不会一味发挥或伸展到边缘之外。

这些年来强调文学史如何由个人来书写，我觉得洪先生提供了很多有益的经验。其实在这之前，我们仍然有这方面的努力，但是问题是什么样的“个人”。过去有很多个人署名的文学史，我觉得好像不是我们所说的个人文学史。我甚至觉得王瑶先生的那本《新文学史稿》也有原来那种教科书的规范的限制。刚才大家说到文学史和个人专著的结合，我觉得文学史本来就是个人专著，并不是非要在这两者之间妥协。我觉得无形的限制已经极多，还可以更个人化，有更多的省略和更多的突出。

程光炜：20 世纪后半叶的中国当代文学史，一定程度上可以说是贯彻着当代文艺政策、方针的一部“体制史”。或者说它象征着文艺体制怎样编排文艺思潮、作家和作品的历史地位，怎样把对“新中国”的历史叙事文学化、形象化的一个历史过程。不能认识到这一点，对当代文学诸多复杂现象的观察和思考，对这一历史阶段作家精神历史和文化心态的深入把握，就很难真正进行下去。北大新版的《中国当代文学史》，正是一部考虑了当代政治文化复杂脉络的学术著作。它的特出之处尚不在引人注目的“文艺体制化研究”，而在把这一研究扩散到了对文学现象发生史、作家群体和作家个案的整体考察之中——由此进一步叩问了当代文学史“建史”的深度机制——从而完成了当代文学“评论”向当代文学“史”研究的深刻转移。这种改变，是80年代文学史研究思考、反省的直接思想成果。80年代，文学史叙述的知识先锋性逐渐被美学的先锋性所取代，难以抑制的历史激情成为文学史写作的主要发动机。于是，就有了一个在抑制泛滥的历史激情但同时保持内在激情的饱满度之间的“平衡”问题，一个在处理当代文学的“历史主义化”和“非历史主义化”中间取得协调的问题。在我看来，问题的复杂性不只是来自叙述者的判断能力，同样也来源于中国当代文学所处的总体历史语境的复杂性和多样性。我们一方面在精神和思想上面临着难以解决的矛盾和困惑，另一方面却要拉开距离地审视这一矛盾和困惑给当代文学带来的种种问题；我们试图把文学史的写作变成一种冷抒情的“叙述”，并在这一过程中尽量取客观与超然的学术态度，同时又发现，当我们自己也变成被叙述的对象的时候，绝对的“冷静”和“客观”事实上是无法做到的。由此看来，并不是“当代人”不能写“当代文学史”，而是当代人“如何”写曾经“亲历过”的文学史。它更为深刻地意味着，我们如何在这一过程中“重建”当代人的历史观和世界观。

李兆忠：可以说，这是第一部有独立学术品位的当代文学史著作，它站在90年代学术思想的制高点，对中国当代文学错综复杂的历史进程做了透彻的描述和清理，揭开了它的庐山真面目，它的出现，提升了当代文学史研究的学术层次，打破了当代文学史研究落后于当代文学批评的局面。

作为第一部完全由个人撰写的当代文学史著作，《中国当代文学史》体现了史家通透的眼光、勇锐的学术人格。这首先表现在它大胆地把制约整个中国当代文学发展的枢纽——毛泽东文学思想及其文学规范置于学术解剖刀下，进行了鞭辟入里的分析（而在此之前的同类出版物由于种种原因几乎都在回避这个根本性的问题，因而使问题变得似是而非，自相矛盾，当代文学自身的发展轨迹势必遭到淹没），在阐明其历史合理性的同时，对其给当代文学带来的负面影响进行了充分的揭示，其中对各类作家的文化处境，对主流作家文化性格的分析，还有对左翼内部胡风与周扬的分歧的性质的分析，尤其精辟到位，发人所未发。

《中国当代文学史》另一个特点是强烈的整体意识，可以说是对十几年前三位学者提出的“20世纪中国文学”理论主张的成功实践。无论探讨什么样的问题哪怕看似细小的问题，作者总是将它们放在20世纪中国文学的整体格局中，放在中国文学在走向现代化的过程中所呈现的复杂的动态流程中加以梳理，读了使人豁然开朗。其中对各种文类在当代文学史上的地位及其消长变迁原因的分析，脉络清晰，很有说服力。

同样值得称道的是作者对历史事实的高度尊重，与那些观念的表述大于文学事实本身、试图凭借某种新的文学史观念、方法出奇制胜的做法不同的是，洪子诚先生的研究始终不脱离具体的“历史情景”，努力将问题放回到其中加以审视，最大限度地还原历史。于是，其笔下的当代文学史就变得格外血肉丰满，除让人了解有关当代文学的众多知识之外，还让人充分领略了那段历史的真实的历史氛围。文学史写作固然可以有多种多样，这已是人们的共识，但这并不意味着所有的文学史写作价值等量齐观，其中最有价值、人们最愿意读的我以为依然是最能够逼近“历史”、体现“历史”本来面貌的那一种，尤其在今天，在当代文学的真实面貌很大程度上受到遮蔽的现在，这种文学史写作著作更为读者期盼，《中国当代文学史》正好满足了这一期盼。

蓝棣之：刚才说到专著和教科书，专著是个人的看法，文学史就比较平实一些，符合“大家的看法”。我认为个人的看法之所以重要，是因为可以摆脱一些人云亦云的说法，摆脱一些平庸的说法或不正确的官方说法。但是个人的看法又非常容易偏颇。一方面有个人的看法，另一方面又要比较客观，我觉得问题就在这里。洪子诚这本书比较好的地方也在这里，能够把个人的看法和比较公正的描述结合起来。

如果说这本书的缺点，我觉得一些代表性的作品分析得不够。应该对一些代表性的作品稍微分析一下，分析出几个层次来，这样更利于学生阅读和考试。

赵祖谟：我的第一个感觉是用三十六万字把复杂多变的当代文学写好，很不易。当代文学中比较重要的文学运动、文学现象、作家作品大致都涉及了。这种涉及不是支离破碎的，是一种整体把握。它把所有的东西纳入一个机制中去，能够看出一个整体的运动的来龙去脉。从内容上看，也比较匀称。我觉得 80 年代以来的话剧，没有单设一章，这是一个大缺憾。因为近二十年来，话剧的变化很大，要远远超过 50—70 年代。现在我们文学史的篇幅越来越庞大，我觉得子诚这本书言简意赅，提纲挈领。实际上阅读文学史的书不能取代你对文学史的学习，它是一个指导、引导你进入当代文学史的教科书。

和《当代中国文学概观》相比，这本书不仅延续到了 90 年代，而且力避情绪化。对文学现象和作家作品不做非此即彼的判断，显得更冷静、平实、辩证，而且吸收了近年来的许多研究成果，应该说补充了《当代中国文学概观》很多遗漏的东西。我觉得这本书里面有很多是属于子诚自己研究的成果，特别突出地表现在 50—70 年代的研究当中。比如说认为新中国成立十七年文艺思想斗争是 30 年代左翼作家内部矛盾斗争的延续和发展，对“自由主义”作家的再评价，对毛泽东文艺思想的分析，对新中国成立十七年“中心作家”和“五四”作家做对比的分析，对 60 年代中期到 70 年代中期文学“激进”思潮的“政治直接美学化”的分析——这些都是他自己的独特见解。我觉得这本书很成功地描绘了当代文学“一体化”的过程，以及“一体化”向“多元化”转变的过程。

曹文轩：看完这本书我有四点感觉。第一个感觉是，“当代文学”

仍然是一个合法的有效的概念。第二个感觉是，“当代文学不宜写史”的论断成为一个可以动摇的论断。第三点感觉是，洪老师这本书的整个叙述风气，我非常感兴趣。我觉得文学史也可以写得很好看。第四个是不太好的感觉，觉得这本书的后面太仓促了。和杨匡汉老师他们的感觉正好相反，我觉得 90 年代的文学可以不写。因为跟我们现在挨得太近，处理起来非常困难。可能再需要一段时间的沉淀。

严家炎：文学史其实没有固定的体例，最好的体例就是能够把这一段时间的文学发展的内在的、最有特点的东西抓住，然后设置内容章节。这样的体制是最合适的体例。我认为洪子诚这本书恰好就是这样的。看起来像是比较“碎”，其实正好是比较灵活，很得体。

我觉得这本书在叙事上非常有特点，不动声色、客观、严谨、简明，机巧地处理很多问题，这本身就需要很深的功力。对史实的评语都很谨慎，而且都是隐蔽在事实材料的背后。把复杂的、令人眼花缭乱的文学现象梳理得非常清楚，抓住了实质。但因为是个人写作，也有弱点，有些东西来不及接触。比如你提到文艺理论界的三股力量——周扬的、胡风的、江青姚文元的，好像没有进一步地把某些特点写出来。如果不是周扬长期领导“十七年”，文艺界可能又是另外一种状况。这跟周扬个人有很大的关系。比如你讲到读者，在批判运动中读者的功能，正因为这种功能，也培养了一些看风使舵的读者。但是在一些批判运动中，确实是一些读者来信，导致了非常重大的事情发生。书中其实需要略略展开就可以了。现在的感觉是，有些味道没有点够。

钱理群：我觉得这是一个标志性的著作，标志着当代文学有“史”了。当然这不仅是洪老师个人的创造，到了 20 世纪末，这个东西（当代文学写史）大概是成熟了，是可以做了，而洪老师完成了这样的“任务”。当代文学写史，有两个困难，一个是缺少时间的距离，另一个是当代人写当代史。这就有一个主观情感的问题，因为这些文学是和你的生命连在一起的。我读洪老师的书有一个特别亲切的感觉，他所写的每一个作品，每一个文学现象都是我们经历过的。如果过多地投入个人感情，必然会遮蔽事情的复杂性。我们可以回顾一下这20多年来我们对“当代文学”认识的过程。“文革”时期说得最高了，觉得当代文学是人类历史上“空前未有的文学”。后来就走到另一个极端，极端的反感，认为当代文学不能写史，尤其是洪老师写得最着力的“十七年”，很多人认为“十七年”没有什么文学，没有什么价值，这显然跟我们对这个时代的认识是相关的。到了90年代，“当代文学”包括“十七年文学”的各个侧面的问题都逐渐地得到显露，使得我们有可能比较冷静、比较科学地看待这段历史。这时“史”的写作就成熟了。而洪老师是最有准备的一位，所以他在这个时候就出来了。所以我对这本书给予很高的评价。

洪老师在这本书的“前言”中也讲到，他强调对“历史情境”的理解，也就是对那个时代的“理解的同情”的态度，但是并不回避一些严峻的方面。50—70年代的文学是规范化、一体化的文学，对这种文学我们怎么获得某种“理解的同情”，这是很困难的。洪老师采取的是一种客观的学术态度，摆脱了意识形态的限制。他描述了江青等“激进”文学思想是怎么发展的过程，更有价值的是，他注意到这样一种体制化内在的各种矛盾和缝隙，以及各种矛盾如何演变和发展。我特别欣赏他对“文革”那段文学史的描写。面对共和国这段非常复杂的历史，如何采取学术的态度，这是目前为止有很少研究者做到的事情。但他并没有回避严峻性。——这里有一个文学史的“原则”，一方面要进入历史情境，对历史发生的一些事情要有同情的理解，但同时应该不回避它所产生的各种严峻的问题。这样就形成了一种既理解又冷峻的叙述风格，甚至可以感觉到洪老师的某些个性。我想这么概括：委婉中见犀利，稳健中见锋芒，绵里藏针。我觉得这是比较理想的文学史家的笔法。

谢冕：《中国当代文学史》的写作标志着洪老师作为一个学者的成熟，这成熟表现在学养和智慧。从事实上看，这本书也标志着“当代文学”学科从幼稚走向逐渐成熟，为文学史的写作和当代文学研究的路子找到了一个比较好的范式。它指示给我们一种叙述方式，即在学术研究中的“中性”叙述方式，这本书做了非常成熟的示范。同时给我们确定了一个分析问题的角度。过去是从阶级斗争角度、社会意识形态角度等出发，而这本书是从文本的角度，从审美的角度，给我们明确了一个立场，就是学者的“独立”的立场。我也非常欣赏他在写作语言上消除了“语言污垢”，一些陈词滥调在这里找不到。这些东西给我们的启发是非常深刻的，也给我们今后的当代文学研究，例如文学和政治的关系、文学和社会意识形态的关系、文学史的写作等问题，提供了很好的范本。

洪子诚：大家在讨论中提出的很多当代文学史研究的很重要的问题，有很多问题我在写作中并不自觉，大家的分析对我自己有很大的启发。实际上我一直对自己的工作缺乏信心，写作当中也有很多矛盾。比如要写成一本教材还是个人的专著，在这个问题上我很困惑，实际上是两边都处理不好。定位为教材，这必须有一定的“面”，个人不能太随心所欲，一定要照顾到目前研究界比较客观的“共识”。如果是我个人的著作，有些作家我就可以不写，或者哪一些我可以突出一些。像这些问题都是比较难办的。

在这本书的写作过程中，我有一个比较明确的意识，就是要清理一下文学史研究中的一些问题。当代文学史研究的框架和叙述方法，实际上是50年代就已经确立了的，周扬他们在各次文代会的报告和其他文章中已经确立了文学史的框架、理念和写作方法。而80年代以来，沿用的都是周扬他们已经确立的路子。当代文学史研究要前进一步，我认为最重要的不是要去建构各种先验的理论模式，而是首先要做一种初步的清理工作。这一点是我在写作中比较明确的。比如说“社会主义文学”，当时为什么提的是“社会主义文学”？它是一种什么含义？另外“农业题材小说”“工业题材小说”这些概念是怎么出来的？为什么当时会产生这些概念？它跟现代文学的许多概念是一种什么关联？等等。这些范畴，需要做初步的清理。

这种清理能够使我们研究者从40年代以来逐渐僵化的叙述模式和观念模式中摆脱出来。没有这种“解放”，我们不可能处理很多的事情，也不可能获得一种新的视角。

（贺桂梅根据录音记录整理，有删节）

原刊《当代文学研究资料与信息》1999年第6期，此处收录的是编者根据刊发稿整理的版本。

读洪子诚《当代文学史》后

钱理群

读了洪子诚先生的这本《中国当代文学史》，感到很兴奋。我的第一感觉是，“当代文学”终于有了“史”了。——这确实是一部标志性的著作。

对于当代文学能不能写史，一直是有争论的。老一辈的文学史家都是主张把“文学评论”与“文学史”区分开来的。他们认为当代文学可以有评论，而难以写史，因为缺少作为历史叙述必须有的“距离”。这样的考虑并非没有道理：缺少了时间的距离，许多文学现象内在矛盾的各个侧面都没有充分地显露，匆忙地就已经暴露的侧面去做历史的叙述与判断，就有可能遮蔽暂时还没有突显的，甚至可能是更为深刻、内在的方面。更重要的是，当代人写当代史，固然因为有切身的体验，而触摸到另一个时代的研究者所难以把握、体味的某些“神韵”的东西；但正因为所要叙述与评价的对象与研究者自身的生命与命运有着如此密切的联系，也就会因主观情感的过多投入，而遮蔽了文学发展的复杂性。我们不妨回忆一下近五十年来对当代文学的认识过程。曾经有一度（尤其是“文化大革命”期间）我们把中国的当代文学看作中国历史，甚至人类历史上“空前未有的文学”。而在“文革”结束后的很长一段时间里，人们又几乎是怀着极端的反感来回顾这段历史的，在很多人看来，“文革”前十七年的文学，特别是“文革”时期的文学都是一片空白，除了惨痛的历史教训之外，没有留下任何可进入历史积淀的东西。现在，到了世纪末，我们又有了许多新的经历与体验，随着“文革”结束后这二十年文学与文化、思想的发展，当代文学历史（包括“十七年文学”与“文革文学”）的各个侧面的问题都逐渐得到显露，使得我们可能有距离地，比较客观、冷静地来看待这段历史，进行一种更加学术化的研究，这时“史”的写作条件就成熟了。而洪子诚先生近二十年来一直在“当代文学史”这个领域默默探索，尤其着力于人们认为“无史可写”的“十七年文学”与“文革文学”的研究，并且取得了一系列阶段性的研究成果，可以说他是最有准备的一位学者，因此，由他来承担已经成熟的历史课题，写出这部具有相对完整的史的体系的“当代文学史”，绝不是偶然的。而且，在洪著之后，我们又读到了陈思和先生主编的《中国当代文学史教程》，也在试图建立起自己的当代文学史的叙述体系。这都表明，当代文学的研究已经进入了一个“史”的建构的阶段。而且可以预期，“当代文学史”的研究将逐渐与“当代文学评论”分离，而成为“世纪中国文学史”研究的有机组成部分。如果这样的预期成立的话，对洪子诚先生（以及其他学者）所做的建构当代文学史的尝试，进行学理的总结与讨论，就是一件具有重要的学术意义的工作。

很多朋友都注意到，洪子诚先生的新著，是一部私人写作的当代文学史，而有别于集体写作的教科书体式——当然，也如陈平原先生所说，这本书仍然在一定程度上承担了教科书的功能，从而构成了写作上的内在矛盾；但我关照的重心还是其“非教科书”的方面：它所显示的洪子诚先生个人对这一段历史的一种观察、体验与理解，把握方式与视角。因此，我注意到本书的叙述中反复出现的几个关键词（概念）：“体制化”“一体化”“规范”“等级”。这些概念所表达的是当代中国文学（也就是我所说的“共和国文学”）的基本生存状态与特征：一种高度“一体化”的文学体制，它从文学的生产到流通都是高度计划化的，所要建立的是一种规范化的文学秩序。记得当年我们一起规划“世纪小说史”的写作时，曾经提出要努力寻找最能体现特定时期文学特征的文学典型现象。那么，这种受着共和国的政治文化制约的文学的计划化与规范化，就是洪子诚先生所找到的并要尽力抓住的当代文学的典型现象，在我看来，他正是以此将全书的叙述“拎”了起来，形成了一种叙述结构。全书围绕着这一核心，展开了以下几个方面的叙述。（1）这种文学体制的建构——这就是第一章所讨论的：如何通过“刊物，文学团体”将作家的文学活动，包括作家自身，实行高度的“组织化”；如何通过“文学批评和批判运动”，建立新的文学规范，制造出符合规范要求的作者与读者；如何通过“作家的整体性更迭”，建立起新的文学权力结构，并形成相应的“文化性格”。（2）所建立的文学规范与秩序——这就是第五、六、七、八、十一、十二章所讨论的“诗的体式”“小说题材的分类和等级”“散文的创作模式”，等等。（3）所建立的文学体制、规范的内在矛盾和冲突——这就是第三、四、九、十诸章所讨论的“左翼文学内部的矛盾”“对规范的质疑”“隐失的诗人、诗派”“被压抑的小说（指通俗小说）与寻求新的替代”“非主流文学与最初的‘异端’”，等等。（4）一体化、规范化文学的历史运动——它与新文化运动的关系（第一章：年代文学的“转折”）；它的发展趋向、指归（第十三章：“走向‘文革文学’”，第十四章：“重新构造经典”），分裂（第十五章），解体以后建立新的多元文学格局的挣扎与努力（下编：“80年代以来的文学”）。——这样，作者就建立了一个自足的当代文学史的研究与叙述体系。

如果以上的分析与概括大体符合本书的实际的话，我们可以看出如下特点。

首先，研究者不再把历史考察与叙述的重心放在对文学作品与文学现象的价值评判，作家的历史定位上——这至今仍是许多当代文学史家与文学史著作的关注中心；也不试图去揭示所谓历史发展的“本质”与“必然规律、趋势”——这至今仍是许多当代文学史家与文学史著作的既定目标。作者给自己提出的要求是“努力将问题‘放回’到‘历史情境’中去审察”（见本书“前言”）。或者如作者在和我的一封通信里所说，“竭力‘搁置’评价，把‘价值’问题暂且放在一边，而花力气考察当代文学某些概念、事实、运动、争论、文本、艺术方法产生的背景、历史依据、渊源和变异”。据作者说，这样做的目的是“增加我们‘靠近’‘历史’的可能性”（“前言”）——这与陈平原提倡的“触摸历史”和我所强调的“历史的现场感”，大概有类似的追求。

其次，面对这样一种规范化、计划化的文学，作者也不是着眼于价值评判。比如，做严厉的批判性的审视，这也是我们在类似的当代文学研究中经常看到的。——当然，作者也并非没有自己的价值评定，那种批判的意识读者在字里行间是不难体味的；但作者的用力点显然不在这里，因为如恩格斯早已指出的那样，道德的义愤是不能代替科学的研究的，作为一个文学史家，作者的任务是要尽可能如实地揭示出作为一种文学的历史形态的各个方面。因此，本书用很大的篇幅来显示：即使是这样一种高度划一的文学，也依然存在着内在的矛盾、冲突、缝隙，这就使得文学的发展依然存在着某些可能性，并非某些人想当然那样的毫无松动的“铁板一块”，也不那么单一，而依然有自身的复杂性，甚至某种程度上的丰富性。作者更是把这种“文学的一体化”看作一个运动的过程：它有自己的渊源，有自己发展，直至推向极端以后，走向分裂、变革；而在变革中也依然存在着“一体化”的努力。也就是说，这样的历史运动也是复杂的，并非一路直奔某个既定目标的。——我这里反复用了“复杂”这个词，是针对那种至今仍到处可见的过于单一、明确、直线的文学史叙述，而强调洪子诚先生所做的“复杂叙述”的努力的启示意义。

而我特别感兴趣的还是在这复杂叙述背后作者对待历史的态度：既包含着对彼时彼地的历史情境的理解，又不回避历史的严峻方面。这与我一直追求的“设身处地”与“正视后果”的原则也是相通的。应该说，这样的原则与态度运用于当代文学，特别是“十七年文学”与“文革文学”，是有相当的难度的：人们很难摆脱主观情感形成的遮蔽。因此，我特别想说一说本书对“革命样板戏”的历史叙述。作者首先改变了从政治上给“样板戏”定性的思路，而将其归为“激进文化思潮”的产物，这就使对“样板戏”的评价从政治的层面转向了学术的层面，同时又指明了“样板戏”所代表的“文革文学”与始终存在的、新中国成立后不断发展着的激进文化思潮的内在联系，具有一种历史感；又通过对“样板戏”的形成的细致研究发现了“在‘样板戏’的创作过程中也并不拒绝对传统艺术的吸取和利用”，进而指出“在‘文革’中，激进派强调‘样板戏’等创作与过去文艺（包括中国五六十年代的‘社会主义文学’）的决裂，这之中包含着策略上的考虑”，“文化人在创作中的重要地位，对民间文艺形式的借重，以及从‘宣传效果’上考虑的对传奇性、观赏性的追求，都使文艺革命的激进派的‘纯洁性’的企求难以彻底实现”。正是包含着这样一种理解，作者对“样板戏”所做出的分析是有说服力的：“在‘样板戏’的不同剧目中，存在着许多差异。一些作品更典型地体现了政治观念阐释的特征（如京剧《海港》），另一些由于其创作文化来源的复杂性，作品也呈现多层、含混的情况（如京剧《红灯记》《沙家浜》《智取威虎山》，舞剧《白毛女》《红色娘子军》）——而这正是这些剧目在政治意识形态有了很大改变的时空下，仍能保持某种‘审美魅力’的原因。”但作者也并没有因此回避客观存在的“样板戏”与“文革”政治、文化的密切联系，以及由此产生的严重后果：“政治权力机构与文艺生产的这种关系，在‘样板戏’期间，表现得更为直接与严密。作家、艺术家那种个性化的意义生产者的角色认定和自我想象，被破坏、击碎，文艺生产完全纳入政治体制之中。”人们自然会注意到，这仍然是着眼于对文学自身发展的损害的学术的分析。这种分析是包含着批判性的价值评价的，但作者也只是“点到为止”，并不做情感的渲染与尽兴发挥，有的读者或许会有不满足感，但我认为，这恰恰可以视为“史家笔法”。这同时也显示了一种叙述风格，我想把它概括为“绵里藏针”。“在委婉里见犀利，于稳健中显锋芒”。我甚至觉得这在一定程度上也显示了洪子诚先生的个性。——这样私人性的文学史著作本来也是可以而且应该有作者的个性投影的。这或许涉及更为复杂的问题，这里也只点到为止吧。

洪子诚先生在本书的写作中，处处显示出他是一位有着严肃、认真的学术追求的学者，他自觉从事着将当代文学研究学术化的工作。而在我看来，更为难能可贵的是，他一面追求着、实验着，又不断对自己的追求与实验进行质疑。我曾因此与他有过一次学术通信。我们本来也约定要进一步写文章来展开讨论。现在看来，我们都太忙，子诚先生身体也不好，我真不好意思逼他写文章。这里不妨将他的来信摘抄几段，希望能引起讨论："我感到矛盾与困惑的是，我们究竟能在多大程度上搁置评价，包括审美评价？或者说，这种'价值中立'的'读入'历史的方法，能否解决我们的全部问题？在这条路上，我们能走多远？""各种文学的存在是一回事，对这些做出选择与评价是另一回事。而我们据以评价的标准又是什么？这里有好坏、高低、粗细等的差异吗？如果不是作为文学史，而是作为文学史，我们对值得写入'史'的文学的依据又是什么？如果说文学标准、审美标准是必要的话，那么，我们的标准又来自何方？在这种情况下，'历史还原'等，便是一句空话。我们最终只能依据强烈的主观性，来做出我们的选择和判断。"另一个问题是："当我们在不断地质询、颠覆那种被神圣化了的、本质化的叙事时，我们也要警惕将自己的质询、叙述'本质化''神秘化'。我要提出的问题是，是不是任何的叙述都是同等的？我们是否应质疑一切叙述？关于第二次世界大战，我们的叙述与右翼分子、反犹太主义者的叙述是同等的吗？在一切的叙述都有历史的局限性的判定之下，我们是否会走向犬儒主义，走向失去道德责任与逃避必要的历史承担？另外，如果'历史真实''本质'是完全可疑的，'意义'是虚构的，那么，我们的工作的内在动力何在？我们究竟还在追求什么？是否有可靠的立足的根基？如果'本质'不存在，那么，'非本质'同样也没有意义。在认识到历史的'含混性'和主体的'脆弱性'之后，我们是否应该放弃希望？或者说，'希望'还有无可能？这是一连串不能不解决的问题。对这些问题我至今未能想清楚。”——而这也正是我没有想清楚的，我们大概要继续想下去。同时，我们也还要继续做这样、那样的文学史研究与写作的实验，——我们不能等一切想清楚了再去研究与写作。这是一个没有完结的不断思考与不断探索又不断质疑的过程。在这个意义上，洪子诚先生的这部《中国当代文学史》也只是他的阶段性的成果。他自己当然不会满足于此，人们对他也有着更多的期待。——但我在写着“期待”这两个字时，又颇有些犹豫：一个真正的学者是不必理会别人的所谓“期待”的，他只是按照自己的内心欲求写作，或者不写作。

原刊《文学评论》2000 年第 1 期，此处收录的是编选者根据刊发稿整理的版本。

当代文学：打开历史的黑箱

——文学史家洪子诚

李兆忠

十四年前，文学界两位老前辈唐弢和施蛰存先生有感于“当代文学史”出版物泛滥，提出了“当代文学不宜写史”的主张，理由是“现在那些《当代文学史》里写的许多事情是不够稳定的”，而“历史需要稳定”，“一切还在发展的政治、社会及个人的行为都没有成为‘史’”（参见1985年10月29日、12月2日的《文汇报》），结果引起一场争议。其时，“当代文学”已经走过三十六个春秋，前30年的历史轨迹应当说已经比较“稳定”地呈现出来。几乎就在同时，北大的黄子平、陈平原、钱理群提出了“20世纪中国文学”的主张，其中对1949年以后的“当代文学”，也有明确的看法。不久上海两位学者陈思和、王晓明提出了“重写文学史”的口号，从另一角度阐明重写包括“当代文学”在内的文学史的必要。如此看来，“当代文学不宜写史”的看法值得商榷。

然而不幸的是，此后不断出版的“当代文学史”著作反复证明着两位老前辈的忧虑不是无的放矢。据统计，这一类出版物目前已逾40种，然而学术界反应普遍不佳。其弊病主要在于，它们不是站在独立的学术立场上，而是依据官方有关文件的口径和结论，对当代文学的历史进程做符合既定意识形态要求的描述和判断，给当代作家、作品排定座次，进行资料的堆砌，表现了某种“官本位”思想。

人们或许会感到惊讶：进入新时期以来，现代文学研究领域高手辈出，新时期文学批评界也是人才济济，只有当代文学史界出奇地萧条，高手寥寥无几，几乎布不成阵势。这与学界对“当代文学”的某种偏见有关。长期以来，在许多人的心目中，当代文学根本算不得一门学问，理由是当代文学缺乏文学价值，缺乏值得解读的大作家，与其研究当代文学，不如做别的学问。此外还有一个难言的苦衷：由于历史的原因和政治权力的作用，当代文学的历史进程充满是非、曲折和痛苦，值得清理、反思的内容太多，许多当事人至今健在，且身居高位，而史料的“解密”离正常的学术研究仍有很大距离，研究当代文学史好比戴着脚镣跳舞，具有很大的风险性。站在这个角度一想，当年两位文学前辈提出“当代文学不宜写史”，确实耐人寻味。研究当代文学史，既需要胆识，更需要智慧。

洪子诚先生就是这样一位智勇兼备的文学史家，在20世纪即将结束的时候，他拿出了自己的力作《中国当代文学史》（北京大学出版社1999年8月首版），雄辩地证明：当代文学可以写史。

与流行的“当代文学史”著作的最大不同是，《中国当代文学史》跳出了既定的、由官方预设的“当代文学”的框架，站在独立的学术立场上，对当代文学的历史进程做了既“入乎其中”又“出乎其外”的审视和清理，展示了它的庐山真面目。

值得强调的是，《中国当代文学史》是水到渠成的写作，是作者长达20年苦心孤诣探索的结晶。在这本书出版之前，洪子诚先生已经出版了《中国当代文学概说》（香港青文书屋）、《作家姿态与自我意识》（陕西人民教育出版社）、《1956：百花时代》（山东教育出版社）、《中国当代新诗史》（与刘登翰合作，人民文学出版社）、《当代中国文学的艺术问题》（北京大学出版社）多种有影响的著作，就笔墨的酣畅、论述的充分而言，它们或许更有引人入胜之处，也许是受到正规“文学史”格式的限制，《中国当代文学史》的讲述有些拘谨，有些地方未能尽兴地展开，故要完整地了解洪子诚先生的当代文学讲述，应当注意他学术研究的过程。

从“审美”到“历史”

读洪子诚的《中国当代文学史》及相关著作，让人强烈体会到：纯正敏锐的艺术直觉，对于文学史研究是多么重要，一个文学史家若不具备这种素质，整个研究将是空中楼阁。流行的“当代文学史”出版物之所以遭人厌弃，重要原因之一，就是不能准确到位地评价作家作品，更谈不上恰如其分地揭示作家的心路历程，由此暴露了编写者艺术感觉惊人的麻痹。

从艺术的角度重估当代文学的成就得失，是洪子诚学术研究的起点。纯正的艺术感觉，使他的研究一开始就步入正道。读洪子诚最早参加编写的《当代文学概观》（北京大学出版社 1980 年版）中有关当代诗歌和短篇小说的章节，就可看出他的独到之处。当时“文革”结束不久，人们的文学观念与思维方式还未从狭窄的“文艺为工农兵服务”中摆脱出来，洪子诚的思路虽然总体上也受它的影响，却能从艺术的特殊规律出发，对何其芳、冯至、艾青等人的创作做了较为切合实际的评说，见解明显高于其他同行，他敏锐地指出：“生活的变化虽然要求诗歌内容和形式的突破，但这种突破怎样与原来已形成的基础相衔接，这是个问题。‘五四’以来，以直接抒写自己内心世界著称的一些诗人纷纷转向着重描述客观生活现象，对生活又忽略了深入思索的这一崇高职责，这对当代诗歌的发展不能不说是重大的损失。”

沿着这一思考，洪子诚对当代文学中的重要个案进行了梳理，到了《中国当代新诗史》出版，已经蔚成一派气象，这是洪子诚与刘登翰合作的一部重要著作，对中国当代新诗做了完整的检阅。尽管作者在后记中抱憾“未能更自觉、更集中地从文体的角度审察当代新诗的进程，以此作为结构和描述的依据”，但此书恪守艺术的尺度，对中国当代新诗进行了严格的评估，这并不是说作者脱离具体的历史文化背景对当代新诗做“纯艺术”的评价——就像“新批评派”所为那样，正如作者在引言里自白的那样：“我们无意对在社会思潮作用下的诗歌潮流，做过多宏阔的理论阐发。我们所取的是诗潮的描述与诗人创作的剖析并重的方法，希望把宏观俯瞰与微观剖析结合起来，将具体诗人及诗歌流派的创作分析，放在诗潮发展的背景上，探讨其创作道路和艺术风格，以及其达到的成就和受囿于诗歌环境和诗人自身精神结构而难以回避的不足和失误。通过对诗人的研究，由点的分析到面的聚合，达到对诗界整体状况和发展趋向的把握。”应当说，《中国当代新诗史》基本上做到了这一点。

此书中最精彩动人的，无疑是讲述那一批艺术造诣很高、后来不幸成为“历史”牺牲品的老诗人的那些文字，笔端倾注着真挚的情感。作者这样描写冯至当年的艺术风貌：“他曾经怀着与宇宙万物息息相关、对它们虚心侍奉的爱心；他曾经在日常现象里倾听万物的或有声或无语，体验它们生命的跳动，发掘、沉思其中精微的哲理；他曾经把‘心理的戏剧’加以交错，把对事物的默察化为诗人的血肉，凝聚成意象的结晶。”作者这样描写经过革命“洗礼”后、艺术观念发生巨大变化的何其芳：“在何其芳看来，中国现代知识分子在社会与个人、理想与现实、理智与情感的矛盾挤压下的内心冲突，他们的忧郁、痛苦和喜悦等感情内容，已经失去了社会价值和审美价值。”对于艾青，作者指出是他身上“悲郁的感情因子”造成了日后创作的危机，因为在那个时代，痛苦或忧郁被认为是旧时代的不健康的情感。对于田间，作者的批评更是一针见血——“常常为自己的激情和生活的表象所迷惑。他把自己的‘探索’，建立在并不牢靠的生活现象的基础上”。

显然，只有真正通晓诗艺并且对此痴迷的人，才会如此深切地感受到“历史”强加给这一代诗人的伤害，进而揭示出诗人与时代充满悲剧色彩的紧张关系，让人们记住沉痛的历史教训。这同样也体现在作者对被历史遗忘已久的“中国诗派”和“七月诗派”的再发现和评价上。其实，这两个40年代颇有影响的诗派在50年代以后已经名存实亡，它们的创作要到“文革”结束后才恢复。在流行的“当代文学史”出版物里，这两个诗派都被有意无意地遗忘，《中国当代新诗史》却舍得用较大的篇幅，对其坎坷的历史命运做了评说。

可贵的是，在反省“历史”给文学造成巨大伤害的同时，作者对文学创造的主体——作家诗人的精神结构做了深刻的反思。《中国当代新诗史》里对此已有较多涉及，到了《作家姿态与自我意识》，有了更系统、更深入的把握。其中最大的价值，是对当代作家的文化性格做了透彻的分析，指出了其致命的精神缺陷：既缺乏艺术的自觉，也缺乏独立的人格精神和对“精神之光”的探索。

更令人钦佩的是，洪子诚并没有在此驻足，而是以无畏的学术勇气精神把反思的锋芒伸向一个更关键也更棘手的领域——“当代文学”的生成机制及其运作体制，在此基础上究明当代文学史上的众多悬案，解释了文学进程的来龙去脉，进一步透视了作家的内心世界和复杂的人性，立体、逼真地展示当代文学的“历史情景”，这些思维成果凝结在《中国当代文学史》里。

《中国当代文学史》是在《中国当代文学概说》的基础上写成的。后者根据洪子诚1991年至1993年在东京大学讲授“中国当代文学”的内容整理而成。洪子诚在日本访学的经历对他的学术研究有重要的意义，这使他有机会与国外同行交流，获得更多的学术信息，并从“外部”更清楚地审视“当代文学”的庐山真面目。

《中国当代文学史》前三章对“当代文学”的生成背景、文学规范与文学环境、矛盾与冲突的实质做了力透纸背的剖析，去除了层层遮蔽，使当代文学的历史真相清楚地呈现在人们眼前。比如，长期以来，人们一直对左翼文学界内部错综复杂的矛盾斗争困惑不解，在流行的“当代文学史”讲述里，由于眼力不逮或有意回避，这些悬案至今仍是一笔糊涂账。凭着深厚的学术功力和见识，作者梳理了左翼文学内部三个不同的理论派别及其相互关系，以及它们在文学史上的作用和命运。其中对胡风与周扬文艺思想异同的辨析极为精到。胡风与周扬作为左翼文学内部两位理论大师，有着共同的政治信仰和人生目标，由于不正常的历史环境，人格气质和艺术观的某种差异竟成为命运沉浮的契机，他们因此也变成了不共戴天的敌人，进行了“革命”与“反革命”的殊死搏斗。具有讽刺意味的是，周扬后来也遭受了类似胡风的命运，从这个意义上说，他们都是现代文学史上的“悲剧人物”。这些分析沉痛地证明这样的论断：中国左翼文学界内部的矛盾冲突有其复杂的历史原因，自 30 年代初开始，文学与政治集团关系的密切以及文学运动和文学组织的政治权力化，是冲突愈趋激烈的主要原因，进入 50 年代后，一体化的文学体制和格局，使矛盾和冲突的方式、性质发生了重要变化。这些剖析对于反思中国当代历史，防止“文革”之类的历史悲剧再度发生，具有深远的警示作用。

“文学史记忆”的激活

从单纯的“审美”走向复杂的“历史”，也是新时期 20 世纪中国文学研究的一大思想路向，在这个过程中，一批年轻的学者有感于“当代文学”乃至“现代文学”艺术成就的贫乏，纷纷转向了现代文化思想的研究，文学充其量只是作为论证的材料而发挥作用。洪子诚并没有这样做，恪守着一位文学史家的职责，此举基于这样的认识：艺术成就的高低，并不能决定研究工作的价值；最重要的是，“历史”不会忘记我们，“历史”欠下的账后人迟早要还，“当代文学”的历史真面貌至今不清，由于浮躁的文化心态，人们忙着追赶时尚，许多重要问题还没有搞清楚就轻易地放了过去。正如他在《作家姿态与自我意识》的后记里针对“新时期文学”写下的那样：“这个时期所遇到的问题，大多也是‘历史’上曾有的难题的重现或延伸。只要对我们的‘过去’有所了解，就会明白我们其实无法挣脱历史文学的拘囿，不可能创造一个发生根本性‘转折’的文学‘新时代’。”

得力于这样的“历史”意识，再反观“当代文学”，它与“过去”的联系便清晰地呈现出来。比如在对 80 年代文学创作中的感伤倾向的分析中，作者超越了单纯的社会学视角，思考伸向遥远的历史时空。他精辟地指出，这种“感伤”并不是突然出现的特殊现象，“不过是存在于中国现代文学的这股强大潜流在另一特定气候下的再一次涌动而已”。文中这样分析：“实际上，‘五四’前后诞生的新文学，在它长达六七十年的发展过程中，这种情况便持续不断：感伤滥情的倾向与这种倾向的抑制、回避，构成中国新文学内部矛盾的一个方面。只不过，抑制、反对的力量常常表现得相当软弱无力，而不足以扭转、改变文学上的时起时伏却始终强有力的感伤倾向的存在。”而且，作者的思考没有停留在中国现代文学，而是敏锐地发现“这种情形与西方文学在20世纪的发展呈另一种逆向的趋势”，并对两者做了比较（《作家姿态与自我意识》）。

这种通透的文学史眼光洋溢于《中国当代文学史》，体现了强烈的“整体意识”，可以说是对十几年前北大三位同行提出的“20世纪中国文学”理论主张的成功实践。此书无论探讨什么问题，哪怕看似细小的问题，总能做到眼观六路，将它们放在20世纪中国文学的整体格局中，放在近代中国文学在走向现代化的过程中所呈现的复杂的动态流程中加以定位，读了使人豁然开朗。

比如对“农村小说”的阐释，作者注意到了它与三四十年代“乡土小说”的复杂关系，指出“五六十年代农村题材小说”的“繁荣”，既是“五四”以来新文学的小说传统的延续，更与当时文学界对表现农村生活的重要性的强调有关；从“乡土小说”到“农村小说”，意味着创作上取材范围的限制和作家体验、描述视点的“窄化”。

又比如对“另一类小说”（指《铁道游击队》《林海雪原》《烈火金刚》等通俗革命文学）在当代文学史上的微妙处境，作者做了到位的阐述。在分析长篇小说《三家巷》在当时的成功及其引起的争议时，作者敏锐地点破了这部小说与传统的“言情小说”的复杂关系，指出：从晚清到现代，“革命”与“恋爱”是小说的基本模式之一，50年代之后，由于“革命”的崇高地位的强化，也由于现代“言情小说”受到限制，作家对这一问题的处理更加小心谨慎，欧阳山却多少脱离了这种严格的界限，“革命加恋爱”的人物关系和情节类型，传统的“才子佳人”言情小说的叙述方式和语言格调，在他的作品中有许多表现，自然遭到了批评。

同样，这种深刻的“文学史记忆”使作者在判断当下的文学状况时别有洞天，面对90年代的文学界普遍悲观、沮丧的心态，作者却向人们提起了历史情景类似的40年代初：“这段时间，后来被有的批评家指类为缺乏‘旺健的思想主流’和‘个人主义意识’的膨胀，但是，却提供了作家深入审察现实和历史，同时也审视自身，以调整个人与社会、艺术关系的时机。在这样一个没有乐观预言的时代，文化的踏实建设所取得的成果，比起另外的时期要多许多。”作者认为，90年代给予了人们认识自我、生命的复杂，深层反省历史和文学的契机，而在此之前，虽然有过“反思文学”，其实人们并没有深刻地反思，或者说，建立在“自我”基础之上的历史反思被普遍遗漏；到了90年代，当历史强行进入使我们产生受挫感，在个人与社会产生脱节时，个人的生活位置无法确定时，才使这种反省成为可能（《九十年代文学书系总序》）。这不失为精辟的见解。

智者的困惑

流行的“当代文学史”的一个明显特征，就是没有问题，它对当代文学进程的解释和判断是非常明确的，也是充满自信的，即使有问题，也可以开出药方予以根本解决。它按照官方意识形态的订单，根据“历史唯物主义”的进化论文学史观阐释当代文学的“社会主义”性质及其向“共产主义”迈进的必然进程，最后总有一个光明的结尾，预言中国文学将出现光辉灿烂的美好前景。

对这种在“历史决定论”基础上的文学史讲述，洪子诚从一开始就质疑并且与其保持着距离，他的第一本个人学术专著就是《当代中国文学的艺术问题》，可见他对“问题”的关注。此书结合作家个案对当代文学创作中许多重要理论问题做了具体的、中肯的探讨，全书一开篇就对“当代文学”与“现代文学”的分界提出一连串疑问：“这个分界线，首先是政治上的分界线，也是经济和社会生活的重大分界线。对于文学的分期来说，它当然也有重要的意义。但是，这个分界线对于文学的重要程度，我们过去的估计是否恰如其分？我们是否过分地看到这两个时期的区别？是否由于强调了当代文学的社会主义性质，强调文学对于当代政治的服从关系，因而破坏了‘五四’以来文学发展的一定程度多样性和丰富性而走向狭窄和单一？”

拆除了“历史决定论”的篱笆，“当代文学”研究获得了新的视野，也带来了更多、更复杂的问题，对此洪子诚保持着极其谨慎的态度，他既没有像一些学者那样干脆放弃“当代文学”的分期，将其整合到“20世纪中国文学”大框架里，也没有像一些更年轻的学者那样凭借某种新观念给“当代文学”以新的阐释和命名。他紧紧咬住“当代文学”历史现象本身，探索“当代文学”为何以这种方式演进？其背后的机制究竟是什么？对于洪子诚来说，弄清楚“为什么”比抽象地探讨“是什么”更加重要，因为历史留给了我们太多的困惑、太多的问题，如不及时清理，后人将为此付出更多的代价。

洪子诚的这种学术姿态有其性格和气质上的依据，他是属于那种深沉内向的类型，深知自己的限度，不事张扬，不趋时尚，宁愿默默地独守。应当说，这是一种理想的史家人格。洪子诚的思路一开始就显示自觉的“辩证”特征（见《当代文学概观》），谈问题不走极端，注意前后照应，这与其说是出于某种策略，不如说是性格使然。然而，“辩证”思维若没有深刻的“问题意识”为基础，必失之于折中和平庸。有了敏锐的“问题意识”的推动，洪子诚的“辩证”特长威力大增，处理起复杂的问题来得心应手，回旋自如。比如在《作家姿态与自我意识》一书里，在谈及新时期许多作家作品的寿命相当短这一现象时，作家充分意识到问题的复杂：“说一部作品仍具有生命力或已经失去了生命力、已经‘死亡’，究竟根据什么标准？如果谈及年代比较久远的作品，那还容易做出判断，谈起几十年前或十几年、二十年前的作品，就相当棘手。”作者接着引了保罗·萨特的一句话，说明只有被读者阅读，白纸黑字的书才能成为文学作品这样一个接受原理，接下来峰回路转，一下子提出三个问题：“谁阅读？在多大范围内被阅读？出于什么动机阅读？”把问题的复杂性揭示无遗。这就是典型的洪子诚式的谈问题的方式。这种思维特征甚至影响了作者的行文，洪子诚的文字朴实内敛、冷静中性，分析描述多于判断，语气委婉但不失坚定，表明了他在“历史”面前谨慎小心、如履薄冰的态度。

《作家姿态与自我意识》是一本颇有分量的著作，标志着洪子诚的学术研究进入佳境。这本薄薄的著作站在历史哲学的高度，在中西文学的视野中，对当代作家的精神结构做了深刻的反思，显示了那一代学者少有的消化力和思想活力。然而，全书所表现的困惑——那种清醒的困惑，又让人感到沉重。正如作者在“后记”里自白的那样：“我之所以偏重于‘问题’，又和我对‘当代文学’的基本估价有关。在很长一段时间里，我也像许多人一样，存在着期望‘新时代’‘新纪元’的‘情结’；这不仅是有关社会历史的，而且也是有关文学的。不过，在80年代中期以后，对于我曾具有的‘新纪元’意识，我已有所怀疑。我觉得，‘新时期文学’所创作的文学情景，其实并不是那么令人欢欣鼓舞。”洪子诚不止一次在文章里提到这件事：1990年的除夕之夜，他照例铺开稿纸，修改《作家姿态与自我意识》一书，大约快到午夜时，听到了收音机里英国现代作家布里顿的《安魂曲》，不由放下了手中的工作，“面对这令人恐惧、也令人悲哀的旋律”，此后一段时间里，他突然对正在进行的写作的必要产生了怀疑，失去了开始时那份专注和激情。洪子诚的这种精神反应，其实正是来自对“历史”的困惑，来自个人对“历史”的无力和绝望。也正是这种精神气质，使他在“历史”面前，一直保持着清醒的头脑，知其不可为而为之，尽最大努力逼近“历史”，也才会有今天的成绩。

作为一位文学史家，洪子诚有他那一代学者少有的清醒冷静和独立的精神操守，唯其如此，他超越了知识结构的局限，成为那一代学者中的佼佼者。

原刊《南方文坛》2000年第1期，此处收录的是编者根据刊发稿整理的版本。

面对当代史
——读洪子诚《中国当代文学史》

戴锦华

毫无疑问，“重写文学史”是80年代最有效的社会文化实践之一。不仅是在写史者心照不宣的逻辑与谜底——“所有历史都是当代史”——之中，而且是在一种深刻的默契与共识之下，整个新时期，对文学史／历史的重写，都是关于并针对当代中国、直面并规避中国当代史的自觉的文化策略之一。但是，在这一过程中，当代史，准确地说被种种的断裂说所切割的前三十年，成了一处特定的禁区与弃儿，在种种“借喻”与“修辞”间膨胀，又在各色“官方说法”与沉默不屑间隐没。当代史由是而成了不断被借重并绕过、在众声喧哗之中分外沉寂的时段。正是在这样一种特定的语境和参照之下，洪子诚先生的《中国当代文学史》，显现出不同的姿态与厚重。

历史、记忆与失忆

这份不同与厚重不仅来自直面当代史所必需的勇气，而且更多地来自一种创痛与深思后的执着与平和。如果说，治史者对当代史的忌惮，大多来自现实脉络的纷繁、亲历者的切肤之感与种种权力格局的纠缠，那么，当代中国史的书写，与其说更需要勇敢与力度，不如说它索求的，可能正是某种冷静而寂然的姿态。因为面对阴阳双面的当代史（尤其是前三十年）的叙述：辉煌灿烂或灾难频仍，面对同样主流强大的却彼此深刻悖反的历史书写，《中国当代文学史》在拒绝了非此即彼的简单选择的同时，拒绝依据某种权威说法而修订或筛选记忆。

如果说，历史是对记忆的书写，那么，它通常只是对某些人的某种记忆的记录而已；一如本雅明所说："历史是胜利者的清单。"80年代声势浩大、蔚为壮观的重写历史或曰重写文学史的运动，无疑成为一次对曾遭暴力改写的历史书写的"补白与钩沉"；在从不会留白的历史书写之上，因遭压抑、被掩埋的记忆的再现，历史自身显露出了不同的格局，并进而成为新的文化权力结构的支撑与佐证。从某种意义上说，现代中国史书写中的这一中心与边缘、主流与潜流的相互位移与格局重构，是一个始自80年代，在整个90年代不断演进的过程。有趣的是，如果说，80年代是一个现代中国的记忆自历史忘怀洞中渐次浮现的时段，那么，它同时伴随着关于当代史的失忆症的发生。这一重构过程不仅在历史断裂说的不断构造中，使完整的当代史成为难以触摸的时段，而且它甚至成功地构造了我们作为亲历与见证者的体验与"合法"经验间的碎裂。在笔者的视域之中，洪子诚先生的《中国当代文学史》正是对穿越这一新的历史失忆症，直面当代史／当代文学史的执着尝试。这与其说是一位当代史学者选择的必然，不如说它始终是一份冷静、尽管不无痛楚的沉思与自觉。洪子诚先生曾明确地指出："我们对五六十年代，以至80年代出现的文学问题和艺术形态特征的谈论，由于多少失去'历史记忆'而常常反应失措和缺乏深度。"[①] 但在《中国当代文学史》之中，这一选择并非仅仅是某种姿态，更不是、准确地说不仅是某种立场的选取或申明。如果说，《中国当代文学史》的撰写，显现了某种不同的姿态，那么，它是切肤之痛与战胜切肤之痛之中对当代史的思索；如果说，它确乎表现了某种立场，那么它并非单一的或简单概括

① 洪子诚：《目前当代文学研究的几个问题》，《当代中国文学研究趋向笔谈》，《天津社会科学》1995年第2期。

所可能表述的。因为《中国当代文学史》所表达的那份自觉与直面，首先是对某种冷战式思维、那种清晰简单的二项对立式表述的平和的拒绝。在严格的治史／治学的态度与方法论的探求之间，是返归亲历者的繁复体验，以重组历史的经验表述的努力，穿越多重的权力话语的雾障，重新触摸与展现当代史的尝试。

笔者曾经写道，在一份后见之明中，我们或许可以看出，80 年代中国文化重建过程的误区之一，在于我们频繁地以种种“反思”的名义拒绝反思。在这种意义上，我们间或可以将《中国当代文学史》视作一次在 90 年代中后期发生的文化再反思。

断裂、延伸与透视

抛开风行于欧美的“年鉴学派”与海登·怀特的“元史学”不论，历史的经典书写方式是编年史铺陈，在时间的线性展现中构造一处绵延不绝的历史／话语景观。然而，经典史学的书写同时建立在断代或曰断裂的构造与书写之上。参照某种权力话语或利益集团的需要，其作为胜利者的历史，类似断代／断裂通常被书写为一种彻底的终结与全新的开端。从某种意义上说，历史的叙述便在这绵延与断裂张力间展开。而八九十年代，当代中国史的叙述，以别种方式凸现或曰强化了这份紧张。如果说当代史的确立，曾经以“天翻地覆”与“彻底决裂”的表述，标识了一处绝对断裂的存在，那么，整个 80 年代，人们便是在种种绵延的叙述中使之成为并无绝对差异的“章节”。

洪子诚先生的《中国当代文学史》正是通过对 1949 年之后的中国当代文学史料的深入，以及某种程度上对遭再度遮蔽的体验与记忆的返归，直面这份绵延与断裂叙述的政治或曰意识形态张力。如果说，现代性的讨论为人们提供了一份重新进入当代史的可能与视点，那么，其作为一种拒绝简单化的叙述，却可能刚好为另一种绵延说提供证词。如果说，“现代性”是当代史及当代文学的唯一支撑，那么“当代中国”或曰“当代文学”，便成了一种并非充分必需的叙述。而洪子诚先生的《中国当代文学史》则不仅是在当代文学的“现代性”层面上建立他的当代史叙述，而且是在现代中国的左翼文学传统与40年代中国社会政治文化的转型与重组的具体史实间，准确呈现了那份断裂间的历史绵延。更为重要的是，作为一个直面当代史的书写者，《中国当代文学史》一书的意义，不仅是对当代与现代、当代文学与现代文学之间断裂——绵延中断裂，同时是某种事实上不可弥合的断裂——的再度凸现，而且在于，这断裂的再叙述，同时成为对曾经支撑这一断裂说的意识形态单一表述的裂解。

在《中国当代文学史》的叙述中，当代史所呈现的断裂不仅是意识形态或政权意义上的断裂或曰转移；在当代文学史的层面上，这一断裂亦不仅呈现为文学文本上的截然分立的内涵。洪子诚先生所提供的历史透视在于，他极为准确且深入地把握住一个似乎尽人皆知却始终遭到无视的基本史实：1949年以降当代中国文学所经历的特定机构化的过程，以及这一颇为特殊的机构化过程对当代文学所产生的或许是空前绝后的影响。不是或曰不仅是在文学经典、文学规范、大学教育体制及教科书层面上的机构化或曰现代化过程（从某种意义上说，后者刚好是新时期中国文学得以完成其颠覆性重建过程中的重要而基本的内容），而是文学生产的社会化机构的建立，是对作家、艺术家的社会组织方式，是这一颇为庞大而独特的社会机构所确认并保障下的、对文学的社会角色及功能的实践。也正是在这一机构化过程的描述及其他所限定的历史前提下，人们耳熟能详的历史文献（《在延安文艺座谈会上的讲话》、历次“文代会”资料、文艺论争及当代文艺理论读本），历史事件（对电影《武训传》的批判、《红楼梦》研究讨论、对《文艺报》的批评及对“胡风反党集团”的清算，乃至“文化大革命”）以及至今仍在影响当代文学生产（尽管已不再是唯一的，甚至不再是最重要）的文学机构（文联、作协系统、驻会作家制——文学作为一种职业、专业出版社制度、文学创作会议或“题材规划会”），获得了清晰而明确的阐释和整合。

正是在机构化的层面上，洪子诚先生以其历史的透视和体验，展现了断裂与绵延。在文学机构化对 50 到 70 年代（准确地说，还包括了 80 年代的大部分）的文学生产所产生的深刻、不可逆的意义上，现当代文学显现出巨大的断裂。而同是这一机构化的过程，事实上成为对 30 年代左翼文学的体制化确认的实践，历史又是在这里显现出它绵延的足迹。因此，当代文学才不仅是在文学文本或意识形态的角度上显现了它特殊的、不可替代的意义。这也因此不仅仅意味着政治权力的转移、社会体制的巨变与更迭，不仅意味着光荣梦想或灾难频仍，而且意味着一个迥异的社会结构。在这一文化建制和社会结构之中，《中国当代文学史》展示出历史之手在这一特定时段的书写方式。

当代与学科

颇为有趣的是，当代文学，其作为综合大学中文系一个学科的建制，与新时期同龄。而这正是“当代中国”除却作为一个政治历史概念，开始为多重文化或曰话语雾障所笼罩的开始。

从一开始，“二十世纪中国文学”，作为 80 年代“重写文学史”热潮中最响亮的声音，便在质疑着当代文学作为一个独立学科的根基。更为重要的是，当代文学自身，在整个 80 年代彼此矛盾又和谐整一的“历史”/当代史叙述中，似乎成了一些难以彼此穿透、衔接的破碎时段。如果说，“二十世纪中国文学”的倡导，尝试跨越四五十年代之交的社会巨变所造成的深刻断裂，以完成对中国新文学的再度整合；那么，与此同时，当代文学或曰当代中国的叙述，却在“十七年”“十年文革”“新时期”“后新时期”的断裂或曰“断代”的叙述中失陷于“历史”整合与不同质的被述时段的悖反之中。于是，不仅关于“十七年”或“十年文革”的叙述，事实上大多成为政治史的“华袍”或“血衣”式的价值判断的副产品，将当代文学（一个已在年代上长于现代文学的创作时段与事实）剥离于简单的政治判断的努力，常常间接或逆向参照意识形态的叙述而难以整合。“文革”十年成了通常被剔除或以“废墟”“毒菌”的意象来简单涵盖的时段，一如80年代的社会重构过程，“文革”年代成为当代中国史上一个异己的单元。“当代文学”研究中最“合法”、因之最富于活力的段落，经常是新时期文学研究；它却因此在仅仅是“现状”而非历史研究的层面，受到其“学科合法性”的批评和质询。在此，姑且搁置“厚今薄古”或“厚古薄今”的立场讨论，姑且搁置“现状研究”的学术意义及价值的讨论。共和国五十年、新时期二十年，已毫无疑问地为当代文学赋予了伸延开去的历史视野。问题在于，这比现代文学更长的时段、更繁复因而更深远的历史视域，却被重重历史叙述的雾障所割裂或曰阻断。甚至后79文学的叙述，亦为“新时期”“后新时期”，或曰80年代、90年代的断裂叙述所切割。当代文学研究的众多著作因此通常是“断代”中的“断代”叙述。

正是在这一层面和意义上，洪子诚先生的《中国当代文学史》显现了它的价值和意义。作为一部当代文学的编年史，其别具慧眼的对文学建制——左翼文学传统的机构化过程的着眼与洞见，成功地实现了对当代文学叙述的历史整合；它决非某种意识形态的叙述，亦非简单的“立场”显现或选取，而是一次成功而深入的文学史叙述。它事实上成了对当代文学作为一个独立学科的必要性的论辩，而且为当代文学研究的深入提供了一个具有丰富生长点的切入口。洪子诚先生以“50到70年代文学”的概念替换了“十七年”“十年文革”的说法，它不仅对应于海外中国学研究中的“PRC文学”（暂译为“共和国文学”）的提法，而且意味着一个新的观察和进入历史的可能。

洪子诚先生的《中国当代文学史》的意义还在于，作为对当代文学叙述的一次成功的整合，它并非为整合而整合的努力，它在提供一种感知历史、体验历史与书写当代史的方式。事实上，《中国当代文学史》的叙述，明显有别于经典文学史的叙述，它着眼于作家与文本，但不仅仅为作家论或作品论所贯串；它是对文艺思潮史的再梳理，却不仅仅是一部思潮史（当然更不是政治运动史）的串联方式。在对机构化过程的把握中，洪子诚先生不仅讨论了文学创作，而且讨论了文化生产、文学建制、文艺政策、托名为文艺或文学的政治运动、文艺思潮或论争、作家作品的命名、“专业的”与“群众的”文艺批评；将其视为文化生产的环节性因素，借此勾勒出当代文学不同的历史轮廓。如果说，《中国当代文学史》的写作和出版，事实上成为当代文学作为一个独立学科建设的重要一步，那么它最有意义之处，在于它在提供了当代文学特殊的生存方式的描述的同时，提供了我们把握和进入当代文学史的不同空间。或许可以说，在建制、机构的层面上去认识历史，在文化生产的过程中去把握文学，不仅为当代文学史的研究提供了生长点与可能，而且为广义的文化史与文学史的研究提供了新的空间和前景。

事实上，不仅是《中国当代文学史》的写作，洪子诚先生近年来的工作，始终集中在当代文学的学科建设之上。考虑到围绕并纠结于当代文学／当代中国叙述的重重话语雾障与两难困境，为当代文学之为学科的工作及其申辩，便具有远不仅于某一学科建设的意味深长的含义。此间洪子诚先生的重要论文《“当代文学”的概念》[①]，作为对当代文学学科生存的最基本的关键词的梳理，不仅意味着某种极有价值的知识“考古”、知识谱系的工作，其自身便成为围绕着“当代文学”的思想史及文化史的描述过程。而如果说，此间洪子诚先生的工作，尤其是《中国当代文学史》的写作，显现了对当代文学研究以及广义的文学史写作的方法论的拓展，那么，其另一个可称道之处在于，它同时成为经典的文学史写作——文学的或曰审美的历史评判标准在当代文学研究领域中的伸延。从某种意义上说，在当代文学史的书写，尤其是对“50到70年代”的文学史的书写中，如何有机地纳入文学价值／审美价值的判断、如何平衡社会政

① 《文学评论》1998年第6期，第38—49页。

治历史与狭义的文学史的叙述，始终是当代文学面临的困窘之一。如果说，反思简单化的冷战式或曰二项对立式思维，是世纪之交的中国思想文化界的严肃课题之一，那么，在当代文学史的书写中，便意味着它不应仅仅是别一领域或别一视野中的社会立场的表明和发言。《中国当代文学史》一书，不仅开宗明义地表明了这一努力作为全书的充分必要前提，而且在全书或曰全史的写作中为此付出了具有建设性的努力。

当然，《中国当代文学史》的写作，相当成功地建立了四五十年代之交的中国社会／文化／文学转型（即现、当代文学的分野处）的叙述，在重述中展露了历史的断裂与绵延，并成功地通过在“文革”十年文学的人造空白之页的填补中，显现了 50 到 70 年代文学与新时期文学的另一处断裂中的绵延；但对文学机构化的讨论，对这一机构在新时期的重组、功能乃至某种程度的失效或改观的描述（或许世纪末一度沸沸扬扬的新生代作家的“问卷”及其“断裂说”可堪成为一个参考点），尚未能成为对新时期文学讨论的更为有机的内容。或许正是在这里，它将作为一个新的当代文学史研究的生长点，成为学术传承过程中的一处驿站。

2000 年 1 月于北京

原刊《当代作家评论》2000 年第 4 期，此处收录的是作者提供的文档。

学术立场还是启蒙立场

昌 切

1999年连着出了两部教材，一部是洪子诚著、北京大学出版社出版的《中国当代文学史》（以下简称北史），一部是陈思和主编、复旦大学出版社出版的《中国当代文学史教程》（以下简称南史）。北史是个人著述，南史实质上也能体现个人的文学史观和文学史构造方式。

南史具有很强的主观性或倾向性，一看就知道是启蒙性的。支撑南史的核心概念是“民间”“民间文化形态”“民间隐形结构”“民间理想主义”“无名”“潜在”等，都是从民间派生出来的。据主编解释，民间指的是国家权力控制相对薄弱的区域，其文化形态是自由自在的，同时也杂糅了民主性的精华和封建性的糟粕，藏污纳垢。也就是说，相对于国家这个上层中心，民间位于底层边缘，是一个有着独特文化意蕴的“公共空间”。

南史的基本构架是国家/民间。这个构架似可分为两层，一层是作品的内部构造，一层是作品的间际构造。前者指一个作品由国家与民间两种意识形态（人对世界的想象关系）的成分构成，后者指特定时期的文学由国家与民间两种意识形态的作品构成。南史的评述大体上就是在这两个层次上轮换进行的。至于显在与潜在、共名与无名，其实只是国家与民间的别名，落到实处，意思都差不多，一般情况下可以互换。

国家与民间，或显在与潜在、共名与无名，互为依存，相对见义，缺一不可。我发现，著者的价值天平始终是偏向后者的。从这种价值倾向中，很容易看出著者鲜明的启蒙立场。在上层与底层之间赞扬底层，在中心与边缘之间赞扬边缘，所体现的正是平民本位的启蒙立场。著者有意开发被显在文学压抑的潜在文学的意义，在国家意识形态文学中揭示和高估其民间隐形结构，为无名文学寻找合法存在的依据，所体现的也正是以持护精神自由为内核的启蒙立场。胡风、沈从文、张中晓等，以及"文革"中"地下文学"的作者如北岛、牛汉等，他们写作的"异端"姿态表明，流淌在他们精神血脉中的仍然是"五四"启蒙传统。

北史的情况显然要复杂一些，不像南史那样明朗。北史源于对革命与启蒙的双重体认或同情，注重史实概括而少做理论思辨，继承的是古代史家秉笔直书和春秋笔法的述史传统。著者不自拟概念，不以论点牵引史实，而强调每一文学时段的社会文化"语境"对作家写作的决定性影响，评述力求客观中正，态度谨慎谦和，立场似乎更接近中性的学术立场。然而，北史未必就是纯客观的著述。只要是著述，就免不了主观性，著者总会受到时代背景和个人知识状况的限定，做出这样那样的取舍，北史自然也不例外。

北史分上、下两编，上编讲前三十年即"50—70年代的文学"，下编讲"80年代以来的文学"。上编的着眼点在文学规范的形成和演化，即文学从多元到一体的过程；下编的着眼点在文学规范的松动和解体，即文学从一体到多元的过程。上编开始便讨论"文学的'转折'"，其用意是清楚的，就是追溯文学一体化的历史根源；而下编首章便讨论"80年代的文学环境"，其用意也是清楚的，就是追寻多元文学再次生成的历史（现实）根据。我注意到，讲前三十年文学，北史采用的是双线评述的办法，既关注符合规范的文学，也不轻易放过规范外的文学，避免了把这一时段的文学化约为单一的文学。尽管著者慎用或避用多元或多元化这个概念，但论及90年代的文学环境，他认为其特点之一"是不同的文化形态和文化立场的公开呈现”，说明他对文学的多元化是认同的。不仅如此，联系全书的评述看，多元化与一体化自始至终左右着著者的思路。由此可见，一体／多元是北史的基本构架。

打破“定于一”的秩序，呼唤思想文化多元化，是80年代中后期掀起启蒙思潮的知识界的一大“时尚”。著者受其影响并把一体／多元内化为自己撰史的基本构架绝非偶然。虽然著者谨言慎行，尽量保持中性的学术立场，但是就其选择而言，并未摆脱时代背景和个人知识状况的限定。这种限定是不可选择的，常常导致著者不自觉地偏离学术立场，认同启蒙性质的概念，游移在学术立场与启蒙立场之间。我甚至产生过这种想法：著者有没有可能做出其他的选择？假如有，那么他将从何处获取言说或理论的资源？以著者所受的教育和一贯严谨持重的作风，做出其他选择是不可想象的。只要著者认同从一体到多元，无论他怎样谨守史家笔法，如何具有史家风范，也注定会受到其启蒙内涵的限制。总而言之，从这个意义上讲，北史吸收了80年代的思想成果（含文学批评成果），也是一部启蒙性的作品。

换言之，北史的启蒙是学者式的启蒙，沉潜着，稳重含蓄，不事张扬。而南史则不然，是启蒙式的学术，文字激昂，一览无余，不在意什么叫微言大义。南史的主编前些年曾主张退出启蒙的广场，回归学者的岗位，但如果真的归了位，原来呼应“20世纪中国文学”、提倡“重写文学史”的陈思和也就不复存在。

持守学术立场还是启蒙立场，对于重写文学史的人来说，的确是一个绕不过去的问题。南史完全忽略了这个问题，北史因游移于学术立场与启蒙立场之间，可惜也未能很好地解决这个问题。南史偏重思想启蒙，经常把完整的作品分割成互不相容、互相抵触的两个部分，分而论之，抬一面，压一面；也经常故意压低一统文坛的显在文学的调门，抬高受压抑的以及在当时基本或完全没有发挥社会作用的潜在文学的声音。北史倒没有这样的问题，但它过于看重文学规范，而对文学规范与文学作品的血肉联系则或多或少有所轻待，因而没有也不可能从结构—功能上推论和演示二者之间紧密相对应的关系。北史的作品分析相对较弱，也许与此有关。

原刊《文学评论》2001 年第 2 期，此处收录的是编者根据刊发稿整理的版本。

文学史：切入历史的具体型态

——以洪子诚的研究为例

王光明

罗兰·巴尔特曾经说过："历史家越接近自己的时代，话语行为的压力就越大，而时间也就越缓慢：两种时间制不是等时性的（isothronic）。"[①]罗兰·巴尔特所说的当代历史叙述的"压力"和"缓慢"源于他对"历史本身的时间制"与"史书中的时间制"两者的冲突关系：同样的页面（或段落）可以覆盖以往几十年甚至几个世纪的"历史时间"，然而一旦面对自己所处的时代，却总有"远之则不逊，近之则怨"（《论语》）的惶恐。历史时间与叙述时间矛盾冲突，不过是语言与存在、意识与"现实"冲突的反映而已。因为"历史话语大概是针对着实际上永远不可能达到自己'之外'的所指之物的唯一的一种话语"，因为"历史的试金石与其说是现实不如说是可理解性（intelligibility）"[②]，所以对于当代史，尤其是当代文学史，虽有"近水楼台"的资料优势，却由于"只缘身在此山中"的云遮雾掩而难识庐山面目，——或许这就是为什么为当代文学修史，假如从1958年写作《中国当代文学史稿》[③]算起至今也有四十余年的惨淡经营，尽管数量和篇幅持续膨胀，却既未扭转学界同行"学术

① 罗兰·巴尔特：《历史的话语》，《现代西方历史哲学译文集》，张文杰等编译，上海译文出版社1984年版。

② 罗兰·巴尔特：《历史的话语》，《现代西方历史哲学译文集》。

③ 华中师范学院中文系1958年就编写了《中国当代文学史稿》（科学出版社，1962年），但出版时间迟于山东大学中文系编写组的《1949—1959年中国当代文学史》（山东人民出版社，1960年）。

性不强”的印象，也没能从根本上改变当代文学史课程在大学课堂上的尴尬处境。

当代中国文学历史的叙述困境，当然也在于资料的掌握方面，因为无视基本“事实”的现象也所在皆是，但造成“事实”缺席的主要原因，却在进化论文学史观和叙事模式的排他性。本来，“大多数的文学史著作，要么是社会史，要么是文学作品中所阐述的思想史，要么只是写下对那些多少按编年顺序加以排列的具体文学作品的印象和评价”[①]，“文学”的面目已经模糊不清而现代化的宏大叙事又在变本加厉，把它装入历史进化论的模子，它的学术价值怎能不大打折扣？作为为当代“事实”寻找历史话语位置的叙述，恐怕首先应当反抗的就是那种教条主义的文学史观和叙事陈规，根据当代问题找到具体的“发声”位置和搭建自己的叙述平台。

洪子诚《中国当代文学史》的出版，在已有不少当代文学史著作的前提下，能给人“当代文学终于有了‘史’了”[②]的感觉，在我看来，既在于对这门学科的长期投入，更在于他在意识与“事实”的互动中找到了有效叙述当代文学的观点和方法，从而贡献了一本不只关于时间和知识，也切入到当代中国文学的特质、矛盾和复杂性，并在叙述立场和方法上做出了回应的文学史。

一、回返“历史情境”的里程

为当代文学修史，不仅要面对“当代”与“史”的矛盾，同时也要面对“史”与“文学”的矛盾。尽管现代史学理论曾提出“一切历史都是当代史”的理念，通过论证“事实要想存在我们必须引入意义”（尼采），申明历史作为一种话语的特色并在语言、“叙述”

① ［美］雷·韦勒克、奥·沃伦：《文学理论》，刘象愚等译，三联书店 1984 年版，第 290 页。

② 转引自《中国当代文学史写作笔谈》钱理群的《读洪子诚〈当代文学史〉后》，《文学评论》2000 年第 1 期。

的层面上找到了文学与历史诸多的“共同性”。然而强调历史写作（和阅读）中无可避免的当代意识参与，却不意味着可以像一本历史小说那样以井冈山斗争的当代革命意识演绎李自成领导的农民起义。以往诸多现当代文学史著作历史感和学术性的匮乏固然可以认为是“当代意识”不足；但在另一层面上观察，又未尝不是强大的主观意志伤害了历史的“可理解性”。历史，毕竟是人类认知以往事件和过程的一种话语类型，它是“后设的”，因而是“当代”的，但所谓历史叙述的“可理解性”，所牵涉的却不只是一个写作事件，而是以远非透明的媒介去重现“历史”情境的语言实践。在这里，历史学毋宁如福柯所说是一种“知识考古学”，或如巴赫金所说的“对话”。既没有自行存在的“本相”，也不完全取决于我们设计的问题，我们的身份、语境和我们的欲望与期待。

洪子诚的文学史研究的意义首先就在克服“当代”与“史”矛盾方面的自觉实践。

作为一个受“五四”传统哺育并直接目击了当代中国兴衰沉浮的学者，洪子诚未尝不想在自己著述中寻找思想情感寄托。且不说他的整个文学史研究著作本身便是社会、历史、自我反思的见证，读他《中国当代新诗史》和《1956：百花时代》的“前言”“后记”更不难发现作者要通过自己的学术交代个人和时代的“心事”的动机。《中国当代新诗史》一书是要祛除大学时代未能写好和写完新诗史的“一块耿耿于怀的心病”[①]。《1956：百花时代》的“后记：续‘简短的前言’”则更耐人寻味：“前言”述说的是本书的“命名”、范畴、特征和研究方法，而作为“前言”之续的“后记”，却陷入了所叙年代个人经历的遐思和回忆。这当然也没有什么不可，可是作者最后又说：“然而，这种种的一切既与本书的论题无关，也是些不关联‘本质’的‘现象’，就让它们从他的记忆中消失吧。”[②]

① 洪子诚、刘登翰：《中国当代新诗史》“后记”，人民文学出版社1993年版，第547页。

② 洪子诚：《1956：百花时代》“后记：续‘简短的前言’”，山东教育出版社1998年版，第304页。

此中对教条主义的反诘是明显的，但既然“无关”却不能不“记”，同意忘却又还要明明白白地诉诸文字，倘若与个人经验和历史见解无关，意味着什么？要知道当代中国大多数的文学史的编撰都是采取集体合作的方式，而洪子诚的《中国当代文学史》，却无意回避个人写作的限制，虽然在70年代末，他也参与了《当代文学概观》的集体写作，但他越来越意识到，观念、趣味的一致性是集权时代的特征，“当代文学史的个人编写有可能使某种观点、某种处理方式得到彰显”[①]。

但彰显个人的历史观点和处理方式，却不意味可以在史学著作中直接表达个人诉求。相反，洪子诚文学史论述的最大特点便是努力克服主观视野的遮蔽性，以几乎不可能抵达的语言尽可能逼近“历史”中的“情境”。他不仅严格拒绝自己的遐想和回忆进入历史叙述的“正文”，甚至不近情理地“压制”写作过程浮现的图景和掠过的情绪；他担心没有“时间上”优势的同代人是否具备评说的“资格”，会不会由于“近视”和心理、情感等方面的原因把复杂的历史写得因果分明、一目了然？因此他觉得“能整理、保留更多一点的材料，供读者了解当时的情况能稍稍接近‘历史’，也许是更为重要的”[②]。因此，他在《中国当代文学史》“前言”中声明：

> 本书的重点不是对这些现象的评判，即不是将创作和文学问题从特定的历史情境中抽取出来，按照编写者所信奉的价值尺度（政治的、伦理的、审美的）做出臧否，而是努力将问题“放回”到“历史情境”中去考察。

史家的诉求和价值评析自然不可避免，但个人观点和处理方式的彰显却通向了个人价值尺度的隐藏，个人的叙述出现了非个人化

① 洪子诚：《中国当代文学史》“后记”，北京大学出版社1999年版，第429页。

② 洪子诚：《1956：百花时代》“简短的前言”，第4页。

的历史图景。个中牵涉的理论问题自然是千头万绪，但洪子诚将个人的时代诉求向内收敛转化为学术研究求是求真的动力，却也指示了几条帮助抵达的道路：一是与“潮流”保持适当距离的学术姿态；二是在“意识”与“事实”的互动中生成具体历史见解的追求；三是“矛盾性”历史叙述的尝试。

其中第一条洪子诚在《作家姿态与自我意识》[①]一书有过深入讨论，从文学“功能”和“构型”出发反思感伤主义和英雄式的写作局限，已是作者“姿态”的侧面写照。而《1956：百花时代》，于赞成与反对“干预生活”的对立阵营中，“异想天开”别一种自由的选择，他的“姿态”是什么，已变得无须多言。这里说的“侧面”“无须多言”，坦白说来是无法描述或者干脆说洪子诚没有“姿态”。因为“姿态”总在潮流中显现且不免做作，而洪子诚在这个到处都有作秀表演的时代做的是实实在在的学问，个人情感态度已隐藏于学术之中。当然“无”也是“有”，“0”是一个更大的数。第三条在打破历史叙述成规，接纳“历史”的矛盾、悖论和非连续性特征方面，洪子诚也有结构和修辞策略上的创新，但做得不算理想，我们在后面再做探讨。这里对最具作者特色的第二方面，多说几句。

洪子诚非个人化的个人“姿态”，其实就存身于“意识”与“事实”互动生成的具体历史见解中。他个人著作的一个突出特征，是明确的问题意识（其中第一本书的名字就叫《中国当代文学的艺术问题》）。但值得注意的是，他的“问题性”探讨有两个鲜明的特色：一是问题不是主观“设计”的或普泛的，而是具体的，从“文本”内部关系和历史关联中梳理出来的；二是在梳理探讨问题时，总是（至少是越来越是）躲避单一的化约性，无论这种化约是理论的还是历史的，而是将其置于问题与问题的复杂联系和运动过程中，理解其联结和脉络。由于作者的问题不是来自抽象的思索而是来自文本的阅读，产生于具体的实证的情境，并要接受诸多相关文本的印

① 洪子诚：《作家姿态与自我意识》，陕西人民教育出版社 1991 年版。

证和质询，问题就不仅获得了对象的具体性，而且会滚雪球样地扩大，在展开历史叙述时，也就不容易犯只见树木、不见森林的毛病。实际上，洪子诚对当代中国文学生产与接受模式的有效研究，始于对冯至、何其芳、巴金诸作家创作中“生活变革与艺术个性”的矛盾的注意，成长于问题意识与文本观察的互动，继而“从概念的相互关系上，和从文学史研究与文学运动开展的关联上来清理其生成过程”[①]，终而渐入佳境，瓜熟蒂落，搭起了以问题梳理为特点的叙述平台。

二、理解当代文学的“构造”特征

洪子诚以问题梳理为特点的文学史论著，主要有《中国当代新诗史》（与刘登翰合著）、《1956：百花时代》、《中国当代文学史》，以及《关于五十至七十年代的中国文学》《“当代文学”的概念》等代表性论文。这些论著的重要贡献，是在当代文学的学科研究“合法性”及其意义和价值，受到许多新的研究构想的质疑，因而在教学和研究都陷入“混乱”的情况下，在较为严格的学术意义上通过其科际关系的梳理，范畴、概念的澄清以及特质和过程的深入探讨，呈现了当代文学作为一门独立学科的“可理解性”。可以说，它们的出现，标志了一门不稳定的学科有了相对稳定的格局。

描绘文学史地图，经纬的测量、时空的界定、特征的指认等，具有根本性的意义。但洪子诚不想以几个简单的名词决断一个复杂的世界，他的着力之处是以一种学术承担的方式，把它们放回历史情境中去，还给它一个恰当的“位置”。“历史”的文学现象，并非一个有“必然性”和根本“原则”的“有机整体”；实则充溢多重的预制形态，由许多“事实”构成，受众多因素影响，不仅是一个符号，一个影像，而且是复杂喧闹枝节横生的“文本”。这种常被传统文学史观和等级标准排拒的复杂性，已越来越引起人们的注

① 洪子诚：《“当代文学”的概念》，《文学评论》1998 年第 6 期。

意，然而倘若不能辩证对待，也极容易走向另一种简化，造成“历史”的叙述空缺和主观遮蔽。一个明显的事例，是近年的文学史著作，有人觉得当代文学受政治奴役太重，许多作家作品不够“级别”入史，因而论及当代，理当大步流星；而有人则大反其道，导引当代被压抑的潜流，以边缘颠覆中心，以为贫乏的时代也有丰富的层次。洪子诚并不想这样删减或放大历史，尽管他对中国当代文学的成就也很不满意，也很重视主流以外的个人坚持和艺术探索，但是，意识到主流文学成就的严重问题，意识到“异数”的存在，倘若不感情用事，理当看成这是主流与“异数”共处的“对话性”现象。而各种矛盾的“主流”与“异数”，以及它们内部在当代时间之流里的争战迎拒和浮沉隐显，正是洪子诚规划的文学“史”的面貌。他在该书“前言”中这样界说“中国当代文学”：

> 这本书里，“中国当代文学”首先指的是1949年以来的中国文学。其次，指的是发生在特定“社会主义”历史语境中的文学，因而它限定在“中国大陆”的这一范围之中；……最后，本书在运用“当代文学”时的另一含义是“当代文学”这一文学时间，是“五四”以后的新文学“一体化”趋向的全面实现到这种“一体化”全面解体的文学时期。中国的“左翼文学”（“革命文学”），经由40年代解放区文学的“改造”，它的文学形态和相应的文学规范（文学发展的方向、路线、文学创作、出版、阅读的规则等），在50年代至70年代，凭借其影响力，也凭借政治的力量而“体制化”，成为唯一可以合法存在的形态和规范。只是到了80年代，这一文学格局，才发生了变化，而出现了在新的历史条件下文学变革的前景。

“一体化”的景观，看来简单明了，乏善可陈，然而“一体化”实现和解体过程，却是艰难曲折，波诡云谲，其间弓弦矛盾的紧张，形成了历史的叙述张力。洪子诚的文学史著作可谓对中心话语霸权所遮盖的文化冲突与紧张关系做了出色的“还原”：首先是“当代文学”的由来，一方面，“当代文学”是“新文学”承继者和更激进的实践者，“是新文学‘一体化’趋向的全面实现”；但另一方面，又是“儿子”生出了“父亲”，“当代文学”取了“新文学”（不仅用“现代文学”重新命名了“新文学”，而且以“当代文学”价值标准“重写”了“新文学”的历史）。其次是“当代文学”格局的形成，虽然《新民主主义论》指明了方向，延安文艺整风“统一”了思想，解放区文学提供了模式，但1949年之后，作家的成分、文艺的思想和写作传统，出现了更复杂的局面。自然是左翼文学最有“资格”担当具体规划和实施重任。然而左翼虽左，政治和艺术上与“右翼”和“自由主义”水火难容，左翼与新世界的政治原则又还有诸多差异，而左翼内部也远非认识一致。于是唯恐不及又暗幸能够重塑（重写）历史，真诚的信仰与历史的恩怨交相作用，文艺运动实际成了权力话语对文艺的“运动”。其中的主要关目，有等级的划分（作家的、作品“思想内容”的）、规范的制定、斗争策略的考虑、队伍的组织，不一而足。

“一体化”的实现和解体是洪子诚对中国当代文学历史过程的基本把握，而当代“文学规范”的生成研究既是其中的关键，也是洪子诚最为人称道之处。它错综复杂，既关涉文学环境，诸如与本土激进主义传统、与苏联文学为主的“进步文学”的关系，与文学生产的组织管理和物质条件（如文联、作协这样的“部级”“群体团体”，行政拨款的文学刊物，领“干部”工资的“专业作家”编制等）的不同以及老作家的“边缘化”和工农兵作家的“中心化”等，更与旨在清扫场地、纯洁队伍、统一思想的文学运动有关。凡此种种，洪子诚都有清明的省察，他于各种历史文本所揭示出来的文学观念和“意识形态”内涵，也促使我们更深入地思考历史的复杂性。当然，由于《中国当代文学史》要涵盖各方面的内容，这方面的叙述不能全面展开，尤其像“双百方针”与“反右运动”这样重要的个案研究，必须再读作者的专著《1956：百花时代》。实际上，

"到 50 年代中期，'当代文学'的构造是一个重要的时间"[①]。正是在这个时候，正式提出了"社会主义文学"的概念，结束了左翼内部的争论，文学史的编写也获得了现、当代的"性质"规定和"两条道路斗争"的叙述"路线"；而洪子诚也是通过"百花时代"文学现象的研究获得了他后来支撑《中国当代文学史》的基本思路和梁柱性概念，尤其是感悟到依照某种规范，将"全部的文学活动（作家的归属，权益文学写作出版，阅读和批评）都纳入统一的组织和控制"[②]中的文学生产的"预设"性"构造"的特质。后来，在《"当代文学"的概念》一文里，他对此做了更为清晰的表述与辨析：

> 这里使用了"预设"和"选择"这两个词。"预设"的含义，类乎有学者提出的，中国现代文学的那种"逆向性"特征，即从一种文学理想出发，展开创造这种文学的实践。不过，"逆向性"其实是相当普遍的现象，尤其是本世纪中外那些先锋性的文学实验，都是以理论设计"先行"的方式进行；并非中国的"诗界革命""小说革命"，"五四"文学革命，二三十年代的革命文学，40 年代的延安文学才是这样的。不同的地方可能是有些先锋性的文学运动的推动者，他们关注的是这种实验自身；而中国现代激进的文学实验者，则把他们的"预设"看作是必须导向全局的，而伴随着强烈的对"异端"的排斥。这样，"预设"就不仅仅是一种"新"的文学形态的构造，而且是这种文学形态在整个文学格局中支配地位的确立。[③]

《1956：百花时代》是对中国当代激进文学实验典型个案的剖析。作为具有"叙事时间"和"所叙时间"双层时间的"反简化"叙述，这本书接触到不少戏剧性逆转、对比和反讽性的"本事"，具有某

---

① 洪子诚：《"当代文学"的概念》，《文学评论》1998 年第 6 期。

② 洪子诚：《1956：百花时代》，第 54 页。

③ 洪子诚：《"当代文学"的概念》，《文学评论》1998 年第 6 期。

种（也许后人会更加感到）传奇性。“传奇”，本与神话、想象等词义相近。不幸的是，它不是虚构演绎的效果，而是历史“文本”的“整理”和“保留”性编织。[①]在这个意义上，本书是当代以“预设”来“构造”文学形态的具体见证，同时又未尝不在催生一种新的历史观：历史有“必然规律”吗？既然“历史”形态可以“预设”，可以人工“构造”，那么，它是否也会被人工改变？——实际上，无论自觉或不自觉，洪子诚的文学史研究质询“本质”，搁置“评价”，特别是以“一体化”的实现与消解作为基本的叙述结构，已是这种新的历史观的体现。

“历史”的“构造”性是洪子诚的重要发现。这种发现使洪子诚获得了新的叙述历史的支点，然而也是对叙述者的叙述信心的严重打击：“这种风云变幻的事实会给人一种‘宿命’的感觉，好像人们无法摆脱一种无形的力量的控制。从中也许还可以体验到人的生活过程和由此构成的‘历史’的含混与无序的特征。”[②]在给友人的信中，他还说：“如果说‘历史真实’‘本质’是完全可疑的，‘意义’是虚构的，那么，我们工作的内在动力何在？我们究竟还在追求什么？是否有可靠的立足根基？如果‘本质’不存在，‘非本质’同样也没有意义。在认识到历史的‘含混性’和‘脆弱性’之后，我们是否应该放弃‘希望’，或者说，‘希望’还有无可能？”[③]在相信历史有“必然规律”的时代恐怕谁也不会有这样的“宿命”和困窘，历史“构造”性的意识必然要带来人类认识（又何止认识）的有限性的意识，而人类认识的有限性又必然决定了历史是一种远

① 在《1956：百花时代》“后记：续‘简短的前言’”中，洪子诚曾说：“我们很难在公开发表的材料中发现‘潮流’外的声音，发现体现‘潮流’之外的体验、思考的文本。……也曾经想去发掘这样的材料，而最终所得不多。”见该书第 300 页。

② 洪子诚：《1956：百花时代》，第 267 页。

③ 转引自《中国当代文学史写作笔谈》钱理群的《读洪子诚〈当代文学史〉后》，《文学评论》2000 年第 1 期。

非完美的“构造”。这几近一个鸡生蛋还是蛋生鸡的难题。可是，因为“真实”“本质”都是“话语”，言说背后都有“意识形态”和“权力架构”的魅影，往往不仅有一个说了什么的问题，还有“谁”在说、在什么“位置”上说的问题，而“个人”既受限于“语境”又受限于自身，——我们所有的努力与挣扎是否全是徒劳？

能不能换一种角度和思路，譬如我们不想象遥远的地方有“一个”向人们招手的明晰、坚硬的“意义”；譬如我们认同阿尔都塞关于社会、历史是“无中心但有主流的结构”的见解；或者，如同洪子诚自己实践的，以历史的“构造”的再构造对答历史的“构造”。“预设”和“构造”或许是人类生活的特点，可怕之点不在这里，而在洪子诚揭示的把某种“预设”强加给“全局”的霸权行径。那么，我们自觉认同和争取言说的平等，遵照一定的“游戏规则”，立足于过程的积累，一“点”一“线”地勘探，敞开存在的复杂性，增强“构造”的自觉，让更多的“预设”与“预设”相遇，形成一个个“临时”的但互动和相向的话语场地，这样过程中的实践，是否也算是一种“立足”，有历史的具体“意义”？

三、“历史”如何叙述“文学”

对历史“构造”性的意识，在文学观念上，必将导致对“有机构成”理论的质询。而这种质询，不仅为文学史提供了更多的“可写性”，也为它容留矛盾、悖论和非连续性，探索更复杂的叙事结构提供了依据。已经有学者注意到《中国当代文学史》“建立了一个自足的文学史的研究与叙述体系”[①]，而这个自足体系的叙述结构与传统文学史最大的不同是呈现矛盾关系的“对话性”。它所叙述的内容是“一体化”文学的实现过程和“存在方式”：文学创作、文学问题“存在于文学为政治服务、成为斗争‘武器’的规定中。……

① 转引自《中国当代文学史写作笔谈》钱理群的《读洪子诚〈当代文学史〉后》，《文学评论》2000年第1期。

同时，作品的接受行为也要明确地被赋予政治的意义。也就是说文本的生产、发表、阅读、批评，就是一种‘政治行为’。……破除文学生产、文学文本的‘独立性’和‘自足性’，将文学生产、传播、批评纳入国家政治运作轨道上”[①]。它的叙述结构，在整体方面是“一体化”的实现（上编）与“一体化”解体（下编）的“对话”。过程的叙述更是各自需要对方才能显示存在的矛盾组合，如“传统”与“当前”：既定格局与文学转折（第一章）；“外”与“内”：外部环境与内在“文化性格”，“规范”的形成与质疑（第二、三章）；“隐”与“显”：“隐失的诗人和诗派”，与新人和新诗风的彰显（第四、五章）；“主流”与“另类”：“农村小说”“革命历史小说”，与“都市小说”及文学“异端”（第七、八、九、十章）；“一体”与“分裂”：“样板”的构造、公开的写作，与“地下”写作；等等。

这里显示了洪子诚把暧昧的、闪烁不定的时间之流转换为可反思的知识空间的努力。“文学史”，从根本上说是对知识时间的审读：拦截下历史过程中的文本、概念及其相关的人与事，通过分类活动转化为空间化、主题化的排列，指引一种文学生态的分布状况。然而“当代”没有时间的优势，“现在”如何成“史”？周作人的《中国新文学的源流》的做法是把它推向时间的长河，“新文学”成了中国几千年“言志”“载道”风水轮转的一部分；而大多数急于为新国家神话树碑立传的“当代文学史”，则往往是政治权威论断的注释。前者，希望在历史的“延续性”中找到“此在”的位置；后者，服从于更高的利益，强调文化的“断裂性”，以便论证“全新的事业”。

洪子诚文学史的“空间性”结构，如前所述，是矛盾的“对话性”。他努力把社会、历史、政治对文学的制约，内化为文学观念、写作传统“延续”与“断裂”的争战。从权威发言人“激进”与“后退”的自我否定中，从理论与批评中把“主题”简化为“题材”，而创作却从以“意义”来扭曲素材的悖论中，呈现当代文学理念的分裂感和脆弱性。他提出和分析过几种最具当代意识形态特征的文学样

① 洪子诚：《中国当代文学史》“前言”，第5页。

式（“写实诗”“政治抒情诗”“戏剧化小说”“革命样板戏”等），观照它们的结构原则、象征仪式和升华机制与创作主体、文学要求的冲突。更具体的当然是诗人、作家的“风格搏斗”了，他把他们“火一样灼热”的情怀却“让它在我的唇边变为沉默”（何其芳《回答》中的诗句）的现象与矛盾重重的文本互为阐述，展示文学与政治之间任凭何种力量都不能抹平的“裂缝”。

对当代文本、概念的“自我分裂”的阅读和呈现，是洪子诚文学史研究最精彩的地方，也是最具个人特点的处理材料的方式。在这里譬如在周扬文艺观点的“后退”（以至于最终与批判对象认同）现象中，在何其芳政治上的激进与文学上的谨慎（如对民歌的局限性始终坚持自己的观点）中，在郭小川诗歌对时代与个人关系矛盾重重的想象中，以及大量“正典”小说的“叙述分裂”、枝叶旁逸或意图与效果的反差中，洪子诚揭示了当代中国文学与意识形态同构、解构并存的复杂关系：一方面，当代文学参与了当代意识形态和新国家神话的“构造”，并非完全被动的追随者；另一方面，作为一种有自己传统和“成规”的话语实践，一种个人的、感性的想象世界的方式，或者说一种整体包容、多重指涉的“语言”，文学无法对政治和国家道德的“纯洁性”做出承诺，甚至有被阅读出“反骨”的可能。洪子诚指出，“这是一个‘中世纪式的’悖论：政治、宗教教谕需要借助文艺来‘形象地’‘感情地’表现，但‘审美’也会转而对政治和宗教产生‘消解’‘破坏’作用”[①]。

显然，这便是“一体化”文学最内在的矛盾，而洪子诚通过对“某一作品，某一体裁、样式，某一概念的形态特征的描述”和演化过程的揭示，实际上凸现了当代意识形态在文学领域中的权力运作和遭遇的抗争状态。唯其“关注这些类型的文学形态的产生、演化的情境和条件，并提供显现这些情境和条件的材料”[②]，让矛盾

① 洪子诚：《关于五十至七十年代的中国文学》，《文学评论》1996 年第 2 期。

② 洪子诚：《中国当代文学史》“前言”，第 5 页。

冲突在历史语境中自行演出，当代文学“‘一体化’趋向的全面实现”过程中内部的紧张感就更为真切，其“凭借政治力量而‘体制化’，成为唯一可以合法存在的形态和规范”的现象，也就更能引起人们的注意和省思。洪子诚规划文学史图志，不是要标明当代“典律”（canon）的形成，指引一种阅读当代文学的标准，以权威的姿态嘉勉创作批评的收成，而是想去除种种人为的迷障，注视历史的繁复和驳杂，从而提出和梳理发生于当年却在今天仍然纠缠着人们的问题。他的文学史是预设了更多反思和对话的“问题文学史”，或者说是一种以“对话性”置换“功能性”的文学史写作实践。作者对矛盾的组织，对话式的结构也是回应当代时间、知识、权力的有效形式；不是“锁定”历史，不是要建造当代文学时间的纪念碑，而是要“重读”过去，不断延续当代问题的反思。

然而应该指出，洪子诚预设的反思和对话主要还是从历史生成和演变的“大处”着眼的，即把当代时间中发生的“空间”矛盾推向“新文学”的时间之流，让两者互为借镜，互相发明，于历史选择与当代“情境”的互动中，整理出“一体化”文学起承转合的过程。而当代文本、概念内部的矛盾和悖论，虽然作为“一体化”的对立面，得到了充分的叙述，却对它“不可思议”的能量未加深入疏导，并上升为“文学”与“历史”更为复杂也更为有趣的显在“对话”结构。因而可能凸显了当代文学比较阴沉的、“悲剧性”的一面，而对其中“喜剧性”的因而也是比较“明亮”的一面可能昭彰不足。这当然是由于当代文学的主流形态本身压抑和遮蔽了它们，但与洪子诚比较倚重历史的观察而相对忽略文学的反观或许不无关系。这不能不使他的文学史叙述依然带有历史决定论的阴影，似乎当代文学史虽然复杂，充满矛盾，但终究还是一种因果分明的存在，社会—历史—政治具有化约一切的力量。也许，这就是为什么，叙述“一体化”在生成和演变时，他是那样地环环相扣，严丝合缝，而讲述它的“解体”，却相对涣散，多少给人以平铺直叙的感觉。

多亏洪子诚在具体叙述时“更注意对某一作品某一题材、样式某一概念的形态特征的描述”。在这些时刻，洪子诚会暂时离开历史视野造成的“宿命感”，以细致的文学阅读触摸“文本”丰富复杂的形态，凝神聆听它们嘈杂、喧哗、矛盾和“游戏”的声音，感受文学对“主题”“构思”等种种“预设”的跨越。洪子诚对“真实”“现实主义”等概念所隐含的矛盾的深入阅读，对郭小川叙事诗中“个人”的非自觉坚持的感受，对《三家巷》等小说与“陈旧”情调和“言情”叙事模式的下意识靠近等文本现象的分析，召唤出了一种历史不能“决定”的因素。有趣的是，作者越是深入到文学的世界，或者说，越是从文本内部的矛盾、“裂缝”来“反看”当代文学的时候，其“预设”“构造”的不合理性，才得到了更为充分的揭示。那些历史理性不能控制“大叙述”无法左右的幽灵，穿过历史和历史叙述的双重压抑，似乎要向人们宣示：社会—历史—政治权力架构的强行运作，虽然“书写”了当代中国文学的历史，但文学始终存在一种“反书写”的力量，让这种“书写”始终处于矛盾百出、危机四伏的境地，并最终促使了它的“解体”。

洪子诚对文学史研究的贡献，主要在克服“当代”与“史”的矛盾，破解进化史观和等级化叙事陈规方面，而在处理“文学”与“史”亲和与疏离的辩证方面，则向我们提出了需要进一步探讨的问题。“当代文学史”，不仅存在罗兰·巴尔特所言的两种时间制的不对等性，还存在历史空间与文学的符号空间的不对等性。

原刊《广东社会科学》2002 年第 4 期，此处收录的是编者根据刊发稿整理的版本。

为什么关注文学史

——从《问题与方法》谈当代“文学史转向”

李　杨

1999 年，因为出版了令人耳目一新的《中国当代文学史》而成为新闻人物的洪子诚接受《中华读书报》记者的采访，在回答记者关于“为什么关注文学史”的提问时，洪子诚称自己之所以研究文学史，是因为缺乏做文学批评的才气。[①] 对于性格谦和的洪子诚，这是典型的自谦之语。不过，不了解洪子诚的人却很容易从中听出调侃乃至嘲讽。因为今天的文学史研究已成时尚，文学研究早已不是文学批评一统天下了。越来越多的研究者将自己的研究兴趣由“文学理论”与“文学批评”转向了所谓的“文学史问题”，已经成为文学研究从 80 年代的知识语境转向 90 年代的一个重要标志。即使是在一向被认为“无法写史”（唐弢先生的名言）的“中国当代文学”研究领域，“文学史”也成为出现频率越来越高的“关键词”。以至于在洪子诚工作的北大中文系，由于以文学史问题作学位论文选题的当代文学专业研究生越来越多，作为文学史转向始作俑者的洪子诚竟常常不得不反过来苦口婆心地规劝学生关注当下的文学创作，结果总是收效甚微。这样的情景，在将“当代文学”等同于“文学批评”的 80 年代是绝对不可想象的。

在 90 年代开始的当代文学研究的“文学史转向”中，洪子诚

① 见赵晋华：《我对教师这个职业更感兴趣——洪子诚访谈》，《中华读书报》1999 年 9 月 15 日第 14 版。

称得上是一个标志性的人物。从80年代开始就一直以同代人难以理解的执着在最没有“历史感”的“当代文学”领域思考“文学史”问题，并最终凭这一看似不合常理的组合从容超越常规研究，使当代文学研究得以呈现全新景观。洪子诚近著甚多，影响最大的当然是1999年版的《中国当代文学史》，但我认为对于当代文学的研究者来说，新近由三联书店出版的《问题与方法——中国当代文学史研究讲稿》（以下简称《问题与方法》）却价值更高。《中国当代文学史》出版后，好评如潮，但多停留于就事论事，对于这部文学史全新的结构方式背后隐含的方法论的突破却语焉不详，更少有人关注到洪子诚对文学史方法论本身所作的相关思考。事实上，《中国当代文学史》的成就以及洪子诚对文学史问题始终不渝的关注，显然都不可能简单地通过个人研究自由或个人知识兴趣加以充分解释。这正是《问题与方法》的意义所在。《问题与方法》记录了洪子诚对包括“文学史意识”“文学与历史”“文学史与叙述”“历史记忆”“左翼文学”等在内的一系列文学史基本问题的思考。尤其是对80年代主流文学观念中一些不证自明的理论预设的质疑和追问，形象地展示出对“文学史”的关注和思考如何影响和改变一个80年代的文学研究者理解文学和认识自我的过程，这使得这本书的价值远远超出了它所讨论的问题的范围。

一

如果我们将文学批评定义为批评家对当下作家作品的研究，而文学史则既指以进化史观组织文学的现象，也指文学研究中的一种历史意识，那么，从90年代开始的以洪子诚为代表的所谓“文学史转向”，应该说主要是在后一种意义上展开。按照韦勒克在其著名的《文学理论》中的分类，“文学研究”由“文学理论”、“文学批评”和“文学史”这三大门类组成。尽管作为形式主义批评家的韦勒克认为“文学理论”、“文学批评”与“文学史”可以并存[①]，但三种文学研究在不同时代的发展实际上是不均衡的。选择何种方式进入文学研究，常常与研究者的文学观念有关，而文学研究方式在不同时代的兴盛与衰微，更与一个时代的知识水平和思想能力联系在一起。许多人至今不能理解90年代以后当代文学研究中的这种“文学史转向”，因为在他们看来，“当代文学”研究“当代”，实在是顺理成章的事。殊不知这一看起来天经地义的理解其实与80年代特定的文学观念有关。80年代占统治地位的主流文学观以所谓的文学发展“断裂论”来结构文学史，将左翼文学完全同启蒙文学对立起来，根本不承认50—70年代文学的价值，“新时期文学”被表述为对被中断的“五四”文学的回归。正是基于这一认识，“当代文学研究”才被实际等同于以当下文学创作为对象的“新时期文学研究”，“当代文学”被等同于文学批评。

对80年代的当代文学研究，洪子诚明确表示了不满：“为什么胡适、朱自清写在距新文学诞生仅有五年或十余年的书，就可以列入现代文学史的评述范围，而且给予颇高的评价，没有人说他们当时不应该做‘史’的研究。而在80年代，‘当代文学’已经过了三十多年，却还提出‘不宜’写史呢？这个问题我就想不通了。”[②]洪子诚意识到的这一问题在90年代以后变得更为突出。一方面，“当代文学”的时间越来越长，到90年代已经远远超过了只有三十多年历史的“现代文学”，不仅50—70年代文学早已成为历史，更重要的是，随着90年代以来政治、经济乃至文学环境的巨大变化，我们曾经深陷其中的80年代也在迅速离我们远去。在90年代的文学环境中讨论“新时期文学”，竟常常使人产生恍如隔世之感，在这一背景下，“当代文学”的文学史问题开始进一步凸现，而另一方面，也是更重要的一方面，90年代以来人文知识的变化，尤其体现在对

① ［美］R. 韦勒克：《批评的诸种概念》，丁泓等译，四川文艺出版社1988年版，第28页。

② 洪子诚：《问题与方法——中国当代文学史研究讲稿》，三联书店2002年版，第49页。

现代性的反思成为知识界普遍关注的命题之后，人们得以以一种不同于80年代的方式思考我们置身的这个越来越陌生的世界，尤其是当人们开始自觉或不自觉地以一些不同于80年代的知识方式进入到人文学术研究的时候，80年代包括文学研究在内的人文学科的一些不证自明的理论前提如“个人性”“文学自主性”等概念开始瓦解。譬如说，在读完洪子诚那篇题为《“当代文学”的概念》[①]之后，我们就很难继续相信“当代文学”只是一个中性的学科概念，洪子诚以丰富的文学史资料向我们证实，“当代文学”其实是具有特定意识形态含义的文学史范畴。如果接受洪子诚这一推论，“当代文学”与“当代”或“当下”的关联显然就已经不再是顺理成章的事。

90年代以来洪子诚在当代文学领域进行的文学史研究就是在这一层面展开的。在他的工作中，结构80年代文学观念的一些基本范畴如“文学自主论”、文学发展“断裂论”，乃至“文学”“历史”“自我”等的定义都被还原到它们发生的特定历史文化情境中加以理解，这种将文学“知识化”与“历史化”的努力在为我们展示当代文学研究的全新维度的同时，也驱使人们更进一步思考文学研究的方法乃至意义的问题。事实上，洪子诚对文学史的关注从80年代就已经开始，只是到90年代以后才变成为引人瞩目的话题。引人瞩目，当然不仅仅是赞同，对那些仍然在80年代的常识中不能自拔的研究者来说，这种“文学史转向”仍旧是一个不解的难题。许多人仍然坚持的真理是：“我们所期待的当代文学批评不做知识的考古。”[②]

周蕾在为她的一部著作所做的中文版序言中曾形象地描述过这一不仅仅出现在中国的文学现象：

> 九十年代从事中国文学研究的人，除了认识文学作品之外，还得顾及所谓理论上的种种问题。理论者无他，只不过是哲理

① 洪子诚：《“当代文学”的概念》，《文学评论》1998年第6期。

② 见《当代作家评论》2002年第1期《小说家讲坛》中的“主持人的话”。

> 性、认知性、社会性及其他种类的批判反思。但是由于理论本质正是把传统历来的一切惯性思想及文字解构，从而发人深省，使被忽视了的种种政治文化因素显现出来，所以理论的介入，总是予人钻牛角尖的感觉。最令大多数人不以为然的是，理论往往使文字丧失了文人雅士认为文字必须具有的流畅和优美形态。在西方如是；在东方，特别是中文的领域里，理论性文字必然受到的讪笑更可以想象。①

以“当代性”来抗拒这种“文学史转向”的理由无非两类，一方面，“文学史”对概念、理论以及“文学之外”的因素的关注可能使文学失去悟性、趣味和感受力，与此同时，对“当代性”的忽略会使文学失去社会影响力，使文学家失去宝贵的社会责任感。然而，关于批评家仅仅依赖直觉、趣味和想象力进行文学批评的说法是80年代文学最大的神话之一，因为直觉、趣味和想象力都是文学教育的结果，所以都是不折不扣的“知识”。事实上，我们今天面对的“文学”其实并不仅仅是我们熟知的李白、杜甫、鲁迅、张爱玲、王安忆、《红楼梦》这样的作家和作品，更不是潜藏于我们每个人内心深处的一种与生俱来的超时空的情感，而是一种关于“文学”的知识，——更准确地说，是一种以“文学”为名的现代性学科建制。即使在西方，“文学”这一概念的产生也不过才一百多年，而在中国，“文学”这一观念的历史更为短暂。换言之，将李白、杜甫创作的作品称为与“literature”对应的“文学”是在作为现代学科的“文学”的建构过程中得以实现的，我们以“文学”的名义对中国古代作家作品命名的过程，实际上是作为研究者的我们认同、接受和皈依一种以“文学”为名的现代性知识的过程。因此，我们对于“文学”的了解——包括文学理论和文学批评中使用的“文学”都并非天生的，而是作为现代性知识的文学

① 周蕾：《妇女与中国现代性——东西方之间阅读记》中文译本序，台湾麦田出版有限公司1995年版。

教育的结果。当批评家以为自己在进行“我在说话”的独一无二的文学批评时，与其说他在表述他“自己”的批评观，不如说他是在使用他掌握的“文学史”知识进行判断，更何况，在作为批评家的“我”和作为对象的文学作品之间横亘着数不清的批评方法，因此，在我们进行文学批评的时候，用结构主义的话来说，根本不是“我在说话”，而是“话在说我”，或者说，根本不是“我在使用符号”，而是“符号在使用我”。正是这一原因，在熟悉文学史的洪子诚眼中，那种与“影响、联系、演化”无关的超历史的“文学史”“文学批评”乃至“文学”根本就不存在：

> 当然，让影响、联系、演化什么的都见鬼去吧，就某一个时期，挑选你认为杰出的作家作品，一一品评，这也不失为文学史的一种方法。希望有一天，我们会有机会来试试看，试试看这种强调“独创性”“文学性”标准的文学史写作，会暴露什么样的矛盾和问题。[1]

“独创性”“个人性”“文学性”“民间”“非政治性”“日常生活”等都是80年代的文学批评中最为常见的范畴。这些概念的意义并非源于批评家或作家的直觉或趣味，而是产生这些概念的特定的80年代语境所赋予的。——或者准确地说，是作家和批评家对80年代中国政治文化语境的变化做出的有效回应。在这一意义上，这些概念乃至依据这些概念建立的文学批评的合法性当然毋庸置疑。但问题在于，如果我们将这些概念非历史化，使之由具有特定意识形态内涵的知识转化为永恒的信仰，那么，这些概念的“思想解放”意义就完全丧失了。80年代文学批评常常将对作品的批评终结于某种文学性质的认定，譬如说某部作品使文学“回到了个人”，某部作品使文学“回到了日常生活”，或者说某部作品终于摆脱了模式化的限制，如此种种，不一而足。但“个人”的作品是否就永

① 洪子诚：《问题与方法——中国当代文学史研究讲稿》，第46页。

远比“不个人”的作品，如在民族、国家、文化、传统乃至历史中寻求认同的作品更有价值，更具文学性呢？价值观念含混、远离政治的作品是否一定比具有强烈政治诉求的作品更能打动人，更具文学性呢？诸如“在爱人肩上痛哭一晚”的个人欲望是否就一定比为集体利益做出的牺牲要崇高得多呢？我们拒绝50—70年代文学的理由常常是因为这些作品是模式化的，那么，这个世界是否真正存在非模式化的文学，或者说，非模式化的文学为什么就一定比模式化的文学好呢？类似的问题还包括：以“文学”为名的文学是否就一定比以“政治”为名的文学离政治更远呢？

用洪子诚在分析“题材决定论”时的话来说，我们的文学批评根本不应该停留在对类似于“题材决定论”这一类“反文学”的命题的批判上：

> 我要特别说明的是，这里首先不是要简单地判断这种“题材”规定，这种组织生产的方式是对的，还是有问题的。我们首先要做的，是（厘清）这些概念的具体含义，和特定文学体制、文学理念、文化政治的关系。[①]

90年代以后“文学史转向”对这种本质化的文学批评的拒绝就是在这一意义上展开的。难怪黄子平感叹说：“现在做批评没有以前好玩！”[②]因为我们已经不能像80年代的批评从业者那样，毫无顾忌地使用我们遇到的所有概念，而必须考虑包括这些概念的语境在内的复杂的历史问题与理论问题。我们已经很难像80年代的批评家那样在说完舒婷“回到了个人”以后又继续将“个人性”的标签随心所欲地贴到“知青文学”“新写实小说”或是王安忆等人身上，

① 洪子诚：《问题与方法——中国当代文学史研究讲稿》，第93页。

② 汪跃华：《“现在做批评没有以前好玩！”——黄子平先生访谈录》，《世纪中国·星期文萃》2002年4月B期，http://www.cc.org.cn/wencui/index0204b.htm

继而又毫无障碍地贴到陈染、林白乃至卫慧、棉棉身上。对 90 年代以后的批评家来说，以何种工具、何种知识进入文学批评已经成为了不得不首先思考的问题。也正是基于这一理解，对“何种个人性”“谁的文学性”的知识谱系学追问才比非历史化的文学批评重要得多。故洪子诚在《问题与方法》中如此阐述他对“个人”这一文学批评“关键词”的理解：

> 个体的价值选择的独断性质是合理的、正当的，但是不应推论为普遍性的，进而要求其他人无条件地接受。……如果把价值选择完全看成是个体的问题，实际上也就取消了这个问题的紧迫性质。要是我们也认同下面的这样一种说法，即知识者的存在方式，不只是独善其身的“逍遥”，而且要有“拯救”的承担，那么，在“价值多元”的境况下仅仅强调选择的个体性质，这是不大能解决问题的。这种论析，可能存在一种“两面性”。它确实表现了一种批判的锋芒，但也可能是一种回避。从后一种可能性来说，它难道不会导致对价值混乱的现实状态的容忍和默认吗？这种情况，只要看看我们当前的文学界，应该是不难明白的。①

洪子诚的这一段话实际上可以视为对所谓文学研究的“文学史转向”可能使文学失去批判性的担忧的一种回应。因为“批判性”并不是一个没有历史感的范畴。如果我们对文学批评得以存在的历史前提与理论预设缺乏清醒的自觉，如果我们至今仍坚持在“文学之内”而不是在“文学之外”来讨论文学的意义，那么，这种以“面向当下”“面向现实”为名的“文学批评”是否才真正意味着对现实的回避乃至逃避呢？用萨义德的话来说，在研究文学时，“专门化意味着愈来愈多技术上的形式主义，以及愈来愈少的历史意

① 洪子诚：《问题与方法——中国当代文学史研究讲稿》，第 170 页。

识"[①]，当知识分子的社会责任被技术上的细节彻底埋没，譬如说，在"纯文学"批评使文学批评变成纯粹的形式分析的同时，也使文学批评加入目前完全由市场控制的文学的游戏中的时候，我们是否有理由说，与这样的文学批评相比，以洪子诚为代表的对文学史的关注是否反而以一种"介入往昔"（何伟亚语）的方式重现了文学的现实关怀呢？在福柯那里，对历史的知识谱系学分析，恰恰源于现实的冲动："我起初是从一个用当代术语表述的问题出发，我想弄清它的谱系。谱系意味着我的分析是从现实的问题出发的。"[②]

二

近年来，在阅读洪子诚的学术著作和与他交谈的过程中，我始终想弄清的一个问题是洪子诚为什么能够走出被他的同辈人视为家园而加以誓死捍卫的 80 年代——所谓"走出"，我指的是能够对 80 年代进行反思。重返 80 年代，批判二元对立，对在福柯、德里达等人的著作中获得工作语言的年轻一代学者可以说是毫无障碍的，——当然，对于 90 年代开始进入文学研究的年轻一代学者来说，不假思索地全盘接受 80 年代的二元对立文学史观也并不是难事，但对于洪子诚这一代在 80 年代获得新生并开始自己学术生涯的学者来说，反思 80 年代，却意味着艰难的自我否定和自我超越。《问题与方法》完整呈现了洪子诚对相关问题的思考。

> 1988 年，在北戴河的那次"文学夏令营"，我也讲过课。我当时很受"时尚"的影响，在讲课时，也是在和俄苏文学的比较中，大谈文学的"独立传统"这个话题。……讲课的稿子

---

① ［美］爱德华·W. 萨义德：《知识分子论》，单德兴译，三联书店 2002 年版，第 67 页。

② ［法］米歇尔·福柯：《权力的眼睛——福柯访谈录》，严锋译，上海人民出版社 1997 年版，第 144 页。

后来整理成《文学传统与作家的精神地位》一文发表（天津:《文学自由谈》1988年第6期）。文章以60年代的那种斩钉截铁、不容置疑的方式宣告：“我们的文学的‘脆弱’，最重要的一点是，还没有形成深厚的、有独立性的文学传统，一个与政治分裂、脱离的文学传统。”①

洪子诚显然也有过自己的80年代，有过完全依据“时尚”思想的时代。然而，对文学史的关注使他最终远离了时尚。说洪子诚是从事中国当代文学研究的学者中掌握史料最充分的专家恐怕并不过分。从“文革”结束后重以“学术”为业开始，洪子诚的工作就围绕着文学史转圈子，除参与写作了80年代那本著名的北大版的《当代文学概观》以及独立完成了出版于90年代末的这部更加著名的《中国当代文学史》之外，他主要的工作都围绕着“当代文学”中已成为“历史”的50—70年代文学展开。在某种意义上，可以说是他的文学史的修养使他得以摆脱80年代主流文学观念的宰制。或者说，是这种从80年代就已经开始的对文学历史化的工作逐渐化解了他对二元对立的信仰。

80年代的主流文学观念，包括对80年代文学研究中的思想解放运动做出过重要贡献的文学史范畴，如“二十世纪中国文学”和“重写文学史”等，都是通过一系列二元对立的模式加以建构的，诸如“文学自主论”“文学断裂论”都建立在“文学”与“政治”、“个人”与“民族国家／阶级”、“启蒙文学”与“左翼文学”、“现代”与“传统”、“50—70年代文学”与“新时期文学”等的两项对立之上。“20世纪中国文学”基本上以启蒙文学为主线来构建中国现当代文学史，对包括“左翼文学”“通俗文学”在内的其他文学形态的忽视是显而易见的，而“重写文学史”则以具有特定意识形态含义的“文学性”为名，全面否定现代文学中的左翼作家以及50—70年代的主流文学，使“重写”完全局限于以颠倒左翼文学史为目

① 洪子诚：《问题与方法——中国当代文学史研究讲稿》，第149页。

标的“翻烧饼”运动。……作为现代性的基本思维方式，二元对立原则对历史的概括是非常简明有效的。然而，这一思维模式最大的问题在于以不可调和的对立掩盖了差异的多样性。当“文学性”“个人性”这些新的主体性范畴通过以“政治”或“左翼文学”这样的“政治化文学”为“他者”而建构起来，并通过不断擦抹建构的踪迹，最终将自己转化为非历史的抽象范畴，并进而成为文学研究者的共同信仰与集体无意识的时候，80 年代的主流文学史观念实际上是以一种不自觉的方式重复甚至强化了左翼文学史的思想逻辑。在政治、经济乃至文学环境发生了巨大变化的 90 年代，这种被高度本质化的文学观念进一步暴露出其内在的理论缺失。

洪子诚对 80 年代的反思，正是通过对这一已成时尚的二元对立模式的质疑开始的。在对文学史的持续关注中，他越来越多地发现当代文学的史料并不支持这些依靠抽象二元对立方式建构起来的宏大叙事，这一发现使他思考：“以‘二元对立’的思路来分析 50—70 年代当代文学，在一段时间是颇流行的思路。有必要研究这种思想方法产生的根据。”[①] 打开尘封的史料，打开这一段并非久远却已经变得如此陌生的历史，洪子诚开始进一步清理自己的历史记忆，他甚至开始追问“历史认知”与“历史记忆”之间的关系问题。这些思考使得他与当代文学的见解与流行的观念发生了冲突。他开始觉得，“在文学史研究中，是将文学现象、作家作品放置在‘历史情景’中加以考察，还是将现象从具体语境中抽取出来，以我们信奉的准则加以评判？”[②] 显然已经成为一个我们不应该回避的问题。在《问题与方法》中，洪子诚回忆了他与来北大访问的德国汉学家瓦格拉教授的一次讨论，瓦格拉教授通过对 50 年代中国大陆历史剧的分析，将中国大陆的“公共空间”拆分为以郭沫若为代表的为政治服务的主流和以田汉、孟超、吴晗为代表的反抗主流政治的“异端”，这种建立在极为简单的二元对立基础上的分析方法显然

① 洪子诚：《问题与方法——中国当代文学史研究讲稿》，第 83 页。
② 洪子诚：《问题与方法——中国当代文学史研究讲稿》，第 153 页。

无法说服对这段历史烂熟于心的洪子诚。他毫不费力地以文学史知识驳斥了这种完全从观念出发的偏见。在课堂上，他深有感触地对学生说：

> 我们有时候会把50—70年代的文学过程，看成是两种对抗力量的互相争斗、抗争的过程。这两种力量，代表截然对立的意识形态。我觉得这个看法可能也需要检讨。[①]
>
> 有的研究者，想当然地把当时的许多作品都归到一种对抗性，或者一种“异端”作品的范围里，实际上并不完全是这样。[②]

洪子诚是谦谦君子，谈到这个问题时，显然过于谦和，其实，“实际上并不完全是这样”应改成“实际上完全不是这样”。因为是外国学者的看法，我们当然可以将之理解为外国人理解中国问题时难以避免的文化或思想隔膜。然而，问题在于，持类似观点的中国学者恰恰不是少数。

胡风是另一个例子。80年代的主流文学史将胡风塑造为启蒙主义文学的代表作家。在严酷的当代文学一体化的过程中，胡风因为坚持启蒙主义的理想而遭到了左翼文学的围剿。胡风1954年完稿并引来灭顶之灾的《关于解放以来的文艺实践情况报告》（即所谓的“三十万言”）更成为争取作家创造自由、坚持“五四”文学理想的标志性文献。在与洪子诚的《中国当代文学史》几乎同时出版的陈思和主编的《中国当代文学史教程》中，胡风仍然被定位为“‘五四’新文学传统最热烈最自觉的捍卫者”。然而，洪子诚对胡风悲剧的解读却显得与众不同：

> 我们设想一下——这种设想可能不太好，有点刻薄，而且好像也没有根据——当他们某一天成为强势力量，并处在控制

① 洪子诚：《问题与方法——中国当代文学史研究讲稿》，第83页。

② 洪子诚：《问题与方法——中国当代文学史研究讲稿》，第86页。

> 的地位上，他们是不是还会提出要“宽容”“容忍”呢？胡风1954年“呈交”给党中央的“意见书”，也提出过类似的主张。……但是，胡风对于“更弱势”的人和集团，可能就不一定特别坚持通过“民主”的方式来解决了。

举一个例子说，1954年秋冬，全国文联主席团召开联席扩大会议，检查《文艺报》的“错误”。因为当时毛泽东认为《文艺报》在“红楼梦研究”问题上压制新生力量，保护了“资产阶级权威”，保护了俞平伯和胡适，所以要检查《文艺报》的错误。胡风误认为这是毛主席看了他的“意见书”以后，支持他的意见，开始要清算周扬等的问题。所以在这次会议上，他做了两次长篇的发言，对当时文艺界的主持者周扬等做了猛烈的抨击。他抨击的根据主要是两条，这两条也就是毛泽东说的那两条，在这一点上他也没有什么创造性。第一条是说对“新生力量”采取打击的态度，但是他所说的“新生力量”不是广泛的，是专指胡风一派里头的作家，如路翎、阿垅等，认为解放以后对他们采取了粗暴的压制态度。第二条是抨击当时的文艺界包括《文艺报》对朱光潜、俞平伯这样的“胡适派”的批判不够。胡风认为，《文艺报》对待朱光潜的态度，是“把思想战线上的敌我关系当作进步阵容里面的意见不同”，是向朱光潜求和，“实际上等于求饶”。

> 联系到胡风他们在40年代后期，对许多作家，如沙汀、曹禺，特别是对有现代主义倾向的作家采取的猛烈抨击的态度，我们有时候也会想，假如胡风他们掌握了文艺界的权力，那又会怎么样？[①]

这样的评价的确令人深思。类似的例子在《问题与方法》中还有许多。洪子诚知道自己这些关于文学史的看法非常出格，因此不

① 洪子诚：《问题与方法——中国当代文学史研究讲稿》，第146—147页。

得不常常保持沉默。他在另一篇文章中进一步解释了自己埋头做文学史研究的原因：

> 侧重做“文学史”方面的研究，也是觉得与自己的生活、性格，较为适合。我也尝试过写一些现状批评的文章，但大多没有成功。大概因为我对于错综复杂的社会和文学缺乏敏感，人们对一些事情，一些作品的“真谛”和“意义”的阐发，我要很长时间才能理解。更糟糕的是，我最初的印象，有时会和大家公认的意见很不相同。[①]

从在“时尚”中获得自己的位置到开始与“大家公认的意见很不相同”，洪子诚以自己的方式开始文学史研究。或许是痛切地感到对史料的忽视已成为当代文学研究的通病，在埋头写作文学史论文的同时，洪子诚还以极大的热情参与当代文学史料的收集整理和编撰出版工作，先后参与主编或独立主编了多种版本的当代文学史料选。在最近由长江文艺出版社出版的《中国当代文学史料选》中，他又一次收入了他发现的胡风这篇题为《在全国文联、中国作协主席团联席扩大会上的发言》的文章，与胡风那篇著名的三十万言的节选放置在一起。比起胡风这封著名的意见书来，80 年代的文学史家对这个发言的研究实在微不足道。其实说“发现”是不准确的，因为这种正式发表在《文艺报》这样的重要媒体上的文章相信每一个研究胡风的学者都见到过，胡风在 40 年代对现代主义的围剿也根本不是什么新闻，但却始终被将胡风塑造为启蒙主义战士的研究者有意忽略，可见出现在 80 年代文学史家笔下的历史其实还是“被选择的历史”。在这样的“历史”面前，我们有谁还能相信历史与叙述无关呢？正是这些问题，促使洪子诚进一步思考文学史的一个关键问题，即“历史”与“叙述”的关系问题。（关于《问题与方法》一书对历史认知和历史记忆问题的探讨，我将另有文章专门讨论。）

① 洪子诚：《五六十年代文学的意义》，《北京文学》1998 年第 6 期。

读着这两卷厚实的《中国当代文学史料选》的时候，我就想，如果我们的当代文学研究者，甚至是一些非常有名的当代文学史著作的作者，能够在写作文学史之前哪怕好好读一读这些为大学生编写的简单的史料集，他们或许不至于写出那样泾渭分明、立场明确的文学史来吧！

当然我也知道这只能是一厢情愿，将信仰转化为知识从来不是一件简单的事，理解这种将立场选择转变为知识探究的工作就更加不易。如果洪子诚再年轻一点，他很可能会因为这样的工作被划入“新左派”的阵容，如果洪子诚在“文革”中有过类似于“石一歌”式的劣迹，他大约会被斥为“为文革翻案”，幸运的是这两顶帽子都安不到洪子诚头上。洪子诚从来就不是“左派”，对胡风形象的解构更不意味着为左翼文艺辩护，他试图质疑的是这种将中国作家分为“左翼作家”与“自由主义作家”的简单分类方法，譬如说将胡风与周扬作为“启蒙作家”与“左翼作家”完全对立起来的方法，因为在洪子诚看来，这种方法阻碍我们对激进主义进行真正有效的反思。他反复宣称，在认识激进主义的过程中，“简单的道德宣泄是无济于事的”[①]。据我所知，洪子诚对胡风的敬意，其实并不比那些自由主义的捍卫者少，他显然更无意于否认“民主”“创作自由”“多元共生”这些重要的文学价值：

> 我们要做的，不过是重新建立这些词语、主张和“语境”之间的关联，辨析它们特定的内涵，而不是要完全质疑“民主”“创作自由”“多元共生”等主张的意义和价值。[②]

对文学的重新认识，有效地改变了洪子诚进入“当代文学”“文学史”乃至“文学”的方式。在写作《“当代文学”的概念》一文的过程中，他如此确定自己的工作范围：“这里所要讨论的，主要

① 洪子诚：《问题与方法——中国当代文学史研究讲稿》，第157页。

② 洪子诚：《问题与方法——中国当代文学史研究讲稿》，第147页。

不是被我们称为‘当代文学’的性质或特征的问题，而是想看看‘当代文学’这个概念是如何被‘构造’出来和如何被描述的。由于参与这种构造、描述的，不仅是文学史家对一种存在的‘文学事实’的归纳，因而，这里涉及的，也不会只限于（甚至主要不是）文学史学科的范围。”[①]80年代文学观念对当代文学的认定无一例外都是在价值层面（诸如“文学”与“非文学”、“政治”与“非政治”等）展开的，但洪子诚显然已经离开了这种模式：“我考虑‘当代文学’的概念，思路不完全是这样。具体的想法是：承认‘中国当代文学’是一个已经使用了好多年的概念，而且，这种分期方法在相当长的时间里，已经成为既定的事实，在很多文学史中已经做过这样的表达。‘清理’的方法要做的工作是，‘当代文学’是什么时候提出的？怎样提出的？它的出现形成了什么样的文学分期方法？这个概念的提出和相关的分期方法有怎样的‘意识形态’含义？”[②]

遗憾的是，这些问题对于洪子诚同时代的学者来说显然太新了，在他们看来文学就是文学，历史就是历史。而只要安居于“文学”与“历史”之中，让洪子诚深感困惑的问题根本就不可能产生。

三

“在文学批评中，我们越来越多采用一种‘历史批判方法’。即不把任何概念、现象看作是‘本质化’的、‘终极化’的概念、现象，而是看作历史性的范畴。我们的关注点，已经从被确定为‘事实’的事实的分析，转移到对这种事实为何被确定的分析。这就像批评家特雷西所说，‘历史批判方法向我们提示：那些被作为事实陈述的事实，是如何成为事实的’。”[③]读洪子诚这样的文字，总

① 洪子诚：《“当代文学”的概念》，《文学评论》1998年第6期。

② 洪子诚：《问题与方法——中国当代文学史研究讲稿》，第90页。

③ 洪子诚：《问题的批评》，载么书仪、洪子诚《两意集》，学苑出版社1999年版，第333页。

会让我不由自主地想到福柯的知识考古／谱系学。因为将历史研究的对象由历史事实转向历史叙述，将超历史的价值判断转向对概念的历史性分析，恰恰是知识考古／谱系学最重要的特征。给“当代文学”打上引号需要胆识，给“左翼文学”乃至“文学”和“历史”打上引号更需要特殊的胆识。从给概念打上引号开始，洪子诚的思想就已经与他的同辈人拉开了距离。只是因此说洪子诚是福柯的信徒，恐怕他自己也不会同意。洪子诚肯定不会像我们那样痴迷福柯，紧接着上面那一段话，他指出：“这种方法（指‘历史批判方法’，引者注）被我们接受，其实倒并不是完全来自某种理论的启示，大半也与我们自身的经历有关。我们越来越怀疑历史的确定性，因为对‘历史’所做的多种阐释和叙述，已经构成我们生活的一个主要部分。”[①] 在《问题与方法》中，洪子诚的知识分析为我们细致地展示了“历史”被反复塑造的过程。洪子诚由生活中获得的知识，显然不少于我们这一代人从理论中获得的启示。它至少说明一个道理：对 80 年代的重新思索乃至对现代性的反思，并不像 80 年代的捍卫者指斥的那样仅仅来自对西方理论的追逐，它还来自对我们自身的活生生的历史和现实的负责任的认知和考察。

温儒敏在推介《问题与方法》时称这本书“为当代文学研究开了一个新的层面，甚至可以说具有研究范式革新的意义”[②]。素来沉静平和的温儒敏对这本书的评价如此之高，似乎让人觉得意外。只是作为 80 年代现代文学史的经典《中国现代文学 30 年》的主要作者之一，温儒敏的这番评价，可以说得上是如人饮水，冷暖自知。事实上，洪子诚这本《问题与方法》的意义，并不仅仅局限于“当代文学”。虽然讨论的是“当代文学史写作”问题，但这本书对 80 年代的一些文学观念的探讨，对“文学”“历史”等知识框架的重新思考，尤其是以“知识考古／谱系学”方式进入文学研究的尝试，应该说对整个文学研究领域都具有不可多得的启示。

① 洪子诚：《问题的批评》，载么书仪、洪子诚《两意集》，第 333 页。

② 见《中华读书报》2002 年 10 月 30 日《好书告诉你》专栏。

不久前，在一篇与洪子诚的学术对话中我曾经对他的文学观念中的80年代思想残留物进行了批评[①]，最近又读到了旷新年对这一问题的进一步质疑[②]。其实，洪子诚对许多问题的看法与我们这一代人并不相同。譬如说，他始终怀疑50—70年代的“文学”价值，对我提出的所谓50—70年代文学的“文学性”的观点不以为然。虽然一直以50—70年代文学为研究对象，在他内心深处，他仍然认为以张爱玲为代表的40年代的文学成就要比50—70年代文学高得多，并因此常常被我讥评为有“小资情结”。而且更重要的是，对福柯、德里达等人对历史与文本之间的关系的论述，他也始终心存疑虑。在《问题与方法》中，他这样表述自己的疑惑：

> 强调文学史写作的“叙事性”，在文学史研究中还能不能提出“真实性”这样的概念，这一类的问题？这个问题虽然会让人感到困惑，但是它是没有办法回避的。……但“真实性”还是一个问题。我们不能够因为强调历史的“叙事性”，而否认文本之外的现实的存在，认为“文本”就是一切，“话语”就是一切，文本之外的现实是我们虚构、想象出来的。即使我们承认“历史”具有“修辞”的性质，我们仍然有必要知道，“哪些事是历史上实际发生过的，它们具有何种程度上的历史确定性”（特雷西）。……在中国的近现代史中，也有一系列的经典事件，一系列的重要历史事件。它们不是文本所构造出来的，不是只存在于文本之中。“这些事实要求我们做出道义上的反应，因为把它们作为事实来陈述，本身就是一种处在道德责任中的行动”（《诠释学、宗教、希望》第65—66页）。跟外在世界断绝关系的那种“解构”式的理论游戏，有时确实很有趣，很有“穿透力”，很犀利；但有时又可能是“道德上

① 李杨、洪子诚：《关于当代文学写作问题的通信》，《文学批评》2002年第3期。

② 旷新年：《“重写文学史”的终结》，《南方文坛》2003年第1期。

无责任感”的表现。对于后面这种情况，是需要我们警惕的。

但是究竟什么叫“真实性”，什么叫“真实”，怎么判断“真实”，判断“真实”的标准是什么？像这样一些问题并没有给出一个可信性的回答。……[1]

洪子诚显然还不愿像我一再提议的那样，通过詹姆逊提示的“永远历史化”的方法来解决这一“历史”与“叙述”之间的永恒难题。在洪子诚的《问题与方法》中，到处充满着这样的疑惑。在某种意义上，《问题与方法》是一部提出问题而不是提供答案的书。这可能会让一些读者失望。然而，在我看来，洪子诚真正的价值就在于他在别人坚信不疑之处所进行的追问，以及在别人的“常识”面前感到的疑惑。因为只要他仍然感到困惑，——或者说，只要他仍然在知识而不是信仰的意义上面对这些问题，对话就成了可能。我们真正害怕的，是那种总以为真理在手因而从来不感到“困惑”的著名和不著名的学者。

原刊《南方文坛》2003年第6期，此处收录的是作者提供的文档。

① 洪子诚：《问题与方法——中国当代文学史研究讲稿》，第45页。

作家缺席的文学史

——对近期三本“中国当代文学史”教材的检讨

郜元宝

按通常观点，“中国当代文学”（以下简称“当代文学”）是从1949年开始而下限尚不确定的中国文学，它至少已有五十多年近六十年的历史，时间跨度大大超过1917年至1949年的“现代文学”，若论复杂性和历史含量，并不逊于“现代文学”时期。

对“当代文学”的概念，目前学术界还有分歧意见（围绕性质、分期和下限等），但“当代文学研究”已经成为一门学科并取得令人瞩目的发展，乃是不争的事实。迄今为止，虽然只有极少数大学（如北京大学）的中文系专门设置“当代文学教研室”而与“现代文学教研室”分开，但“当代文学”作为相对独立的文学史阶段和与之对应的学科，在许多高校中文系和社科院文学所等研究机关，已经和“现代文学”“二十世纪中国文学”鼎足而三。

以往的“现代文学”“现当代文学”没有阻止“当代文学”的独立，后出的“二十世纪中国文学”也没有吞并“当代文学”，相反，越来越多的青年学者愿意投入巨大的精力来耕耘这个学科。从五六十年代开始，华中师范学院（后改为华中师范大学）、山东大学、北京大学、复旦大学和其他多所院校中文系及社科院文学所等研究机关，已经有多种当代文学史著作问世[①]。进入90年代，原来在五六十年代和80年代先后开始研究现、当代文学的一批中青年专

① 据洪子诚先生统计，“自八十年代以来，中国当代文学史已出版三十几种”，见洪著《中国当代文学史》“后记”，北京大学出版社1999年版，第429页。

家纷纷进入中老年，作为近六十年文学运动的亲历者，完整地叙述和总结这一阶段的文学史，对他们具有特别的吸引力和紧迫感。

洪子诚著《中国当代文学史》(北京大学出版社1999年8月第1版，以下简称“洪著”)，陈思和主编《中国当代文学史教程》(复旦大学出版社1999年9月第1版，以下简称“陈编”)，董健、丁帆、王彬彬主编《中国当代文学史新稿》(人民文学出版社2005年8月第1版，以下简称“董编”)，就是在这种背景下产生的，一定程度上体现了自有“当代文学”以来国内学术界研究“当代文学”的最新成果[①]。

对具体文学史现象，上述三书有许多就事论事或基本达成共识的讲述，可归入文学史常识范畴，无须再论。本文仅就这三本书对“当代文学”的宏观理解做一点清理和比较。在这个问题上，三本书有很大的歧异，某种程度上也是学术界诸多意见分歧的集中反映。

讨论这三本书对“当代文学”的整体理解，有一个便利条件：它们都有“前言”“绪论”(陈编既有“前言”也有“绪论”)专门阐述编撰者对“当代文学”的总体理解和编撰当代文学史的体例与方法。依据这些“前言”“绪论”，再结合编撰者对具体文学史现象的论述，他们如何宏观地理解“当代文学”就不难把握。

一、洪著：性质、主线和下限

就从“前言”最短的洪著开始吧。

提出自己对“当代文学”的整体理解之前，洪子诚先生追溯了“当代文学”概念的由来和变迁。他认为50年代后期提出这个概念原本是“为1949年以后的中国大陆文学‘命名’”，但三四十年代左翼文坛特别是毛泽东建立的“将政治社会进程与文学进程直接联系，以文学社会政治性质作为依据的文学史分期框架”，不仅刷新

① 90年代此类著作，还有《二十世纪中国两岸文学史(续编)》，徐国纶、王春荣主编(辽宁大学出版社1994年版)；杨匡汉、孟繁华主编的《共和国文学五十年》(中国社会科学出版社1999年版)；王庆生主编的《中国当代文学》(华中师范大学出版社1999年版)。

了此前对“新文学”或“现代文学”的理解，也预先规定了后出的“当代文学”的概念内涵。因为据此“文学史分期框架”，“1949年以后，中国社会的‘整个性质’已转变为‘社会主义’的，文学也必然发生‘根本性质’上的变化”。所以从50年代后期开始直到80年代，“中国当代文学=社会主义文学”，乃是不言而喻的共识。

洪先生批判地接受了这个共识，由此提出他对“中国当代文学”的宏观理解：

> “中国当代文学”，首先，指的是1949年以来的中国文学。其次，指的是发生在特定的“社会主义”历史语境中的文学，因而它限定在“中国内地”的这一范围之中；在台湾、香港等地区的文学与中国内地文学，在文学史上如何“整合”的问题，需要提出另外的文学史模型来予以解决。再次，本书在运用“当代文学”时的另一层含义是，“当代文学”这一文学时间，是“五四”以来的新文学“一体化”趋向的全面实现，到这种“一体化”的解体的文学时期。

这有三个层次。第一层次（时间）界定，陈、董均无异议。迄今为止，学术界也还没有任何人打破1949年这个现当代文学的界限。至于“1949年以来”当代文学有无下限，洪先生没有挑明，学术界也很少有人给予清楚阐述[①]。我下面将指出，不挑明下限，在当代文学的概念构造上，洪先生将会遇到很大麻烦。

第二层次（空间）界定，洪先生也有犹豫。他并不反对将台湾、香港等地区文学与内地文学整合进“中国当代文学”，但他明确宣告自己无力办此。陈、董都同意应该将台湾、香港等地区的文学纳入“中国当代文学”，但陈编和洪著一样暂时未能着手整合，董编则克服困难进行了整合。虽然有的整合，有的没整合，理论上都认

① 复旦大学古籍所（现改为复旦大学古代文学研究中心）谈蓓芳教授认为“当代文学”已经在90年代结束，但目前还很少有学者赞同这个提法。

为应该整合，在这一点上并无分歧。

关键是第三层次（性质）的界定。

如前所述，关于“当代文学”的性质，洪先生批判地接受了他所考释的50到80年代流行的“当代文学=社会主义文学”的共识。但他在叙述50到80年代文学时，除了同样强调当代文学的社会主义性质（在“文学规范”、“文学环境”和“作家的立场与姿态”、作品等方面）之外（这种强调只是历史事实的叙述与承认而非价值赞同），也注意到“在主流之外”的“非主流文学”“异端”乃至和“公开”相对的非公开、半公开的小说和诗歌写作，因此他对“当代文学=社会主义文学”的接受是有批判的。然而他坚持认为这些因素并未改变50到80年代“当代文学=社会主义文学”的整体格局。洪先生2002年出版的当代文学史课程讲稿《问题与方法——中国当代文学史研究讲稿》封面上印有一段书中的话：“对五十到七十年代，我们总有寻找‘异端’声音的冲动，来支持我们关于这段文学并不单一、苍白的想象”——对这种“冲动”，他始终保持高度警惕[①]。但洪先生有一个补充说明，即认为上述共识以及他的修正只适合50到80年代，不适合80到90年代以后，因为“当代文学=社会主义文学”在70到80年代之交已开始“解体”，80到90年代以后“出现了在新的历史条件下文学变革的前景”。

在洪先生的表述中，“五四”以后（二三十年代）出现的“左翼文学”“革命文学”在40年代解放区被“改造”，在50到70年代以“社会主义文学”的名目被“体制化”和“一体化”，至80到90年代开始“解体”，乃是一个完整的文学史运动。二三十年代初级形态和原教旨式的“革命文学”与“左翼文学”在40年代被“改造”

① 我们只能用另一篇文章来讨论《问题与方法——中国当代文学史研究讲稿》，因为洪先生这份讲稿虽然是上课录音的记录，和他的《中国当代文学史》在风格上却有很大的不同。这个现象是十分有趣的。《中国当代文学史》是教材，而洪先生实际的讲授风格却不同于这本教材，可见所谓“教材”，是另有其规范与概念原型的，这正是本文最后一部分所要讨论的问题。

的过程，洪先生没有明说，按我理解，似乎可算是他的“当代文学”的“前史”。40年代“改造”了二三十年代初级形态和原教旨式“革命文学”与“左翼文学”之后，又于50到70年代进一步肃清其冥顽不灵的信奉者，从而在整个大陆范围确立了新的文学规范，经过“文革文学”盛极而衰，终于在70到80年代走向“解体”。这，才是洪先生所界定的真正的“当代文学”时期。洪著“上编”主要就讲这个。

洪先生在全书之首辟出一章，概述二三十年代“革命文学”“左翼文学”如何在40年代被“改造”而“转折”到50年代以后的“当代文学”，以此交代“当代文学”的“前史”。这也是近来多种当代文学史的共同写法。陈、董都将“当代文学”渊源追溯到40年代文坛的分裂与转折，陈思和更早就明确提出要将抗战到“文革”作为20世纪中国文学相对独立的阶段来处理（尽管他没有把这个相对独立的阶段直接命名为“当代文学”）。但洪著对“当代文学”的“前史”讲得并不充分，即并没有充分叙述与这个“一体化”的文学史进程相伴随的其他文学史现象渐次消失或渐次伏藏的线索，容易给人造成错觉，似乎整个“现代文学”只是为50到70年代“当代文学=社会主义文学”的格局做准备[①]。董编“绪论”抓住这点予以批评，其实有欠公正，因为洪著第一章第一节宏观扫描“四十年代的文学界”时，已顾及这个问题，只是没有充分展开而已。

但洪著“下编”讲述“八十年代以来的文学”，并没有与“解体”说保持一致，就属于另一个问题了。

洪先生虽然清楚地界定了“当代文学”的性质，却并没有依据这个界定给出“当代文学”的下限。按照他对“当代文学=社会主义文学”的界定，“八十年代以来的文学”如果也属于“当代文学”，

① 洪子诚先生在2002年生活·读书·新知三联书店出版的《问题与方法——中国当代文学史研究讲稿》中讨论“‘当代文学’的生成”时，专门论及“四十年代文学的‘可能性’”以及“‘一体化’和‘价值多元’”，可见他对这个问题一直有明确的意识，并试图予以正面阐发，可惜这些想法没有及时写入他的《中国当代文学史》。

就应该是50到70年代文学的尾声，“下编”将“八十年代以来的文学”纳入“当代文学”，重点要做的工作就应该像洪先生所说的，“揭示这种支配地位的逐渐失去”，即揭示“当代文学”在50到70年代所内含的体制性力量怎样在“八十年代以来的文学”中逐渐失去支配地位，从而继40年代末“文学的‘转折’”之后再来一次“转折”。如此，按洪著的逻辑，“当代文学史”就应该可以画上句号了。

实际并非如此。洪著“当代文学”的尾声拖得太长。“八十年代以来的文学”（包含80和90年代）作为“下编”，加上与之呼应的“上编”最后一章讨论70年代末期“分裂的文学世界”，篇幅几乎与“上编”相等。洪先生要指示给读者的“一体化”的“解体”过程因此趋于模糊，他将“八十年代以来的文学”纳入“当代文学史”的理由也显得不够充分。

描述“当代文学”的尾声或“解体”的过程，有必要写这个长长的“下编”吗？

读洪先生书，最感兴趣的就是这个问题。

也许，洪先生所谓“当代文学”的“解体”并未在70年代末文坛的“分裂”中最后完成，而拖延到80到90年代，直至洪著完成之时（1999年）也未结束？果如此，洪先生对“八十年代以来的文学”的认识，就应该与他现在为我们做出的描述迥然有别。现在他为我们描述的“八十年代以来的文学”，除“文学环境”外，精神内容已看不出与50到70年代的“当代文学”的内在联系。相反，按他的描述，70到80年代之交的中国文学，乃是旧的死亡与新的诞生。就是说，“八十年代以来的文学”似乎已经并非某种“一体化”的“解体”和尾声，而应该是另一个全新的文学时代，不应该继续隶属于洪先生所阐明的“当代文学”范畴了。

如果我的判断不错，洪著《中国当代文学史》实际上乃是讲述性质完全不同的两个文学史阶段的两部文学史著作之硬性拼接。“上编”是一本书，即《中国当代文学（社会主义文学）史》及其简短的“前史”，“下编”是另一本书，即《八十年代以来的中国文学史》。

之所以把两本文学史拼接成一本，只因为这两个文学史阶段在政治时间上都属于目前还看不到下限的“1949年以后”。这种情况下，洪先生界定的“当代文学＝社会主义文学”就变成“当代文学＝新中国（共和国）文学”。换言之，洪先生的“当代文学”的“当代”有两个所指，一是他批判地接受的50年代学术界形成共识的“当代＝社会主义时代”，二是单纯政治体制意义上的“当代＝新中国（共和国）”。第一个“当代”应该有下限，第二个“当代”还看不到下限。洪著既然包含了这两个不同意旨的“当代”，它对学术界已经开始但远未充分讨论的“当代文学的下限”问题，必然会犹豫不决。

下限问题不解决，似乎不会太影响洪先生对50到70年代文学的叙述，但肯定会严重影响他对“八十年代以来的文学”的把握，导致他说不清“八十年代以来的文学”的性质，也说不清“八十年代以后的文学”与50到70年代文学的内在联系，而这最终还是会影响他对“当代文学”（包括50到70年代文学）的整体把握。

对洪先生来说，如果坚持当代文学就是新文学“一体化”的“实现”和“解体”，那么这个“解体”在70到80年代之交究竟有没有完成？如没有完成，就应该正面阐明“八十年代以来的文学”和50到70年代文学之间的历史性延续[①]，而仅仅像洪著、董编那样交代一些重要作家的创作跨越了这两个时期还不够[②]。如果洪著所谓

① 北京大学中文系李杨先生认为，50到70年代中国当代文学和80年代以来中国文学之间，存在着千丝万缕的联系，这是非常具有历史洞察力的卓见。参看李杨《没有“十七年文学”与“文革文学”，何来“新时期文学”？》，《文学评论》2001年第2期。

② 在不少研究者那里，发掘“新时期作家”或者像余秋雨这样在90年代才以文学创作闻名的作者在“文革”时期的“少作”，差不多成了一种“揭发伏藏”的行为。而撇开这个问题，在精神谱系上发掘“新时期文学”或“九十年代文学”与“文革”的内在联系，除上述李杨的论文之外，似乎还没有别的赞同者。这样一来。“文革文学”和“八十年代以来的文学”就相互成了绝对的“他者”，“文革文学”被无限地“他者化”，几乎要从20世纪中国文学史中被剔除出去，而“八十年代以来的文学”很自然地也就越过“文革”，直接成了“五四新文学传统”的复归乃至超越。迄今为止，这个想当然的观点仍然不可动摇。

“一体化”的“解体”已完成，也应该正面阐明“八十年代以来的文学”和50到70年代文学之间的历史性超越或历史性断裂，不是洪先生所谓“全方位跃动”就能交代过去的。如果认为“解体”的同时某种新的文学规范也在形成，那也应该具体分析这两种文学史运动交叉重叠的实际情形。洪先生在性质上界定“当代文学＝社会主义文学”，必然引导我们猜想这个“当代文学”的下限，但洪先生没有明确给出下限，在这个问题上他给自己制造了麻烦。应该如何阐明“社会主义文学”的历史内涵？“社会主义文学”在“一体化”过程中和现代文学其他因素关系怎样？这个问题要求文学史家更审慎地解释1949年文学转折的意义。“社会主义文学”是否已经“解体”？如何“解体”？这个问题则要求文学史家更审慎地阐明“八十年代以来的文学”和50到70年代文学的内在关系①。

---

① 如果仔细阅读洪著《中国当代文学史》的第十七章“八十年代文学概观”和第二十五章“九十年代的文学状况”，我们会发现，洪先生在80到90年代文学之间，并无意进行明确的阶段划分。他认为，“‘九十年代’作为一个文学时段提出来，并不是因为它具有独立的阶段特征。与当代文学在七八十年代之交出现的变化相比，它与80年代文学之间的‘延续性’要大于两者之间的‘断裂性’。这是因为八九十年代之交的社会‘转型’，主要是由于市场经济的全面展开，社会文化并没有做有意识的全面调整（像‘文革’结束那样）。50到70年代确立起来的文学规范在80年代期间瓦解的趋势，在90年代仍在继续推进”。其实，在分析70到80年代之交的规范瓦解和“全面调整”时，洪先生也非常审慎地考察了整个80年代文学的“沉重、紧张的基调”，甚至认为在80年代，“能够以较为裕如和放松的笔调与风格来写作的作家并不多（汪曾祺可能是其中的一个）”。“沉重、紧张的基调”是着眼于“八十年代文学”和“五十到七十年代文学”的“连续性”说的。可见，洪先生有时也认为，“一体化”的“解体”（瓦解）即使到了90年代，也还没有结束。如果洪先生继续发挥这个观点，成为一条贯穿而显豁的主线，那么他就无须为“当代文学＝社会主义文学”给出下限。但洪先生在这方面的论述并不彻底，他对80、90年代文学与50到70年代文学之间历史延续性的考察，不知道出于什么原因，始终有点底气不足。在这个地方，洪先生显然有矛盾，有难言的苦衷。

洪著重心乃是总结一段已经完成的文学史，却不小心越出自己的论域，进入另一部文学史。这另一部文学史和洪著重点描述的已经完成的文学史虽有内在联系，但二者毕竟是渐行渐远的关系。总结前者的文学史是守成的、后视的，追蹑后者的文学史是开新的、前瞻的。将这两部文学史捏在一起，笼统名之曰“当代文学史”，二者之间的“续”与“断”就难以顾及。

这里存在着“当代文学”一头、一腰、一尾三个问题。从洪先生已经完成的工作看，“当代文学”的“头”即上述“当代文学前史”，基本可以讲清楚了。但“腰”，即70到80年代文学的“转折”，和“尾”，即所谓“一体化的解体”，在洪著现有的框架内还讲不清楚。

这是洪著体例上的尴尬，然而是有价值的尴尬，因为它尖锐地暴露了“当代文学”概念内涵的诸多含混。迄今为止，一个似乎不言而喻的观点支配着包括洪先生在内的许多当代文学史研究者，即大家普遍认为50到70年代文学已经结束，可以下定论了，80到90年代文学尚未结束，难下定论。论到50到70年代文学，大家都有一个既定而稳靠的价值坐标；论到80到90年代文学，却找不到这样的坐标。于是，同样被圈在“当代文学”概念之内的两个文学史时段便泾渭分明，实在难以“整合”。

要想澄清这些含混，使近六十年来中国文学各要素各得其所，各识其帜，在恰当的历史位置上获得恰当的意义阐释，恐怕需要建立比洪著更具历史包容性和历史透视力的文学史整体框架。

带着这些问题来看陈、董两位主编的著作，就可以有较好的切入点。

二、董编：“历史之河的清水”

董编个性非常鲜明。

首先，该书将50到90年代的“当代文学”分成五个阶段，即1949—1962，1962—1971，1971—1978，1978—1989，1989以后。

理由是，1962 年中共八届十中全会提出“千万不要忘记阶级斗争”，意味着“调整时期”结束，极左思潮开始新一轮泛滥，从而一步步走向“文革”。1971 年林彪事件将“文革”分成两半，不少人开始觉醒，文艺上也有相应变化。1978 年中共十一届三中全会在思想解放和文艺复苏的意义上远大于 1976 年“四人帮”垮台。进入 90 年代，文艺面貌有明显变化，故以 1989 年为四、五阶段的分界。

抓住 1962 年，说明极左并非可以封闭于“文革”囚笼的一个怪物，而是渊源有自，流传有序。但为什么只注意 1962 年呢？1949—1962 年难道和 1962—1966 年或 1966—1976 年有什么本质区别吗？50 年代历次以文学为出发点的运动，特别是“胡风集团案”和“反右”，对人心的禁锢难道逊于 1962 年吗？1971 年林彪事件过后，编者所谓“显流文学”并无明显变化，只是出现了“潜流文学”。但“潜流文学”实际上并不自 1971 年开始，也并不在 1976 年结束。陈编发掘的“潜在写作”也是一种“潜流”，贯穿 1949—1976 年，甚至 1976 年、1978 年乃至这以后也仍然不绝如缕，所以 1971 年的划界，根据也并不充分。

尽管如此，这样的划界在分析文禁日密的不同步骤时还是有帮助的。一些关键的细节被提示得更清楚了。但无论怎样细致的划分都不能模糊 1949—1978 年整个文学史阶段的基本特征。因此，董编并没有在当代文学史分期上独持异见，只不过对原有分期第一阶段（1949—1978 年）进行了更细致的划分，有助于读者了解这个阶段的一些关键点。

其次，是切实地尝试将台湾、香港、澳门地区文学纳入“当代文学”。董编把这些地区的文学同样划分成五个阶段，分别配入大陆文学五阶段，除第一阶段因为作家队伍和文艺政策有实际的关联和互动而大致可以放在一起外，其他四阶段的整合比较勉强。这方面恐怕还要做更多深入的研究，才能避免理想中的有机整合流于事实上的硬性拼接。

作为指导全书编写原则的“绪论”，写得才气不凡，是近年来全面讨论"当代文学"难得的一篇长文，但某些观点还是值得讨论的。

比如在确立文学史根基时，"绪论"作者（主要是董健先生）十分重视"作家的精神状况"和"大众的精神生活"，全书写作努力执行这一原则，处处从作家和大众的精神变化（也即通常所谓"人心"和"时代精神"）角度来观察文学史。这种目光相当可贵，有助于纠正和摆脱洪子诚先生所概括的"将政治社会进程与文学进程直接联系，以文学社会政治性质作为依据的文学史分期框架"。但这个原则执行得并不彻底。比如，在讨论80年代巴金等老作家"主体性的复归"时，还是看重他们的宣言，而不是真实的精神内容，从而将"主体性的复归"等同于起码的政治解放和政治表态。站在文学立场，读者要求巴金等老作家的不仅是政治上的"硬"（所谓"坚强的独立人格"），更是心灵的"深"。仅仅执着于政治（道义）的"硬"，无法说明他们和更年轻一代作家的区别。单看是否"硬"，80年代以后涌现的更年轻一代作家岂不远远超过巴金等老作家？编者一方面看重80年代文学中人的解放，另一方面对人的解放的内涵以及这种解放必然带来的新的在当时往往无从逆料的结果，并无切实把握，大半还是局限于政治（道义）上的反思和批判。因此，同样描述八九十年代人的解放，一方面高度肯定80年代直接呼应以政治解放为基础的思想解放的某些文学成绩，另一方面对并不直接呼应思想解放但本质上仍然可以视为思想解放之必然衍生的90年代文学现象，却加以强硬的道德批判和道德选择。显然，编撰者对自己所置重的"人心"和"时代精神"的理解，仍然停留于政治解放和政治表态层面，没有追到文学所依据的"人心"和"时代精神"的更深处。

这自然也涉及编者对"当代文学史"性质的理解。"当代文学史"的性质是"绪论"主要讨论的问题。董健先生不同意洪子诚先生"一体化"文学体制实现和"解体"的说法。其实，董先生和洪先生所理解的"一体化"并无不同，但这不是问题关键。关键在于，董先生别有新见，他认为"当代文学史"的性质乃是"五四启蒙精神与五四新文学传统从消解到复归、文学现代化进程从阻断到续接的一个文学时段。文学史走了一条‘之’字形的路”。如果说，洪先生理解的“当代文学史”是一种注定要破产的文学规范从强行建立到盛极而衰最后解体的过程，洪著是“将无价值的东西撕碎给人看”（他并未坚持到底，最后还是超出自己的论域而给 1949—1980 年的当代文学安了一个 80 到 90 年代的光明尾巴），董先生则认为“当代文学史”是自五四以来优秀的文学传统的失而复得，董编《中国当代文学史新稿》是将一度被遮蔽的有价值的东西重新显明给人看。总体上洪先生冷峻悲观，董先生昂扬乐观；洪先生记录一段历史的衰亡，董先生记录一段历史的兴盛；洪先生做减法，董先生做加法；洪先生叙述一个有下限的、完成式的历史（尽管没有明确给出下限），董先生所叙述的则是否极泰来、不断上升的理论上应该越来越好的历史。

对当代文学史的总体把握见仁见智是很自然的，但董先生将整个中国现代文学的正面价值浓缩为“五四新文学传统”，再将这个传统拿过来作为“当代文学”的一条由隐至显的红线，并且以此在价值上为“当代文学”立法。这两个论述步骤，虽然从 80 年代以来在学术界和文学界一直占有相当势力，却并非自明的真理。

董健先生在阐述“当代文学史”性质时祭起“五四”的旗帜，理由是：

> 为了使历史“链条”中的各个环节合乎逻辑地衔接起来，必须有一个基本的价值判断的标准，这就是人、社会和文学的现代化。人的现代化，主要指人的个性解放与思想解放，也就是人的自觉的现代意识的树立；社会的现代化，主要指现代公民社会即民主社会的建立，实现一系列与人的现代化要求相联系的社会制约；文学的现代化则是指脱离“文以载道”的“工具论”的束缚，实现文学的自觉，创造出以人性与人道主义为本的“人的文学”。所有这些，都是五四启蒙主义与五西新文化运动的基本精神；所有这些，也都是出自西方

> 中世纪之后人文精神在几百年过程中形成的一整套符合人类发展要求的价值体系。

在董先生看来，这就是胡风当年所认定的世界范围内进步文化的主流。从现代文学到当代文学的各个环节只能用这根主线“合乎逻辑地衔接起来”，否则“历史之河的清水”就会被搅浑。

但“西方中世纪之后人文精神在几百年过程中形成的一整套符合人类发展要求的价值体系”是什么？此概念太含糊，不足以显示西方中世纪以来人类精神文化的复杂多样。这姑且不论。对中国当代文学史来说，更重要的是董先生为此“价值体系”在中国找到的对应物，即“五四启蒙主义与五四新文化运动的基本精神”究竟是怎样一个概念。

将“五四”作为旗帜，已经成为不刊之论，老生常谈。不时有德高望重的权威自称是“五四的儿子”，不时有人呼吁“回归五四”，似乎中国文化和文学这一百年来有个原罪，就是一步一步偏离了肇始之初就突然耸立起来的一座高峰，历史的希望则是迷途知返，回到这座被丢在身后的寂寞的高峰。笔者读大学时不断听到这种真理性的观点，不知不觉也信奉起来，结果后来的文学现象，凡是好的都必须记在“五四”的账上，凡是不好的，归结起来都是因为背离了“五四”。这样的操作确实很省力。但中国的事情往往奇怪，明明呼喊着高举一面旗帜往前进攻，而进攻者（也许正是后退者）对抓在手里的旗帜并无多少认识，甚至有没有这面旗帜也很模糊。

将“五四”这面旗帜笼罩中国现代文化，具体始于何时还有待考证。20 年代中期，也就是鲁迅创作《野草》《彷徨》《华盖集》时，新文化运动高潮消退，左翼文化界已经开始清算“五四”，呼吁进行“第二次文学革命”了。对右翼文坛，鲁迅也早就有“五四失精神”的慨叹。30 年代中期，当赵家璧约请蔡元培、胡适之、鲁迅、周作人、茅盾、郁达夫、朱自清、郑振铎等以编纂分体文选的形式总结“第一个十年”的文学成就时，这些五四新文化运动的旗手和干将们竟没有一个想到以“五四”作为最高象征来概括“第一个十年”的文化精神。直到抗战爆发，以“五四”为中国文化现代化的旗帜也并非不争的共识。有些人（如胡适之）根本就不承认将五四学生运动和新文化运动合并成一个概念，另一些人（如朱光潜、郭绍虞、冯至、李长之、沈从文等）则从思想、学术、语言、文学创作诸多方面反思“五四”以来许多不良传统和褊狭误会之处。“五四”作为一面旗帜被祭起来，主要是30年代中期以后的政治谋略，目的在于争取对文化界的领导权，必须制造对自己有利的文化象征和文化图腾。作为一种逻辑的补充或反驳，胡风在抗战之后也常常要求回到鲁迅并通过回到鲁迅而回到“五四”。但胡风对“五四”的理解并不等于今天所谓“五四”。今天的“五四”是一个被制造出来的文化图腾，这个图腾被制造出来以后，如何规定其性质、如何确立其旗手与方向，就成了后来争执不休的焦点。事实上，整个中国现代文化时期并不存在后人所阐释所认可的“五四”新文化传统。现代文化（包括“五四”时期）在价值上乃是多元的结构性存在，一个“音调未定的传统”（借用朱维铮先生语）。“五四”作为开端固然有特殊意义，但它并没有（也不可能）一下子就提出董先生所谓中国文化现代化的那些具体方案并止于至善。它不过是一个开端罢了。文学在“五四”时期也远未成熟，许多“五四”作家要么昙花一现，要么直到三四十年代才真正有所自觉。

就是说，中国现代文学并没有凝固于抽象的“五四”精神，更没有停留在具体的“五四”阶段，而是在“五四”之前就已经开始、中间经过“五四”以后20年代下半期、30年代、40年代这样一个渐次展开的历史过程。时间是流动的。“五四”是打开的闸门，一个“历史中间物”，不是一堵关闭的高墙。时间也是开放的、多维的，“五四”以后中国作家可以自称“五四的儿子”，但未必只从“五四”这个唯一的源头汲取精神活水。姑且抛开晚清至民国从未消歇的通俗文学和旧文学不论，就是在新文学内部，从20年代的李金发开始，到30年代的“新感觉派”，40年代的钱锺书、苏青、张爱玲，到90年代的“断裂”运动，许多作家和“五四”并无直接的血缘关系。因此，如果我们今天一定要为“当代文学”确立来自传统的正面价值，大可不必仅仅从抽象的“五四”精神或具体的“五四”阶段去寻觅，而应该向着从“五四”之前、中经“五四”再过渡到20年代、30年代、40年代的整个现代开放，向着渐次展开的活的传统开放（更重要的是还要向着此时此际的当下现实开放）。否则，凭空树立一个价值尺度，不管以“五四”还是另一个象征物为名，论文衡史，都会落入僵局。

实际上，秉持“五四新文学传统”精神的《中国当代文学史新稿》就存在着两种不同的评判体系，一是对1949—1978年文学的评判，二是对1978年以后文学的评判。其中对1978—1989年和1989年以后的文学的评判，又有微妙差异。从这中间，不难推测董编坚持的“五四新文学传统”究竟是什么。

在分析基本被收入古物陈列室的1949—1978年文学时，因为认定可以无须深入探索细致、微妙、柔软、深刻的人类活的灵魂（大概这时候的灵魂普遍粗糙罢），只需用文学批评和文学史总结的学术话语执行早已完成的政治定性，所以指挥若定，游刃有余。其中，第十二章第一节讨论“文革”时期“显流文学”的“叙述模式与抒情模式”，应该是该书评价这一时期文学最成功、最精彩、最驾轻就熟的一段文字。这不奇怪，因为编写者手持的评判标尺本来就很适合这一时段被类型化和凝固化的文学模式。

对80到90年代文学的评价，董编有微妙差异。关于“1978—1989年间的文学”，董编认为直到80年代上半期，基本还是应和着政治的波动，80年代中期以后就开始了泛文化思潮，但政治制衡仍然存在，因此整个文化和文学思潮根据政治监控的紧张与放松，呈现出“阵歇式波动的特点”。但总的趋势是好的，“中国当代文化没有退回到以前的‘文革’时期，而是一波三折地艰难挺进”，这种描述无疑很准确，文学在整个70年代末至80年代末每一步发展确实与政治控制之松紧密切相关。这种描述也比较容易获得某种准确度，因为在描述文化思潮和文学潮流时，处处有一个坚固的社会政治坐标可供依靠，而所谓“五四新文学传统”，实际上就是测量文学与这个政治坐标关系之远近的一个标尺。

但这就潜伏了危机：一旦作为背景的坐标发生巨大位移乃至模糊不清，一旦编史者不得不撇开这个坐标直接面对文化心理的波动，比如在分析“1989—2000年间的文学”即通常所谓“九十年代以来的文学”时，编写者不得不在社会政治坐标发生巨大位移的情况下正视鲁迅所谓“灵魂的深”，不得不正视几代人“灵魂的迷惘”，所谓“五四新文学传统”的标尺就应付不过来了。在这一部分，编写者恪守“某种坚硬的人文话语和精神向度”，用道德标准来分析90年代“精神立场的分化”，对许多文学现象的分析都不是站在文学立场，不肯以体贴同情的态度分析同时代作家，在作家作品的选择和评价上也显得手忙脚乱。

比如，介绍“人文精神讨论”，一律对事不对人，只看口号和主张，不愿触及或分析“人文精神提倡者”们的社会地位、年龄段、精神背景以及他们的后来，这就相当抽象。编者也许意识到这一点，所以只好左右兼顾，一则不惜褒辞，高度评价“人文精神讨论”的意义，一则又委婉地指出，“概念的抽象空疏以及明显的道德批判色彩。说明90年代以来的知识分子对社会文化语境缺乏具体的认识，也很少能给予准确的现状分析与历史评估。知识分子面对转型期社会现实的失态与退缩、精神涣散与信仰虚无，与长期以来独立性的匮乏以及价值主体性的缺失有更直接的关系，因此知识分子有必要深入地透视自己”。这一段对“人文精神讨论”的局限性概括，同样“抽象空疏”，具有“明显的道德批判色彩”。究竟90年代人文知识分子需要怎样“透视自己”和“自我启蒙”，语焉不详，所以话虽说到这份上，并不觉得和前面的高度评价有什么矛盾。

在选择张炜、张承志、韩少功、李锐、史铁生等作家为90年代“抵抗文学”时，编写者赞扬他们：

> 在九十年代精神普遍低迷，知识分子人文话语遭遇重创的背景下，这些作品有力地介入当下的文学格局，并参与到文学的价值重建和审美想象中来。他们对美学理想的坚守，对民族命运的关注以及对人性价值的守护，构成了九十年代文学的重要方面。

这种评价其实很含混，没有切实地分析他们究竟抵抗什么，究竟如何运用“五四新文学传统”来抵抗，也没有告诉读者，上述基本在50年代出生，经历过“文革”的一代作家通过什么渠道将“五四新文学传统”据为己有，成为他们在90年代进行“抵抗”的血肉根据。

在介绍90年代一些女作家时，说“90年代后期被包装为‘美女作家’的卫慧、棉棉等的‘时尚化’文本”，比起“陈染、林白、海男、徐坤、徐小斌等”，则缺少“深厚的人文内涵”。将“五四新文学传统”和“知识分子人文话语”“深厚的人文内涵”等含混概念任意调换，并且随便赠送给自己认为比较优秀的作家，恐怕也不是编史者应有的态度。

标准含混必然带来标准模糊。在讲述90年代“长篇小说竞写潮”时，王蒙的“季节系列”和王小波的时代三部曲都被忽略（王小波的随笔杂文也遭同样命运），获奖作品陈忠实的《白鹿原》、阿来的《尘埃落定》和王旭烽的《茶人三部曲》则被放在显要位置。对90年代登上文坛的“晚生代作家”（有的80年代就已经成名），仅提到毕飞宇，一会儿肯定他“对短篇小说有苦心的经营”，一会儿赞扬他“一开始就没有放弃对‘深度’的追求”，一会儿又说他“注重写实，对人物形象的塑造更为倾心”，而另外一些重要作家像朱文、韩东、顾前、李洱、西飏、张生、李冯、鬼子、阎连科、孙惠芬、迟子建等则一笔带过，有的连名字也没有。或许编写者认为这些作家难以体现“五四新文学的传统”吧？但对毕飞宇的作品何以情有独钟呢？毕飞宇的创作，比起这些被忽略的作家，显然并没有更多地体现“五四新文学的传统”。

为了强调文学在80到90年代之交发生了某种深刻分化，为了将80年代文学和90年代文学作为两个不同的文学阶段来讲述，编写者还不惜将余华、苏童、格非、叶兆言等归入“几个创作样式复杂的小说家”而全部放在80年代，并且在80年代的语境中提前讨论这些作家在90年代以后才发表的许多作品。也许出于同样考虑，第十八章“面对‘新时期’的小说创作”（下）介绍的作家如王蒙、残雪、莫言、刘震云、方方等到90年代似乎都停止写作，而实际上这些作家和余华、苏童、格非、叶兆言一样，许多重要作品都是90年代以后才发表的。为什么编写者不能在自己所理解的90年代文化语境中分析他们的创作呢？是否因为这些作家在90年代取得的文学成绩与编写者对90年代整体文化环境的判断不相吻合？不管怎么说，这种时间上的提前和削足适履，说明编写者在阐述“90年代的文学面貌”时过分张扬了片面的主观性。以主观设立的标准来选择和评判作家作品，必然无视眼前的事实，从而造成对作家创作历程人为地割裂和作家（包括学者）精神谱系人为地混淆与遮蔽。

“五四新文学传统”在90年代究竟体现在哪些方面？90年代文学哪些因素意味着“五四新文学传统”的高扬，哪些因素意味着这个传统的重新失落？即使我们依据编写者自己的论述体系来思考这些问题，也比较茫然。

在文学史的整体框架上，洪子诚先生认为“当代文学”是某种一体化的文学规范的实现与解体，董健先生认为“当代文学”是“五四新文学传统”的失而复得，所见不同，而急于给“当代文学史”提供本质论和一元化的解释，并无差别。这种一元化和本质论，也许可以得到编写者希望得到的“历史之河的清水”，却不利于充分顾及当代文学史复杂多样的结构①。

① 对文学史写作的本质论和一元化可能带来的危机，李杨的《当代文学史写作：原则、方法与可能性——从陈思和主编的〈中国当代文学史教程〉谈起》一文有非常精辟的论述。该文原载《文学评论》2000年第3期。

三、陈编：凸显作品之后

陈编《中国当代文学史教程》（以下简称《教程》）最大的特点是“以作品为主型”。

“以作品为主型”，按主编陈思和先生的说法，乃是与通行的“以文学史知识为主型”的编史方式相对而言：

> 以文学史知识为主型的教科书一般是以文学运动和创作思潮为主要线索来串讲文学作品，但对本教材来说，突出的是对具体作品的把握和理解，文学史知识被压缩到最低限度，时代背景和文学背景都只有在与具体创作发生直接关系的时候才做简单介绍。本教材着重于对文学史上重要创作现象的介绍和作品艺术内涵的阐发，学习者透过对这些作品的阅读和分析，可以隐约了解一些文学史背景。

他对此又有补充说明：

> 以文学作品为主型的文学史也不同于一般的文学作品选的读本。后者以介绍和赏析优秀作品为主；而前者，除了这一功能外，还附带了对学习者进行文学史概念的引导，要求通过文学作品的教学传递出文学史的信息。在课文设计方面不但要选好作品，也要考虑它在文学史上的代表性。

看来，如何“通过文学作品的教学传递出文学史的信息”，就成了这部新型文学史所要解决的关键。其中，选出“好作品”和“代表性作品”只是初步工作，决定性的一步乃是深细阅读这些“好作品”和“代表性作品”，发掘不同时代、不同作家的文学创作之间相互可沟通的意识结构和叙述模式，由此揭示文学史片段现象的历史关联。

《教程》主要通过这种指向文学史深层脉络的作品细读法来把握“当代文学”的性质及线索。

和洪著、董编一样，《教程》也建立在主编陈思和多年来对中国新文学或20世纪中国文学“整体观”研究的基础上，所以非常重视当代文学和现代文学的联系，一上来就专门探讨“中国当代文学的源流”。不同的是，洪著、董编从现代文学中为当代文学寻出一条显在的源流，即从20年代末“革命文学”，到30、40年代的“左翼文学”直至50到70年代“社会主义文学”的一条主线（洪先生称之为中国新文学的“一体化”），或笼统的“五四新文学传统”的失而复得，陈编则以“抗战”为分水岭，为“当代文学”勾勒出三条彼此沟通又相互区别的线索：“五四”以来知识分子启蒙立场即精英（庙堂）和先锋意识，抗战以后被去蔽的民间意识，因为抗战和长期激烈的国内外政治与军事对峙并渊源于传统兵法哲学而产生的战争文化心理。

可见《教程》实际上是陈思和一贯坚持的“中国新（现当代）文学整体观研究”为了教学的需要而具体转换为对当代文学史上一些代表作品的深细解读。上述三条主线相互扭结，此消彼长，不仅是陈编分析具体文学作品时固定不移的框架，也是陈编所理解的“当代文学”的性质和发展主线。

这种“整体观”，和鲁迅剖析知识分子的“官魂”“匪魂”“民魂”有差异①，但同样也是为了揭示知识分子的精神立场。由此出发，陈编寻索知识分子（作家）的文学创造方式，以此勾勒文学史的演化。这和坚持从“人心”和“时代精神”观察文学演变的董编有异曲同工之妙，但陈编落实到作品分析上面，不从先验的“人心”和“时代精神”

① 鲁迅在《华盖集续编·学界的三魂》中讨论知识分子精神立场，并未赋予知识分子独立的精神品格，而认为他们要么类同于“官”，要么近似于“匪”，要么同情或假装同情于“民”。陈编则认为知识分子可以“走通”广场、民间和岗位，拥有自己独立的精神立场，所以说二者之间有很大的差异。

下贯具体的文学创作，所以更有利于避免“将政治社会进程与文学进程直接联系，以文学社会政治性质作为依据的文学史分期框架”。

陈编基本上以文学主题和文学作品结构形态的变迁为主线，看不出洪著、董编那样清楚的文学史随着时代和社会变动而演化的轨迹。可以说，正因为抛弃了这样的轨迹，同时也回避了董编先验的时代精神的设定，才有可能提供文学自身并非与时代无关但又具有相对独立性的传统与线索。陈编告诉我们的不是社会政治如何塑造文学，文学如何被塑造，而是在这过程中，文学如何体现背后支撑它的由整个现代文学演化而来的三种基本精神意识。这三种意识，洪著、董编都注意到了，只是没有将它们上升为文学史主线，而是服从于文学与政治关系或时代精神的一些隐藏的副线，因此对性质相同的文学存在的叙述，在重视程度和发掘规模上大不相同。

当陈编醉心于阐发文学作品内部所包含的意识结构时，洪著、董编所关注的政治与文学的关系主线只好淡化。抽去文学与政治的紧张关系，或竹内好在分析鲁迅时所说的文学与政治的“对决”，陈编紧紧抓住的“精英启蒙意识”“战争文化心理”“潜在写作”“民间潜隐结构”“民间理想主义”就难以充分见出作家个体的精神立场，也难以充分暴露李杨先生所分析的意识形态和民间意识的共谋[①]。另一方面，“精英启蒙意识”“民间潜隐结构”“民间理想主义”“潜在写作”“战争文化心理”容易变成超时代超个人的中性结构，文学史起伏脉络和作家个体精神骚动往往在审美的气氛和叙述学的结构模型中被凝固。如果缺乏必要的提醒，读者不容易分辨这些精神意识在不同作家和不同时期文学作品中的差异化呈现，因此如果要像洪著和董编那样描述文学史的阶段性推进，就比较困难。

也许意识到这个问题，陈编在以上几个“当代文学史关键词”之外，又追加“共名”和“无名”两个概念，来弥补“以作品为主型”的文学史在描述阶段发展时的无力。但“共名”和“无名”是对更

① 李杨：《当代文学史写作：原则、方法与可能性——从陈思和主编的〈中国当代文学史教程〉谈起》，《文学评论》2000年第3期。

大的文学史阶段特征的概括，并不能描述具体文学史阶段文学和其他社会存在及社会意识的复杂关联，因此这两个概念的追加并没有帮助“以作品为主型”的文学史框架在宏观把握文学史发展时具有洪著和董编将文学史纳入文学所依靠的社会政治或文化心理总体框架时所获得的那种“宏大叙事”的效果。尽管文学史的“宏大叙事”不是文学史的全部，但任何时候都还是必要的。

“以作品为主型”的文学史，最大的长处不仅是方便教学，而且是启发读者通过精细阅读不同时期的代表作，想象文学史的演变线索，不再纠缠于思潮变化、社会政治的转移，因为思潮、社会政治背景以及经济生活方式对文学的影响，最终还是通过作品表现出来。在这个意义上，陈编无意提供面面俱到的文学史，甚至从根本上取消了制造这种文学史的幻想，但它自己并没有放弃结构性的努力。

唐弢先生在80年代初提出“当代文学不宜写史”，并不是否认正在进行中的当代文学终将进入历史的必然性，而是说当代的学者无法以总结历史的从容心态来整理同时代的文学，或者说，难以用权威性的“史笔”来叙述终将进入历史的同时代文学。不以“史笔”讲述同时代文学，是否还有别的方式？陈编可算是对唐弢先生的一个回应，即抛开“史笔”，努力通过对代表性作品的审慎选择和深入解读，系统而深入地整理同时代文学，为将来的“史笔”书写完成不可或缺的基本工序。

至于存在的问题，主要恐怕还并不在于它所挑选的作品在当时是否发挥了实际影响，或是否回避了当时发生过巨大影响的“经典作品”，而是作品分析能否突破单纯的审美感受和文本细读，尽可能凸显作家主体的形象。以否定“意图谬误”和“传记学批评”为出发点的“新批评”文本细读和“结构主义叙述学”，很容易在宣布“作者已死”之后，真的放弃了重新建构作者主体（比如接受美学所谓“隐含作者”）的一切可能。陈编并非照搬“新批评”和叙述学方法，但“以作品为主型”的文学史编写原则，如何紧紧抓住作家个体的精神谱系，在作品与时代社会之间建立一种有机联系，这和理论无关，要看具体分析作品时怎样存乎一心。《教程》在这方面做得并不平衡，有的作品分析努力追索背后的作家形象，并由此进入由作家形象联络而成的文学史的活的传统，有的则比较机械地套用主编所预设的作品分析的框架，走不出单纯的作品分析，因而未能获得更深沉的历史感。

四、结语：文学史还是应该抓住作家

洪著注重文学和社会政治环境的关联性分析，董编注重文学史在一种积极的精神文化传统中的逻辑统一，陈编注重从作品内部发掘由作家心灵所开辟的精神意识演变线索。大致可以说，洪著以社会政治为本位，董编以时代精神为本位，陈编以文学作品为本位，当然交叉互补的地方也时时可见。洪著考订文学史事实精详，信息丰富，用语谨慎浓缩，唯略感滞涩；陈编精于作品分析，回避了大量史实叙述，用语内敛，闳放不足；董编后出，兼得洪著、陈编之长，有些作品分析既有洪著的概括，又可比陈编的深细。洪著压缩在注释的许多关联性史实，董编皆一一提到正文予以正面详述。董编笔墨更酣畅显豁，议论风生，部分章节颇近于论文。总之，各具特点。

若说有什么共同的遗憾，恐怕还是鲁迅当年借用古人的那句话："明于礼仪而陋于知人心。"对文学史所包含的精神文化心理的实质性内涵——作家的精神谱系——缺乏直剖明示。

三部文学史著作，或巨细无遗地记录了文学与政治的整体关联，或努力沟通文学史每一步发展和知识分子群体精神状态之互动，或深入文本内部，用"结构主义"和"新批评"式的细读法来凸显作品中实际存在的主体精神之脉络，但处在不同文学与政治关系、以不同的精神文化为背景、创作了隐含不同意识结构之作品的作家个体精神状态，甚至他们粗略的形象，都不约而同湮没了。大概也因为意识到了这个问题，陈编在书后附录了一些重要作家的"小传"，但这个做法恰恰暴露了该书在正文叙述中回避对作家进行正面评判的缺憾，而董编和洪著连这样的作家小传也没有。

权衡校量许久，编写者们一致决定不以作家个体精神演变为主线，最后呈现给读者的也都不是由鲜明生动的作家形象串联起来的文学史。如果我们将这三部文学史著作与直接抓住作家代际变换和精神发展的鲁迅的《上海文艺之一瞥》稍加对比，差异就很明显。

三部当代文学史所论述的作家，多数健在，但编著者却把他们当作古人来陈述，甚至比古代文学史著作所陈述的古代作家更加没有活气，这就造成了当代文学史叙述中作家形象的普遍缺失。

为什么会这样？我想至少有三点值得讨论的因素。

首先，我相信三本书的编著者都不是没有抓住作家直接与之对话的能力，只是 90 年代以来的文化环境和学术规范，似乎越来越不鼓励鲁迅式的直指本心、刻画入骨的泼辣文体。也许意识到正在作史，态度特别谨慎周全，无论批评还是肯定，都喜欢与人为善，超然地保持一定距离。

其次，洪著、陈编、董编无论是个人著述，还是多人合作，都采取了大学教材的形式（实际上这三本书都是三位主编所在大学中文系采用的文学史教科书）。这是 1949 年以来各类中国文学史的通例。从林传甲当年为京师大学堂撰写中国现代第一部中国文学史开始，文学史就被固定于大学课程系统，文学史著作就和大学文科教科书结下不解之缘，结果就限制了文学史写作的自由。大多数文学史著作不得不采用以充分交代文学史知识的做总账的大而全的叙述方式。又因为这种叙述方式的对象是“受教育者”，作为“教育者”的叙述主体就天然地被赋予全知视角，编史者无形中被诱使一方面进行绝对权威化叙述，一方面努力“秉持公心”，尽量回避个人情感和趣味的介入。对全知视角和权威叙述缺乏必要的反思，很难消除文学史叙述和作家之间的隔膜，导致文学史著者无法以个人身份和作家进行平等从容的对话。作为例外，陈编在反抗文学史教材的传统模式方面走出了一大步，完全抛弃“以文学史知识为主型”的大而全的做总账模式，改用以作品细读为主型，但这样一来，作家的形象又以另一种新的文学史叙述方式被忽略了[①]。

再其次，也许正是考虑到1949年以来，中国作家长期被规训，不能如“现代文学”时期那样头角峥嵘，发扬踔厉，而是相率退藏，兜鍪深隐其面，甚至以文学为游戏获利之具，羞白心于人前，因此普遍面目模糊，编史者不得已，只好从社会政治、群体文化心理和作品本位切入。果真如此，我想这不仅不是将作家放在一边来撰写社会政治本位的文学史、时代心理本位的文学史或作品本位的文学史的借口，反而倒是必须直接面对洪子诚先生所谓“作家姿态”的理由。这样，文学史叙述的调子也许可以放得更低一点。实际上，虽然三书的编著者对各自理解的“当代文学”都有所保留，下笔时还是情不自禁地勉强提高了调子。这与其说是出于对历史的善意的宽容，毋宁说是情有不甘，即不甘心对自己也身处其中的文学时代痛下针砭。

修史，尤其是修文学史，倘不能抓住作家进行直指本心的精神文化分析，就不容易删繁就简，画龙点睛，显示文学史真正的线索，甚至容易错失文学史写作的原初目的：在无论怎样的社会文化环境中显明作家个体精神谱系。如果说文学是人学，那么文学史叙述首先就要特别关注在文学创作上起关键作用的人（作家）的因素。

① 这篇文章写好之后，我才有机会认真拜读了洪子诚先生的《问题与方法——中国当代文学史研究讲稿》（北京：生活·读书·新知三联书店，2002年8月第1版）。这是根据洪先生为北大学生讲授中国当代文学史的录音整理而成的，不同于他的《中国当代文学史》。洪先生实际授课的讲稿，思路活跃而开阔，语言放松而幽默，对大量复杂琐碎的文学史现象，往往三言两语，就能击中要害。对围绕文学史现象的众多已有的研究成果，包括其他学科的相关研究，洪先生非常熟悉也非常清楚它们的长短利弊。《问题与方法》简直可以说是中国当代文学史研究的一座闪闪发光的知识库。洪先生在文学史学术研究领域展示了丰富的学识、厚实的积累和巨大的自信心，但就在这样一种放松的讲授语境中，我仍然没有看到洪先生对个别作家精神品格的洞察和三言两语的概括。

我并非暗示文学史应该走传统“作家论”的老路，虽然许多优秀的文学史著作确实就几乎等于“作家论”，但这也并不能保证“作家论”就是最好的文学史模式。“作家论”在文学史和批评史上曾经包含的具体方法过于庞杂，早已成为一种“臃肿的结构”，近年来——至少在中国文学批评界——似乎大有消亡的趋势，但优秀的“作家论”所竭力追问的作家个体的精神谱系，仍然不失为文学史家探索的主要目标之一。

由于吸收了最近二十多年来当代文学评论和研究的新成果，三本文学史著作针对具体文学史现象都有大量精彩论述，这些我都按下不表，专就编撰者对“当代文学”的宏观理解和编写方法妄加指画，所以挂一漏万，实感惭愧。李杨先生在为《中国当代文学史教程》写的一篇书评中说：

> 关于“如何写作当代文学史”的文章远远多于真正的文学史实践，似乎所有的人都懂得方法的探讨要比尝试完成一部当代文学史的写作要轻松得多，也潇洒得多。这似乎进一步印证了钱锺书先生的一句名言：“理论总是由不实践的人制订的。”或许正因为这个原因，我们应当对陈思和为代表的当代文学史的写作实践表示由衷的敬意——这种敬意不仅仅针对这些新完成的文学史所解决的问题，同时也应当针对在这些文学史写作中所暴露出的问题。①

我把他这段话抄下来，以表达此时此刻相同的心情。

2006 年 3 月 7 日写

2006 年 6 月 8 日改

原刊《当代作家评论》2006 年第 5 期，此处收录的是编者根据刊发稿整理的版本。

① 李杨：《当代文学史写作：原则、方法与可能性——从陈思和主编的〈中国当代文学史教程〉谈起》，《文学评论》2000 年第 3 期。

在两次"重写文学史"之间

冷　霜

在《新诗发展概况》的作者们的回顾中，这本当时未能出版的小书是紧随1958年北京大学中文系1955级学生集体编写的"红色中国文学史"的问世而展开的一项写作任务，其中一些作者也参加了"红色中国文学史"的写作。在此前后，北京大学中文系1955级、1956级学生还分别着手集体编写《中国小说史》《中国戏剧史》《中国新文学史》等著作，构成以批判"资产阶级学术权威"为中心的"科研大跃进"的重要内容。这种"科研大跃进"，除组织方式上均为集体作战、人员构成上均为青年大学生、写作原则上均以权威的政治与历史论述为纲领以外，写作方式上则经由集中阅读资料、确立纲目体例、统一思想认识的过程，讲求"一天等于二十年"的写作速度。"红色中国文学史"是"苦战"两个月的结果，而《新诗发展概况》的写作则前后只用了不到一个月的时间。

这些，在时过境迁之后，很容易被目之以违背常识的"荒诞"行为，但实际上在其背后存在着完整的政治和哲学的逻辑作为支撑。正如当时的口号"把被资产阶级颠倒的历史重新颠倒过来"，这种颠倒不仅是在冷战背景下，与相对立的政治意识形态在历史论述上展开的观念层面的对抗，也是这种观念体系需要相应地落实在历史书写的实践层面上——从写作主体到书写方式——的颠覆。作为现代民族国家建构的重要组成部分，历史的书写始终受到高度关注，而在新中国成立以后，这种"重写历史"以及"重写文学史"的努力并不始于1958年，王瑶的《中国新文学史稿》即是其中的一个环节，1958 年以“红色中国文学史”为代表的一系列书写实践只是其激进化的表现。

如果放在这样一个过程来看，也许可以更好地理解 1950 年代这种“重写文学史”的现象与 1980 年代的“重写文学史”潮流之间的关联。如同有的论者所点出的，1980 年代的“重写文学史”潮流，并不仅限于 1980 年代后期在《上海文论》上的专栏，它其实是“文革”后文学史写作和研究的基本趋向。从历史叙述的框架与范围，到支配性的立场、观点和评价标准，两次“重写”之间都大异其趣，同时又在某些地方构成“相映成趣”的对照关系。它们之间既是述史范式上从“革命范式”向“现代化范式”的转换，而后一次“重写”又在很大程度上显现为对前一次“重写”所做的“颠倒”的再度“颠倒”。因此，尽管在具体观点和评价上，两者往往显出很大的差异乃至对立，但就它们与其各自所处的一个时期的主流历史观念以及政治意识形态之间的关系而言，两者又具有相近之处（当然，1950 年代的文学史叙述受到政治意识形态的约控更为直接和严厉）。在这一点上，1980 年代“重写文学史”的大潮尽管以“回到文学本身”为其标的，但其“去政治化”的努力却仍然落入一种不自觉的“意识形态性”当中。一如很多学者已经辨析到的，在宰制性的历史观念和话语图景发生变化之后，在“时势”和“人事”之间，第二次的“重写”就其总体而言仍然是“势大于人”的。

由此，我们可以注意到《新诗发展概况》的作者们的学术生涯和在新时期以来文学研究者中的自我意识的特殊性。1980 年代文学研究领域最主要和最活跃的力量由两代学者构成：1950 年代进入大学读书并开始从事教学和研究的一代，以及“文革”结束、恢复高考之后进入大学的一代；1980 年代“重写文学史”潮流的主要推动者和实践者也出自这两代学者。《新诗发展概况》的作者中，谢冕、孙绍振对“朦胧诗”所体现的新的美学原则的支持与辩护，孙玉石对新诗史上现代主义诗歌诸流派及其诗学的考掘与释读，都构成了这一潮流的不同侧面和重要环节。然而，两代学者之间也存在着一定的差异。在回顾《新诗发展概况》写作时，不止一位作者提到，这次集体编写行为成为其个人学术生涯的起点，甚至使得六位作者中绝大多数都在日后走上新诗研究的道路，进而，也在不同程度上形塑了他们各自在新时期以后学术研究和“重写”实践的内心动力。如谢冕谈到，他日后对于“朦胧诗”的态度，“应当说在编写《新诗发展概况》时就在酝酿并逐渐明确的”。这虽然是一个日后的陈述，却让我们意识到，这一批作者（以及与他们有相同经历的一些同代学者）曾先后经历了中国当代文学学术史上的两次“重写文学史”的过程，假若第一次如刘登翰所言，是偶然被历史选中而参与的，那么，第二次则体现出他们更为自觉的努力。同时，尽管这种努力仍然与一个新的时代的“时势”有关，但与更年轻一代的研究者相比，它也必然渗透进了他们在前一时代所凝结的个体生命体验，以及由此对早期学术生涯的省思。从几位作者各自的回顾来看，这种体验和省思的着重点和延伸出来的路向并不完全相同，甚至存在不可忽视的歧异，然而它们却从不同的维度上融入他们日后学术生命的底色。以孙玉石为例，他曾提及他参与撰写的“红色中国文学史”对前辈学者王瑶、林庚等在情感和学术尊严上的伤害。这种忏悔与反省，如果与他在治史思路上对王瑶注重新文学与古典文学“历史联系”的观念的汲取，和在诗歌认知及审美情趣上所受林庚等 1930 年代“现代派”诗人“融合中西”的意识的影响联系在一起，就不难发现，同样在新时期伸张现代主义诗学诗艺，以为“新诗潮”的策应，他的新诗史研究较之年轻一代学者，拥有着独特的或许不够“新锐”然而相对深潜的学术渊源。

在这个意义上，我们还可以进一步探究在两次“重写文学史”之间，这一代文学史研究者，至少是其中一部分研究者的史迹与心迹所可能具有的学术史意义。1980 年代“重写文学史”潮流的中坚力量无疑是年轻一代学者，他们对新的话语的乐观信念，和一度高歌猛进的姿态，是这一时代在日后呈现出来的“魅力”的一部分。相比之下，上一代学者的步履总体上显得持重乃至踉跄，尽管也与前者共同构造和分享着这一时代的热切氛围。而在进入 1990 年代中国社会与文化的“转型期”之后，相对于年轻一代学者纷纷从文学史朝向学术史、思想史，从文学研究朝向文化研究的“华丽转身”，上一代学者似乎也普遍显出某种“执着”。这似乎可以从生理年龄和知识结构的层面解释，但显然不仅如此。而与这种对文学（史）研究的执着相伴随的则是困顿。曾有学者批评钱理群等撰写的《中国现代文学三十年》存在着一种“叙述的暧昧”和“犹豫不决”。这种“犹豫不决”在 1980 年代的历史话语与学术范式的变换中已经存在，而到了 1990 年代则进一步扩大和纵深化了。不仅仅是不同的“文学”观念、学术范式、述史框架的争夺或让渡、取舍或兼容，更是新的历史理论、种种究诘于文化政治的理论话语和对“文学史”建制的知识考古共同对以往的文学史研究和书写方式的釜底抽薪。洪子诚在《我们为何犹豫不决》一文中对此做出的回应，可以用来理解这一代学者，无论是“堂吉诃德”还是“哈姆雷特”，在精神结构和学术意识上所共同具有的某种特质。

换言之，发生于 1950 年代和 1980 年代的这两次“重写文学史”潮流可以视作这种“犹豫不决的文学史”研究与书写姿态、品质的历史脉络与精神背景。显然，存在着不同性质的“犹豫不决”，其中的差异不可不辨，但在这里，它有着大致明确、不容混淆的内涵：当“纯文学”的神话消散、文学的话语性被揭示、“政治性”被强调，如何保留文学审美的相对独立性，审美评价还是否可能？当历史的“叙述”本质被暴露，如何在保持历史叙述自觉的同时尽可能地贴近历史真实，而避免落入（在理论的旅行中可能变形为中国文化中旧有的）历史虚无主义？当文学史的“权力”性质被剖析出来，文学史研究如何保有其学术尊严？以及，当文学研究日益理论化，它是否还可能保守其研究方式的“独特性”？等等。

在实际的文学史书写中，这些作者是把这些理论话语尽力加以吸纳，或者作为前提的，但是却少有新一代学者接受这些理论话语时不同程度上表现出来的再一次真理在握的兴奋感。似乎，困惑和矛盾成为他们最大的感受；似乎，如何与无论是政治意识形态还是新兴理论话语在中国当代情境中形成的“时势”或支配性论述保持一个审慎的距离，不把任何一种文学的、历史的立场本质化，不回避不同的立场和历史叙述所形成的张力，而是把这种张力保留下来、呈现出来，成为他们在其晚近的文学史研究中最深刻的努力。这种努力无疑是吃力的，不少论者注意到洪子诚在述史姿态与文体上的特点，并且将之概括为“克制”“节制”“客观”“冷静”等，但在我看来，这种叙述的本质是一种“困难”的叙述，或者说是一种自觉的“微弱”的叙述。一方面力求理解研究对象的内在逻辑，另一方面不断辨析自身的位置和依据，在抑制启蒙主义式的评判和道德裁决的同时仍然坚持最低限度的价值尺度——这种困难和微弱的叙述与那种清晰和坚定的、“毋庸置疑”的文学史的堂皇叙事相去甚远，也难以成就优美的或者充满独创精神的文学史作品（如林庚《中国文学简史》那样），然而，在中国当代文学学术史上，它却具有一种难能可贵的品质，它或许与个体的人格气质和学术性格有关，也与一代学者整体的精神结构有关，但应该说更是由他们对先前的生命体验的整理和学术经历的反省所带来的。

我无意于透过《新诗发展概况》为这些作者讲述一个有关他们学术成就的“起源神话”，无论如何，就这份重新“出土”的文献而言，它的论述是被当时权威性的政治意识形态的声音所给定的，显示出的是一种不容置疑的“政治正确”，从《回顾一次写作——〈新诗发展概况〉的前前后后》一书的内容和编排方式也可以清楚看出他们力图对其参与的这一段历史过程与学术经历加以历史化的呈现与反省。而当它以这样的方式诞生于今天这一瞬间，其意义可能是深长而难以预测的。1990 年代后期以来，中国当代社会的急剧变化及由此引发的思想界的争论已经深刻地影响到当代文学的研究。如何看待当代历史与当代文学，一度像是已被解决的问题，这一时期却又重新变得问题重重，并且不断引起论战。借助理论资源的更新，这些争论使我们获得了认识理解中国现代、当代历史的新视角，与此同时，争论中显示出来的一些言说姿态和论辩方式，却时或使人感到似乎仍然处在那个原以为已经逝去了的“当代”的延长线上。这时，会想起那种困难和微弱的叙述，比起辩论的威力，它更倾向于维护学术的尊严，而唯其微弱，或许幸免于潮流。

原刊《文艺争鸣》2008 年第 2 期，此处收录的是作者提供的文档。

有感于洪子诚先生文集的出版

赵 园

王瑶先生曾断言当代文学不宜写史，当时洪先生的《中国当代文学史》尚未出版。如若王先生能读到这本书，或许会校正他的说法吧。洪先生的著述，示人以当代文学研究作为“学术”其应有的品质，也示人以当代文学研究作为“学术”区别于其他学科（即如现代文学与古代文学）的特有品质。

对当代文学做史的叙述，于史才、史识外，较之其他时段的文学，还要特具现实关怀与学术勇气。当初读洪先生的当代文学史，曾惊叹于该书某些章节表述的“直接”与犀利；在我看来，那决非故示“勇气”。在洪先生，大概只是在尽可能准确地传达自己的理性判断而已。我由此惭愧于自己久经训练的“表达技巧”，往往不过将敏感问题模糊化；而起初有意的“技巧”，渐成本能以至所谓的“风格”。或许要有一点天真，一种“迂”，才更有可能保有“纯正”？倘若真的如此，实在让人悲哀。

洪先生的书写方式，多少也赖有北大这个特殊环境。京城与某些“外省”，北大与北大之外，言论环境确有不同。北大的某种放任，有助于造成“人物”的气象。最近在关于北大的一篇文字中，写到“校园人物”。北大校园中的人物，由环境所滋养，校墙于此是限制也是庇护。

洪先生不曾自命“公共知识分子”，但他的学术工作有类似的担当——对于正在进行中的且有诸多敏感点的文学史，承担叙述的责任。他与几位老师的《回顾一次写作》也是承当。在某种意义上，为当代文学写史就是承当。其他时段的文学研究也有与现实的对话，但“隐含着”与直接处理仍然具有现实性的当代议题，不消说是不一样的。你由洪先生的那部文学史正读出了这种承当。有此承当的学术和没有承当的学术，有品格的不同。我不同意那种将学术与“参与”“干预”对立起来的看法，不认为不直接参与某项公共事务即不具有“公共性”。这尤其可以当代文学这一学科证明。我也不同意将“参与”“干预”作为标准滥用，将其与其他价值对立起来。我注意到了 2004 年洪先生接受《南方文坛》访谈时提问方的说法，即洪先生的论著对于一些“互异”的方面“以一种温和的方式给予处理，赋予一种持续的张力”（《回答六个问题》，《当代文学的概念》，北京大学出版社，2010）。在我看来，没有表演性，审慎，尊重自己的“知识感觉与观念感觉”，才能有此“温和”。

“当代文学”作为学科在目前高校、科研院所的学科格局中，难免遭遇尴尬，有时不得不面对学科壁垒与学科间源于无知的偏见甚至歧视。“当代”是我们生活于其中的时代，对于“当代”的学术表述，对当代问题的学术化，本应获得广泛的关注。1980 年代的文学与当代文学作为学科，就曾焕发过魅力。到 1990 年代，当代文学这一“界”，令旁观者心情复杂。似乎重心南移，京、沪间失却了积极的呼应。在“界”外人的观感中，它有时更像推销会、“卖场”，供一批人走会、拿钱，但你也看到，仍然有谢冕先生、洪子诚先生们的“庄严的工作”，使人对这一学科不敢小觑，对从事者保有敬意。

我对洪先生的文体的兴趣，始于读《1956：百花时代》的前言后记。即使他的学术文字，也较少五六十年代的那种八股气，那种文章套路。直至前不久读他关于契诃夫的阅读经验，仍然有感于此。在所属的一代人中，洪先生给人印象深刻的，是某些不为“代”所囿的品质。他较少地受制于他成长的那个时代的学风与文风，富有那一代人中较为稀有的对作品细腻的审美感觉，这种感觉曾经是备受压抑的。理论兴趣与审美感觉，有助于自我更新，也借此保持了与年轻学人间的呼应与沟通。与自己生活的时代的风尚保持距离，毋宁说是一种罕见的禀赋与能力，禀赋系于先天，能力也赖有后天的努力，甚至是自觉的清醒的努力。我其实不知道洪先生是否“清醒”与“自觉”。

洪先生的当代文学研究所凭借的，就应当有他本人对文学的直觉。在这个因意识形态的挤压论述空间狭小的学科，他的这种直觉，以及保有直觉的能力，尤为难得。当然，“直觉”的背后，有知识储备与审美素养，经验与阅历。洪先生的经历似乎并不复杂，即不那么“苦难”——或许可以证明曲折复杂的经历不是从事人文学科研究的必要条件。作为条件的，应当更是体察与反思的能力。在这一方面，人与人之间天差地别。

无论学术还是文学，境界都系于其人。学术文字也可能有所谓的“性灵”。我想到了中国现代文学的两位大学者，王瑶与唐弢，想到校园人物与非校园人物。唐先生后来进了研究所，身份已变，较之王先生，仍然更是文人；直至其晚年，大块的学术文字透出的，仍然是文人气息。校园对于其间人物的影响，是我感兴趣的题目。洪先生的特别之处，在我看来，也在学人而有文人气习——直至近期发表的一组“阅读史”，不大像出于久在校园的学者之手，或许也得益于一种保存早年文学气质的能力。人总难免于环境的改造，但人与人仍然互有不同。洪先生常会说到自己的“怯懦”“犹豫”，我却相信他的性情中有较为坚硬的东西，不易磨损，能抵抗外力的销蚀。这种“坚硬”在我们所处的环境中，尤其可贵。

保护较为“自由”的心灵，保存生动的感性、直觉，保有内心深处“柔软的”部分，使免于过早地硬化，同时又不失必要地“坚硬”——这很难很难，却值得努力。

原刊《中华读书报》2010年2月24日，《文艺争鸣》2010年第9期，此处收录的是作者提供的文档。

洪子诚与当代文学史写作的主体性

侯桂新

洪子诚先生是中国当代文学史研究领域成就卓著的大家，1999年私家撰述的《中国当代文学史》的出版，使他著名文学史家的身份进一步得到确认。相对于已有的各家文学史，此书在不少方面都有有力的突破，在当代文学史的撰述上给人深长启示，也引发了许多讨论，包括总结优点和分析限度等不同方面。如今十年过去，再读此书，笔者感觉很深的一点，也是该书的重要成就之一，乃在于写作者的主体性在文学史书写中得到了充分同时又是恰如其分的体现。

一、文学史意识

要撰写文学史，必先具有“文学史意识”，而这首先体现为对文学史分期的把握与依据一定标准对此期内各种文学现象的“整合”能力上，对具体作家作品的评述倒在其次。在此基础上，才可能形成一定的总体理论架构，使文学史所要评述的对象各得其所，不致成为一盘散沙式的罗列排布。洪子诚此作，在分期上与一般当代文学史著作并无什么不同，因为当代文学的开端一直得到了公认，而其结束则在于一个发展过程中的某一未知点。洪子诚也将当代文学的发展划分为两个阶段，这体现在书中，便是分为上下编，不过他将此一分期的标准或根据加以突出：将上下编所涵括的时期分别视为当代文学的“一体化”的形成与解体时期，并在具体撰写过程中把这当作一条或隐或显的线索来处理，赋予所要评述的众多内容以“向心力”。虽然，以“文革”结束或1978年为界，对此前此后文学的重大变化有目共睹，各人尽可以从不同角度进行阐释，而把这前后两部分以某种方式联结起来。洪子诚所用的“一体化”只是其中一种，但无疑是与对象比较切合的一种，这一概念所具有的丰富包容性，使它比另一些常见的描述如“政治化”“现实主义演变史”等更为准确而恰切。

通常的说法是，文学史既是文学，又是历史，或简言之为文学的历史。这么说有时是试图把文学从社会政治等的依附中剥离出来，“别立新宗”，建立起“纯粹”的文学“自身”的历史。然而这一努力是否有可能实现，实在不容乐观。在最大限度上，文学史至多也如政治史、经济史等一样，与其处于同一层面，并共同构成总体的高一层级的“历史”，而决不可能和总体“历史”处于同一层面。即便是和政治史等并列，它仍免不了受到政治经济文化等各方面影响，甚至靠通过这些确定自身面貌。几千年来，中国文学从未获得过自身的“纯净”面貌。“文学自觉”的发生（通常认为是在汉魏之际），本身也就是文学的一次对其各种依附对象的试图剥离，这从反面证明了依附的存在，更重要的事实是在文学“自觉”后，这种影响与依附总体而言不是减轻了而是加重了，这只要浏览一遍中国古代文学通史便不难发觉。即便在文学“自觉”之前的先秦时期，在“诗经”“楚辞”时代，也不见有“为文学而文学”的存在。到了现当代，尤其是20世纪50—70年代，这一现象是愈演愈烈，可以说达到了有史以来的巅峰。对此现象，自可有见仁见智的评价（在那些对文学与文学性抱有很高期望的人那里，自是否定性评价居多），但现象本身却必须正视，而无法否定或绕离。

试图使文学史“非意识形态化”，只能是独居斗室的遐想。洪子诚充分重视这一点，因而，他的著作的评述对象，除了“重要的作家作品”，还有“重要的文学运动、文学现象”；在选择文学作品时，固然以“审美尺度”为“首先应被考虑”的因素，但“又不一贯地坚持这种尺度”，对一些“重要的文学现象、艺术形态、理论模式”也加以“应有的关注”。[①] 在如何处理通常所说的文学与政治的关系上，洪子诚做了有益的探索。在当代，文学与政治经常纠缠在一起，难解难分，洪子诚将其处理为一种文学“现象”，他对文学以外的东西不是泛泛而论，而是选取对作品的写作（或“生产”）、出版、评价与对作者的艺术探索、精神体验、个人命运等直接、密切相关的部分，与文学本身并置在一起进行阐释，并注意点明某一文学行为同时也是“政治行为”。这样处理，突破了通常著作中的“概述＋各体裁作家作品”的叙述框架，使文学“发展”的线索得以彰显并贯穿全书。通读洪子诚的《中国当代文学史》，给人的总体感觉是：他写的是接近于“历史”中的文学，而不是文学“本身”的历史。至少对于当代文学而言，这样处理是必要而合适的。

在具体的写作体例与章节安排上，洪子诚此书也很有特点。从作家作品、文学现象、理论形态等的实际出发，各章节的评述对象多借助某一特定主题凝聚在一起，为此，有的作品与文学现象还被分置于不同的章节，从不同侧面加以评述，结合起来看便更完整。全书不追求“全面”“详尽”，而是抓住一些具有典型性的重点进行评述。书中没有为任何单个作家作品列出专章，这样的专节也很少；在评析具体作品时，从不采取专门分段的形式引用作品中的语句，哪怕是原本就分行的诗句，这在中国当代文学史的写作中还是第一次。显然，这与作者对当代文学的整体水平与作家个人成就的估价有关，同时也表明作者更关心的是另一些具有“现象”意义的东西——自然，这种现象应具有普遍性，有助于说明某些带“规律性”或“本质特征”的东西。当然，这同时也表明了作者的抱负，写作的“慎思明辨”是为了作品生命力的长久。洪子诚此作，尤其是上编，有着强烈的文学史意识，并已经建立起或隐含了某种理论框架，在写作体例上具有了某种自成一家的“体系性”。

① 洪子诚：《中国当代文学史》“前言”，北京大学出版社 1999 年版。

二、“历史真实”

自然，以上安排与考虑都源于作者的文学史观，其核心是对于“历史真实”的认定与寻求。“真实”是唯物史观的一个重要概念，也是中国现当代文学长期以来孜孜以求的重要的甚至是终极的目标，但近年来随着对20世纪文学反思的加强，这一概念也遭到广泛质疑，有的学者索性将之驱逐出自己的治学目标之外，还有的则将其区分为“事实的真实”与“意义的真实”两种，认为存在的只是后者，是人赋予的主观“真实”。比较普遍的看法是，“历史真实”或曰“自在态历史”是存在的，但只能（如解构主义者所言，是通过文本）去接近，而永远无法完全抵达。这里争论的关键，正如大多数争论一样，在于对概念本身的理解不一。如果坚持唯物史观，将“真实”理解为主观符合客观的“反映”，则严格说来，最后一种看法从表述上看自然较为稳妥，然而也可能只是一种并不怎么必要又不无权宜性的说法而已。

和同时代的大多数人一样，洪子诚也是相信存在着“历史真实”的，尽管他有时对于究竟能否接近这一“真实”也会产生怀疑。他写作的主要目的，可以说就是要朝着“触摸”“真实”而努力。他在自己另一本文学史著作的“简短的前言”中提道：“本书作者觉得，能整理、保留更多一点的材料，供读者了解当时的状况，能稍稍接近‘历史’，也许是更为重要的。”[①]这既说明了写作的目的，也点出为达此目的所用的最主要的方法，因此这一“简短的前言”在单独发表时就题为《我们如何接近历史》。在《中国当代文学史》的前言中也有相似的表述，作者点明，在处理各种文学现象时，“着重点”“是努力将问题‘放回’到‘历史情境’中去审察”，“提供显现这些情境和条件的材料，以增加我们‘靠近’‘历史’的可

① 洪子诚:《1956: 百花时代》“简短的前言”，山东教育出版社1998年版，第4页。

能性”[1]。但在这样做的过程中，作者并不能始终保持坚定，同样是在上面这篇“简短的前言”中，又有这样的话：“本书的作者在写作过程中，不仅对自己究竟是否有能力，而且是否有资格对同时代人和前辈人做出评判，越来越失去信心。”因为无论是当时的“悲剧”或“喜剧”，如今都不例外地“散发出悲剧的意味”。[2]这些说明了对“历史真实”或“本质”进行把握的困难和质疑。怀着这样的心态进行写作，作者似乎是把希望的目光注在了“后来者”身上，自身起的是“过渡”作用，只是对历史进行“挖掘”，保留一些“历史”“材料”，尚不能进行切当的评价。

当然，抛开前言和后记，在写作《中国当代文学史》正文的过程中，作者暂时摆脱了这种对历史无力把握的心态，在写作时运筹帷幄，树立了一个充满自信的历史书写者形象。这主要源于对素材的大量、全面的占有与独特的处理方式，也与作者本人对当代文学发展的亲历与体验有关。在具体处理素材时，洪子诚在以下两个方面给人印象深刻。一是充分重视历史细节的作用，并予以巧妙穿插，营造出历史的“质感”与“亲切感”。与重大事件或场面相比，细节更具个人性，但这并非意味着它们就必然在反映“本质”方面较前者逊色。细节的进入还使得文学史著作血肉丰满，不再那么生硬枯燥。二是重视现象之间的历史联系，重视现象本身在不同时期的发展与表现形式，来龙去脉一目了然；重视探究在文学发展过程中存在的问题及其反复表现，深沉的历史感弥漫全书。例如作者重视当代文学与现代文学的联系与“转折”，开篇不是如一般文学史著作那样，从第一次“文代会”讲起，而是回顾40年代的文学界，强调这一“转折”发生的历史条件与“必然性”。又如作者认为，80年代对“伤痕文学”的讨论“是40年代初（延安）和五六十年代有关‘歌颂’和‘暴露’，有关‘写真实’等争论的延续”，[3]类似

① 洪子诚：《中国当代文学史》“前言”，北京大学出版社1999年版。

② 洪子诚：《1956：百花时代》“简短的前言”，第3页。

③ 洪子诚：《中国当代文学史》，第257页。

的“点题”之语还有多处；作者虽讨论的是当代文学，实则是以整个20世纪中国文学为背景。对历史关联的考察与揭示使人明白，许多人以为产生于某一特定时期的“崭新”问题其实是早已存在过甚至一直存在着的老问题，正如洪子诚在另一处所言，“大多也是‘历史’上曾有的难题的重现或延伸”[①]。书中对于当代文学的一些概念，也很注意进行辨识与梳理，如“前言”中对“当代文学”概念的历史考察，正文里对“文学寻根”与“寻根文学”概念差异的辨析等。

所有这些处理方式，基本实现了作者所追求的“靠近历史”的目标。在这里，“历史”不仅是“在场”的，而且占据的是一块大小轻重合适的位置，它不是高高在上，也不是可有可无，而是通过自身的特殊方式，发挥它无所不在的“笼罩”式作用。尽管“历史真实”的全貌不会就是这样，但在已被描述出来的事件中，至少能够给人“真实”的感觉。

三、叙述与判断

很明显的一点，洪子诚的这本文学史与诸多同类著作的另一大差异，在于对所论对象的评价上。自80年代以来，虽说中国当代文学史著作已出版三四十种，但个人独立著述的并不多，在大量集体编著的文学史中，作者常以集体代言人的身份，对所论对象进行言辞激烈的是非对错的价值宣判，对于作品的解读也常采取二元对立的思维方式。洪子诚追求个人撰述，他认为：“当代文学史的个人编写，有可能使某种观点、某种处理方式得到彰显。”[②]然而即便如此，他也没有采用那种宣判式的语言，而是在书中去掉了尖锐的评判字眼。他并不以集体的“真理代言人”身份发言。不过这并不

① 洪子诚：《作家姿态与自我意识》“后记”，陕西人民教育出版社1998年版，第203页。

② 洪子诚：《中国当代文学史》“后记”，北京大学出版社1999年版，第429页。

意味着他在书中不做价值评判，事实上没有判断的著作是不存在的；只是他的判断不是直接的是非“定论”，他的观点与处理方式的“彰显”，是通过个人对材料的选取与叙述来实现的，巧妙的叙述本身即已代替与包含了评价。例如第八章“对历史的叙述”中的第三节，详细地讲述《红岩》约十年的“组织生产”的成书过程，这一大段讲述本身即成了“对历史的叙述”，虽然并未明确地对这种不无荒谬的时代性“生产”方式做出评论，但言语之中已经蕴含着作者的价值评判。从这一特点说来，著作本身都有点像是在“叙事”了——如果撇开叙事所含“虚拟”特征的话。又如，对于不同作家，作者在行文时分别采取或放入正文或列入注释的方式，对于对某一作品的针锋相对的意见，作者在介绍或引用时文字的详略与具体用词都有所区别，通过这样的处理方式委婉地表达了自己的价值取向。可以说，在书中很少有“盖棺论定”式的“毫无保留”的赞同或反对，但又处处透露出作者的价值“倾向”来。

洪子诚这本文学史的叙述语言，简洁精练，准确老到，常常是画龙点睛式的，一针见血。在文风上则可用一“传统”词语来评价：文如其人。书虽不厚，但包容性极广，像经过高度浓缩，分量很足。著者广泛吸取学界的研究成果，深思慎取，从中选择最为关键最能说明问题的部分进行剪裁融汇，再用寥寥数语概括出来，令人印象极深。例如书中认为“知青”作家的作品之所以带有自传色彩，是源于“那种持续不断为一代人的青春立言的动力”[①]，认为刘心武创作前后期的变化“反映了在‘社会转型’过程中对自身位置的某种‘设计’：以主流文化身份去表现和引领‘大众’，又以想象性的‘大众’心态来阐释和认同‘转型’现实”等。[②] 在做这样的叙说时，着眼的不是某一个作家，而是某一有代表性的现象，从中总结出某些带“规律性”的东西来。细读此书，还可发现引号的运用也相当频繁，尤其是前半部，除了引用他人语词，某些众人一般不

① 洪子诚：《中国当代文学史》，第 268 页。

② 洪子诚：《中国当代文学史》，第 266 页。

认为有何特别的词语，作者却也将它们放进引号之内。这一举措颇有意味：或是对所引语词表示强调（引号里边的东西一般被看作直接引语）；或是某些概念尚未被广泛接受，加上引号表示只是一种权宜之计；或是对概念有所质疑，甚至表示否定或反讽意味。这一类众多的引号成了全书叙述的有机组成部分，为实现语言的表意功能尽力。而在直接援引他人说法时，作者也较少选取完整的语句，而是据需要于中截取语词，“断章取义”，并加以巧妙连缀，借此确定表达的重点。

在论述具体的作家作品时，著者怀有深厚的“理解之同情”，力图撇开一些流行的然而并不见合理的看法，廓开“迷雾”，从对象实际出发，做出尽量公允的评价。例如“文革”样板戏，一般的文学史著作都先验地根据其意识形态内容情绪化地予以全盘否定，以此代替自己的审美体验与价值评析，洪子诚则对其进行了深入细致的考察，对其中的某几部作品的某些方面（包括审美价值）做了有限度的肯定，对其不足也做了具体分析，从而在让人明了真相的情况下得出令人信服的结论。又如对于胡风与周扬等人之间的是是非非，著者也并不站在某一方的立场来评述另一方，而是站在一个更高点，仔细分辨双方的异同，并且更加注重其观点与精神上趋同的方面，如认为周扬、茅盾、邵荃麟等“实质上都是以人道主义作为精神核心的启蒙主义者”。面对评述对象，作者有着“悲悯之心”，言语之间有时还投入了个人情感，虽然很有节制。例如，在详述胡风、冯雪峰与周扬等的分歧后，突然插入一句，认为“胡风、冯雪峰（甚至周扬也一样）等，都是现代文学史上的‘悲剧人物’”[①]。洪子诚曾在另一部著作的后记中说，他“在研究当代文学时，比较关心作家的生存方式与‘精神结构’”[②]。在《中国当代文学史》中，洪子诚好几处提到作家或诗人对于文学艺术的“真诚”。然而，当代作家的命运实在令人不无伤感，他们为了维护文学艺术的纯洁性

① 洪子诚：《中国当代文学史》，第 51 页。

② 洪子诚：《作家姿态与自我意识》“后记”，第 202 页。

对体制所做的叛离又实在有限，他们的主体性人格与获得的文学成就在总体上难以不让人坠入失望。有了这样的认识与体验背景，洪子诚在撰写《中国当代文学史》时，便隐隐透露出一股悲凉宿命之感。

这一感觉如此深切，以致我在阅读此书时，想到洪子诚在“钩沉”“历史”时所做的巨大努力与耗费的大量心血，又想到数十年后，在时间长河的冲刷淘洗下，更多的“历史”将湮没无闻，后人倘再撰“中国当代文学史”，今日不少繁复的“历史”现象将很可能被处理得一清二楚简单明了（看看现在的唐、宋、明、清等朝文学史即可推知，“遑论魏晋”）。那么，今天的这种努力又是为了什么？洪子诚将希望寄予后来者又有何根据？这么想，洪子诚的文学史撰写工作便也不无一点“悲壮”意味了。然而，不管怎样，对于一个特定时代的文学史研究，洪子诚是尽力了。他提倡私家撰史，又以个人著作向人展示，写作者的主体性可以在文学史撰写中以怎样的方式得到恰当而充分的发挥。这些，都必将有利于中国当代文学这一学科研究的不断稳固与发展。

原刊《南方文坛》2009 年第 4 期，此处收录的是作者提供的文档。

学者姿态与学科意识

——谈洪子诚先生的当代文学研究

张洁宇

从 1986 年的《中国当代文学的艺术问题》至今，洪子诚先生的当代文学研究著作已出版了七种。与同领域很多才华横溢、思维敏捷的批评家相比，洪老师是一位比较“低产”的学者；与身边不少激情澎湃、笔锋犀利的同行相比，洪老师也一直都显得非常“低调”。但耐人寻味的是，这个低产而低调的学者，一直都受到同领域专家同行们的特别尊敬和重视，他的许多说法和思路都在学界产生了相当的影响。这除去他身处北大的一点“地利”因素之外，更重要的原因是：他独自完成的文学史写作实践不仅突破了原有的叙述模式，更开启了若干问题的讨论路径，对于整个当代文学学科的建构起到了推动的作用。同时，他尊重历史复杂性、考察文学生产体制等做法，以及他朴素的历史观、客观有度的叙述方式，尤其是他强烈的反思意识等，都深刻地影响了自 20 世纪 90 年代以来的中国当代文学研究。他个人化的治学思路与写作风格，也成为一种令人钦敬却又不易模仿的样式。这里，我想套用洪老师《作家姿态与自我意识》一书的书名，以“学者姿态与学科意识”为题，对其当代文学研究的特点进行一点讨论。

在洪子诚先生多方面的治学经验与特点当中，我最想提出的，是他的诚实。用“诚实”这个词来总结一位学者的学术精神，似乎显得不够专业，同时有低估之嫌。但我所要强调的是，正是这样一种在当今时代特别稀缺和珍贵的品质，构成了洪老师学术精神的一个重要基础。他的作为学者的诚实，不仅包含了对材料、对文本、对历史复杂性的尊重，也包含了对于他个人审美立场的坚持，更为重要的是，他始终保持着一种对于身为一名学者的所做与所能的“限度”的清醒。

说到对材料和文本的尊重，这是熟悉洪老师当代文学研究思路与方法的人都深有体会的。对“史料”“文本”等概念，洪老师在他的研究中都做过特别的界定。比如，同样是当代文学“作品”，其中具有独立的文学价值的，可以称为“文本”，而相对更具有文学史价值（包括作品在当时文学思潮中的位置，发表、出版在当时和后来产生的影响等）的，则被视为“史料”。[①]这两者虽必然会有重叠和矛盾，但总体上兼顾了研究者的审美立场与历史认知。而在“作品”的范围之外，对于“文本”的认识和理解，还存在着一个更大的概念。在洪老师看来，文学史研究过程中所处理的，“其实并不是‘客观的历史’，而是有关历史的叙述，是‘文本的历史’。……所谓‘历史现场’，也就是对事物所作的各种讲述、记录、回忆、编纂所编织的状况。在这样的理解下，‘靠近历史本身’事实上是‘靠近’有关历史的‘话语活动’。通过对各种各样的‘文本’的细心挖掘、发现、重读、重新编织，去观察‘历史’是如何建构的，在建构过程中，哪些因素、哪些讲述得到突出，并被如何编织在一起，又掩盖、隐匿了些什么，由此‘揭发’在确立历史的因果关系，建造其‘整体性’时的逻辑依据，和运用的工具”[②]。这是洪老师一个重要的、基础性的思路。基于这个思路，他对于他所处理的作品、史料、文本，无不抱有一种极为诚实的尊重的态度，力图避免因为各种原因而造成的遮蔽、简化或扭曲。正是这些大量的材料和文本，构成了（或还原了）复杂而含混的历史。它们的存在，既是对历史的呈现，又造成了呈现历史的困难。但是，诚实的学者

① 洪子诚：《当代文学史研究中的史料问题》，《当代文学的概念》，北京大学出版社 2010 年版，第 165 页。

② 洪子诚：《回答六个问题》，《当代文学的概念》，第 12—13 页。

同样尊重这个困难，因为他尊重历史的复杂性和含混性。因为诚实，洪老师一直表现得“犹豫不决”。他反对在文学史的写作中，先设计某种理论框架，然后进入历史、统摄文学历史。因为那必然造成对于这一框架所不能容纳的文学现象的有意无意的遮蔽，更容易造成对于历史现象的矛盾与差异的忽略。他认为：“历史现象的‘原初’景观并不如我们想象的单一化。而且，还有无数的、并不重要的事情流失了，或被掩埋了……在这种情况下，那些留存的，可能被发现、被挖掘的材料，都值得我们去尊重，去辨析，去了解‘历史’在统一主题之外的‘含混’的一面。”[①] 因此他说：“文学的历史可以总结为规律，可以用概念加以描述，但概念和规律不等于‘历史’。所以，如果谈到《文学史》的问题，我觉得不仅是某种理论、方法应用上的不彻底（当然也是它的问题），而且还是缺乏对具体、变化、差异的东西的敏感和细心。就后者而言，我对自己的不满要来得更为尖锐。”[②]

应该说，在文学史研究的领域中，尊重史料和文本的观念是基础性和具有普遍性的，挖掘、整理、辨析史料，也是很多人一直都在从事的工作。洪老师的不同之处在于，他是有意识地通过对差异的、矛盾的材料的发掘和阐释，力图还原复杂的历史，对抗单一化的想象和本质化的论述。在他的眼中，新材料可以是对已有历史叙述的支持和补充，也完全可以是对它的质疑和颠覆。在这个意义上说，洪老师的犹豫不决和延宕结论，并不是因为他自己所说的“不自信”，而是因为他对于当代文学史叙述抱有一种“未完成”的期待。

其实在很多时候，犹豫的洪老师又是坚定的，甚至任性的，那是在需要做出审美判断的时候。换句话说，尊重文本和材料的含混性和复杂性，保持接纳和不断发掘新材料的能力，却并不就意味着

① 洪子诚：《当代文学史写作及相关问题的通信》，《当代文学的概念》，第 121 页。

② 洪子诚：《当代文学史写作及相关问题的通信》，《当代文学的概念》，第 122 页。

不做评价，或是做出模糊的判断。洪老师独特的地方正在于，他一面是最温和最宽容地面对“历史”，一面又总是非常严厉甚至挑剔地做出审美判断。个中原因在我看来，同样是源于诚实，源于他——作为一名文学批评者——对个人审美立场和主观判断力的坚持和诚实。这两个方面看起来似乎有点矛盾，其实也不尽然，因为文学史叙述本身也是文学批评的一种。有研究者对他做出总结：“从深层的对文学的理解来说，似乎更倾向于一种自由主义的文学观，对文学的多元化也抱有期待，文学趣味上也有一种精英化的取向。”[①]对此，他并不否认。虽然他承认由于个人的精力、学识、趣味的限制，不可避免地会使得文学史的个人编写出现偏颇和遗漏，但他同时也“相信存在着某种共同性的经验”和普遍性的价值标准。显然，这也正是他明确划分作品中“文本”与“史料”之间的界限的原因和依据。当然，在“历史”与“审美”之间，永远存在悖论、矛盾和挣扎。事实上，洪老师在一定程度上摆脱挣扎的方法就在于区分“文本”与“史料”。在主持和参与的多种“作品选”编选工作中，他对“史料”坚持“历史”的标准，对“作品”坚持“审美”的标准，虽也引起了争论[②]，但也勉强可以自圆其说。

举一个顺手的例子：在《中国当代文学史》里，洪老师对于贺敬之的“政治抒情诗”有这样的论述：

> 政治性主题、政治视角并不是贺敬之当代诗歌缺陷的必然根源。问题在于“政治”在他的诗中，和诗人对“政治”的观察，表达的经验，只是局限于经当代政治权力规范的观念、政策、口号，无法获得深化与拓展。因而，他有的诗因表达一个时间的“政治”而得意，又因另一时间的“政治”而尴尬；这促使

---

① 参见《回答六个问题》中冷霜的提问。《当代文学的概念》，第 7 页。

② 参见《问题与事件：1950—1970 年代的诗歌问题》，《新诗评论》2009 年第 1 辑，北京大学出版社 2009 年版。

他出于“政治”的考虑，不断删改自己的作品。[①]

在这段论述中，既有“历史的同情”，又有审美的批评；既有对当代政治抒情诗普遍缺陷的认识，也有对贺敬之个人艺术失败的分析。事实上，对于“政治抒情诗”，洪老师还有一段更为精彩的论述。他说：

> 诗歌是否处理现实政治题材，是否使用直接的、“街头诗”式的表现手段，是否诉诸集体性的鼓动效果，并不是判断诗歌成败优劣的尺度；即使在今天，“政治诗”也不是一个蒙羞的语词。不过，“政治诗”不应理解为是对现实政治运动、政策、口号的图解式表达。政治诗是对现实政治的介入，在介入现实政治的时候，创造某种偏离、质疑的“异质性”语言形态，以达到（虽然是想象性的）“重整现实”的目的。但事实上，这个时期大陆政治诗的写作者，并不具有、也无法获得独立的政治、艺术意识，和能够“重整”现实的批判精神。[②]

这样的讨论称得上是深刻、客观和全面的，同时，也是非常“洪子诚式”的。他一方面取消绝对化的非历史主义的态度，但另一方面又非常诚实地坚持艺术的标准和审美的立场，立足于“某种共同性的经验”，免于陷入完全搁置审美判断的虚无。

当然，在洪老师诚实的学术品格中，我最想强调的还是他对于各种“限度”的清醒态度。

“限度”是洪老师的当代文学研究中常用的“关键词”之一。比如，早在 1991 年他讨论“作家姿态和自我意识”时就谈道：“在当时，关于‘新时期文学’的‘辉煌成就’的描述已相当充分，我

---

① 洪子诚：《中国当代文学史》，北京大学出版社 2010 年版，第 83—84 页。

② 洪子诚：《1960 年代：殊途异向的两岸诗歌》，《新诗评论》2009 年第 1 辑，第 16 页。

想应该在它的‘限度’、它的‘脆弱’的方面，从‘文学史’的角度补充一些意见。”[①]又比如，在2005年的《当代诗歌史的书写问题——以〈持灯的使者〉、〈沉沦的圣殿〉为例》一文中，他提出“诗人的诗歌史论述的价值与限度”的问题，指出“诗人的诗歌史论述的价值也包含着‘局限’；他们也同样面临着考验，面临着如何处理无所不在的‘写作利益’‘诗歌政治’的问题”[②]。类似的例子还有不少，但仅从这两例就可以看出：在近二十年的研究中，洪老师不仅在关注着作为研究对象的当代文学创作中的“限度”和“问题”，同时也在时时警惕着研究者自身的“限度”和“局限”。尤其对于后者，他更是倍加重视，时时提起。比如在谈到他自己的文学史研究和写作时，他就曾说：“我也不相信‘时间神话’，从来就没有赋予‘后来者’时间优越性的念头。我们能活到今天，拥有了评说前人的机会和‘权力’，并不意味着精神、学识、品格就更崇高，更有智慧。这里牵涉到对历史（文学史）研究者本身的定位，和看待‘历史’的态度和方法。”[③]类似的怀疑，在洪老师的文章中常常可以看到。他总是以一种犹豫的、缺乏自信的方式追问包括自己在内的研究者们：到底谁有“资格”，或有可能做出“真实”的叙述？“真实”究竟是否可能？如果一切叙述都有历史局限性，我们是否需要质疑一切叙述？等等。通过这些问题，洪老师以貌似犹豫和不自信的姿态，笃定地坚持着一种反省式的思考，提醒着文学史写作和文学批评的“限度”的存在。他严肃的自省在一定程度上已经成为学科领域中一个重要的声音，提醒着那些有可能盲目自信或缺乏反思的研究者：客观认识自身的局限，不可“无度”地、“过度”地批评，不可滥用“文学史的权力”。

对“限度”的讨论必然要涉及的，就是对于“制约”因素的认识。

① 洪子诚：《作家姿态与自我意识》，北京大学出版社2010年版，第162页。

② 洪子诚：《当代诗歌史的书写问题——以〈持灯的使者〉、〈沉沦的圣殿〉为例》，《当代文学的概念》，第190页。

③ 洪子诚：《回答六个问题》，《当代文学的概念》，第11页。

因为只有看到被制约的事实，才能意识到限度的存在及其尺度。在洪老师的当代文学史叙述中，在他关于20世纪50—70年代文学的“一体化”的讨论中，最基本的思路就是通过呈现和分析当代文学所受到的“制约”力量（包括政治、经济、文化的制度性力量的控制、冲击，以及作家自身素质、修养、文化心理、生存方式与“精神结构”等），来考察“一体化”格局及其文学形态的演变。这个思路决定了洪老师的《中国当代文学史》的一大特点，即“侧重从文学—社会的角度进行，即更多注意文学变迁（包括内部特征的变易）与社会生活诸因素的关联”，“侧重描述文学现象的出现、变迁的过程，并讨论带有文学‘思潮’性质的重要问题，追寻这种种现象产生的背景。‘背景’的因素……将不仅指政治方面，也初步考虑到影响文学创作、流通、阅读的经济、社会文化、社会心理的条件”[①]。正如有研究者所指出的那样，洪老师的文学史的意义不仅在于它“是一部考虑了当代政治文化复杂脉络的学术著作”，同时更在于它在方法上将“文艺体制化研究”“扩散到了对文学现象发生史、作家群体和作家个案的整体考察之中——由此进一步叩问了当代文学史‘建史’的深度机制——从而完成了当代文学‘评论’向当代文学‘史’研究的深刻转移”[②]。

回到关于研究者自身“限度”的问题：洪老师最大的困扰和最重要的反思，就是如何面对“当代人写当代史”的难度与限度。这个问题，是当代文学研究领域的一个特殊的困境。因为“身处所处理的对象当中”，即便抱定一个“客观化”的追求，认识到“‘当代文学’既不是‘我们的’，也不是‘他们的’，仅仅是‘当代文学’而已”，也仍不可避免地会“常常怀疑自己是否具备这种能力”[③]。

① 洪子诚:《中国当代文学概说》，北京大学出版社2010年版，第8—9页。

② 见程光炜发言，《附录〈中国当代文学史〉研讨会纪要》，《当代文学的概念》，第217页。

③ 洪子诚:《当代文学史写作及相关问题的通信》，《当代文学的概念》，第124页。

是依据个人的经验和记忆去质疑历史，还是承认个人经验的限度和偶然性？这是很多研究者都会面对的问题。对此，洪老师的看法是：

“亲历者”为历史过程提供具有“见证”性质的叙述，无疑具有其他人所不能提供的陈述。……但是，……作为“亲历者”在意识到自己的经验的重要性的同时，也要时刻警惕自己的经验、情感和认知的局限。特别是，要警惕历史记忆中强大的情感因素的作用。它可能是一种透视“历史”的契机，但也可能是一种“毒素”。最大的可能是，在历史研究中导致狭隘、固执和专断，导致非理性的盲目的破坏。①

在文学史研究中，对个人经验的重视与抑制，这两个方面都存在，也经常发生冲突。从主观意图而言，我更警惕的是那种“自恋式”的态度，对个人经验不加反省的滥用，以及将个人经验、记忆简单转化为道德判断的倾向。当然，“个人经验”确实不只具有消极的意义。但是，它的“价值”，并不存在于它的自身，而是在与另外的经验、叙述的比较、碰撞中才能呈现。对当代史的研究而言，它的重要性是有助于建立必需的历史观察、叙述的“张力”。……这些“逸出”的、被忽略的部分的发掘，目的并不一定是为了建构相反、对立的历史，在许多时候，不过是为了呈现差异和复杂，从而质疑主流叙述的构造方向。②

事实上，我们每个人都生活在特定的语境中，并形成相异的认知模式和情感结构。因此，在历史研究中，提倡一种“靠近历史情境”的书写，其前提不是让个人的盲目的情感和残破的经验膨胀，而是具有对自身限度的自觉。这种自觉，当然不只是一种情绪和意念，它将主要通过比较他人的观察世界的视点和框架来实现。这样，个体、代际、国族之间的差异的“历

① 洪子诚：《当代文学史写作及相关问题的通信》，《当代文学的概念》，第127页。

② 洪子诚：《回答六个问题》，《当代文学的概念》，第6页。

史记忆”将可能形成有意义的对话和“冲撞”，使我们不仅“看见”原先看见的东西，而且看见原来“看不见”（或“不被看见”）的东西。[①]

“当代人”的记忆，究竟是当代文学史写作的独特优势还是巨大障碍？这大概取决于写作者的态度和方法。不同的处理方式可能会构造出不同的“真相”，形成不同的历史叙述及其问题。在我看来，“当代人写当代史”的困难并没有因为洪老师和其他很多学者写作并出版了多种“当代文学史”就宣告解决，它仍纠缠在每一位严肃的写作者的笔下。事实上，当代人将个人经验融入当代史的写作，这本身也是历史建构的一部分。其实，重要的并不是谁有资格，或最有可能作“真实”的叙述，而是正如洪老师所说的，在不同的叙述中，发现和比较不同经验间的差异，恰恰是对于复杂的“历史”的靠近。因此，与其空想成为一个客观的、全知的亲历者，不如切实掌握一种看待历史、叙述历史的方法。希望通过这种方法，能够更有效地把研究者与他所处理的对象结合在一起，把个人的记忆、经验与思想都充分地历史化和对象化，并在叙述历史的过程中对这一切进行审视和反思。倘能如此，也许我们就无须费心寻求客观的立场，而是可以主动、坦然地进入历史的空间。

对于“限度”的警惕造成了洪老师特有的反思精神。在他的研究中，常常可以看到一种站在“边界”上“反观”的姿态。这种“反观”，使得他的研究突破了当代文学研究中原有的某种单一化、本质化的思维方法和叙述模式，体现出一种带有批判性与怀疑精神的问题意识。借由不断的反思，可以造成对各种定论和成见的怀疑，以及对任何一种僵化的思想观点的批判，从而使得知识和观念的不断更新成为可能。包括对他自己的学术道路和方法，洪老师更是抱有苛刻和严厉的反思。在他那里，“自知之明”成为一种极为具体的落实。

① 洪子诚：《当代文学史写作及相关问题的通信》，《当代文学的概念》，第128页。

可以说，洪老师的反思，是一种站在自身可能性的边界上的反省，一种站在历史“真实”边界上的反顾，一种站在冲突与矛盾的对立的边界上的反观。这种姿态中特有的双向性的视角，就使得打破“二元对立”的思维结构成为可能。因此，在洪老师的当代文学史叙述中，充满了对于非黑即白、非对即错、非好即坏、非真即假的怀疑和颠覆。在有的人看来，这可能是一种缺乏决断的表现，但是，在尚未完成的对当代文学史的认识和叙述中，不断的怀疑、反思、补充、修改，应该是比决断更加重要的吧。

正是因为不断地反思，不断地追问各种“限度”（历史的、现实的、理论的、方法的）的所在，才会不断地产生问题，形成一种追问的力量。洪老师是喜欢追问的，他常常将一连串的问题摆在我们面前。比如：“在认识到‘文学’的边界和特质的历史流动性之后，今天，文学边界的确立是否有必要，又是否可能？力求理解对象的‘内在逻辑’，抑制‘启蒙主义’式的评判和道德裁决，是否会导致为对象所‘同化’，而失去必要的批判能力？文学研究者在逃避‘没有力量’‘没有方法’的责难中，向着严谨的科学方法倾斜的时候，是否也同时意味着放弃鲜活感，和以文学‘直觉’方式感知、发现世界的独特力量？换句话说，我们是否应该完全以思想史和历史研究的方式去处理文学现象和文本？而我们在寻找‘知识’和‘方法’的努力中，终于有可能被学术体制所接纳，这时候，自我更新和反思的要求是否也因此冻结、凝固？”[①] 等等。

洪老师总是充满“困惑”和“矛盾”的，但他的“困惑”和“矛盾”大多具有启发性。也许正是这些“困惑”和“矛盾”，催促他在他自称“并不热爱”的专业上不断前行并独树一帜。我想，这样一种充满“问题感”的研究方式，应该是一种力量的积蓄。对洪老师个人是如此，对整个当代文学——乃至更大范围——的学科而言，更是如此。

原刊《文艺争鸣》2010 年第 9 期，此处收录的是作者提供的文档。

① 洪子诚：《我们为何犹豫不决》，《当代文学的概念》，第 163 页。

文学性与当代性

——洪子诚的当代文学史研究

贺桂梅

洪子诚的《中国当代文学史》于1999年出版时，许多人认同钱理群先生的感叹：这本书标志着当代文学终于“有史了”[①]。显然，这里的有“史”并不是指当代文学此前没有历史叙述，而是指这种历史叙述的有效性。人们常常从字面意义上来理解“当代文学史”这个范畴，而格外强调“当代”与“史”之间的矛盾。但事实上，“当代文学”这个概念最早在50年代后期提出时，就是通过当代文学史的写作来获得命名的。这也意味着当代文学史的写作与其“当代性”之间并不必然构成对立关系，相反，有关当代文学的历史叙述总是与文学史写作年代的具体历史语境形成直接的互动关联。因此，与《中国当代文学史》的评价关联在一起的问题或许是：在90年代后的历史语境中，怎样的当代文学史叙事是有效的，这种有效性如何形成？对这一问题的回答，既需要从洪子诚个人的学术研究道路加以考察，也需要从其写作的具体历史语境以及与之构成对话关系的文学史叙事模式的变迁角度来进行历史的理解。洪子诚文学史研究在90年代后中国现当代文学界产生了广泛影响，这本身就需要作为特定的历史现象加以阐释。距离《中国当代文学史》的出版又过了10年时间。在这10年的时间中，人们对于当代文学之当代性、文学性及其历史内涵的理解，都发生了许多变化。或许，正是这种变化，为我们更准确地定

---

① 谢冕等：《中国当代文学史研讨会纪要》，收入洪子诚：《当代文学的概念》，北京大学出版社2010年版，第221页。

位洪子诚文学史研究的意义与价值，提供了更为便利的思考距离。

一、从“文学的历史”到“文学史”

就其在当代文学学科建设中的地位与影响而言，恐怕没有哪位学者比洪子诚更应当被称为“文学史家”了。他似乎从学术工作刚开始的阶段就明确选择了文学史研究，即使在文学现状批评辉煌鼎盛的80年代也是如此。他在80年代出版的第一本著作《当代中国文学的艺术问题》，乃是一本重点讨论50—60年代作家作品与文学现象的文学史研究著作。它的特色在于“将某些批评界关注的文学现象，放在文学史的层面给予梳理、考察”，并“将重要文学问题与对具体作家的分析结合”[①]。这种自觉的历史意识在目光紧盯文学现状的80年代当代文学界看来，无疑是不合时宜的。不过这却似乎确立起了洪子诚文学史研究的基本特色，也就是透过历史的纵深来展开对当下文学现象的分析。如果说文学现状批评，似乎只是批评家与文学文本的偶然相遇和碰撞的话，那么这种把文学现象放入某种历史整体中来加以观察的研究思路，却无疑兼容了文学批评与文学史研究的特色。洪子诚的文学史研究并不是隔断现实而躲进历史，事实上，现实问题常常是他返回历史的主要动因。这也使得他的文学史研究具有着并不那么本分的、难以仅仅被学院的文学史教学所消化的思想特征。他对于文学现实的某种评价与判断，常常是通过进入历史而勾勒出某种问题脉络而展开的。因此，现实问题总是在与历史的参照中被重新定位。他不仅拉出了看似非常当下的文学现象的历史纵深，或许更重要也是人们常常忘记的是，这种当下与历史的关联性，以及历史脉络自身的意义，都并不是自明的东西，而应当说是洪子诚通过阐释而“创造”出来的。在这里，文学批评是经由文学史研究而完成的，文学史研究的当代性与历史性构成了

① 洪子诚：《中国当代文学的艺术问题》“自序”，北京大学出版社2010年版，第3页。

同一问题的两面。这也成了洪子诚文学史研究的一贯特色。

因为历史视野的介入，这种文学评判又并不同于一般的文学批评。文学批评唯有在批评家相信他的美学观念与历史意识是独一无二的个体创造的情形下才能展开，但拉出问题的前史，则倾向于更强调“个体创造”的有限性和“文学传统”的力量。可以说，这种美学理想或许更接近于白璧德式的人文主义，而非作为80年代主流的人道主义；其文学趣味也更接近精英主义而非大众文艺。这一特点在洪子诚的第二本书《作家姿态与自我意识》中更明晰地显露出来。《作家姿态与自我意识》是在80年代尚未完全终结的时候，对中国作家们的“新时期”意识做出的自觉反省。这种反省，同样是通过把现状问题纳入文学史的考察而完成的。它使人们意识到，那自以为的“创新”或“新潮”其实并不新鲜，它们有过怎样的“前史”，或是怎样的历史现象的“原画复现”。书中对“感伤姿态”的剖析，便很有症候性地强调了梁实秋式的人文主义美学观念，以批判那种滥情的自我表现式文学表达。应该说，正是在80—90年代转型的历史语境中，在“新时期”意识幻灭的时刻，这种以苛刻姿态剖析80年代作家主体意识的文学史眼光，显示出了深刻的历史批判力。“新时期”意识与历史眼光之间的这种悖反关系，也似乎正构成了文学史研究在90年代主流化的内在动因。

不过，尽管洪子诚的文学史研究在许多方面都保持了明显的一致性，进入90年代后，他对于文学史研究之“文学性”的理解方式却发生了很大的变化。《当代中国文学的艺术问题》和《作家姿态与自我意识》的分析对象其实都是作家。这不只意味着文学创作的主体被理解为作家，而且某种程度上也意味着将“文学的主体”看成了作家，也就是作家的状态决定着一个时期文学的好坏。正是基于这样的考虑，《作家姿态与自我意识》在表达着对新时期文学的失望和对更好的文学的展望时，问题的症结被归结为“创造者的精神结构”和“独立的文学传统的建设”[①]。显然，从这样的思路中，可以看到在90年代的“人文精神”论争中所表达的那种知识分子主体想象，以及与之关联的某种精英主义与道德主义倾向。不过有意味的是，洪子诚90年代展开的文学史研究，却以某种似偶然又似必然的方式，绕开了这一研究思路可能的局限，而形成了新的研究格局。洪子诚90年代后最重要的研究成果显然是《中国当代文学史》。但作为《中国当代文学史》“前身”的《中国当代文学概说》，却可以说大致奠定了洪子诚这个时段文学史研究的基本格局。它的重要思路在《关于50—70年代的中国文学》和《“当代文学”的概念》这两篇重要论文中得到详细阐释，并在《中国当代文学史》中得到调整、深化与推进。而这一写作过程中的主要思路和力图解决的问题，又在《问题与方法——中国当代文学史研究讲稿》中做了较为自觉的理论阐释。可以说，洪子诚最具特色的文学史研究便体现于他90年代后的这些研究成果中。

这种文学史实践的最大特色，首先是在文学史叙述体例上做出的突破。它打破了当代文学史写作的两种主导模式，一种是思潮加文类的描述方式，另一种是作家作品评析式。前者是50年代中后期形成的主导叙事模式。这个时期的诸多新文学史以及当代文学史与现代文学史，都强调对文学进行历史时期的划分，然后先对这个时期的文学思潮和文学现象进行整体描述，接着再从文类对诸种作家作品现象进行罗列式描述。这种文学史在80年代受到的最大诟病在于，它以政治事件作为划分文学时段的依据，而并不讨论文学“自身”的特点。这也是80年代以“回到文学自身”为口号力图对这种文学史进行“重写”的主要原因。但“重写文学史”实践带有浓郁的“作品中心主义”色彩，它把文学的全部事实理解为作品，突出“文学性”作为作品自身固有的属性，因此这种作品论式的文学史特别强调研究者依据自身的美学原则而对文学经典进行筛选。在某种程度

① 洪子诚：《作家姿态与自我意识》第四章“超越渴望”，北京大学出版社2010年版。

上，这是一种并不关注“历史”的文学史，更强调文学批评在文学史领域的延伸。比如同是1999年出版、某种程度上可以看作是“重写文学史”实践在当代文学史写作上的集大成之作的《中国当代文学史教程》[①]，便明显具有这样的特点。而更多的当代文学史教材，既试图容纳80年代的新文学观又无法突破50年代后期形成的叙事模式，大多采取了一种模棱两可的叙述体例，即在既有的文类加思潮的框架下，纳入重要作家作品的评析。不过，这种叙述体例的问题仍旧在于，它把思潮与文类这种“外在”的描述框架，与作家作品的关系看成是自明的，因此“政治教科书”的框架仍在，而作家作品则成了“排排坐，吃果果”的现象罗列。而洪子诚文学史叙述体例的特点，恰在于他重构并历史化了这两者的关系。

在《中国当代文学概说》中，这种文学史体例的特点被概括为“侧重从文学—社会的角度进行，即更多注意文学变迁（包括内部特征的变异）与社会生活诸因素的关联。在具体章节安排上，不采用目前大多数‘当代文学史’的作家作品论组合的方式”。洪子诚文学史的特点并不在于“标新立异”，而在于能够综合两种文学史叙事模式的特点，并由此形成一种自反性的文学史叙事体例。这种自反性表现在，它表面上沿用了50年代后期文学史叙述模式的某些基本范畴，比如“当代文学”“题材”“文类”，尤其是它并没有舍弃对“思潮”的重视。不过，这种沿用是从“内部清理”的角度来“挪用”的，他力图呈现的是这些核心范畴的内在逻辑及其出现的历史条件，它如何建构自身以及在这种建构过程中形成的文学形态[②]。显然，与其说他“沿用”了这种叙述模式，不如说他把文学史写作变成了对这种文学史叙述模式的历史描述。于是，文学的“外部”，包括文学规范的冲突（50年代后期这被视为“文艺思想斗争”实践）、作家的社会位置、文学传播、体制性的评价体系以及文学资源的控

---

① 陈思和主编：《中国当代文学史教程》，复旦大学出版社1999年版。

② 相关思路的阐释，参见洪子诚：《问题与方法——中国当代文学史研究讲稿》，第二讲“立场与方法”，北京大学出版社2010年版。

制等，与文学的“内部”即作品的存在方式、经典的出现以及它的构造过程，整体地构成了“文学史”。外部之所以不再是“外部”，比如庸俗社会学或机械反映论，而成为“文学史”的一部分，其原因在于，正是这种文学—社会的历史分析，显示出文学作品的“审美性”与“文学性”其实并不是作品自身所携带的，毋宁说乃是“文学体制”所建构出来的。当文学史叙述的不再仅仅是文学作品的历史，也不再仅仅把文学当成“一定社会的政治和经济的反映”①，而是一个整体性的意义生产与传播过程时，便有了真正的“文学史”，而不再是“文学的历史”。

不过，在洪子诚的文学史研究过程中，这种新的研究思路却包含着颇有意味的内在矛盾。有意味的首先是，对文学“外部”或“社会”角度的呈现，最早在洪子诚那里是以一种价值判断的方式出现的。在《中国当代文学概说》中，洪子诚解释说，之所以没有采取作家作品论的描述方式，是因为“‘当代文学’这 40 年间，虽然出现一些重要的作家、作品，尤其是 80 年代有令人瞩目的成绩，但是总的看来，成绩较为有限，特别是 50 年代到 70 年代这个阶段”②。也就是说，之所以没有采用作家作品论描述，是因为当代文学尤其是 50—70 年代缺乏可供描述的经典。而导致这种状况的原因，则被解释为“包括政治、经济、文化的制度性力量的控制、冲击”。因此可以说，在《中国当代文学概说》里，文学体制与文学现象的关系，仍被理解为“外部”与“内部”的关系。这和《当代中国文学的艺术问题》和《作家姿态与自我意识》所秉持的人文主义或精英主义文化观与文学观是一致的。事实上，这也是洪子诚与 80 年代整个“重写文学史”思潮共享的基本原则。但是这种理解“文学性”的方式，到《中国当代文学史》的写作中却得到了明确的反省，并有很大调整。这种反省是通过对文学史写作者所秉持的文学立场的自觉而展开的：“本书的重点不是将作品

① 毛泽东：《新民主主义论》，人民出版社 1968 年版，第 624 页。

② 洪子诚：《中国当代文学概说》，北京大学出版社 2010 年版，第 8 页。

和文学问题从特定的历史情境中抽取出来，按照编写者所信奉的价值尺度（政治的、伦理的、审美的）做出臧否，而是首先设法将问题‘放回’到‘历史情境’中去审察。”也正是这一书写原则，使得《中国当代文学史》从80年代式的“重写文学史”思潮中分离出来，真正把对“文学性”的理解历史化了。因此，文学史研究的内部与外部被重新描述为：“一方面，会更注意对某一作品，某一体裁、样式，某一概念的形态特征的描述，包括这些特征的历史演化的情形”，这无疑是曾经被指认为“文学内部”的那些因素；“另一方面，则会关注推动这些文学形态产生、演化的情境和条件，并提供显现这些情境和条件的材料”，这些曾经被视为“文学外部”的因素，在这里被视为文学形态得以产生的历史条件。可以说，唯有在这时，文学的内部与外部才真正成了整体；与此同时，文学史写作和写作者个人的美学趣味，也有意识地保持了一种张力。表现在文学史实践中，则是对赵树理、《创业史》、革命历史小说、《红岩》、《青春之歌》乃至“文革”时期的“样板戏”等文学经典的讨论，并不突出文学史写作者对经典的判定与主观筛选，而是揭示出特定的文学体制如何构造出经典的历史过程。

不过，这种对“文学性”内涵的历史化，也并不意味着写作者毫无作为而完全“回到”50—70年代的文学评价体制，而必须意识到写作者与其写作对象之间阐释关系的存在。正是这种阐释关系的存在，使得对“文学性”内涵的历史化，又必然是其写作语境中的当代性行为。因为写作的年代是90年代，因此“回到”是不可能的，进入研究对象的内部逻辑展开“内部清理”，也只能是“增加靠近历史的可能性”；更重要的是，对作为整体的文学史的描述，显然必须被视为一种历史阐释。这种阐释的有效性并不因其作为“历史事实”，而是因其在历史对象与写作者所处的历史语境之间建立起了一种新的“当代性”关联。从这个角度来看，对文学体制的关注，对超越性的“纯文学”观念或“文学本体论”的反省，对文学性内涵历史化的强调，都与90年代语境中对80年代纯文学观的反省联系在一起。同时，研究者们更关注那些制约着作家创作的“外部”因素，比如对媒体的研究、对文学生产体制的研究、对文学接受与评价体制的关注等，又并不意味着回到机械反映论式的庸俗社会学，而是通过强调文学的意义生产作为一个整体的实践过程。这种文化研究式的整体思路，某种程度上成了90年代文学史研究中的代表性研究思路。洪子诚文学史研究则是这一研究思路的“开风气之先者”，也是把这种思路实践在当代文学史写作中的杰出典范。

如何理解文学的内部与外部研究、文学体制与文学经典之间的关系，也关涉到如何理解“文学”与“政治”关系。应当说，“文学”与“政治”的二元论是一个在80年代才被制造出来的思考框架。在50—70年代，不同文学规范的持有者如胡风、冯雪峰、周扬等，他们之间的分歧其实从来就不是“文学”与“政治”的二元对立。正如洪子诚在他的研究中显示的，无论胡风、冯雪峰还是周扬，他们都不是“文学独立于政治”的论者。[①]他们的分歧仅仅在于“文学”应当以何种方式展开“政治”实践。即便是江青等激进派也是如此。而到了80年代，出于对50—70年代激进政治实践的拒斥，不同文学、政治规范之间的分歧被重新阐释为“文学”与“政治”的对立，比如胡风是“文学的”而周扬是“政治的”，或周扬是“文学的”而江青是“政治的”。到90年代尤其是新世纪语境中，当代中国社会与文学自身的变迁使人们开始清晰地看到，那在80年代语境中被划出来的“纯文学”阵地，不过是新的政治实践的领域，只是这种政治实践是以“去政治化”的方式进行的。因此，反省“文学”与“政治”的二元论，便成为新世纪语境下，人们试图重新激活文学介入现实力量的重要理论议题。正是在这样的历史语境中，洪子诚文学史也开始面临着质询。但是，当批评者指责洪子诚文学史仍旧是“政治压制文学”的叙述模式或没有摆脱“纯文学”的阴影，并

① 相关阐释参见《关于50—70年代的中国文学》，收入洪子诚：《当代文学的概念》。

粗暴地将其作为文学与政治二元论叙述的代表而加以批判时[①]，他们显然并没有真正读懂洪子诚的文学史。重新思考文学的政治实践能量，显然并不是重新回到那种斯大林式的政治化约论，而应当是探讨如何借助“文学”这个媒介去实践并丰富政治构想。正是在这一点上，洪子诚文学史并不应当被当成文学与政治二元论的替代品受到批判。恰恰相反，这种文学史在叙述体例上达到的深度，它对文学体制与文学形态之间关联性的历史考察，它对文学自身历史性的思考向度，尤其是它揭示出来的文学具体地被转化为政治实践的历史过程的描述，应当成为我们思考今天历史条件下文学存在方式及其政治实践可能性的重要参照。

二、当代文学史的“当代性”及其历史内涵

洪子诚90年代文学史研究的另一重要突破，乃在于确立了一种关于“当代文学”历史的有效叙事。关键之处在于，它将“当代文学”视为一个历史范畴，一个从40年代开始被设计、规范，通过文学运动而不断生成，在50年代后期得到命名，又在“文革”时期的激进实践过程中遭遇困境，而在80年代进入另一个转折时期的历史范畴。显然，这里的“当代文学”并不是“当代的文学”。也就是说，“当代文学”之“当代性”并不被看成是自明的东西，而被视为特定历史语境赋予的内涵，正如“文学性”也是一种只能在具体历史语境中具体地被理解的形态一样。正是在这样的意义上，80年代所谓“当代文学”不能写“史”的争论，尤其是那种“当代事，不成史”的观念，也必须被看作是一种类似于“纯文学”观念那样的政治策略。因为，正是通过将“当代性”与“历史性”对立起来，80年代作为“新时期”的历史性诉求才被充分自然化也合法化了。似乎应该说，所有那些强调自己具有不同于“历史”之“当代性”

① 参见韩毓海：《漫长的革命——毛泽东与文化领导权问题》，《文艺理论与批评》2008年第1—2期。

品格的行为，事实上都应当被视为具有特定历史诉求的政治实践行为。因此，问题的关键并不是什么具有“当代性”，什么不具有“当代性”，而是当我们把“当代性”作为问题提出时，需要意识到怎样的历史转型在发生、新的当代性构造的历史条件，以及隐含在背后的历史诉求到底是什么？显然，80 年代中期，当人们强调“当代文学”不能写史时，他们试图强调“当代文学”是“当前的文学”，而当代文学史根本无法包容 80 年代的“当代性”。不过，人们忘记的是，50 年代后期，当“当代文学”作为一个新范畴提出来时，它也正是那时的“当前的文学”。只是 50 年代后期的“当代性”与 80 年代的“当代性”完全不同，或者说，提出 80 年代文学的当代性正是为了否弃 50—60 年代的当代性。

50 年代后期“当代文学”这个概念提出时，其当代性不仅与 20 世纪中国的社会主义实践、与新中国的建立直接联系在一起，也与全球格局中一种新的政治主体和政治构想联系在一起。“当代文学”被认为是克服了现代文学之“新民主主义”性质的社会主义新文学。作为当代文学属性的“社会主义”并不是一种抽象的意识形态属性，而是由新的地缘政治主体所确立的反现代的现代性内涵。这一新的地缘政治主体即二战后由于欧洲殖民体系的瓦解而出现的第三世界新兴国家。事实上，正是基于同样的前提，英国历史学家巴勒克拉夫确立了不同于“现代史”的“当代史”概念。他所谓的当代史乃是“全球的历史观”，与 19 世纪式的西方中心主义历史观的最大不同在于，它将纳入“欧洲之外的世界”[①]。同样，麦克尼尔的世界史、斯塔夫里阿诺斯代表的“全球史”，也都出现在同一时间，大致以同样的理由确立了一种不同于欧洲现代性的当代性。因此，50 年代后期提出的“当代文学”与“当代性”的历史内涵，应当与作为第三世界国家的中国及其现代化发展联系在一起，其意义只有在全球史的视野中才能被充分理解。而导致这种当代性在 80

---

① ［英］杰弗里·巴勒克拉夫：《当代史导论》，张广勇、张宇宏译，上海社会科学院出版社 1996 年版。

年代失效的原因，一方面是“文革”所标示的中国社会内部的困境，另一方面是市场的全球化，使得中国必须进入全球市场才可能有真正的发展机会。因此，“全球化”（当时称为打破“闭关锁国”“与世界接轨”）、中国如何进入“世界”、与西方尤其是其现代化规范之间的关系等问题，构成了80年代的当代性。文学成了表达及创造这种当代性的重要媒介。但是，正如任何“当代性”表述都会将自身表达为“非（超）历史”的，80年代的当代性同样如此。它是以启蒙主义、世界主义等普泛价值的形态出现的。“重写文学史”实践并不认为自身是“政治”的，相反，它以“人性”“现代性”“文学性”作为实践的合法性依据。正因为此，70—80年代的转折并不被视为特定历史条件的产物，相反，它被视为某种“历史的必然”。这也是80年代“新时期”意识的基本内涵。

从这样的历史视野反观洪子诚文学史的历史叙述，以及这种叙述所透露的90年代当代性理解，将是别有意味的。洪子诚将当代文学史描述为“当代文学”在50—70年代建立起绝对支配地位，和这一地位在80年代受到挑战并削弱的历史过程。《中国当代文学概说》的结构安排是：“上编主要描述这一特定的文学规范如何取得绝对的支配地位，以及这一文学形态的基本特征；下编，则揭示这种支配地位在80年代的崩溃，以及中国作家‘重建’多元的文学格局所作的艰苦努力。”[①] 这里的关键在于如何描述70—80年代“转折”的意义。正如昌切、李杨在文章中指出的，当这个“转折”被描述为“一体化”与“多元格局”的关系时，它透露出的是，这种文学史描述仍旧没有摆脱80年代的“启蒙意识”，没有达到将50—70年代文学的“当代性”和80年代文学的“当代性”同时历史化的彻底学术立场。[②] 事实上，这种描述中所隐含的价值判断立场也是洪子诚自己所警惕的，因此，到《中国当代文学史》中就略有变化，

① 洪子诚：《中国当代文学概说》，第8页。

② 昌切：《启蒙立场还是学术立场》，《文学评论》2001年第2期；李杨、洪子诚：《当代文学史写作及相关问题的通信》，收入《当代文学的概念》。

舍弃了“多元”这样的说法而将下编确定为“揭示在变化了的历史语境中，这种规范及其支配地位的逐渐削弱、涣散，文学格局出现的分化、重组的过程”[①]。不过，在文学史的具体内容上，下编不同于上编的叙述角度，尤其是对文学体制与文学现象之间互动关系的描述方式，使得这种价值判断色彩并没有彻底消除。显然，这在追求“韦伯的那种‘价值中立’的‘知识学’方法来处理当代文学现象”[②]的洪子诚自己看来，也同样是一种学术上的缺憾。因此，到了2007年，《中国当代文学史》的修订重心就放在了如何描述70—80年代转折，尤其是“17年文学”体制的修复与重建，以及80年代新主流形态的形成等方面。

探讨洪子诚文学史研究如何叙述70—80年代转折的历史内涵，并不纯粹是一个文学史写作技术的问题，而应当说是一个如何理解90年代的“当代性”之历史内涵的问题。显然，在80年代的历史语境中，“当代文学”的确是“没有历史”的，因为80年代正是要通过确立“新时期”的当代性，而否弃50—70年代的当代性。而90年代中国知识界发生的最大争论，也是相对于80年代思想的最大转变，则在如何评价和描述50—70年代历史与文化。一方面是对80年代“新时期”意识的怀疑，尤其是那种理想化的现代化想象的幻灭，使得80年代的当代性要求得到历史化的理解。在这样的意义上，《作家姿态与自我意识》和1993—1995年间的“人文精神”论争是有着深度的契合的。另一方面，市场社会的成型、商业大潮的冲击，尤其是以“全球化”姿态显影的资本全球市场与国际关系格局，不仅击碎了80年代关于“世界”与“未来”的乌托邦想象，同时也要求人们重新阐释以反对资本主义和确立中国作为政治主体尊严的毛泽东时代的特殊意义。显然，无论洪子诚在个人的主观立

① 洪子诚：《中国当代文学史》“前言”，北京大学出版社2010年版，第15页。

② 李杨、洪子诚：《当代文学史写作及相关问题的通信》，收入《当代文学的概念》，第118页。

场上如何看待50—70年代这段历史，重要的是，正是通过他的文学史，50—70年代文学才第一次“有了”可以被描述的历史。在这一点上，洪子诚文学史与“重写文学史”立场的分离，某种程度上曲折地分享着与90年代知识界“新左派”与“新自由派”论战同样的历史意识。正是在《中国当代文学史》尤其是《问题与方法——中国当代文学史研究讲稿》中，洪子诚对作为“左翼文学的当代形态”的50—70年代采取了某种理解的姿态，“我不是将中国的‘左翼文学’看作一开始就站在错误的起点上，而是重新认识其发生的合理性；也不将‘现代文学’向‘当代文学’的转变，完全看作‘外力’强制实施的畸变”[①]。但是，与那种新出现的激进“新左派”立场相比，洪子诚又强调：“我充分理解在90年代重申‘左翼文学’经验的历史意义，但也不打算将‘左翼文学’再次理想化，就像五六十年代所做的那样。”[②]如果将90年代的当代性理解为对80年代当代性的反省和对50—70年代当代性的浮现的话，或许正是在这个意义上，洪子诚通过对当代文学的历史叙述，不仅确立了当代文学这个学科的合法基础，事实上也使当代文学史研究，这项自80年代以来很长时间被视为“最没有学问”的研究工作，进入到中国知识界思想的前沿领域。正是在90年代的历史语境中，确立50—70年代文学与80年代文学历史关联的平衡支点，并由此建立一个相对有效的连贯性叙事，才成为可能。《中国当代文学史》所谓“有史”，应当在这样的层面上被理解。

不过，从今天的历史眼光看来，这种对当代文学之当代性的历史阐释也有其不彻底的地方。首先是，洪子诚文学史尽管相当深入地勾勒出了50—70年代文学“一体化”进程的基本历史轮廓，不过，这种“一体化”之所以产生的历史原因却常常被作了一种非历史的理解。这常常被归结为，作为左翼文学的当代形态，50—70年代文学的建构者那种追求“纯粹化”的倾向所导致的历史结果。如

① 洪子诚：《回答六个问题》，收入《当代文学的概念》，第8页。

② 洪子诚：《回答六个问题》，收入《当代文学的概念》，第9页。

果50—70年代的文学运动在这样的意义上被理解，那也就意味着思考问题的方向常常被引导到某种道德判断的层面。而事实上，对于这种"一体化"展开的内在逻辑和历史原因，应当在更广阔的视野中得到历史化的解释。也许可以说，洪子诚所强调的"内部清理"的思路并没有被彻底贯彻到关于"一体化"进程本身的思考。其次是如何阐释80年代至90年代文学新的当代性的具体历史内涵。洪子诚文学史尽管强调70—80年代"转折"带来了新的文学规范，但只是对它们做了一种相对于50—70年代的否定性界定。70—80年代的"转折"到底是如同40—50年代那样的一种既有文学力量关系的重组，还是出现了一种全新的文学规范，这或许是需要深入探查的重要问题。但正因为当代文学史的写作始终是基于特定当代情境而对历史的阐释与建构，因此如果不能重新阐释当代文学两种当代性（乃至90年代或新世纪的新当代性）的历史内涵，以及它们之间的关联性，那么，这种当代文学史就会被视为是不够完整的。

对于洪子诚文学史研究可能存在的问题的揭示，必须在两个层面上去理解。首先需要意识到，洪子诚文学史研究所达到的学术高度并不意味着他毫无立场，而这种立场又并不能完全被今天所谓"左"与"右"的二分所涵盖。洪子诚本人并不隐瞒他自己的文学与思想立场。在回应李杨关于《中国当代文学史》没有彻底贯彻知识学立场时，他这样回答："出现这种情况的原因是，对于启蒙主义的'信仰'和对它在现实中的意义，我并不愿轻易放弃；即使在启蒙理性从为问题提供解答，到转化为问题本身的90年代，也是如此。"① 纵观洪子诚文学史研究，无论是80年代的作家研究还是90年代的文学史研究，他其实一直秉持着一种精英主义或人文主义的文化观。这种文化观不能被简单地等同于80年代新启蒙思潮中形成的文化观，而或许是50—70年代作为"19世纪的幽灵"形态存在的社会主义内部的精英文化。两者的差别可以简单地描述为，前

① 李杨、洪子诚：《当代文学史写作及相关问题的通信》，收入《当代文学的概念》，第118页。

者比较倾向于19世纪前期的浪漫主义文化，而后者则倾向于19世纪后期的批判性文化，它与批判现实主义和俄国革命民主主义文学关联密切。这使洪子诚一直秉持着一种精英主义的启蒙立场，强调个人精神的创造性和社会批判性。某种程度上，我们可以由此解释洪子诚对80年代“新潮”的不满；更进一步过度诠释，也可以说他90年代对左翼文学的重新理解，都是在此基础上形成的。这种基于知识精英的主体立场和西方19世纪思想的文化想象，使他更多地认同周扬关于建立在19世纪基础上的社会主义文学构想，而难于认同毛泽东在第三世界中国展开的工农兵文艺实践，当然更不用说金庸小说式的通俗文学。显然，这里的问题不仅涉及如何更深入地探讨文学史写作及其写作者立场的关系问题，更涉及如何理解“革命”与“批判”的具体构想与展开方向的问题。

评价洪子诚的文学史研究，或许更关键的问题是，我们能否拥有一部包罗万象、百科全书式的文学史？在我们这个社会分化加剧、知识立场的分化也趋于激进的时代，也许将更多出现的，会是某一种文学史：左派的文学史，纯文学的文学，或新媒介的文学史。而因为洪子诚文学史在其历史叙述的有效性、史料的完善、文学评价的分寸感，以及叙述语言的精粹等方面所达到的深度与高度，使得不同的立场、不同的文化取向都将向洪子诚文学史索取他们所要的东西，并由此而责难它不够“完美”。可以说，洪子诚文学史构成了我们这个时代当代文学史的研究和写作难于逾越的知识平台。这个平台达到的高度以及它所产生的广泛影响，使得后来者不可能对它视而不见，而且需要通过与它的对话乃至挑衅，来完成新的当代性实践。或许，这也是洪子诚文学史研究在今天需要承担的“历史使命”。

原刊《文艺争鸣》2010年第9期，此处收录的是作者提供的文档。

一个人的文学史
——洪子诚学术研究的范式意义

姚　丹

学术基点·“人道主义”

把洪子诚先生的学术研究称为“一个人的文学史”，包含了两个方面的含义。一方面，意欲强调其学术研究的独特性，在焦虑于对当代文学学科“没有方法”“不严谨”的酷评，许多研究者纷纷求援于外来话语资源的情势下，二十年来，洪先生以没有“知识”的“文学的方式”，建构了自己初具规模的研究体系。这一“文学的方式”，也并不是一种较为简单易行的研究方式，相反，“文学的方式比知识的方式更容易暴露思想的平庸”，“知识”尚可以掩盖那本源性的“第一文本”的缺乏，而文学家则“两手空空之后最容易暴露问题意识的贫乏与肤浅”[①]。也就是说，采用“文学的方式”，更容易把研究者暴露在问题意识贫乏与思想平庸的危险中，而我以为，洪子诚先生经受住了考验。另一方面，“一个人的文学史”这一说法，意在强调洪先生文学史研究立场和态度的连贯性，这种连贯性，不仅具有道德上的价值，而且更具有范式上的意义。如果说洪先生的工作是不可重复的，短期内后人也是很难超越的，研究他的范式，主要不是供后来者亦步亦趋、如法炮制，而是为我辈后学提供一个无法绕过的参照，教会我们如何面对纷纭奔腾的表象，坚

① 洪子诚：《当代文学的概念》，引号里的两句话分别来自孙歌和钱理群，但为洪子诚所认可，北京大学出版社 2010 年版，第 163 页。

持自己对于学术与历史的创发。一个内向的，从来不宣称自己勇敢的文学史家，“犹犹豫豫”“跌跌撞撞”地保持了自己的“连贯性”，而支持这种连贯性的，是我称之为“良知”的东西。这多少有点含糊，然而目前似乎也还找不到更好的命名。

洪子诚的精神资源是什么？这么多年以来，似乎没有多少人谈到这一点。不像钱理群先生，我们可以在他的著作中反复地看到鲁迅，可以说，鲁迅是他的精神原点，但我们却很难说出洪先生的精神原点在哪里，或者说，没有那么一目了然。或许，一定程度上，他的精神资源可以称之为“人道主义”。用“人道主义”来概括洪子诚先生的精神根基，似乎有些不合时宜。一方面，那种将人的“主体性”建基于对人的“理性全能”的信赖的“人道主义”，早已广受质疑；另一方面，1990 年代以来“人道主义”在中国特定学科体系内的体制化，使有的研究者做出了“人道主义不再是一种社会批判语言，而成为人文学科体制中的新主流知识”的判断，“人道主义”也在逐渐丧失其批判力量。

但是我也还是坚持，洪子诚先生这一辈人总的来说，是“19 世纪之子”，他们的身体里游荡着“19 世纪幽灵”，其核心为“人道主义”。如贺桂梅所言，1980 年代的人道主义话语的中心，“乃是 50 至 70 年代社会主义文化内部的‘19 世纪幽灵’。这指的是由青年马克思的人道主义话语、19 世纪欧洲和俄国浪漫主义小说、以康德为核心的德国古典哲学等所构成的人道主义与人性论表述”[①]。洪子诚先生 1980 年代关于“人学”的知识储备与上述概括有重叠处，亦有偏移点，偏移点在于，他的重心可能在 19 世纪俄国文学及批评，大略说是深受德国浪漫派影响的别林斯基等以及晚出的作家契诃夫等。这既可以在他的学术著作中得到内证，也可以在他最近所写的一些“我的阅读史”的散文系列中得到比较直接的印证。

在 1980 年代，洪子诚先生人道主义考察的视角是“人与人的

① 贺桂梅：《“十九世纪的幽灵”——80 年代人道主义思潮重读》，《上海文学》2009 年第 1 期。

关系”。我们可以先从洪先生的相关论述中来看他的“人道主义思想”。《当代中国文学的艺术问题》是从正面来尽量挖掘潜藏在当代文学中的“人性美”（“文学性”之一种）：

> 因此，“百合花”，是象征纯洁的感情的花，小说的落脚点，就是表现人与人之间的这种真挚纯洁感情的成长。
>
> 茹志鹃的那些比较成功的作品，也都带有这样的特点。①
>
> ……这使他（赵树理）的平淡、“客观”的文字中，蕴涵着一种向上的、追求建立合理社会的强烈要求，蕴涵着对健全的进步的人与人关系的迫切期待。因而，他的创作，有一种崇高的人道主义精神，有一种博大的、向上的境界。②
>
> 这种刻画，和诗人抒发的情感，表现了郭小川对于理想的、合乎人性的社会现实和人与人的关系的憧憬。在这种憧憬中，郭小川谨慎地划清革命与罪恶的界限，肯定革命暴力在摧毁不人道的制度上的意义，承认并甘愿为了理想社会的实现而牺牲个人的利益。但诗人又指出，革命和战争的目的不能在它的行动方式自身中寻找。③

对19世纪俄国“革命民主主义者”的理论、实践，洪子诚保持了一贯的敬重。1999年下半年在北大课堂上，针对当时比较流行的一种说法：“五四以来……中国文人对俄罗斯文化根本谈不上了解。他们得知的大都是与俄罗斯精神相悖的东西，是产生于19世纪下半叶的虚无主义思潮的惑人货。”洪子诚做了反驳，他毫不讳言那些1950年代被称为“革命民主主义者”的思想——而现在被称为“虚无主义思潮”——曾经冲击过他，他为这些文章中所表达的“对

---

① 洪子诚：《当代中国文学的艺术问题》，北京大学出版社2010年版，131页。

② 洪子诚：《当代中国文学的艺术问题》，第58页。

③ 洪子诚：《当代中国文学的艺术问题》，第73页。

不公正社会的憎恶，对一个人道的社会的向往的激情”而激动兴奋，为这些“很有气势，才华横溢的东西”所折服，而且“这种感动，我现在也不特别后悔”[①]。这是洪子诚的绵里藏针和韧性的坚守。也是在这个课堂上，洪子诚肯定在晚年提出社会主义社会也存在人的异化问题，提出马克思主义与人道主义关系的周扬“最后的生命却是比较有光彩的一页”[②]。

最近的文章中，洪先生则更措意于“人道主义”对于人的主体建构的意义（尽管在另外的时候，洪先生也谈到“主体性”乃神话）。洪子诚写过两篇关于加缪《鼠疫》的文章，足见加缪其人其文对洪之意义重大。洪子诚引用萨特的话肯定加缪“他怀着顽强、严格、纯洁、肃穆、热情的人道精神，向当今时代的种种粗俗丑陋发起胜负未卜的宣战”。桑塔格关于加缪的一番评论被洪先生引为知己之见：“他从流行的虚无主义的前提出发，然后——全靠了他镇静的声音和语词的力量——把他的读者带向那人文主义和人道主义的结论，而这些结论无论如何也不可能从其前提得出来。这种从虚无主义深渊向外的非逻辑的一跃，正是加缪的才华，读者为此对他感激不尽。这正是加缪何以唤起了读者一方的挚爱之情的原因。”洪先生认为这段话能部分解释他对《鼠疫》挚爱的原因，即欣赏那种以非逻辑的方式实现的从“虚无主义”向“人道主义”飞跃的美感与道德感。洪先生认为，加缪作品中人文主义、人道主义的那种“意识形态火焰”，“既是批判的武器，也是建构人的‘主体性’和新生活、新文学的内涵”，“人们因它的激情的庄严，姿态的高贵而热爱它”。加缪的作品“是在一个感受到荒诞、非理性的世界中，试图解决人如何保持尊严，如何克服他的幸福受到的威胁”的问题。这里不难体会到洪先生与所处历史语境的一种潜在对话。

---

① 洪子诚：《问题与方法——中国当代文学史研究讲稿》，北京大学出版社 2010 年版，第 121 页。

② 洪子诚：《问题与方法——中国当代文学史研究讲稿》，第 264 页。

体系·"刺猬型"思想者

伯林曾说托尔斯泰是天生的狐狸型思想家而追求刺猬的单一，我们借用他的分类，亦可类比洪子诚为一"天生的刺猬"，但他却苛刻地要求自己做狐狸。刺猬型思想家"凡事归系于某个单一的中心识见、一个多多少少连贯密合成条理明备的体系"，这一中心识见，是对他们的"理解、思考、感觉"等思想活动"具有统摄组织作用的原则"。如果说洪子诚先生现有的研究规模已经"连贯密合成条理明备的体系"，首先他自己就不会同意。然而，如果我们说"他的文章既非漫无目的随风倒的产物，亦不是一些应时之作，相互没有关联"，而是"全都来自一个核心观点，一个歧路丛生而又复杂、从而无法达到完美的观点"，由此他的学术研究"在许多隐蔽的和出人预料的层面，微妙而自然地联系在一起"[①]，这大概还是可以成立的吧。

这是西哲有关体系孕育的一些提示：

> 我之所谓体系，乃指杂多之知识在一理念下之统一而言。此种理念乃理性所提供之概念，即"一全体之方式之概念"。
>
> 仅在吾人按"潜藏吾人心中之理念之暗示"，浪费无数时间，以杂乱情形收集材料以后，且实在吾人以技术的形态长期集合材料以后，始使吾人能更明晰认知其理念，以建筑术的形态与理念相合规划一全体，此诚不幸之至。体系之构成，其情形颇似下等有机体，由于融合所集合之概念而偶然发生，其初极不完全，渐次达于完成，但此等逐渐发达之体系皆具有其图型，在理性之纯然自行发展中，宛如一本源的胚种。[②]

① 这是学者评价伯林的话，在此引为对洪先生学术研究的观察，参见罗杰·豪舍尔：《反潮流：观念史论文集》"序言"，收［英］伯林：《反潮流：观念史论文集》，冯克利译，译林出版社 2002 年版，第 2 页。

② ［德］康德：《纯粹理性批判》，邓晓芒译，人民出版社 2004 年版，第 570—571 页。

洪先生的“文学的方式”，初始略近于上面提到的“技术的形态”，以杂乱情形收集材料并形成相关研究文字，“其初极不完全”，但因有一“本源的胚种”——“人道主义”，终于能“以建筑术的形态与理念相合规划一全体”，并“渐次达于完成”。今天来看七卷本的《洪子诚学术作品集》，是一初具体系规模的作品，七部著作从不同方向共同构筑了中国当代文学史的研究体系，当然，这是洪子诚一个人的体系，并不是一揽子解决当代文学的所有问题。但却是围绕他的核心理念正反展开的体系。在其早期著作中，是从正面树立其关于“人道主义”“文学性”的标准的。而后出于1999年的《中国当代文学史》，则是在当代（特别是1949—1976年）这一时段的文学体制上用力甚勤，或可说，从反面讨论文学性所可能遭遇的外部钳制。洪子诚是把自己的研究归类于一种“历史主义”的态度的，他援引丸山真男的话，历史批评的方法是“通过从对象内部把握它来达到否定它的目的”，这种“深入到对象内部中去”的方法，具备“瓦解它的内在逻辑的功能”[①]。洪子诚《中国当代文学史》的写作，特别是有关50—70年代文学体制的研究，就是这种进入对象内部进行瓦解的工作。

洪子诚先生的“人道主义”，在其早期研究工作中，主要是用来作为批判的武器，审视制度对于创作者的“人性”尊严可能有的戕害，以及创作者在艰难中对人性的曲折表达；而到了近些年，这种“人道主义”，更多地成为一种维护自己思考独立性的有力助器。我理解，洪先生既要尊重历史中的个人，也要尊重作为独立个体的“自己”这一“个人”。保护自己作为研究者的“独立性”，既不屈从于“外在压力或他人的思考”，也独立于自身成见与利益。[②]

① 洪子诚：《问题与方法——中国当代文学史研究讲稿》，第92页。

② 这是移用林同奇的话，参看林同奇：《他给我们留下什么——史华慈史学思想初探》，收许纪霖、宋宏编：《史华慈论中国·附录·史华慈思想研究》，新星出版社2006年版，第283页。

一只想做狐狸的刺猬，对别人的批评总是会采取一种特别宽容的态度，并希望能以绝大的想象力进入对方的语境加以体察，然而本性中的刺猬性，又使他“明白自己的信念的相对有效，而仍毅然支持之，不挠不退”。这使得洪子诚的文字显示出更大的弹性和丰富的包容性。最近洪先生创造了一种类似周作人的“文抄公体”，略微不同的是，周氏以抄古人为主，而洪先生以抄今人，尤其是学生辈的批评意见为主。2000 年一出引起洪先生恶感的话剧《格瓦拉》，追捧者众，洪先生曾在课堂上跟我们表达过他的不理解。十年间洪先生念兹在兹，自己处，也自他人处，求索自己不能从众的原因，2009 年遂将十年间的求索发而为文，文中大量引用年轻学人的见解。其中有曰，自由主义“对个人自由、价值和尊严的寻求，如果仅从知识分子阶层的视野和立场出发，则将合乎逻辑地退缩为漠视民众存在和利益的精英主义”；“洪子诚的悲哀是停留在一种天真的自由主义立场上，原地踏步二十年，而不能上升到阶级论和解放论”。上述判断并非全无道理，特别是当世界复归于单极独霸的格局，“资本消灭了制衡它的力量，劳动者地位迅速沦落。在全球范围内，历史正退回到十九世纪”的此刻，知识分子阶层的确要警惕自己对民众存在和利益的漠视。如果按照马克思的要求，知识分子必须做出选择，因为知识分子“并不存在像资本家或工人那样一种先验的限定。选择正是知识分子被决定的‘社会存在’的体现”[①]。同样，中国本土的左派青年知识分子是这样要求于“自由主义者”的，“一个自由主义者，如果他的思想足够真诚和彻底”，“就不得不在老板的自由与打工仔的自由之间，在跨国资本追逐超额利润的自由与欠发达国家及其人民谋求生存和发展的自由之间，做出判断和抉择”。“一句话，在彼此对立的集团利益当中，做出各自的选择。”没有选择的立场，是“中间的、暂时的立场，一种悬浮的状态”，

① 这是什·阿维涅里在《马克思和知识分子》一文中所论，转引自［英］柏拉威尔《马克思和世界文学》，梅绍武等译，三联书店 1982 年版，第 245 页。

必将被超越。[①]

这样的思路与20世纪中国左翼思潮之间的确有着明显的继承关系，也因此，20世纪左翼知识分子面临的老问题同样还要面对，并且似乎也无法解决。按照列宁的先锋队理论，知识阶层当中最先进的分子，首先获得了“历史与阶级意识”，由他们对工人阶级进行意识灌输，使后者进入自觉阶段。但危险在于，由谁来判断何者为先进及拥有向别人灌输的权力。而这些知识分子，从其最好的结果看，也就是成为工人阶级或者“受苦人”的“代言人”。20世纪后半叶，新中国的写作者尝试过描写工人生活，以期解决人民主体建构的问题。在洪先生的《中国当代文学史》中，相对来说，“新中国”这方面的努力受到的关注不是特别多，而主要原因是洪先生从自己基本的文学标准出发，认为工业题材的小说“总体上乏善可陈”，普遍性的问题是“描述范围的狭窄，人物、情节设置的公式化”[②]，或可说，没有提供有深度的“人的形象”。当然，洪子诚更关注的，是作为“小资产阶级知识分子”的创作者的“艺术问题”这样的审美命题，或是创作者的“姿态与自我意识”这样的创作心理与思想史问题，以及文学史研究者自己的“问题与方法”，这是他文学研究的“视野”与“立场”。如果说得简单笼统一点，洪先生的文学史研究的中心是创作与研究状态中的“人”。这样的文学史研究当然有它的局限和盲点，但洪先生从未宣称自己的文学史研究是包罗万象的，事实上，我们也无法期望任何一部文学史是全面而公允的，虽然人们总是这样地要求着历史书写。

换个角度，就成功地赋予“工人阶级”以“尊严”而言，新近有研究者肯定“十七年”工业题材小说的价值。论者认为，“强调工农是这一国家的主人”，是“十七年”的“意识形态乃至文学艺术着重要完成的社会想象”，工业题材小说参与了“揭示并进而生

① 上述这些观点，是洪子诚文章中引用的他人的论述。参见洪子诚：《有关〈切·格瓦拉〉的通信》，《天涯》2009年第5期。

② 洪子诚：《中国当代文学史》，北京大学出版社2010年版，第145页。

产一种强大的历史的阶级意识”的进程，而生产出的这一总体性的阶级意识，“并不仅仅只是一种文学或者意识形态的想象”，工人阶级的尊严政治“在当时已经部分地转化为一种社会实践”[①]。即“无论这一想象与社会实践之间存在着怎样的差距。正是在这一想象中，工农获得了一种作为人的‘尊严’”[②]。这份出色的研究，是在承认“工人”——“主人”的想象性叙事“同时也带来了一种巨大的社会幻觉”的前提下展开的，论者更强调的是想象性总体叙事转化为工人个体尊严的意义，并且认为 1980 年代以降“阶级意识的最终崩溃，则导致了这个阶级所属的个人的尊严的丧失殆尽”[③]。这一判断，说得夸张一点，是对工人阶级晚近三十年来悲惨境遇的富于人道精神的精辟概括，而研究者的立场，我以为，依然是“小资产阶级知识分子”的（如果他们可以有自己的立场的话），只是，他的观察的视角与洪子诚先生不同而已。

原刊《南方文坛》2010 年第 3 期，此处收录的是作者提供的文档。

① 蔡翔：《“技术革新”和工人阶级的主体性叙事》，《热风学术》第 2 辑，上海人民出版社 2009 年版，第 175 页。

② 蔡翔：《“技术革新”和工人阶级的主体性叙事》，《热风学术》第 2 辑，第 139 页。

③ 蔡翔：《“技术革新”和工人阶级的主体性叙事》，《热风学术》第 2 辑，第 175 页。

洪子诚著《中国当代文学史》日文版译后记

岩佐昌暲、武继平

一、关于本书

本书是北京大学出版社2007年6月出版(第2版)的洪子诚著《中国当代文学史》(修订本)的日文译本。翻译时使用的底本，是该书2011年7月第12次印刷、篇幅长达402页的中文版大部头专著。正如该书扉页文字所描述，该书的定位为普通高等教育“十一五”国家规划教材，属于被纳入“中华人民共和国国民经济和社会发展第十一个五年规划”的高等学府指定教材。换言之，该书属于国家指定教材(尽管如此，我们认为该书性质上与教材不尽相同，与其说它是一本教材，毋宁说是一部学术专著，因为著者的真知灼见于书中俯拾皆是)。

本书之所以回避冠以“全译本”之称，是因为我们遵照原作者的意旨，针对本文、注释以及年表进行了部分省略处理，而且于极个别之处还对原文的原始表述做了技术性修改。然而，本书中此类文字的微调仅属于极个别现象(年表中的省略事项略多)，从整体上看，所占不足1%。此外，我们将包含在原注释中的作家简历分别抽出，整理之后一并纳入另立的“作家一览”，并附于本文之后，再就是新添加了索引和“导读”文字。纵观全体，本书实际上跟“全译本”已经相差无几了。

在此，首先需要针对日本的非中国文学专家的读者做个补充说明。本书书名《中国当代文学史》中的“当代”，意指“当下的时代”，直译出来，则为“当下时代的中国文学史”。然而，所谓“当下时代”，也是一个时间上下限都无准确划分的历史时间段。在日本的中国文学研究界，一般将1949年中华人民共和国成立视为时间起点。所谓“当代中国文学”，即指1949年新中国成立至今的中国文学。从这个意义上讲，本书记述的也就是于此历史时间段发生在中国境内的文学的历史。然而，本书作者似乎无意对此进行模糊的界定性表述，而针对“当代文学”这一说法的产生，为何产生，以及究竟含括了怎样的内容等诸多方面进行了缜密的梳理，并赋予了定义，并且在此基础之上对该作品所反映的文学现象进行了阐述。这些问题，作者在“前言”中都有提及，故不赘述。

下面，让我们首先对本书作者阐述的“中国当代文学”所包含的内容进行确认。

（1）指1949年以后的中国文学。

（2）指发生在特定的“社会主义”历史语境中的文学，它的范围限定在中国大陆的这一区域之中。

（3）时期界定为：从“五四”以后的新文学“一体化”趋向的全面实现，到这种“一体化”解体的时期。

以上作者的有关界定其实并无新意。事实上不妨说基本上沿袭了过去的观点。本文在后面将要提到。过去的文学史，一般惯称1919年五四运动前几年到中华人民共和国成立为止的大约40年间发生的文学为“现代文学”，而把新中国成立以后的文学称为“当代文学”。然而，到了1985年，有人开始对此文学框架提出质疑。由此契机引出了后来的源于学院派“重写文学史”的论争。该次论争围绕诸如怎样把握“五四”以后的中国文学史以及如何评价这一时期出现的作家和作品等问题进行了讨论，并提出了许多不同于固有观点的新见解。鉴于这样的历史背景，如（1）所示，本书依旧沿用了“当代文学史”这一说法。从某种意义上讲，时间上限划在

1949 年也是基于某种普遍共识。

此外，（2）亦将中国文学圈定为用汉语写作的文学。事实上迄今为止有一种潮流，旨在将这种圈定放大到中国大陆以外的地区（例如中国台湾、香港、澳门等华人文化圈）或者再放大到世界华人作家圈，即在“世界华语文学”或“华文文学”的大视野下进行思考。从这个角度讲，本书将“当代文学”的对象圈在中国大陆境内的划法，难免给人几分视野略显狭窄之感。

然而必须指出，将研究对象限定在相对稳妥的时空之内，对其中发生的文学现象进行仔细的观察分析和记述。我想，这无疑是作者本来的学术立场。本书并不在观点上标新立异，而是在时代划分及文学现象的阐述方面大致基于定说，同时又针对过去的观察和言说不断地大胆提出自己的新见解。我想，这就是本书的基本立场。在我看来，作者所走的是一条学院派的正统学术之路。

我们所熟悉的观点是这样：中国现代文学的源流，是“五四”时期一边咀嚼消化西欧现代文学理论及作品一边建立起来的“新文学”。这种文学在 1949 年之前曾是中国文学的主流。尽管 30 年代有过以左翼作家联盟为轴心的左翼文学运动，30 年代后期至 40 年代后期还有过中国共产党领导下发生在解放区的文学，但文学的主流仍然是“五四新文学”。1949 年，社会主义新中国诞生之后，文学步入了“当代”。“当代文学”指的是以毛泽东《在文艺座谈会上的讲话》为指针的社会主义文学。既然如此，那么作为中国现代文学实际主流的“五四新文学”又到哪里去了呢？其实，这一文学主流并未横遭否定，而是“新文学”作家群体在努力顺应社会主义的过程中，用社会主义时代的文学取代了它的位置。这种社会主义文学的成长和发展应该说比较顺利，它的止步不前仅限于“文革”时期。“文革”结束以后，它又重新抬头并得到了继续发展。以上所描述的，即基于传统观点的中国现代文学到当代文学的主要发展流向。

接下来让我们来看本书作者的思考。

从表面上看，作者基本认同上述文学史的流变观点。然而实际上，作者却另有独到的思考。作者的着眼点，明显在于对“社会主义时期文学”发展的内在史实进行解读。通过本书的阅读，我们已经对此有所认识。在作者看来，中国当代文学的历史，不外乎是构成“新文学”群体的文学流派、文学家及文学社团在1949年以后曾被作为其中一支的左翼文学所“一体化”，然后又逐渐解体的过程。在本书中，作者对这种“一体化”和解体过程中被阅读和遭到批判的具体文学作品和有关作家们进行了批判性记述，同时以这种记述的方式，具体且详尽地揭示了这一过程。

更为重要的是，作者所做的记述皆有鞭辟入里的分析作为支撑，让人有倍受启蒙之感。作为本书的译者，特将感触尤甚之处列举如下。

首先，一言道破左翼文学将新文学“一体化”的历史，实为对原来地位对等的新文学诸流派及文学家们按照一定的标准进行区别对待、并加以等级化重组的过程。从象征社会主义文学滥觞的第一次文代会开始，与会的文学家们就没有真正平等过。例如，来自解放区的和国统区的人之间就有着明显的差别，而且，即便同样来自国统区，也存在从事左翼文学的和非左翼文学的区别。文学作品里的主人公，工农兵和小资之间也有区别（草创期有关“可不可以写小资产阶级”的论争以及对萧也牧文学创作的批判，同样是源自这种等级观念）。这样的等级化观念甚至影响到了文学的种类。过去的文学史（中国的研究者们应该心知肚明）中并无记述的、属于当代文学的某种潜在的或曰被人为掩盖的机制在本书中昭然若揭。在此仅举一例。关于文学的题材，作者这样写道：“不同的题材类别，被赋予了不同的价值等级。”

“在小说题材中，工农兵的生活、形象，优于知识分子或‘非劳动人民’的生活、形象；‘重大’性质的斗争（政治斗争，中心工作）优于‘家务事、儿女情’的‘私人’生活（以下略）；由中共领导的革命运动优于‘历史’的其他事件和活动；而且，对于行动、斗争的表现，也优于‘个人’的情感内在心理的刻画。”（第六章）

揭示出当代文学的“一体化”内涵之一，即与意识形态相结合的等级化这一中国当代文学的潜机制，我认为是本书的一大建树，观点亦非常新颖。尽管作者本人并未明确言及，但我认为不啻针对中国当代文学所具有的“封建性”的一种批判，这一点毋庸置疑。

至于提到“观点新颖”，其实，“主流/非主流”“中心/边缘”等都是作者为了对文学潮流进行生动描述而刻意安排的切入点。由于这样的观察角度和视点，作者将文学的流变描述得栩栩如生，在写法上，跟对人名及作品名进行简单罗列，或者将文学史写成政治史或社会史附属之物的写法相去甚远。

其次，对于在被称为“十七年文学”之中为早期当代文学奠定了基础的文学大家（如赵树理）及名作（如《青春之歌》），作者在有关记述中，一方面如实梳理了历史评价，另一方面还对作家的局限性和作品的文学结构等问题提出了批评，而且笔锋相当犀利。在这一点上，作者的直率让我们既觉震惊同时又感触尤深。因为这让我们感受到了某种“客观的史书”里不可能有的，比公认的评价更加注重作者自身的感觉和于关键时刻敢于亮剑的“文人”的目光。本书在记述文学向左翼文学“一体化”的过程时，从对作家的评价怎样形成到作品如何被改得面目全非，描述虽然平缓柔和，却依然能够激发我们的阅读兴致。我想，这肯定是因为我们在作者所叙述的背景里，随处都能感受到作者那道犀利的“文人”目光的缘故。

中国的当代文学史，过去几乎都是作为高等教育的教材来写的，而且几乎都是由集体执笔。80 年代的教材尤具典型性。也许是因为这个缘故，大家都是遵循文化部教育部等党组织和政府机关事先制定的文学史大纲来记述作品、作家和文学事件的评价。所以几乎所有的文学史都显得千篇一律。无论哪一本文学史，我们几乎都读不到执笔者的独立思考。这种情况开始出现变化，是在进入 90 年代以后。90 年代以后出现了一本文学史不是由集体执笔，而是自始至终由一个人来完成写作的事态。本书恐怕算得上开了单著文学史之先吧。正因为如此，我们才能看到在本书记述文学事件、文学作品、作家以及文学现象之际，作者能够大胆陈述己见，能够酣畅淋漓地提出自己独到的批评。如前所述，其中不乏尖锐和直截了当的批评（包括语气平缓的记述中所含的辛辣的政治批判）。

以上所述，仅为我对本书的总体印象，欲知详细，我想还得恳请读者亲自开卷细读，方能咀嚼出本书浓郁的学术味道。

二、关于本书原作者以及日文版翻译出版的始末

本书原作者洪子诚先生 1939 年 4 月生于广东揭阳，今年 74 岁。1956 年考入北京大学中文系，跟谢冕、孙玉石等北大中文系的老师们于同一时期度过了在校学生生活。1961 年北大毕业后留校任教。“文革”后，北大中文系成立当代文学教研室之际，是首批调到该教研室工作的人员之一，主要从事中国当代文学和中国新诗方面的教学与研究。其间，自 1991 年至 1993 年出任东京大学教养学部外籍教师，2009 年受聘于台湾彰化师范大学国文系，2013 年任台湾交通大学社会文化研究所客座教授。

本人认识洪子诚先生是在 1993 年秋天。当时中国当代文学研究会在苏州大学召开学术大会，时逢在北大做谢冕先生的访问研究员。记得洪先生作为东京大学外籍教师的任期到了，刚刚回国。依稀记得在苏州大学宿舍楼里，洪先生按照中国的沏茶习惯将绿茶直接放入杯中注入开水，还对我说“喜欢喝日本绿茶”。当时的情况已经记忆模糊了，也许洪先生并未说过这句话，而是我后来记忆的“串线”。后来洪先生赠我一册他著的《当代中国文学的艺术问题》，随后在我临回日本之际，又赠我一册刚出版的《中国当代新诗史》。尽管后来我每有著述出版都做了回赠，但在当时跟洪先生只是在中国国内召开的有关现代诗歌的学术会议上的一般性认识，交流并谈不上有多深。

洪先生在当代文学方面著述甚丰，研究领域亦颇广泛。其中致力最多的一个方面当属中国当代诗歌的研究。该领域恰好是我的研

究领域之一，所以无论是论文写作还是备课，自然经常参照洪先生的著述。从这个意义上讲，我尽管没有直接就教过洪先生，但通过洪先生的著述而深受其学恩。此外，我在大学开设的课程也经常讲到当代文学史，每当这种时候，好几次都是用洪先生的《中国当代文学史》作为讲读教材。虽然洪先生的文章难度较大，而且这本书也不是随意翻一下就能读懂，但作者独到的分析和内含批评的真知灼见让我和我的学生们在研究上受益匪浅。

这个日文译本属于集体合译，主要成员是从九州大学研究生院比较社会文化学府（通称比文）毕业、论文经我指导过的一批人。参加翻译的人每一位跟我多多少少都沾点儿师生关系。

提起翻译这本书的缘起，恐怕要追溯到三年前。一位老同学知道我已年近古稀，就提议出版一本纪念论文集。当年5月，时逢九州中国学会在鹿儿岛大学召开，我跟一位关系较深的友人同住一家酒店，我们谈起了这件事情。我首先向他深表谢忱，同时提出了我自己的想法。我觉得与其搞一本论文集，还不如翻译出版一本对学术界有用的研究专著更有意义。其实，当时我的脑子里就已经有洪先生的这本书。待我道出书名之后，立即得到了参加者的一致赞同。于是，我马上跟在北京的洪子诚先生取得了联系，提出了翻译这本书的意向。没想到竟立马获得了洪先生的欣然许可。关于出版方面的事宜，是我向日本东方书店提出来的，出版计划首先得到了东方书店董事、出版部部长川崎道雄先生的支持。

自此，本书卷末所示的由15名人员组成的翻译小组的具体作业就开始了。汉语原文的难懂程度远远超过了我们的预想。为了摸索出准确的译法，我们可以说竭尽了努力。初稿汇总以后，由间、宫下、坂田、松冈、吴和甲斐6位分担审校，初步修改之后再交我过目。二校时由我跟间和甲斐三人共议，三校由我跟间二人互相交换译文最终拟定术语和本文的翻译。其实，即便到了三校，个别章节的校对修改搞起来费劲的程度并不亚于初校，甚至还有个别地方终于因找不到最佳翻译而不得不保留直译。由于能力上的鞭长莫及和欠缺学识导致的误解误译很可能在所难免，以至于至今还心有余悸，担心或许留下了让识者见笑的错误。在此谨祈识者叱正。总而言之，这本书的翻译得到了来自多方面的帮助和合作。在此需要特别提及的是，在翻译和综合事务两方面都功不可没的是本书的另一位编译者间扶桑子女士。没有她的尽力，本书的面世时间必定拖延无疑。此外，我们特从翻译小组里推举出三位特别尽力的人署名作为译者代表。

本书的出版得到了方方面面的支持和关怀。以下谨列出他们的名字，以表感谢。另外，本书是被纳入中国国务院新闻办公室主管的“中国图书对外推广计划”并获得出版资助的项目，有关申报事宜皆由日本东方书店负责。我的两位友人专门为此项目申报写了所必需的推荐信。一位是日本一桥大学的坂井洋史教授，另一位是中国人民大学程光炜教授。帮助我们解决了版权方面的烦琐问题的，是出版这本书的中文版本的北京大学出版社的高秀芹编审。日本东方书店方面，我们因为工作效率较差给具体负责的川崎道雄部长平添了不少麻烦，此外还得到了对本书的编辑工作一丝不苟的加藤浩志先生的大力合作。至于翻译小组方面，不用说得到了各位译者的鼎力相助。在此，我还想提到本书作者洪子诚教授和他的高足、北京大学中文系准教授贺桂梅女士。借此机会，我想对以上所提到的各位再次深表感谢。

最后，谨愿这本高含金量文学史的日文版拥有更多的读者。这本书的出版如能在增进日本人对中国文学以及对中国的了解方面有所帮助，将是我们译者的最大荣幸。

2013 年 11 月

《中国当代文学史》日文版译者代表：岩佐昌暲

“译者后记”翻译：武继平

《中国当代文学史》日文版 2013 年 12 月由日本东方书店出版，本文原刊于《中国现代文学研究丛刊》2014 年第 6 期，此处收录的是作者和译者提供的文档。

作为生命价值依托的文学

吕正惠

从现代社会重视实用与利益的观点而言，以文学为对象的工作者是非常奇怪的人。在这一类别的人物里面，文学评论者和研究者的角色，比起文学作品的生产者还更显得怪异。文学作品的生产者，我们称之为作家，起码还是一个创造者，他创造了可供阅读的作品；一个文学评论者却只谈论作品，而不事生产，这种人何以能够存在呢？他对社会有什么可能的贡献吗？

这个问题好像有两个答案。一种说，文学可以改造人的心灵，所以文学家是人类灵魂的工程师，文学评论者作为工程师的助手或指导者，重要性自不待言。不过这是左派的看法，目前已不流行。另一种回答是，文学具有独立的艺术价值，这一价值不因政治社会的变化而有任何改变，这种精神性的价值代表了人类心灵的最高创造。按照这一讲法，从事相关工作的人当然是人类社会不可或缺的。其实，这两种看法有其相通之处，因为都相信文学在人类精神上的作用绝对不容忽视。

我自己也是属于这一工作范围的末流，从业已超过四十年。刚开始受流行观念的影响，认为自己的价值根本不用怀疑。可是，随着工作经验的累积，我越来越怀疑世俗的看法。其实，一般人也只是继承前人的看法，他们对此也未必深思熟虑过，说坦白话，他们对文学工作者恐怕是一边尊敬，一边怀疑，两者兼而有之吧。就我自己而言，既然工作已经习惯，而且在大学教书又有了生活保障，何必自寻烦恼，费尽心思去论证自己的存在价值呢？

说实在的，这个问题之所以会成为问题，是因为我们内部两派的论争而引起的。灵魂工程师派强调文学的社会影响，文学自主派强调文学的独立价值。这样的论争其实自古就已存在，但自近代资本主义兴起以后，两派的论争趋于白热化，彼此互相攻讦，彼此否定对方的价值，因此看起来，好像双方都没有价值了。

我跟本书的作者洪子诚教授交往好像有十年了，他比我大九岁，是长辈。但他为人谦和，从不以长辈自居，所以我在他面前也就常常没大没小。我们彼此喜欢开玩笑，而争论的焦点就是文学的本质问题。他是文学独立派，我是工程师派，我们彼此嘲讽，而交情却越来越深厚，这让我的学生颇感奇怪。其实我认为，这种理论上的对立对别人而言可能是根本性的，但对我们两人而言，似乎就变得不那么重要。我没有仔细考虑过我们两人的观点和我们两人的交情的关系，因为我模糊地觉得，交情好像比观点还重要。也许我们两个都不是理论上的极端分子吧。

洪老师是一个生性严谨的人，不论教学，还是指导学生写论文，都非常认真。他曾经帮我的三个博士生写过评审意见，我看了以后，大为叹服，深深感觉到我作为一个博士导师，跟洪老师比起来，真是差得太远了。洪老师退休后，心情稍微放松，写起文章也比较不重视学术规范，这就是他最近几年所写的有关阅读经验的文章。作为学者，洪老师认为，论文不能有太多主观成分，至少也要把主观成分客观化，所以他的论著比较不具个人感情色彩。相比之下，这些阅读经验的文章，就流露了较多个人生活的轨迹，反而有一种异彩，非常迷人。我读这些文章的时候，突然领悟到，其实我们两人都是真正的文学爱好者，我们的观点让我们对某些作家和作品的评价有了差距，但我们都不否定文学，我们心里都承认文学有其不可或缺的价值，这大概就是我们可以谈得来的原因吧。

我想先推荐大家读《“怀疑”的智慧和文体：契诃夫》这篇文章。在这篇文章里，洪老师谈到了他年轻的时候如何喜欢上契诃夫这个作家，同时他也知道，他对契诃夫的喜爱和当时共产党对契诃夫的推崇方式并不合拍。那时，他只能按照官方标准选讲契诃夫，而把他真正喜欢的契诃夫隐藏起来。他读了很多契诃夫的作品，也读了很多契诃夫的评论，其实已经可以算是契诃夫专家了。七八年前，他参加了一篇博士论文的答辩，对其中某些看法，凭着自己以前的阅读经验，说出自己不同的印象。事后，为了印证自己的印象是否正确，他又一次重读了契诃夫。这样，他不但再度肯定自己的印象，同时也承认学生的看法并非全无道理。

在这篇文章中，我们看到洪老师严谨的为学风格，他几乎把他能看到的契诃夫作品及相关评论都读了，而且还不止读一遍，而契诃夫并不是他的专业。但我最佩服的是，他先是知道左派如何评价契诃夫，这种评价和他的喜爱又是如何不同；在新时期以后，年轻的博士生以另一种角度评价契诃夫，他虽然也不很认同，但再度阅读以后，还是觉得学生未必没有道理。我觉得这篇文章充分证明了生活的复杂性和伟大作家的复杂性是同时并存的，不同时代、不同生长背景、不同年龄层的人都可以喜欢契诃夫，只是喜欢的方式不一样而已。这不正证明了伟大文学作品的永恒价值吗？但这也同时证明，对这个永恒价值的看法，也是可以存在差异的。这不也证明了文学的独立性和文学的社会性是可以同时存在的吗？我们又何必在两者之间强分轩轾呢？在感人的具体作品之前，理论问题好像已经不那么重要了。

对洪老师而言，契诃夫在他心中好像具有举足轻重的地位。他说："在契诃夫留给我们的遗产中，值得关注的是一种适度的、温和的'怀疑的智慧'：怀疑他打算首肯和打算揭露、批判的对象，但也从对象那里受到启示，而怀疑这种'怀疑'和'怀疑者'自身。这种'怀疑'并不是简单的对立、否定，因而不可能采取激烈的形态。它不是指向一种终结性的论述，给出明确答案，规定某坚硬的情感、思维路线。"

接下去的文字也都很精彩，我就不再引述了，请读者自己阅读。我在读这段文字的时候，就仿佛在进入洪老师的心灵世界，我能够理解他为什么这么喜欢契诃夫，因为契诃夫的作品完全契合他对生活世界的看法，以及他的处世态度。契诃夫的艺术世界，成了洪老师生命的支点，他为自己的存在找到最雄厚的基础。

洪老师的另一篇文章《一部小说的延伸阅读：日瓦戈医生》，也让我感到又惊讶，又佩服。《日瓦戈医生》是西方非常推崇的小说，西方以此证明苏联的美学判断是多么政治化，扼杀了文学的纯艺术价值。我根本没想到，有自由主义倾向的洪老师，会对这本书展开细致的阅读与复杂的反思。对这篇文章的种种优点，我不可能讲得比李云雷更深入，下面就直接引述他的描述：

> 在这里，值得关注的不仅是您在不同时期认识的变化，更值得关注的是在这些变奏中不变的因素。我想有以下几个方面：一、对“革命”的理解与态度的主题；二、对（自由主义）知识分子在历史中的价值与作用的思考；三、对文学的“独立性”或“非政治化”的关注；四、对当代中国精神语境变化的自觉，以及将之与作品相联加以考察的思考方式。在这里，我们可以大体辨识出您的自我认同及问题意识，即您更认同于（自由主义）知识分子的“定位”，更强调文学（相对于政治）的“独立性”传统，但这一认同却又是开放的、复杂的、“相对化”的，有着暧昧的边界与微妙的变化。在这篇文章中，您以核心问题的关切为中心，在渐次递进中呈现出了问题的不同层次与不同侧面。

从左派的观点来说（李云雷和我都算左派），洪老师的论述无疑的为阅读经验的历史特殊性做了一次非常精彩的“历史唯物论”式的解析，让我们完全首肯。这同时也说明了，洪老师完全不是一般意义上的自由主义者。

洪老师对历史的宏大叙事保持极大的警惕性，认为它压抑了个体经验的“小历史”的价值，粗糙的左派评论家确实常犯这种毛病。不过，自由主义其实也是一种有关历史发展的宏大叙事，同样也会忽略不合此一标准的其他小历史。我们应该说，洪老师对于这种自由主义也是非常警惕的。

这样，会不会掉入一种历史主义的相对化之中，从而形成无是无非的多元主义呢？我不知道洪老师会不会有这种担心，但我认为洪老师的“阅读史”恰恰相反，由此肯定了一种独特的人生态度和美学态度。在这方面，吴晓东也讲得很好，我也想引述他的话：

> 我从您的新著《我的阅读史》中其实也可以感受到您对文学的某种信心。这种信心既来自您对历史的洞察，也来自您的个人的生活经验，但我也多少感觉到文学对您也是信仰之类的存在。而对我来说，文学研究的动力也应该说是基于某种对“文学”的与您相类似的“信仰”。对我这种不信神的人来说，如果想信点什么，那可能就是文学了。

文学成为生命中不可或缺的部分，其价值已经和信仰相近，我前面说，契诃夫已经进入了洪老师的心灵，构成他心灵中的有机成分，其实也就是这个意思。

洪老师知道，我并不很喜欢契诃夫。我最欣赏的西方小说家是巴尔扎克和托尔斯泰，这是标准左派的评价，但我喜爱的原因倒也未必是因为他们两人的作品合乎左派的理论。最近十多年来，我更喜欢中国的诗人陶渊明、杜甫和苏轼，我也很喜欢《论语》和《庄子》这两本书，我越来越觉得中国的智慧远超过西方。但这也只是我近二十年寻求精神寄托的一种结论，以前我也许更喜欢西方。这也就是说，对生命的追求，常常伴随着对文学的追求；反过来说，当我们真正喜欢某种文学，其实也就是我们对生命已经有了特定的看法。文学的品位可能随着时代而转变，每个人对文学的喜爱，也必然千差万别，但是，每个人如果真心实意地寻找自我生命的价值，常常就需要某些特定的文学作品来作为这种价值的依托，这一点应该大家都是一样的。不然，我们无法解释，为什么人类文明开始发展以来，这种貌似无用的文学一直没有间断过。

就此而论，虽然洪老师喜爱的文学和我的未必一致，但我们仍然有相同之处，我们都把我们的人生体验和某种伟大的艺术世界结合在一起，从而为我们的生命找到一种寄托。这就是文学和艺术的伟大之处，这是我们共同肯定的东西。有了这种肯定，其他差异就显得不怎么重要了。

从学术上来讲，洪老师是大陆重要的当代文学研究者，他的《中国当代文学史》已经成了研究中国当代文学的必备参考书。这本书已翻译成英文和日文，还即将翻译成韩文和俄文。但是我觉得，如果要更深入了解洪老师的研究，特别是他深厚的文学素养，那就绝对不能错过目前这本书。

原刊《中华读书报》2015 年 3 月 11 日，该文为台北人间出版社版洪子诚《阅读经验》的序言。此处收录的是作者提供的文档。

当代诗歌细读的可能性

——评洪子诚《在北大课堂读诗（修订版）》

吴　昊

“细读”（close reading）一词，由英国批评家I.A.瑞恰慈提出，并在燕卜逊、沃伦、布鲁克斯等新批评派评论家的实践中得到阐释。“细读”法强调文本内部的自足性，语言和结构在文本细读法中的地位则非常重要。在英美新批评派的具体实践中，“隐喻”“复义”“张力”“悖论”“反讽”等批评范畴得到了有效的梳理和阐释。

中国诗歌批评家接受“细读”法的历史，可追溯到上世纪30年代。施蛰存所办《现代》杂志为新批评派文论在中国的译介做出了初步贡献。在个人成就方面，朱自清、卞之琳、废名、李健吾、袁可嘉、唐湜等诗评家都是“细读”法在中国诗歌研究领域的积极接受者和大力推广者，其中朱自清应是“细读”法在中国最早的接受者和理论阐释者之一。在朱自清的“解诗”实际中，他强调对诗的本体进行微观解析，并重视诗歌语言的功能，认为诗并没有那么神秘，是可以“解”的，应在理解的基础上对诗歌文本展开批评。同时，朱自清解诗时本着“参与的作风”[①]，以期能够更好地体会创作者的心态，避免主观臆断。废名是把新诗文本解说引入大学课堂的先驱者[②]，而袁可嘉、唐湜这两位“九叶派”诗人的诗论可以视为英美新批评理论在中国语境中的内化。袁可嘉从“包含的诗”的要求出发，

① 许霆：《中国现代诗学论稿》，复旦大学出版社2012年版，第345页。

② 孙玉石：《中国现代解诗学的理论与实践》，北京大学出版社2007年版，第161页。

倡导现代诗歌的现实、象征、玄学的新综合传统；唐湜则是“在西方文化与中国传统文化间走钢丝”，以反观深潜的方式把握新诗现代化的精魂。[①] 自上世纪 80 年代以来，有更多包含英美新批评派“细读”范例的著作被介绍到国内，如赵毅衡编选的《“新批评”文集》（赵毅衡本人也著有《新批评：一种独特的形式主义文论》一书），布鲁克斯、沃伦合著《小说鉴赏》，布鲁克斯著《精致的瓮》等[②]，这些译著的出现使得“细读”法更为广泛地应用于文学作品的分析与研究。

据洪子诚先生介绍，将“细读”法与诗歌教学相结合的实践，谢冕先生、孙玉石先生曾先后在北大中文系开展过，孙玉石先生的讲授和课堂讨论的成果已结集成书出版，分别为《中国现代诗导读（1917—1937）》《中国现代诗导读（1937—1949）》《中国现代诗导读（穆旦卷）》。洪子诚先生认为，这些在大学课堂上进行的解诗工作出现的背景是“现代诗”诗潮的兴起和“现代诗”与读者之间的紧张关系，并直接面对有关诗歌“晦涩”“难懂”的问题。[③]

关于诗歌“懂”与“不懂”的问题，可以说是为评论界和普通读者最为关注的问题之一。此问题自新诗诞生后便一直存在，直到今天讨论仍在继续，而“如何解诗”，则是解决这个问题的关键。随着时代语境的不断推移，诗人的创作面貌也发生了巨大变化，尤其是自上世纪 90 年代以后，诗歌创作更呈现出复杂多样的局面。诗人辈出，作品数量蔚为可观，其中不乏佳作。读者在阅读这些优秀诗作的过程中，如何根据作品的实际情况来更新调整自己的诗歌观

① 许霆：《中国现代诗学论稿》，第 368 页。

② 赵毅衡：《“新批评”文集》，中国社会科学出版社 1988 年版。[美]布鲁克斯、沃伦：《小说鉴赏》，主万等译，中国青年出版社 1986 年版。[美]布鲁克斯：《精致的瓮》，郭乙瑶等译，上海人民出版社 2008 年版。

③ 洪子诚：“初版序”，洪子诚编《在北大课堂读诗（修订版）》，北京大学出版社 2014 年版，第 5 页。以下注释如不特别注明，所标注页码皆出自该书。

念及读诗方法，则又回归到“如何解诗”这个问题上。洪子诚先生于 2001 年在北大为中国现当代文学专业部分研究生组织了“近年诗歌选读”课程，并将课堂讨论内容结集为《在北大课堂读诗》一书，2002 年由长江文艺出版社出版，修订后由北京大学出版社于 2014 年再版。此书呈现出的诗歌“细读”观念可以视为“如何解诗”的答案之一。在洪子诚先生看来，“细读”活动的基本点是借助具体文本的解析，试图探索现代诗有异于传统诗歌的艺术构成，也试图重建诗歌文本和读者联系的新的途径。[①]

从书中可以看到，参加课堂讨论的许多成员（如周瓒、姜涛、胡续冬、冷霜、钱文亮等）在当时就有诗歌创作的经历，并且这些成员后多从事学术研究和承担高校教学工作，可以说对新诗有一定的鉴赏能力；因此，他们的解读较之普通读者，也更具有范例的功能。书中所解读的诗人主要为活跃于上世纪 90 年代，与“新诗潮”有密切关系的诗人，如张枣、王家新、臧棣、欧阳江河、翟永明、韩东、于坚等，这些诗人的作品从一定程度上能代表 90 年代诗歌创作状况的几个侧面，对他们的作品进行解读，能够了解 90 年代诗歌的大体面貌。而在篇目的选择方面，《在北大课堂读诗》更多注意“能够经受解读‘挑战’的、复杂和更多‘技术’含量”的诗。[②] 这种选择标准并不是要否定“单纯”的好作品，其中原因一方面在于课堂讨论这种教学方式需要更多的文本阐释和成员交流空间，另一方面也与解读所使用的“细读”方法有关，体现了课堂讨论的参与者在解诗的过程中倡导诗歌“细读”的努力。

在“细读”方法的具体应用中，解读者们并没有遵循统一的模式或套路，而是根据所选诗人、诗作的具体情况以及个人的理解来选择切入一首诗的角度。这说明“细读”的过程需要灵活变通，不能拘泥于成规。举例来说，臧棣在解读张枣的《边缘》一诗时，更

① 洪子诚：“初版序”，第 6 页。
② 洪子诚：“初版序”，第 9 页。

多地强调对一首诗思维过程的理解，突出对“联想轴”的关注[①]，认为“边缘”的意味在于“诗人把他自己对边缘情境的体验和洞察，巧妙地融入这首诗的句子与句子之间的关联中”[②]。从这种解读角度可以看出，臧棣的“细读”实际上是把个人的写作经验与对《边缘》的理解相结合，因为臧棣在写作一首诗时，会有意“让诗的形态最终呈现一个动态的、不断自我生成的诗意的过程”，所以他的诗的诗意“往往不是由一行或两行来完成的，而是由一节甚至整首诗来完成的”。[③]臧棣这种“过程式”的诗学观念影响了他切入张枣诗作的角度，也体现出臧棣与张枣写作方式的“互文性”。赵瑀在解读王家新的《伦敦随笔》时，则主要关注诗作文本中的“互文性”，注意到王家新诗歌中个人经验与文化资源的黏合特性[④]，把王家新诗歌中的具体元素与其他诗作进行比较分析，类似于将文本细读与“以诗解诗”的结合。又如，钱文亮解读柏桦的《琼斯敦》，借助了诗人的自传性材料，包括他的自传性质的回忆录，以及别的诗人和批评家提供的情况，同时也联系柏桦其他作品的意象词语的使用。[⑤]这是把文本细读与传统“知人论世”结合起来的方法。由以上所举书中例子可见，对诗歌文本进行细读时，把诗人诗作的具体情况综合起来考虑分析是非常重要的，应避免那种抹杀诗人写作风格独特性的模式化解读。从作者的角度进行思考，深入文本内部，关注具体语境，这是对前文所提及的朱自清“参与的作风”这一学术品格的继承和发扬，也是“细读”法在运用中的一大特色。

对不同的诗人之作采用不同解读角度的同时，对同一文本的解

① 参见该书中吴晓东的发言，第 21 页。

② 参见该书中臧棣的发言，第 5 页。

③ 参见《可能的拓展：诗与世界关系的重建——臧棣与 20 世纪 90 年代以来的诗歌》，见王光明等著《开放诗歌的阅读空间》，社会科学文献出版社 2008 年版，第 180—181 页。

④ 参见该书中赵瑀的发言，第 47 页。

⑤ 参见该书中洪子诚的发言，第 237 页。

读也应存在多种可能性，有时可能会是“误读”，新诗历史上李健吾与卞之琳针对《圆宝盒》一诗进行的讨论便是一个例子。可以说，“误读”在细读的过程中是允许存在的，读者与作者的意图不可能完全重合。对一个诗歌文本进行多方位的解读不仅能够提供多层次的诗意，也显示了细读读者发散多样的诗学思维路径，正如臧棣所说：“在现代社会里，每一个读者都是一个潜在的作者。”[①]针对翟永明《潜水艇的悲伤》一诗，不同读者的切入角度就存在差异。对于周瓒而言，她作为一位女性诗歌评论者可能与翟永明存在更多的契合度，她主要从“写作”这个层面来阐释《潜水艇的悲伤》，“潜水艇”暗指诗人的创作活动，并认为这是一首“以诗论诗”的作品。[②]同样作为女性评论者，曹疏影的理解与周瓒有相似之处，而钱文亮、王璞等人则有不同的视角。钱文亮从语词方面入手，认为“借入词语”的使用揭示了翟永明诗歌的结构核心[③]；而王璞认为“潜水艇”象征诗人的一种“远离人世的，将自我隐藏在深处的，秘密幽居于水底的内心状态”，这就与周瓒、曹疏影的理解有较大差别。[④]不同“细读”角度的存在，说明“诗无达诂”的现象在当代诗歌细读的过程中仍然突出，并呈现出更为复杂多样的局面。它们之间不是彼此截然对立的关系，而是类似于一种“互映”。多种解读视角的并存显示了当代诗歌诗意的不确定性与模糊性，以及当代诗人思维和经验的多样性与复杂性，意图在诗歌中找到“定论”的做法也许是不必要的，正如洪子诚先生所说：“重要的可能不是要给出某种答案，或达到某种‘共识’，而是呈现富于启发意味的多种可能性。”[⑤]在当代诗歌所呈现的复杂语境中，孙玉石先生总结的解诗“公共原则”仍然适用，但诞生了更多可以扩展和游移的空间。对许多解诗

① 参见该书中臧棣的发言，第 3 页。

② 参见该书中周瓒的发言，第 84 页。

③ 参见该书中钱文亮的评论，第 94 页。

④ 参见该书中王璞的评论，第 96 页。

⑤ 洪子诚：“初版序”，第 8 页。

者而言，对具体诗人文本“细读”的过程也是一个思考诗学问题的过程。也就是说，深度意义上的“细读”是从具体文本出发，并试图看到文本背后具有普遍性的诗学问题，从而就发现的问题提出可能的出口与潜在的陷阱。这样，“细读”就突破了以往人们把 Close Reading 视为“封闭式”阅读的偏见，而走向更为广阔的诗学批评领域。

姜涛在对欧阳江河的作品《时装店》进行分析时，便提出了一个值得探究的问题：“我们在阅读诗歌的时候有两种期待，一种是对革命性的期待，另一种是对诗的感受的普遍性期待。……欧阳江河的诗歌，到底在何种程度上只是一种革命性，而不构成诗歌本身的拓展，以及可以延续的传统，这个问题值得讨论。”[①] 姜涛是在阅读一首诗的基础上，看到文本深层所隐含的问题，而不是仅对欧阳江河诗歌的修辞艺术持赞美式认同态度。“细读”若仅停留在文本的表层分析上，其价值可能不如对文本进行深度“透视”所得到的大。立足于文本，并开阔思路，对文本所折射的问题做深入思考与探究，在“细读”中所占位置值得重视。但是在具体的操作中，有些思路可能是需要避免的误区。周瓒在分析吕德安《解冻》时谈道：“我们分析一个诗人的作品，容易与别的诗人进行比较。比较是必要的，但容易形成非此即彼的思路。……我们还要警惕那种概括式的谈论，它很容易抹杀掉诗人的特殊性。”[②] 由此可见，虽然“诗无达诂”是“细读”中普遍存在的现象，但“剑走偏锋”的方法会使“细读”丧失其有效性，诗歌的意义也容易被扭曲，这就要求读者在实践中注意方法的积累和辨别。

在如今网络化的时代语境中，博客、微博、微信等自媒体的出现从一定程度上来说会使诗歌阅读的速度加快，这是因为信息大量涌入而又转瞬即逝，使人应接不暇；再者，生活节奏的加速也影响了读者阅读所花费的时间。在这种背景下，普通读者面对一首诗的时候往往满足于对诗歌做表面的“赏析式”解读，“囫囵吞枣”“蜻

① 参见该书中姜涛的发言，第 72 页。

② 参见该书中周瓒的发言，第 109 页。

蜓点水”“走马观花”般接受诗歌，只愿意寻找文本与自身相契合的部分而忽视其他，诗歌似乎成了一种文化消费品。长远来说，这种表面性赏析模式不利于读者深入体会诗歌的“妙处”，并且也有使媚俗诗歌泛滥成灾的危险。诗歌阅读需要“慢”下来，读者在“慢速”阅读中，能够获取更多的人生经验，丰富自己的心灵领域。因此，“细读”法有必要在当前的语境下得到提倡和推广。然而值得注意的是，虽然“细读”法为解读诗歌提供了较大的思维空间，但仍然容易遭到质疑。其中最突出的一点恐怕是针对“细读”中出现的“过度阐释”现象而提出的。“过度阐释”似乎是对“细读”的一种“扩充性的限制”，在这种情况下读者可能更愿意“把诗歌的指引能力落实到每一个字词，从而通过对一首诗的细读到达一个更大的框架中去，把它与文化研究或者与思想史、学术史联系在一起”[①]。应该说这种做法的动机无可厚非，但逐字逐词落实后的解读很可能会使解诗落入机械化操作的圈套，把诗歌“完全去魅”的后果是诗意的稀释，诗歌也就此成了一个“笨谜”。

正如前文所介绍的那样，《在北大课堂读诗》中所选篇目多为需要精心“细读”和推敲的诗歌，因此，此书自初版本诞生之时，便遭到一些关于“过度阐释”的批评。有批评者甚至尖刻地指出：“《在北大课堂读诗》更像是一群训练有素的人聚在一起共同粉碎诗人肢解诗歌的阴谋。……‘过度阐释’是一种外溢，也是一种话语暴力。一旦批评溢出诗歌魔瓶，诗魂就会四处飘零。”[②]这种声音的出现，表明有些读者对诗歌“细读”法的有效性持怀疑态度。如前文所说，“细读”法诚然是对表面性“赏析式”解读的纠偏，然而在实际操作过程中，诗歌文本整体性的美感的确容易遭到破坏。但由此全盘否认“细读”法的有效性，恐怕也是不可取的。实际上，《在北大课堂读诗》中参与课堂讨论的人员已经意识到“过度阐释”的危险，并提出了补救方案。胡续冬指出，赏析式的批评方式不能完全被抛

① 参见该书中胡续冬的发言，第377页。

② 丁国强：《在北大课堂读诗》，《青岛日报》，2003年10月10日。

弃掉，[①]在细读中它也有借鉴的价值，对诗歌的主观感受力仍然重要。洪子诚先生在“初版序”中也强调了“感悟”能力的价值。[②]可以说，“阐释性”强度的日趋增大是当代诗歌发展的一个趋势，但诗歌中“晦暗不明”的领域也有其魅力。对于诗歌中“不可说”的部分，“保持沉默”也许更能使诗歌保持它的艺术价值。因而，把“细读”法与中国古代的印象点评法相结合，也许能够更为有效地解读诗歌，同时保持文本本身的“神秘性”。正如唐晓渡在《中外现代诗名篇细读》的《后记》中所指出的：“将西方‘新批评’的所谓‘细读’和中国传统的感兴式意象点评加以综合运用，同时注意互文性的把握，以便一方面通过逐行逐句语象的拆解、分析，尽可能充分地揭示一首诗的内涵和形式意味；另一方面，又将由此势所难免造成的对其整体语境魅力的伤害减少到尽可能小的程度。”[③]

深入一层来说，《在北大课堂读诗》所倡导的“细读”法的意义还不仅仅是在于对诗歌解读方法的纠偏，正如前文所提示过的那样，“细读”在指向诗歌文本本身的同时恐怕还要着眼于更广阔的诗学空间。一个有心的读者会在“细读”的过程中发现问题，从而带着问题去接触更为广阔的知识和经验层面，其收获也许比文本本身的价值大得多。正如钱文亮所说：“一个理想的解读者应该是对诗歌有着比较高的专业敏感、专业训练，甚至对语言学、心理学都有一定的基本知识。另外就是对诗歌历史、当下的诗歌序列相当了解。”[④]对普通读者来说，恐怕很难在短时期内成为这种“理想读者”，而“细读”将成为他们提高诗歌解读能力和自身诗性修养的一种有效手段，并使普通读者在阅读方法上向更具有专业水准的“理想读者”靠拢，“理想读者”在细读的过程中有时也要借鉴普通读者的观点。“细读”的作用不是扩大“理想读者”与普通读者之间的审美距离，而是促

① 参见该书中胡续冬的发言，第 378 页。

② 洪子诚：“初版序”，第 9 页。

③ 唐晓渡:《中外现代诗名篇细读》,重庆出版社 1998 年版,第 251—252 页。

④ 参见该书中钱文亮的发言，第 381 页。

使两者在对诗歌解读的过程中能够平等对话。

就化解“理想读者”与“普通读者”之间的界限而言，《在北大课堂读诗》无疑提供了一个较为成功的范本。事实上，自《在北大课堂读诗》出版以来（尤其是修订版推出之后），就有许多普通读者（特别是年轻读者）对解读者的努力表示赞赏，并从解读者的解诗过程中逐渐习得了“细读”这一理解诗歌的有效方法，进而对现代诗有了新的认识，与洪子诚先生一起“重新做一个读者”[①]。有读者自承：“看书之前，我颇有顾虑，一是因为我确不知道何为好诗，怕因自己知识和底蕴的浅薄而糟蹋了书中美好的文字烙印；二是害怕如果彻底通透了诗的含义，是否那层朦胧的梦幻就消失不见了，那岂不是又辜负了作者的一番苦心？”[②]“一直以来，自己是不敢说懂诗歌的，无论是古诗，还是白话诗。古诗即便不懂，还可从音、韵、形式上得点娱人耳目的感受。白话诗歌就往往无从谈起了，打破任何现有观念和形式，所以对待现代诗歌，个人早就打定主意：重新做一读者。从这个角度说就与这本书的编者洪子诚先生不谋而合了。”[③]而读完《在北大课堂读诗（修订版）》之后，读者则领悟到：“只有读懂一首诗，才能感觉到它的好坏，或者说自己是否喜欢。”[④]“15 节课，一本书，从文字能见出课堂的热烈，每节课的记录不是想要告诉我们诗歌的意思，而是引导读者探寻诗歌的意义。读过书对于把握中国 90 年代诗歌创作的艺术方向，以及对诗歌解读的理念方法，都大有裨益。”[⑤]这些读者的反映说明，在对当代诗歌的认识和理解方面，《在北大课堂读诗》一书的出版能够使普通读者通过阅读来逐渐接受“细读”的观念和方法；伴随着阅读的进行，专业读者与普通读者之间的隔阂也有缩小的趋势，

① 参见该书洪子诚的“初版序”，第 7 页。

② 米筱禾：《读诗，读一种经历》，http：//book.douban.com/review/7233306/。

③ 克舟：《出堂入世谈读诗》，http：//book.douban.com/review/7378447/。

④ 克舟：《出堂入世谈读诗》，http：//book.douban.com/review/7378447/。

⑤ 克舟：《出堂入世谈读诗》，http：//book.douban.com/review/7378447/。

两者之间可以在对诗歌文本的解读中建立对话关系。

综合看来，《在北大课堂读诗》在诗歌“细读”的具体观念、方法的更新与传播等方面，都做出了有益的探索和贡献。在主讲与讨论相结合的课堂教学中，参与者向读者详细展示了“细读”一首诗的过程。而《在北大课堂读诗》修订版的出版，可以视为对诗歌“细读”法的进一步“去魅”，证明了在网络化、商品化时代，对当代诗歌的“细读”仍然具有广阔的可能性。“细读”一首诗，读者享受到的并不是波涛汹涌般的语言快感，而是如同涓涓细流一样的精神陶冶。在细嚼慢咽中，读者的读诗品味会渐渐得到升华。

原刊《海南师范大学学报》（社会科学版）2015年第12期，此处收录的是作者提供的文档。

思想的左右互搏
——《材料与注释》的“书法”

刘复生

《材料与注释》是一部体例比较特殊的书，虽说是材料与注释，但对所谓材料的选取和剪辑组合却大有讲究，而且，其重心也不在于为材料做注，而是通过对材料的注释，进一步提出或引申出另外的问题。从这个意义上说，其实“注释”才是真正的正文。或许是担心读者对“注释”不能充分理解，洪子诚又附上了一组“答问”，它们基本上可以看作是对如何理解“注释”的有关原则性问题的解释。也可以说，它们是“注释”的“注释”。

在我看来，之所以采用这种独特的体例，洪子诚是为了更方便地表达“隐微”的史观。这种体例，使作者的形象处于某种隐蔽的状态，但事实上他却又不时现身，不断地间离读者对“材料”的阅读，把读者引导向“材料”以外的方向。真正的作者洪子诚躲在“材料”的背后，自由进退，灵活出击。而且，这种不断插话式的表达，避免了连贯的系统性论述可能带来的压抑感，也避免了过于清晰的立场的呈现。

而对于那种把论述真理化并定于一端的做法的批判，正是本书的隐微主题。

结合洪子诚的其他论述，我们不难看出他对任何一种排他性的思想专断或政治正确的质疑，不管它如何改头换面，甚至叫作自由主义。从某种意义上讲，洪子诚反对的不是它的具体内容和思想实质，而是它的形式，是那种专断的思想风格和机制。

怀疑任何一种依托于某种意识形态的明确思想立场，不信任各种“强说法”——不管它是多么的“正确”。这似乎是在重复所谓“消极自由”的老调，但对于洪子诚来说，却并不怎么欣赏那种疏离公共性的超然姿态和政治淡漠。有时他也表现出对于革命及其社会理想的认同，对它具体的历史实践，包括曲折与失误都能理性而富于同情地理解。不过，在他看来，能否容忍“多元化”的中间地带的存在，仍然是一个理想社会得以形成的前提，也是一个理想社会的判断的标准。而“十七年”至“文革”的社会主义文化建设之所以出现危机，不在于社会主义文化不正确，或没有生命力，而在于它过于强烈地追求“正确”的意志，和确信自己“正确”的信念，以及排斥异端的冲动。抛开具体的社会历史背景因素不谈，正是这些文化体制方面的缺陷摧毁了社会主义文化的合法性。在丧失了必要的边缘和外围后，这种新文化也一并丧失了富于活力的互动结构，最终使定于一尊的社会主义的文化主导权丧失了真实意义，离开了丰富的文化生态的滋养和制衡，自身也走向了干枯和极端，最终不能免于崩溃。对包含多种丰富性和复杂性因素的中间地带或灰色区域的取消和压制，尽管在特定政治状态下有其合理性，但是这种机制一旦常规化和制度化，走向专横化，动辄就将异质因素定为异端加以压制甚至暴力取消，也就使自己丧失了自我批判的契机和不断吸纳异质资源和养分的能力，同时也泯灭了自我修正和约束的力量，从而埋下了失败的种子。最终，社会主义文化的先进性和合法性也将受到伤害。文化政治的问题最终要靠文化的方式解决，正确的文化主导权也要靠正确的方式建立，而借助于政治威严的文化批判的暴力机制，必将带来深远的文化后果。发人深思的是，这种风险是很早就被毛泽东充分意识到并力图避免的，本书的第一篇“材料”《1957 年毛泽东在颐年堂的讲话》清楚地表明了这一点，但历史实践仍然未能规避这一陷阱。

我想，这或许是洪子诚“一体化”与“多元化”所试图讲述的社会主义文化的故事吧。是否这正是他那部影响巨大的《中国当代文学史》所暗含的历史线索呢？

当然，《材料与注释》避开了理论阐释和宏观描述，直接进入了历史现场和微观层面——当代文学体制核心圈那些当事人的内心世界，来细致地观察当代文学的历史逻辑和体制运行的机理。不得不说，这种呈现是生动而有力的。洪子诚将当事人不同情境中就同一话题的不同表达和表态戏剧性地加以并置，将官方文件、批判材料和个人交代材料及“文革”后的叙述编辑在一起，并在关键时刻加以“注释”，清晰地呈现了旧有的文化体制内在的矛盾，“这里不是要全面讨论这个事件，而是对若干了解到的材料，加以编排和注释，来显现事情值得关注的某些方面。材料处理和注释的重点在两个方面，一是人、事的背景因素，另一是对同一事件，不同人、不同时间的相似或相异的叙述。让不同声音建立起互否，或互证的关系，以增进我们对历史情境的了解”。（《1957 年中国作协党组扩大会议》）

结合洪子诚的其他论著，我或许可以这样总结他的看法，不能僵硬地理解政治立场的对错，所谓此一时彼一时，这要看某种立场与具体政治情境和历史大势构成什么样的关系。所谓历史的“势”，包括具体历史过程所面对的首要的问题，不能脱离这种关系，非历史地、抽象地判断某种政治立场的正确与错误。对于“左”与右，抽象地谈论没有意义，否则完全不能把握“名”下面的“实”或者它所包含的真实的历史内容。关于“十七年”文学，关于 80 年代的“纯文学”，都不可过于拘泥和执着。表面上看，思想观念有时表现为一左一右的曲折前行，但却自有其逻辑，它们都有其最初的针对性和历史合理性。可是，如果走过了，就走向唯名论，走向反面，甚至在走向当初它所反对的对象。

或许，洪子诚是在提醒我们，当前的新的历史“大势”，这个时代自然面临着 80 年代以来现代“启蒙”思想的狭隘化和极端化问题，因此，引用革命时代的资源，对“启蒙”观念进行批判以及历史的清理都有其合理性，但是，不可忽略的是，不能因此而简单化地否定所谓的右翼思想曾经具有的历史功能和巨大的解放意义，某种意义上，它也是在取得了唯一的政治正确性之后，才越来越自以为是，并走向了没落和反动。另外，同样不可忽略的是，批判资源的借用，决不意味着美化旧时代的问题，对它进行另一重简化。在思想分化的今天，同样要警觉新的站队和专断，在对大势之中的某些思想倾向进行批判的时候，也不可放松对自我的批判与反省。即使“大势”中“正确”或具有更多历史合理性的一方也不可走极端，不可过于专断，它更有责任维持一种良性的公共讨论的张力，留意吸纳异质思想的合理性因素。

当然，这种思维方式很容易使人左右不待见。于是，我有时揣测，洪子诚经常就自己的性格进行自我解嘲，比如说自己性格怯懦或不自信等，或许是一种托词和回避吧。其实，在左右激荡的知识风向中，坚持自己的感受和想法，不顾及很多引为同道、立场划线的朋友们的看法，以及学术生产潮流与趋向所支持的学术共同体关于学术性标准的压力——比如前沿与落伍，面对那么多人潜在的期望，能忠于自己的感受，坚持自己与众不同甚至不合时宜的想法，对于一位居于学术前沿的学者，其实是一种相当不容易的事。洪子诚选择了以自我解嘲的方式“狡滑”地掩盖了自己的坚定和固执，也获得了某种内心的自由。这也就是他所说的不善于随机应变的意思吧。“但也许有某些‘坚硬’的东西，就是我一个时期的认知，我的感受。我不大会随机应变；或者说，当我要做出随机应变的时候（特别是‘文革’期间），这会是很困难，也很痛苦的事情。”（《文学史写作：方法、立场、前景》）。

这或许也是洪子诚那种独特的表述风格的来源吧。总是显得那么犹豫不决，含混暧昧，判断每每留有回旋的余地，留下可讨论与可争辩的空间。“大概是说了这个方面又想到另一个方面，就含糊其词，不敢或不愿下确定的结论；该鲜明肯定的东西却留有余地，该批判否定的又有那么一点同情；文风不鲜明尖锐，不生动活泼，缺乏激情；在研究上过于经验主义，没有事实依据不敢多说一句，缺乏演绎铺陈的想象力，更谈不到叱咤风云的气势……这样的性格其实不大好。”（《文学史写作：方法、立场、前景》）。我想，性格因素不能说没有，但更多的是独特的思想姿态使然，也是一种有意的表达策略吧。通过这种方式，他不停在自己的思想中进行着“左右互搏”，避免胶着于一端，陷入某种专断。

《材料与注释》提供的那些前后不一的交代材料，我们没有理由怀疑写作者的真诚，不管迫害者还是被迫害者，都是专断化的真理机器的牺牲品。洪子诚批评了那种将种种历史责任推给个人道德或知识分子人文精神的“启蒙主义”说法，尽管他对康濯、郭小川、周扬等人的某些做法颇有微词，但却极不赞同对当事人进行超历史的道德审判。那种“左右摇摆”、前后不一的言行，往往是特定的话语实践的产物，或者是特定情境下的挣扎，“不追问社会情境、制度，不解析权力的性质和运作方式，只严苛地纠缠个人道德，只能说是轻重不分”。（《“当代”批评家的道德问题》）。对于“新时期”以后选择性记忆，推翻原有陈述甚至美化自我的行为，洪子诚也并不简单地以道德说事，更倾向于认为是新的话语实践和“政治正确”机制在起作用。其实，某种程度上，它们和巴金式的忏悔并没有实质性的差别，都是简单地以新否定旧，而没有对旧的压抑性机制进行真正的反省，尽管形式上后者的道德姿态要高一些，并被“启蒙主义”赋予了某种英雄主义色彩。

但是，洪子诚并不因此而轻易否定个体道德的意义。“虽说不应将‘道德’问题与社会环境剥离，但也不应将一切推到外部环境，认为个人无需担责。也不必做什么忏悔吧，至少是有那么一点不安和愧疚，哪怕是沉默静思也好。一个浅显的道理是，所处的境遇也许相似，但人与人之间确有不同。我们也不应该将这种高下的差异轻易抹平。”（《“当代”批评家的道德问题》）

于是，我们就经常在洪子诚的著述中见到诸如“历史责任”“承担的意义”等关键词。在他身上呈现出一种矛盾，一方面是对陷入任何一种过强的实体性的政治立场的警惕，另一方面是对道德主体性的强调，与历史纠缠在一起的无法回避的生存决断。

洪子诚似乎更偏爱一种含混和边缘的主体位置，在评论戴锦华时，他以“在不确定中寻找位置”为题，这显然是他所赞赏的姿态，这颇有点左右不靠的“横站”意味，和进行独立自主的文化游击的气质，不管面对的是旧有文化体制，还是资本主义的堂皇叙述。

这种身位的选择和个体经验有着紧密的关联，在洪子诚的言说系统里，“生命”“个体”“尊严”获得了超越 80 年代启蒙主义的意涵。生命经历与个体经验，如果能够和逃脱思想专断习惯，与深刻的反省能力相结合，则能够产生抗拒“简化”，超越历史限制的潜能，这是我们不能轻易否定它的理由。同样，也是基于这个原因，他揶揄了当下某些缺乏生命经验支撑的立场选择并不可靠，“不过，和‘前三十年’很大不同的是，现在获得‘阶级意识’‘阶级主体性’，好像要容易得多。坐在屋子里、书斋里想象、宣布就可以”。（《文学史写作：方法、立场、前景》）。

与此相联系，洪子诚对文学的判断尺度也更看重个人经验的意义，持一种被贺桂梅称之为“信念式的文学本体论”的立场，作为“十七年文学”最重要的研究专家，他在美学上却对“十七年文学”评价不高，尽管重评红色经典，从文化政治的角度对这类文学进行重新评价并赋予更高的文学价值也在形成一种重要的潮流。在文学观上，他表达过对胡风等人的赞同：“胡风在谈到生活、题材、世界观的意义的时候，重视坚持不离开作家的生命，他的体验，他的创作实践。这个有点像卢卡奇说的，为生动的生活经验所营养。‘他人之志’和‘自己之道’的分判，‘真伪’之类的鉴别，也必须在这个层面才能有效。我欣赏日本学者丸山升用的‘抵抗’这个词。在处理那些两难的问题上，需要身心的投入；它不是纯理论，或者简单的态度，是与‘个人’的生命有关的问题。也就是说，坚持某种目标、信念的作家，在处理政治和艺术，良知和语言这些问题上，只有通过自己内在生命的‘抵抗’，来形成属于自己的方式。”（《文学史写作：方法、立场、前景》）。所以，在“十七年”小说中，他偏爱赵树理超过柳青。而最为洪子诚自己所欣赏的文学作品，正如他在另一部著作《我的阅读史》中所显示的，则是《鼠疫》《日瓦戈医生》，契诃夫小说之类表现出“‘怀疑’的智慧”的作品。

原刊《中国现代文学研究丛刊》2017 年第 2 期，此处收录的是作者提供的文档。

真相与良知

——洪子诚《材料与注释》引起的思考

杨联芬、邢　洋

文学史作为历史研究的一种，它首先和永远要面临的问题是：怎样才能呈现真实？陈徒手曾经阅读和抄录了几十万字档案材料，通过对其中一些个案的细致研究和“编织”，[①]再现了新中国成立后知识分子的处境与思想改造运动。洪子诚《材料与注释》的叙述方式，形式上与陈徒手完全不同：一方面，作者似乎完全舍弃了“叙事”，直接用原始材料充当“正文”；另一方面，却用传统笺注的方式，在正文之外，平行并列了另一个信息量大大超出正文的“副文本”。副文本援引大量材料，对以“客观”状态出现的正文本的原始材料进行注释，同时也对正文本中出现的事件、人物、冲突等不断探询、辨析、评议，正副文本在平行状态下延伸，构成互文和对话的有机结构，成就了该书罕见的和自足的形式。

正如洪子诚一再声称的，“我只是处理材料，没有构建什么体

① 此借用海登·怀特的概念。怀特认为历史事件本身是相对客观的存在，而历史学家将其编织到何种情节模式，便可赋予其何种独特意义。因此他认为，历史学家的叙事，与文学家的叙事相似，需要想象力与虚构能力。怀特对历史叙述的虚构性理解，是强调叙述主体和情节模式对于历史叙述的功能，并不带任何贬义。参见海登·怀特：《元史学：十九世纪欧洲的历史想像》，陈新译、彭刚校，译林出版社2004年版；《后现代历史叙事学》，陈永国、张万娟译，中国社会科学出版社2003年版。

系”，[1]他以“原装”方式将某一历史事件（文本）直接呈现，似乎想避免历史叙述者容易遭到指摘的“主观”叙述与立场。然而这并非易事：一是他手中掌握的材料，只是冰山一角，如何让个别呈现“一般”、使细节体现情节的张力？二是当代文学史作为亲历者的叙述，叙述者对于痛苦、耻辱的记忆及其无意识的遗忘，都可能使“真实”的再现变得困难。《材料与注释》中《1967年〈文艺战线两条路线斗争大事记〉》一章，作为对亲历的一段历史的回顾，洪子诚也惊讶于竟不认得自己当年的文字：“在时隔三十年之后，重读《大事记》和我写的批判文章，重读‘文革’后期的那些讲课笔记，难以相信这些文字出自我的手。设若这些资料不再留存，设若留存了而我不再去重读，对当年情景的想象将是另一种面貌：这是确定无疑的。”[2]即便是亲历者，其记忆／遗忘的不可把握，也使我们对于过去深信不疑的“口述历史”，不得不小心翼翼。这或许便是《材料与注释》对同一事件，不厌其详地使用尽可能多的不同材料，从不同角度反复比较和考证的根本原因。

2016年11月21日，洪子诚先生应邀来到中国人民大学“中国现当代文学研究的理论与方法”课堂，我们得以近距离地与作者一起讨论这部著作。谈到写作动机，洪老师说他其实是想通过回顾这些历史事件，来尝试对自己和历史的关系做出清理——尽管这种清理很难真正完成。洪子诚于“大跃进”时期进入大学校园，伴随中国社会主义革命成长，其学术与人生，完整经历了“十七年”、“文革”与“改革开放”三个时期，他的当代文学史叙述，既是真切的，也是沉重的。无论是十几年前出版的《问题与方法——中国当代文学史研究讲稿》，还是眼下这本《材料与注释》，我们阅读时都能感受到，研究主体与历史之间的复杂缠绕，是激发洪子诚先生不断

① 参见陈徒手：《人有病，天知否——一九四九年后中国文坛纪实》（人民文学出版社2000年版），《故国人民有所思》（生活·读书·新知三联书店2013年版）。

② 2016年11月21日洪子诚在中国人民大学课堂的发言。

思索并探求历史叙述可能性的最重要动因。而对于记忆、对于亲历者口述／书写的审慎态度，促使他选取直接将原始档案呈现给读者，然后以副文本对其进行笺注，在尽量还原相关历史背景的前提下，进行考论。

一

关于该书正文呈现的六组资料，其来偶然。1967 年春夏之交，洪子诚与严家炎、谢冕等被派往中国作家协会撰写《文艺战线两条路线斗争大事记（1949—1966）》（以下简称《大事记》）。在北京灯市西口作协宿舍那个三进院落，洪子诚接触到的档案室里的资料，一部分是检讨，另一部分是作协重要领导人的报告、会议记录等，他用复写纸将其中部分资料抄录了下来。据洪子诚描述，作协保存的许多资料（如会议记录等）都很详细，如 1962 年的大连会议，将近半个月的会议发言内容全部记录在案（记录员是唐达成，会速记），厚厚一大摞，清晰整齐。洪子诚在匆匆忙忙翻看中，只抄录了其中的小部分，而这一小部分并不见得能够完全反映会议的情况。[①] 这类档案，很多并非“机密”，即便当初是“机密”，现在也到解密公开的时候了。然而今天的研究者们大约再无机会接触这些材料，因而洪子诚当年抄录并保存下来的这些“片段”，无疑具有极为宝贵的价值，而片段、细节所包含的历史整体信息，有时候也并不亚于系统的叙事。

洪子诚先生坦言，当初抄材料并非出于“叛逆”，也并非对“阶级斗争”这种认识世界的方式有所怀疑。《大事记》本来就是按照江青《纪要》的“口径”编写的，基本脉络与判断方式都和其保持一致，而且他个人对投身革命也持积极认同的态度。只是，洪子诚内心一直存在着某种“分裂”：对于那些被打倒的“反革命”，他始终无法真正将其视为阶级敌人，无法生出憎恨、厌恶的情感，有

① 洪子诚：《材料与注释》，北京大学出版社 2016 年版，第 208 页。

时反倒会对“批斗”本身产生怀疑。他曾亲眼看到社科院一些学者在王府井附近的剧场被批斗，场景历历在目：学者们低头站在台上，胸前挂着大牌子；何其芳脖子上的牌子写的名字是“何其臭”，上面被打一个大大的“×”。洪子诚先生说，他当时心里产生一种莫名的荒诞感。这类“隐秘”的心理感觉，使他总是无法将自我完全融化在革命的狂热浪潮中。“抄材料”的行为，或许在一定程度上跟这种内心的“分裂”存在隐秘的关联。① 这种复杂暧昧的心态，本身也是一种“历史真实”。每个寄身社会的人，都无法摆脱社会意识形态的制约与影响；而主体某些微妙的直觉感受，有时却可能成为敲破意识形态坚硬外壳的心灵之“喙”。正是这种直觉，令洪子诚在狂热的时代洪流中葆有一份难得的冷静，能够意识到（也许并不分明）这些材料说不定什么时候会有另一种研究的可能。

《材料与注释》披露的六组原始材料，内容涉及 1957 年 2 月毛泽东在颐年堂与知识界人士就文学、学术与百家争鸣等话题所进行的漫谈，1957 年中国作协党组扩大会议，1962 年大连会议等。这些关涉当代文学历史进程的重要事件和场景，尽管非常珍贵，却并不完整，也就是说，难以还原事件的完整过程。但作者将这些原始会议记录和个人的“交代”“检讨”等材料排列起来，同一对象的不同材料，同一个人不同时期对同一事件的叙述，以及不同人对同一事件或对象的回忆、评价，或参差矛盾，或相辅相成，证实、证伪，最后还原出逼近历史真实的“现场”。同时，作者又对其中所涉历史事件、人物、细节等逐一加以考证与分析。这些细密的笺注，与正文本一起构成了极富张力的历史叙述，洪子诚对历史的认识、态度，亦从中体现出来。阅读该书，我们不仅对特定历史事件的背景有了一个直观感受，而且对历史现场中各种人物的处境、表现与命运，也不胜唏嘘。一本以“材料”和“注释”命名的“工具书”式的论著，最终以充满历史沧桑和情感魅力的叙事征服了读者，其奥秘何在？

① 2016 年 11 月 21 日洪子诚在中国人民大学课堂的发言。

我们不妨看看作者对“材料”是如何处理的。该书《一个注释和一篇文章》，讲述的是文学史上由鲁迅《答徐懋庸关于抗日统一战线问题》一文所引发的一桩公案。1936 年 4 月，冯雪峰受党中央派遣，从陕北瓦窑堡赴上海执行任务，其中一项，即同上海各界领袖取得联系，传达党中央的抗日民族统一战线政策，并“附带管一管文艺界的事”[①]。在此之前，国民党对共产党连续实施“清洗”，以周扬、夏衍等人为首的上海文艺界党组织，实际处于没有上级领导的状态。[②]他们通过《国际通讯》和《救国报》，了解到“共产国际第七次代表大会”，以及季米特洛夫和王明的会议发言，并根据国际“七大”和《八一宣言》，向其他党员传达建立抗日民族统一战线的中央精神。周扬等人认识到，在全民族团结一致抗战的新形势下，以阶级斗争为使命的“左联”，已无存在的必要；而萧三从莫斯科来信，要求“取消左联”，“另外发起，组织一个广大的文学团体”[③]，恰与周扬的想法不谋而合。周扬遂开始酝酿成立“文艺家协会”，并提出了“国防文学”的口号，以团结一切支持抗日的文艺工作者。同一时间，陕北党中央也根据国际“七大”精神，通过了《中国共产党中央关于目前政治形势与党的任务决议》（《瓦窑堡决议》），宣布联合各阶层，建立“最广泛的反日民族统一战线”[④]。周扬的“国防文学”口号，其实与陕北党中央的决策具有很高的一致性。

不过，建立“文艺家协会”，倡导“国防文学”等一系列行动，却未得到鲁迅的支持。这与周扬等人和鲁迅之间早已存在诸多矛盾

① 2016 年 11 月 21 日洪子诚在中国人民大学课堂的发言。

② 冯雪峰：《有关一九三六年周扬等人的行动以及鲁迅提出“民族革命战争的大众文学”口号的经过》，《新文学史料》1979 年第 2 期。

③ 冯雪峰：《有关一九三六年周扬等人的行动以及鲁迅提出“民族革命战争的大众文学”口号的经过》，《新文学史料》1979 年第 2 期。

④ 《中国左翼作家联盟文件选编·萧三给左联的信》，《新文学史料》1980 年第 1 期。

有关。1934 年以前，鲁迅先后通过冯雪峰和胡风对左联实行领导；后来胡风因与周扬不和，秘书长职务被撤销，鲁迅实际上也被“晾”在了一旁。更令鲁迅不满的是，他还受到了来自左联内部“战友”的几次“暗箭”攻击，“左联”也未采纳他的建议便无声解散。他认为周扬、夏衍等人“只长于‘内战’，分裂战线，对敌人却心平气和”，是“借‘革命’以营私的青年，是革命营垒里的蛀虫，许多事情都败在他们手里”[①]。鉴于这样的认识，当周扬提出“国防文学”的口号时，鲁迅很自然地认为它也“不过是一块讨好敌人的招牌”，“文艺家协会”更“不是战斗的团体”[②]，因此拒绝加入。而鲁迅的态度，又被周扬等人认为“破坏统一战线”，进一步加深了双方的隔阂与紧张。

党中央派冯雪峰来上海时，并不清楚这里的地下党组织是否还完整。张闻天嘱咐冯雪峰，“到上海后，务必先找鲁迅、茅盾等，了解一些情况后，再找党员和地下组织”[③]。派冯雪峰去，也是考虑到他和鲁迅的师生关系。因此，冯雪峰到上海后，不先找党组织而找鲁迅和茅盾，并非过错。不过，冯雪峰出于对鲁迅的敬爱，再加上他和周扬本来就有矛盾，当他已经知道文艺界尚有党组织存在时，仍不及时找周扬谈话，令双方误解逐步加深，确有“失职”之嫌。周扬、夏衍等人在恶劣的局势下坚持斗争，积极寻找信息渠道，与中央的最新精神保持一致，实属不易。冯雪峰作为陕北派来的“党代表”，在给周扬的约见信上，不但未对他的工作予以肯定，反指责他是“六成英语，小资产阶级情绪”[④]，还要撤掉他在文艺界的

① 《中国共产党中央关于目前政治形势与党的任务决议》，《十年来的中国共产党》，解放出版社 1938 年版，第 33 页。

② 冯雪峰：《有关一九三六年周扬等人的行动以及鲁迅提出“民族革命战争的大众文学”口号的经过》，《新文学史料》1979 年第 2 期。

③ 冯雪峰：《有关一九三六年周扬等人的行动以及鲁迅提出“民族革命战争的大众文学”口号的经过》，《新文学史料》1979 年第 2 期。

④ 冯雪峰：《有关一九三六年周扬等人的行动以及鲁迅提出“民族革命战争的大众文学”口号的经过》，《新文学史料》1979 年第 2 期。

领导职务。周扬怎能忍受这种委屈呢？年轻气盛的他，以拒绝同冯雪峰见面来表达“抗议”。结果，冯雪峰和周扬的意气用事，使他们失去了彼此沟通的可能，从而为两人各自背上困扰一生的“原罪”埋下了伏笔。

冯雪峰刚到上海，胡风便得到消息来看望他。“民族革命战争的大众文学”的口号，就是胡风和冯雪峰会面时共同商议提出的。这一口号得到了鲁迅的肯定。他们认为，“国防文学”缺乏阶级立场，“民族革命战争的大众文学”则体现了阶级性，适宜作为左翼作家的创作口号。胡风征得鲁迅和冯雪峰同意，由他写文章将口号提出来。但是，胡风随后发表的《人民大众向文学要求什么？》一文，没有说明这一口号的形成过程，尤其是同鲁迅的关系。文章是以个人身份发表的，论述又大有取代“国防文学”的意味。[①] 在胡风原本就与周扬等人“结怨”的背景下，他的文章甫一发表，便被周扬等人视为故意“挑衅”，因而立即笔伐——“两个口号”的论战就此展开。

茅盾“谨小慎微”的性格，使他在这场论争中，始终扮演着清醒的“调解人”角色。早在“民族革命战争的大众文学”一说由胡风公布之前，关于“国防文学”口号的讨论，便已非常热闹。但由于鲁迅对“国防文学”持怀疑态度，茅盾也就一直观望，没有表态。后来在跟鲁迅事先商议过后，他才写了两篇文章讨论“国防文学”。胡风的文章发表前，鲁迅便将已拟定新口号一事告诉茅盾。茅盾听罢，感觉事关重大，他希望鲁迅亲自出面，写文章将口号提出来，如此方有足够分量；此外还要写明“民族革命战争的大众文学”与“国防文学”之间的关系，以避免左翼文学界内部发生误会和纷争。

当胡风的《人民大众向文学要求什么？》发表后，茅盾才发现胡文与自己当初的建议相去甚远。事实证明，茅盾的担忧不无道理，单凭胡风一人的文章，既未说明新口号与鲁迅的关联，也未阐释它

---

① 详见胡风：《人民大众向文学要求什么？》，《文学丛报》第3期，1936年6月1日。

和“国防文学”的关系，果然立即招来周扬等人的回击。鲁迅当时正在病中，茅盾只好去找冯雪峰商议，向他讲明胡风文章可能造成的危害。冯雪峰这才意识到问题严重，故一方面告知胡风不要再写文章，另一方面通过王学文传话给周扬，要求他们停止论争。接着，他根据鲁迅的意思，代笔写了《答托洛斯基派的信》和《论现在我们的文学运动》两篇文章，交给茅盾发表。茅盾认为后一篇虽然指出两个口号不是对立关系，但写得太简单，于是又补写了一篇《关于〈论现在我们的文学运动〉》附在其后。他以为，通过这些补救，内讧当能平息下来。

然而，无论茅盾还是冯雪峰，都没有意识到问题真正的症结所在。他们认为，当鲁迅和茅盾本人均对“民族革命战争的大众文学”予以明确肯定，并阐明了它和“国防文学”并非对立的关系后，周扬理应就此“收手”；但周扬等人却认为，“民族革命战争的大众文学”是胡风专为与他们分庭抗礼而提出的口号，鲁迅对“民族革命战争的大众文学”的支持，则是因为受了胡风的影响。再加上周扬等人认为“国防文学”口号与党中央的“统一战线”政策是一致的，“真理”握在自己手上，因此才敢于在自以为不冒犯鲁迅和茅盾的前提下，继续对“民族革命战争的大众文学”不依不饶。这也是徐懋庸在给鲁迅的信上，一再说鲁迅受了胡风的“蒙蔽”，还要向鲁迅耐心解释“民族革命战争的大众文学”“原是胡风提出来用以和‘国防文学’对立”[①]的原因。

如果茅盾和冯雪峰事先告知周扬，“民族革命战争的大众文学”的口号实际是鲁迅提出的，周扬未必会“一意孤行”。然而，这一事实最终却通过《答徐懋庸并关于抗日统一战线问题》公之于众。《答》文发表，周扬才明白他们攻击的是谁。虽然周扬迅速停止了口号的论争，但“错误”已铸成，无法弥补了。因此，周扬转而怨恨冯雪峰没有及时与他沟通，导致事情发展到不可收拾的局面，也

① 《答徐懋庸并关于抗日统一战线问题》，《鲁迅全集》第 6 卷，人民文学出版社 2005 年版，第 546 页。

便可以理解了。

鲁迅《答徐懋庸并关于抗日统一战线问题》一文，不仅坚决否定了周扬等前左联领导人提出的“国防文学”概念，更有许多针对他们个人品质的批评，其中不乏带有“人身攻击”色彩的语句，如称徐懋庸“是有些‘恶劣’的青年”，“是一个嘁嘁嚓嚓的作者”；讽刺周扬“其实是破落户的飘零子弟”，“将败落家族的妇姑勃谿，叔嫂斗法的手段，移到文坛上”等。[①] 由于鲁迅在新中国成立后政治化的独尊地位，凡被他批判过的人，都带上历史“污点”。用徐懋庸的话说，《鲁迅全集》注定要流芳百世，而徐懋庸这个名字却也注定要夹在全集里面“遗臭万年”。[②] 这篇文章，令周扬、夏衍等如芒刺在背。直到“文革”前，周扬还说，“三十年代”是他的一个“癌症”。[③] 而《答徐懋庸并关于抗日统一战线问题》，正是“坐实”其“污点”的一顶“紧箍咒”。

1957 年反右运动中的中国作协党组扩大会议，原本以批判丁玲和陈企霞为中心，7 月 25 日第四次党组会议结束后，周扬和邵荃麟等人商议，要将冯雪峰、艾青等人也列为斗争对象，并向周恩来、邓小平、陆定一等人汇报了他们的“反党活动”。冯雪峰作为作协党组扩大会议上的斗争对象，由此被正式圈定。接着，周扬便召集林默涵、邵荃麟、刘白羽等，讨论如何在会上斗争丁玲、陈企霞、冯雪峰等人。周扬要借冯雪峰“落难”的时机，将事情引向对历史的清算，为自己在 30 年代的历史“翻案”。他和林默涵、邵荃麟、刘白羽特意将冯雪峰找来谈话。谈话中，周扬揪住 30 年代的事情不放，历数冯雪峰当年的“错误”，说到“外有白色恐怖，内有冯雪峰的打击”时，周扬哭了，告诉冯雪峰“要经受一次批判”，并准

① 《答徐懋庸并关于抗日统一战线问题》，《鲁迅全集》第 6 卷，第 557、558 页。

② 徐懋庸：《徐懋庸回忆录》，人民文学出版社 1982 年版，第 71 页。

③ 龚育之:《几番风雨忆周扬》,《忆周扬》，内蒙古人民出版社 1998 年版，第 244 页。

备在会上做检查。[①]

在为会议做准备时，周扬一再强调对冯雪峰的批判，1936年上海那一段是“重点”。为达到预设目的，他要求会上有人做出“有力量的发言”。而这个人，就是夏衍。周扬请他来开了一次会，专门讨论发言内容，并为他的发言定下基调，要求着重讲冯雪峰如何勾结胡风分裂党组织，以及执笔写作《答徐懋庸并关于抗日统一战线问题》等问题。8月14日的第十七次会议，夏衍按照之前的“排演”，做了事后被人们称为“爆炸性”的发言。绝大多数与会者对夏衍的发言内容感到震惊，楼适夷当场号啕大哭，许广平也起身哭着痛斥冯雪峰“欺骗了鲁迅，损害了鲁迅，是一个大骗子”[②]。之后周扬站起来，愤怒地指控冯雪峰对他们进行“政治陷害”，将会场的紧张气氛推向高潮。冯雪峰也受了极大的“震动”[③]——周扬和夏衍所指控他的许多“事实”，他自己也闻所未闻。这场事前精心设计、现场表演真切的戏剧性场景，连同它带给局外人内心强烈的震撼与恐惧，多年后，仍令人唏嘘不已。

许广平在流泪斥责了冯雪峰后，却并没紧跟周扬等人的“思路”，在巨大的恐惧和感伤中，她坚持说出了最基本的事实：文章是鲁迅亲笔修改的，也是经他同意才发表的。而且强调，有手稿可以作证。[④]这次会议之前，周扬曾颇为肯定地说，这篇文章的原稿是冯雪峰的笔迹，受到“蒙蔽”的鲁迅仅仅改了四个字。而事实是周扬并未看过原稿。许广平在会上发言后，周扬才从鲁迅博物馆借来《答徐懋庸并关于抗日统一战线问题》的原稿，看过之后发现，对他最不利

① 郭晓惠等编著：《检讨书诗人郭小川在政治运动中的另类文字》，中国工人出版社2001年版，第200页。

② 洪子诚：《材料与注释》，第51页。

③ 冯雪峰在“交代材料”中描述当时的情景，数次用到“震动”一词。这应该是他在会场中最真实，同时也是最强烈的内心感受。详见洪子诚：《材料与注释》，第48—51页。

④ 徐庆全：《周扬与冯雪峰》，湖北人民出版社2005年版，第159页。

的那些话，恰恰都是鲁迅自己亲笔所写。“文革”时成为周扬、夏衍等人罪名的“四条汉子”一词，也是鲁迅在冯雪峰原文“四‘个’汉子”上亲笔做的改动。[①]然而，冯雪峰被打倒后，戴罪在身的他依旧被指令为《鲁迅全集》中的这篇文章添加一条注释，讲明该文为冯雪峰所写，因而对周扬等人做了不符合事实的指责。[②]那么，这条注释是谁授意撰写，又是如何修改的呢？《一个注释和一篇文章》披露的几组材料，便围绕这一事件展开。

二

邵荃麟、冯雪峰和林默涵三人各自的交代材料中，对《鲁迅全集》中《答徐懋庸并关于抗日统一战线问题》一文注释修改问题的“交代”或说明，有些细节很微妙。邵荃麟的交代是：他受周扬和林默涵委托找冯雪峰谈话，向冯雪峰施加压力，迫使冯亲自撰写注释；冯雪峰写出初稿后，周扬和林默涵进行了删改才最终定稿。而林默涵则说，“是出版社编辑部按照作协党组扩大会的调子写的，还是周扬或我要他们这样写的，我也记不清了”。也许这样的推诿太不可信，所以他又补充道：由于这一条注释“太露骨”，他就根据周扬的意思做了修改，修改的内容，完全是按照周扬讲的。冯雪峰的交代则说，注释初稿是他写完后，经周扬、林默涵、邵荃麟以及夏衍等人商讨，最后由林默涵改写而成。[③]

这几人的说法，孰为“真”孰为“假”呢？洪子诚将这几份说法不一的交代材料并置一处，并在副文本中提供更多其他佐证。这些材料每一个都可能不完全“真实”，但真相却在材料与材料的对

① 详见鲁迅手稿全集编委会编：《鲁迅手稿全集（文稿）且介亭杂文末编》，北京图书馆出版社，第 62—63 页。

② 《答徐懋庸并关于抗日统一战线问题》，《鲁迅全集》第 6 卷，人民文学出版社 1958 年版，第 428 页。

③ 洪子诚：《材料与注释》，第 54—61 页。

比中，显出大致轮廓。然而，作者对这些材料的处理，似乎并不仅仅为辨明“真相”，因而在林默涵和周扬等有明显撒谎掩饰行为时，洪子诚的态度却令人意外地并不剀切。譬如，林默涵对注释由谁写和为什么写一事谎称“记不清了”时，洪子诚在此处引用1977年周扬对陈漱渝的回答，注释道：“周扬对这个注释策划、修改的经过，似乎也记不清了。”[①]周扬称，冯雪峰是为了交代自己的问题，才写了这条注释，他事前并不知情；而后续的修改，更只字不提。[②]洪子诚没有对周扬的说法做任何主观的“真”“伪”判断，只是平淡地描述“（他）似乎也记不清了”。这种不做主观判断的点评，可能出于作者一贯的严谨和审慎，我们当然也可以理解是他的一种幽默。但洪子诚对周扬“记不清”说辞的放过一马，却大有深意在焉。我们更愿意认为，他这平淡的“冷幽默”里，有一种“理解的同情”，即对周扬、夏衍等“四条汉子”历史包袱的同情。鲁迅30年代的“酷评”，成为这些新中国成立后身居官位的人难以抹去的阴影和难以启齿的屈辱。论资历与对鲁迅的解释权，50年代初，周扬、夏衍在冯雪峰面前矮半截；反右运动一来，他们利用手中权力趁机挟带私货打击冯雪峰，原本是极其卑鄙的。但当我们把整个事件的背景不但推回到1930年代，也延伸到“文革”，这些“臣工”式的权力者的心态，则未必那么卑鄙——想偷偷抹去《鲁迅全集》里的“污点”，“事发”（“文革”时被打倒）后又嗫嚅难言的行状，是一种弱势者的作弊，而又近乎窃贼被当场抓住后出于羞耻的“顽抗”，透露了这些“恶人”心中基本的道德与天真。历史的真相并不那么单纯，历史中人的存在也往往不简单。洪子诚曾说，他在翻阅冯雪峰、邵荃麟、张光年等人的检讨、交代材料时，从字里行间体味到的，更多是这些人在逆境中依旧尽可能保持着诚实、自尊的良好品格。[③]从人性之“善”，或从历史的复杂性入手理解人物，从而对充满严

① 洪子诚：《材料与注释》，第55页。

② 洪子诚：《材料与注释》，第55页。

③ 洪子诚：《材料与注释》，第201页。

酷斗争无情打击的当代文坛现象，进行更客观的评价，大约是洪子诚潜在或显在的意识。因而对于“前三十年”政治运动中，层出不穷的以道德指控击败对手的普遍现象，洪子诚始终保持着冷静的反省。他拒绝那些剥离社会和政治因素的孤立、抽象的道德批判，而是站在“历史”和人性的立场，对丑陋的文化症候做出深切的剖析，尽管这种剖析比道德指责更令人痛苦。洪子诚历史叙述的自省和批判精神，在《“当代”批评家的道德问题》一文中，有着鲜明的体现。

然而，理解之同情，并不等于不进行价值判断。《材料与注释》中，洪子诚一方面历史地看待周扬的“劣迹”，同时也通过材料的客观呈现，揭示周扬某些“可爱”和“令人尊敬”的行为，但同时，他对周扬的私心、傲慢，对他缺乏自我反省的行为，表达了鲜明的否定态度。

例如，冯雪峰交代材料中邵荃麟关于批冯来自中央部署的说法，洪子诚批注道：“虽然‘中央’可能有这样的布置，但将冯雪峰列入重点批判对象，在7月25日第四次会议之后周扬等就已确定。‘群众’‘中央’云云，在这里只是一种托词。”[①]又如，写周扬1975年出狱，去探望病重的冯雪峰“一笑泯恩仇”后，给楼适夷写信时的一段话——“我们相交数十年，彼此都有过过失，相互的批评中也都有说得不对或过分的地方”[②]——连冯雪峰都原谅了周扬，洪子诚仍然不原谅，他针对周扬这段话点评道，“50年代权力拥有者以‘反党’名义所实施的那种严酷、无情的打击”，仅仅这样“一笔带过，也是有点轻描淡写”[③]。

正如上文已提到的，周扬在内心隐忍20年的委屈与怨恨，终于在反右运动中有了“纾解”的机会。他利用最高当局的意志，有意识地将冯雪峰列为重点斗争对象，并和夏衍等人精心谋划布局，对冯进行历史清算。周扬看过《答徐懋庸并关于抗日统一战线问题》

① 洪子诚：《材料与注释》，第42页。

② 洪子诚：《材料与注释》，第56页。

③ 洪子诚：《材料与注释》，第56页。

手稿后，仍安排与冯雪峰交好的邵荃麟传话，以争取不开除出党籍作交换条件，授意冯雪峰违心撰写内容虚假的注释。强烈希望留在党内改造的冯雪峰，忍受着极大痛苦违心撰写注释，然而最终还是失掉了党员身份。被出卖的屈辱，使他一度想投湖自杀，[①]周扬等为洗白自己，对冯雪峰的有意构陷和落井下石，极不光彩。即便冯雪峰注定要遭受批判，周扬等的欺骗，也难辞其咎。洪子诚先生在这里以批注的方式，直接点出周扬等人的“托词”，在澄清历史的同时，明确对其批判。而相似处境中人性品质的差异，也在洪子诚对材料的“客观”呈现中显露。当“两个口号”事件在“文革”时期发生戏剧性“反转”，周扬被打倒时，冯雪峰的表现，就与周扬完全两样。当时，周扬“国防文学”的口号，被说成是“王明的右倾机会主义”“资产阶级投降主义”的代表；而他撰写、修改《鲁迅全集》注释一事，也被重新翻出，曝光了许多影印材料。然而，在确凿的证据之下，真相却因政治需要而被以另一种方式掩盖——冯雪峰撰写的注释，硬被说成是周扬所写，以此为周扬“公然同毛泽东同志对三十年代文艺运动的历史总结唱反调，攻击左翼文艺运动的伟大旗手鲁迅”，“反对党和毛泽东同志的文艺路线”定罪[②]。由于冯雪峰在30年代的口号论争中站在鲁迅一方，“文革”时期，如果他想趁着周扬被打倒的机会报周扬之仇，“爬上去，想落井下石，那是很容易办到的”[③]——当然，韦君宜的这个判断也有些“书生气”，事实上，丁、冯的命运早已“铸就”，人人自危、互相践踏的文坛，冯雪峰却始终坚持历史事实，在人们已将周扬撰写注释普遍认作“事

① 牛汉：《空旷在远方》，时代文艺出版社2005年版，第276—277页。冯雪峰在“交代材料”中，则说撰写注释“没有试图减轻处分或其他‘交易’的动机和目的”。对于两人的不同说法，洪子诚先生也已在注释中指出。详见《材料与注释》，第57页。

② 阮铭、阮若瑛：《周扬颠倒历史的一支暗箭——评〈鲁迅全集〉第六卷的一条注释》，《人民日报》1966年7月4日。

③ 韦君宜：《纪念冯雪峰同志》，《冯雪峰纪念集》，人民文学出版社2003年版，第361页。

实”的情况下，冯依旧声明注释的真正作者是自己而非周扬。如果说冯雪峰在30年代确实工作有失误，让周扬受了“委屈”，那么，1957年反右运动中，周扬对冯雪峰的落井下石，也同样值得冯雪峰“记恨”。可冯雪峰却并未如周扬一般，在其落难时顺势报复。周扬出狱后，重病在身的冯雪峰还让儿子先去看望周扬。[①]相比之下，对冯雪峰实施严酷打击的周扬，事后各打五十大板的“反省”，说他们两人都各有“过失”，都各有“不对”和“过分”的地方，这确如洪子诚所评，周扬对自己的过错，是太过于“轻描淡写”了！洪著并不轻易臧否人物，但偶尔出现的立场鲜明的点评，以平淡简洁的语言出之，“善意”与“温度”后面对道义与真理的坚持，是如此“坚硬”（赵园语）。

三

客观、审慎还原历史是洪子诚始终坚持不懈的追求，但他同时不吝对人和事做出明确的评断，价值观相当明确。《材料与注释》中，对周扬这样的“权力拥有者”，不乏严苛的批评；但他不因人论事，而是就事论事，由此对于人的道德面目的多面性，人性的复杂性，便有更客观的揭示。有的批评家认为，洪子诚在书中对周扬的批评有些过于严厉，缺乏理解。其实，我们的感觉恰恰相反。书中张光年1969年的“交代”和林默涵1966年的“检讨”，有相当多地方是对周扬进行揭发和批判的。然而这些揭发材料，在与洪子诚提供的其他材料一起构成“情节”之后，却呈现了另一种意味。张光年揭发“周扬装作一贯正确”，洪子诚结合1957年黄秋耘批评周扬对王蒙《组织部新来的青年人》态度的“前后不一”，揭示了周扬自身与“外部”压力之间构成的紧张。他在注释中说：“‘一贯正确’的周扬，在‘文革’之后有了改变，对自己在‘十七年’中的错误，对他人的伤害，有许多可以说是真诚的道歉，他在情感和世界观上，

① 徐庆全：《周扬与冯雪峰》，第206页。

对一些理论问题的认识上，发生很大变化。”人们普遍认为周扬“文革”后的转变源于自己也被整的“感同身受”，洪子诚却并不这样认为，他的依据是“因为也有受难过后一仍旧我者在”[①]。这倒不是洪子诚对周扬本人有更多偏爱，他只是不把周扬作为个别现象，而是将他置于当代历史中以极左形式互相“吃人”的文化语境中，在揭示无数“我”被群体所吃时，也同时曝光“我”合伙“吃”人的丑陋而残酷的一幕。洪子诚对周扬的判断，当然不仅仅出自逻辑，而是出自“材料”。张光年揭发，周扬说过“《讲话》是方向，要开辟道路”的话，并揭发他有若干“贬低毛泽东思想”的“极端狂妄”的言谈，洪子诚在这些地方读出的，是“周扬的抱负，他的勃勃雄心”，并指出“这是他可恨、可恶之外的可爱、可敬之处”[②]。

可以相信，洪子诚的《材料与注释》，对于继续改变长期以来人们对周扬“文化沙皇”的刻板印象[③]，会产生一些积极作用；但洪著的指向，显然超越了单向度的人性善恶判断，甚至也超过了对历史真相的简单再现，而将人们的思考引向了历史反省的深处。30年代在上海被鲁迅讥为“奴隶总管”的周扬，50年代中期以后处于文艺界权威位置，他对“文革”前文化领域的重大政治斗争，对胡风、丁玲、冯雪峰的悲惨遭遇，有不可推卸的责任。然而，若将这些残酷斗争无情打击的责任主要归咎于周扬，也是不公允的。1980年代以来，人们在周扬的反省和变化中，逐渐看清他行为背后的权力关系。洪子诚在注释中引用张光年1993年回答李辉的话，说“周扬非常尊重党中央，特别是毛主席”[④]，揭示了周扬权力运作背后更深

① 洪子诚：《材料与注释》，第136页。

② 洪子诚：《材料与注释》，第146页。

③ 对于周扬印象的改变，始于1980年代初周扬复出后的忏悔、道歉，以及对马克思主义理论的重新思考，对人道主义的推崇。而近些年随着历史研究的不断进行，周扬在运动中“为何整人”的事实，也不断有新的论证。

④ 洪子诚：《材料与注释》，第142页。

的权力根源。而60年代初，周扬对于部分极左指示的“阳奉阴违”，却恰恰体现了他思想中“真”的一面和人性中“善”的一面。1964年，毛泽东严厉指斥文联及各协会“十五年来”“基本上不执行党的政策”，“最近几年竟然跌到了修正主义的边缘”，几乎成为“裴多菲俱乐部”，周扬却在对文艺界传达毛泽东指示时，将这些严厉的措辞“一刀砍掉，统统删去”，并把毛指责的“大多数”，减少成“一些”[①]。这些被姚文元称为“打着红旗反红旗”的行为，[②]恰是周扬借助其职权对极左政治进行有限的“消音”和“屏蔽”，以减轻政治对文艺的粗暴干涉。周扬的这些“两面派”行为，实是其文艺家主体性尚存的体现，也是他虽终身“从政”，骨子里却仍是一位知识人而非政客的根本所在。

我们必须认识到，“前三十年”的文艺界，原本就是充分政治化的，许多文学事件本身就是政治事件。要对具体历史事件做出一清二白的对与错的判断，实在不是一件容易的事。许多文艺界人士都有相似的记忆：新中国成立之初丁玲、陈企霞主管的《文艺报》，“左”得出奇，成为政治运动的急先锋，令文艺界人士闻“评”色变。[③]然而后来，丁、陈二人却遭到清算，以反党集团罪名被清除出去。相似的故事，在1949年以来的文化领域一再重复上演，周扬、何其芳、邵荃麟、张光年、林默涵，其政治命运无一不印证着这个恶性循环。另外，无论是周扬还是丁玲，其极左的行为，除了政治信仰所导致的极端表现以外，很难说与他们自身背负的历史“原罪”和政治恐惧无关。丁玲的“原罪”是其曾经入狱的所谓“变节”；周扬的“原罪”，则是左联时期对鲁迅的“不恭”。周扬作为文艺界的政治权威，这个“原罪”带给他的耻辱与煎熬，是可想而知的。“当代的政治、

① 姚文元：《评反革命两面派周扬》，上海人民出版社1967年版，第2、3页。

② 姚文元：《评反革命两面派周扬》，第2页。

③ 1956至1957年“百花时代”短暂鸣放期间，很多作家纷纷撰文控诉《文艺报》，对其执行的极左批评路线表达强烈不满。

文化斗争，现实问题往往是历史问题的延续，而历史又成为现实斗争正当性的证据”[①]，随着极左思潮不断推进，任何个人的历史“污点”，都如“阿喀琉斯之踵”，关键时刻令其跌入深渊。神秘莫测的当代“政治”，使文艺家们内在世界与外在行为，常常呈现难以解释的怪异与矛盾。例如“右派”丁玲在1980年代初平反后却“左”得出奇，左派周扬变成了“自由化”。周扬当初整人凶狠，未尝没有一些政治恐惧的因素——严平最近的《潮起潮落：新中国文坛沉思录》中，又增加了一些五六十年代最高领导人对周扬不满的材料。人性的阴暗固然值得批判，但当一个时代、一种制度将所有人推入罗马式“大斗技场”时，需要追究的，恐怕就不能仅仅是活到最后的那一个。

鉴于此，洪子诚的作家个案研究，从未忽视过制度性因素对历史走向及具体个人行为的影响。[②]只是他审慎、平和的个性，以及深厚的人文情怀，令他在处理个人道德和政治制度的关系问题时，一向比较谨慎，有时甚至显得有些犹豫不决。他的温和或犹豫，一般是在面对人的荒谬行为而不愿简单下判断时。但他理性的叙述，却始终贯穿着一股坚韧的力量——基于对“人”的价值的尊崇而对历史真实不懈追问的执着精神。

当代文学史既是宏大历史，同时也因我们每个人都或多或少参与其中，而成为自己生命史的一部分。洪子诚在“文革”中看到过“崇高”“真理”背后的暴力与荒诞，产生过与时代主潮不相和谐的复杂而微妙的情绪。这种主体情感，使他对某些扭曲的、缺乏人道精神的历史现象保持反省与警醒。因此，《材料与注释》一方面体现出他以“解构”的方式暴露材料的不确定性、指认它们的“叙事”性等特征；另一方面又体现出他始终承认主体存在的意义，并

① 洪子诚：《材料与注释》，第138页。

② 洪子诚在《“当代”批评家的道德问题》中便说过：“不追问社会情境、制度，不解析权力的性质和运作方式，只严苛地纠缠个人道德，只能说是轻重不分。”见《材料与注释》，第223页。

执着于对人性与制度的恶进行反省与批判。正如他自己所说，不能因为“历史”具有“修辞”性质而否认这些历史事件的真实性，也不能仅仅满足于与外部世界切断联系的“解构”式的理论游戏，否则便很可能产生“道德上的无责任感”[①]。《材料与注释》一书正、副文本的结构，使它开始于“隐去”叙述者的原始材料直陈，而完结于立场鲜明的价值主体对材料的编织。这种叙述的姿态，令该书某些章节的论述带上洪子诚语言中一般少见的凌厉与尖锐——“在‘当代’，当道德评价成为政治斗争的重要工具的时候，办法之一是尽量掩盖道德问题产生的社会环境因素，将它孤立抽象化，将它与社会体制状况分离，看作对纯粹个人品格的追问，并以此建构那种道德至上的、绝对主义的评价趋向。而这种道德至上的绝对主义，其实正是产生于个体‘自由’空间狭小的，‘一体化’的社会里。”[②]一种植根于人的尊严而不避痛苦的对历史的回忆与反省，是洪子诚学术研究最令人感动的东西。

洪子诚先生认为，在今天，同类历史材料的获取既不可再，该书的所谓独创与开拓，大概也是一种不可复制的经验与实验。[③]尽管如此，我们仍然认为，这本书不懈探求历史真相因而不断寻求叙述方式所给我们的启示，既是方法论层面的，也是本体价值论的。

原刊《文艺争鸣》2017 年第 3 期，此处收录的是作者提供的文档。

① 洪子诚：《问题与方法——中国当代文学史研究讲稿》，第 41 页。

② 洪子诚：《材料与注释》，第 221 页。

③ 2016 年 11 月 21 日洪子诚在中国人民大学课堂的发言。

文学史的“救赎”
——读洪子诚先生《材料与注释》

孙民乐

《材料与注释》一书的阅读效应始终伴随着本文的写作，我的思路也在众多批评和议论的声音中漂移、变化，越是想端详细节，就越有一种迷花倚石、无所皈依的感觉。我由此也更深地体会到洪子诚先生身上所体现的那种学术品格的难能与可贵：不趋时、不旁顾，在一个屡屡被人宣告为没有学术含量的领域里沉潜数十年的“定力”；凝视历史、解剖自己，重建自我精神秩序和历史的连续性的信念。

在为洪先生这部新著所写的大气磅礴的评论中，旷新年先生指出，“文革”结束以后，很多人经常把“反思”挂在嘴边，“痛心疾首地与昨天决裂、告别，返身拥抱每一个新的伟大的时代。……于是，‘反思’就成了一种巧妙的脱身术”，《材料与注释》拒绝追随这种流行的翻跟斗、翻烙饼式的“反思”，因而，它所呈现的历史记忆以及它对历史人物的评价方式也与这个“反思的时代”形成了明显的区别。[①] 据我的理解，旷新年所说的两种历史反思姿态的关键区别，就在于研究者、“反思者”是把自己也一同“押赴”到了历史记忆的现场，还是借决裂和告别之名实施了一次自我“脱身术”。在自己“身在其中”的那段历史被作为“噩梦”“浩劫”而遭到否定之后，洪子诚先生仍愿意去“认领”或“分担”它的后果，当然只是他个人能够分担的份额。而且，他还敏锐地察觉到那段历史在自身、在当下的“寄存”，以及它

① 旷新年：《围城档案》（未刊）。

对人心、人性投下的深远影响。他的文学史“反思”就是他自己“承担”历史的一种方式。

我所任职的单位也有两位同事先后组织过对《材料与注释》一书的阅读和讨论。在一位参与研讨的研究生发给我的阅读笔记中，有一些朴素的观察和感受也可以印证以上的判断：“作为历史的亲历者，他其实又没有办法忘记那些个人经历”，“这本书的写作，以及他相关的一系列研究，或许都可以看作是对自己创伤经验的一次隐含的未完成的清理。‘新时期’到来多年，官方对于‘文革’也早有定论，但也许对洪老师来说，过去永远都没有过去……我想洪老师肯定没做过那些恐怖的事，但或许出于反思的性格，也许是从事研究使然，他有了这样一个没有办法摆脱的场域”。

确实如此，与那些刻意“强化历史的‘断裂’”、急于“告别”过去的研究者、反思者迥然不同，洪子诚先生始终把对自身经验的清理当作其文学当代史研究的一个入口。对上世纪50、60年代参与的“集体写作”(《新诗发展概况》《文艺战线两条路线斗争大事记》)的“回顾”[①]，对个人阅读史的梳理，等等，都曾直接进入他的文学史研究现场。他清醒地意识到，“自己在当代的生活过程，以及他成天所处理的研究材料，也使他的思想、情感反应，早已被纳入当代的那些‘潮流’之中——他也是被这一语境所铸造”[②]。他因此而对任何以观念切割历史的“方便法门”保持着警惕，“‘历史’是可以被处理为条分缕析、一目了然的。但是，实际的情形，特别是在不同的人那里留下的情感上、心理上的那一切，却是怎么也说不清楚的；对一代人和相当长时期的社会心理状况产生的影响，也是难以估量的”[③]。

从与历史的相互嵌入状态中逐渐恢复身体的感知能力，从记忆

① 洪子诚：《材料与注释》，北京大学出版社2016年版，第207页。

② 参见《回顾一次写作》（北京大学出版社2007年版）以及收入《材料与注释》的《1967年〈文艺战线两条路线斗争大事记〉》。

③ 洪子诚：《1956：百花时代》，山东教育出版社1998年版，第300页。

中提取和审视自我的经验并进而重建内心秩序，这使洪子诚先生的文学史研究显现出一种稀见的精神性格。尽管在时间进程和语境变化中，这一努力也在持续经受着考验，它的“未完成”状态也正显示了“精神救赎”，或者说当代精神建构的艰难处境。《材料与注释》一书再度将《1967年〈文艺战线两条路线斗争大事记〉》一文收入其内，也意味着洪先生不惜把自己又一次“质押”给了历史。

一、“喧嚣的时代”：人与事

也算是巧合，我刚刚开始展读洪子诚先生的《材料与注释》，很久之前在网上订购的《时代的喧嚣》一书也正好送到了。一本书的姗姗来迟，原来只是为了等待另一本书的出场。《时代的喧嚣》，这部从曼德尔施塔姆那里借来书名的“传记小说”，是英国当代作家朱利安·巴恩斯今年年初推出的新作，它的主人公称得上是一位“熟悉的陌生人”——苏联作曲家德米特里·肖斯塔科维奇。这两本书的“相遇”，让我不由得对接下来的阅读生出了一丝隐秘的期待。因为两者所处理的时代、人物及其历史处境有很多的相似之处，而与此同时，两种很不相同的写作类型、两种可能存在很大差异的历史眼光与文化态度之间的参照对比，想必都是对阅读的最好刺激。

《材料与注释》从一个特定的视角再现了中国当代史上一个特定时期（20世纪50—60年代）的文学环境与氛围。它以“当代”时段中国文学中的关键时刻和“紧要事件”[①]为聚焦点，筛选出了那些

① 历史并非平滑、均质地展开。所谓“紧要事件”，是指那些赋予历史以动力学结构的事件，《材料与注释》所选择的事件与时机均具有这样的意义。印度裔人类学家薇依娜·达斯曾以这个思路辨析印巴分治、博帕尔工业事故、寡妇死亡等“紧要事件”对现代印度的寓意。参见Veena Das, Critical events: An anthropological perspective on contemporary India. Oxford University Press, 1995.

深深地影响了“当代文学”进程和生态的人物与活动，并对人物的前后言行、事件的起因和演化过程进行了详密的追踪和记录。作者的意图是明显的，这就是要借助对具体历史环境中的“细节”呈现与辨析来营造“当代”中国文学的“现场感”。这种历史研究的诉求显然与当下人们对于那段历史的模式化的想象有关。书中所涉及的大多数人物在当时都身居要职，是文艺风潮的领导者和文学秩序的建造者，他们对中国当代文学中的种种问题和“症结”负有不可推卸的责任。虽然他们最终也成了这场由他们自己参与开启的波诡云谲的文艺运动的“牺牲品”，并且早已背负骂名，但在至今仍然流行的历史叙述模式中，我们却根本无法真正了解这些始作俑者角色变化的轨迹，无法通过他们来接近和探察蕴含在此一历史中的动机、过程以及其间的各种变化因素。这大概是《材料与注释》一书的视角和形式设计所针对的问题之所在。

《材料与注释》在史述体例上别开生面，它尝试以档案整理的谨严秩序让“材料”说话，“逼”文字作证。作者以深厚的文献功底驾驭和编排众多散落在不同时空的历史资料，并通过多种形式的“注释”使这些材料呈现为相互印证或相互对诘的状态，这种历史叙述体式的采用，自然不是为了让那些身负恶名的当代人物为自己“辩冤白谤”，它用对比、参照的方式来提取这些历史“证言”，恰恰是为了限制它们“作证”的效力。“材料”之间的相互辩驳，凸显的是历史本身的复杂的“力学”（不同环境下的情感、欲望等）结构。这条由“材料”所铺陈的“证据链”的形成，对于抑制“单质化”“一体化”的历史想象，对于观察和理解当时的特定环境下人物的立场、态度变化，并进而感知“历史”本身蕴含的歧异性，无疑具有重要意义。

《时代的喧嚣》的主人公肖斯塔科维奇也与《材料与注释》中涉及的那些历史人物一样，有着谜一般的品质。他也同样在政治与艺术的边界上小心翼翼地“走着钢丝”，个人命运在时代的风云变幻中也曾屡屡险象环生，但两者之间也有着无法言明的巨大差异。这位具有世界影响的作曲家，虽早年的艺术生涯曾有过异端的嫌疑[①]，但最终还是跟上了那个喧嚣的时代，不但多次获得苏联政府的嘉奖，而且还在五十四岁的年龄上加入了苏共。这也算得上是一个知识分子在时代进步洪流中“成长”的故事吧？但无论如何，这个故事曾使东西方对这个人物的评价趋于一致：他是苏维埃政权的坚定信徒。这是一个比较令人心安的结论。

然而，20 世纪 70 年代末，《见证——季米特里·肖斯塔科维奇回忆录》[②]一书的出版，却使这个人物变得难以归类和不可辨识了，

① 以赛亚·伯林在 1945 年年底写的《斯大林统治下的俄罗斯艺术》一文中写道：“冉冉升起的年轻作曲家肖斯塔科维奇在 1937 年遭到了猛烈的批判，而且是来自一位很高的上层人物，理由是‘形式主义’与‘资产阶级的颓废’，以至于他在两年时间里既不得演奏也不能被提及，之后通过缓慢而又痛苦的忏悔，最终他采取了一种更符合当前苏联官方要求的新的作曲风格。此后他只是在两种情况下才被招来，一是定制作曲，一是忏悔……”见《苏联的心灵》，潘永强、刘北成译，译林出版社 2010 年版，第 7 页。

② 该书由所罗门·伏尔科夫记录并整理，1979 年在美国出版。《回忆录》的出版在西方世界和苏联引发了此后长达数十年的“肖斯塔科维奇之战”。相继问世的《肖斯塔科维奇再议》（Allan B. Ho, Dimitry Feofanov, Shostakovich Reconsidered. Toccata Press, 1998.）、《肖斯塔科维奇争论汇编》[Malcolm Hamrick Brown (ed.), A Shostakovich Casebook. Indiana University Press, 2005.] 以及相关传记和回忆录记载了这场争论的焦点以及各方的证据与解释，也比较微妙地显示了从冷战思维向后冷战背景下历史人物评价方式转变的趋势，这种情况也在一定程度上波及了国内，2005 年东方出版社出版的《肖斯塔科维奇书信集》似乎是为这场人物争议奉上的一份更为温和的“证词”。中译本《肖斯塔科维奇回忆录》（叶琼芳译，卢佩文校）1981 年由外文出版局《编译参考》编辑部印行。当代诗人欧阳江河的诗作《肖斯塔科维奇：等待枪杀》，大致可以显示 20 世纪 80、90 年代国内对这个人物的接受框架，诗中有这样的句子：“他整整一生都在等待枪杀 / 他看见自己的名字与无数死者列在一起 / 岁月有多长，死亡的名单就有多长 / 他的全部音乐都是一次自悼 / 数十万亡魂的悲泣响彻其间 / 一些人头落下来，像无望的果实 / 里面滚动着半个世纪的空虚和血”。其实，这首诗想象腾飞的起点就是《肖斯塔科维奇回忆录》中的一句话：“等待处决是一个折磨了我一辈子的主题。”参见《肖斯塔科维奇回忆录》，第 253 页。

一个苏维埃政府的艺术代表、文艺高官在这里莫名其妙地变成了一个反话（反讽）连篇的“癫僧”（圣愚）。这部回忆录在其主人公告别世界四个年头之后将他固有的形象撕裂得面目模糊，他既不能算作暴君与强权的帮凶，更算不上是时代的烈士。这样的一种形象侵蚀了当代历史戏剧中角色类型的边界：他是未被驯服的弄臣，他是做了懦夫的英雄。于是，一场“肖斯塔科维奇之战”从此打响，并且延续了数十年之久，时至今日，谜底的揭晓似乎还遥遥无期。从某种意义上说，这本回忆录不仅向评价当代历史人物的流行模式提出了挑战，也深深地搅动了人们对于当代史的惯性想象，它使个人与历史的关系变得更加复杂化了。相比之下，回忆录本身的真实性问题倒显得不那么紧要了，或者换一种说法，它不过是为那个据说已经逝去了的时代增加了一个新的传说，它成了后冷战、后革命时代的一个解不开的谜团。

肖斯塔科维奇的谜团为巴恩斯的虚构想象提供了一个突入的缺口，但他无意于加入这场有关历史真实性的辩论，他用小说建立了一个人类学意义上的田野观察视角，并借此以探测强权统治之下艺术生存的可能性以及艺术与权力“交易”的规则。2016 年 1 月 30 日，为配合小说的发行，他在《卫报》发表的一篇短文中，正是利用了这一观察的结果来为强权之下的“懦夫”翻案，他说：“我的主人公（英雄）是一个懦夫。或者确切地说，是一个自认的懦夫。也或者说他是被放在了一个不可能不做懦夫的位置上。放在他的位置上，你或我都将是懦夫，如果我们打算有相反的选择——做一个英雄——我们将是愚蠢透顶。在那个时刻，与强权作对的人物都被杀掉了，其家庭成员、朋友以及同伴蒙受耻辱，身陷囹圄，或是被枪杀。所以说做懦夫是唯一明智的选择。”[①] 巴恩斯在这里巧妙地利用了英文中 hero 一词的两个语义（英雄、男主人公），为历史分配给肖斯塔科维奇的尴尬角色做出了全新的界定：“肖斯塔科维奇

① https://www.theguardian.com/books/2016/jan/30/my-hero-dmitri-shostakovich-by-julian-barnes.

处在他的位置上，向恺撒付出了他应付的代价……创作公共音乐的同时，也创作他私人的音乐，保护了他的家人并渴望好日子来临。英雄主义有多种形式，不止于泾渭分明的那种情况。”[①]

与《材料与注释》的处理方法相似，《时代的喧嚣》也选择了肖斯塔科维奇一生中的三个“关键时刻”来展现特定历史境遇中的“懦夫—英雄”的具体内涵。巴恩斯愿意承认，在一个强权统治的社会里，艺术的存续必定会面临无法摆脱的屈辱，它所能做出的承担也是有限度的，但依他的“观察”，纵然艺术家被历史劫持，也仍然可以用“反讽”的话语和姿态来维系人格的平衡，用内心的音乐来抵御时代的喧嚣，甚至还可以不时地用他的艺术对历史进行偷袭。[②]艺术家的肉身不得不与时代纠缠，但“艺术属于所有的人又不属于任何人，艺术属于所有的时代又不属于任何时代”，“艺术是在时代的喧嚣之上响起的历史的低吟”[③]。

在巴恩斯的叙述中，肖斯塔科维奇获得了一种超越他的时代的目光，在这场艺术家与强权的游戏中，他越来越清楚自己应该扮演的角色，他的“屈身下拜”，他的甘为懦夫，只不过是在为他的音乐、他的艺术受难，他宁愿把自己当作人质，典押给强权，典押给乐观至于迷狂的时代。但人身的羁押有期，艺术却终将跨过这个时代，去寻找它自由的命运。在小说的最后，巴恩斯这样描写他的主人公挣扎了一生的内心愿望：“他期望的是，死亡能够解放他的音乐：把它从自己的一生中解放出来。时代将会过去，尽管音乐史家们的争论将会继续，但他的作品将独自存在。历史和传记将会褪色：……

① https://www.theguardian.com/books/2016/jan/30/my-hero-dmitri-shostakovich-by-julian-barnes.

② 这并非巴恩斯的发明。长期以来，在肖氏作品（比如第五、第七交响乐）中发现异质性、讽刺性乃至反叛性元素的研究者、阐释者并不在少数。莱瑞·韦恩斯坦（Larry Weinstein）1997 年执导的纪录片《战争交响曲：肖斯塔科维奇对抗斯大林》（The War Symphonies: Shostakovich Against Stalin）即是一例。

③ Julian Barnes, The Noise of Time, p.97. Alfred A. Knopf, 2016.

到那时，如果作品还有价值——如果还有耳朵去聆听——他的音乐还将……只是音乐。”①

《时代的喧嚣》似乎在暗中回应这样的一个问题：如果《肖斯塔科维奇回忆录》是真实的，或者至少含有符合历史逻辑的真实性的话，肖斯塔科维奇的人格分裂程度及其艺术实践的状况该如何去想象？巴恩斯飞扬的思绪掠过巨大的时空，为这个难题寻找一种令人满意的解决方案，他用艺术信仰（肖斯塔科维奇不是时代政治的反对派，而是艺术的信徒）对抗历史暴力，用“反讽”的智慧修复人性的伤残。于是，那动人的一幕便从历史的废墟中显现出来：一个憎恶强权、渴望自由的灵魂不是在哀号或抗议，而是在把生命和尊严当作赌注，为他心中的艺术祝福。这是一个英国人在后冷战、后革命的年代里为他蒙羞受辱的主人公提供的一种艺术救赎方案，这同时也是一支历史的安魂曲，是对历史暴虐所造成的人性灾难的抚慰。当然，我们可能会禁不住地想到这样的问题：20 世纪的一些苦难都可以用这样的方案来救赎和抚慰吗？在《材料与注释》锁定的那个时段里，周扬、林默涵、张光年们的处境与心迹究竟又是怎样的呢？他们是否也能够听到时代喧嚣之上的“历史的低吟”？就在这时，我的耳边响起了洪子诚先生的声音，平静、坦诚，却又意味深长：“……我其实也经历过那样的时代，对这些文章涉及的人物的处境不是完全隔膜、无知。”②

很明显，就历史探究的旨趣及其最终的再现方式而言，《材料与注释》和《时代的喧嚣》并无直接比较的可能性，尽管洪子诚先生也曾说过：“在处理那些两难的问题上，需要身心的投入；它不是纯理论，或者简单的态度，是与‘个人’的生命有关的问题。也就是说，坚持某种目标、信念的作家，在处理政治和艺术，良知和语言这些问题上，只有通过自己内在生命的‘抵抗’，来

① Julian Barnes, The Noise of Time, p.195. Alfred A. Knopf, 2016.

② 洪子诚：《材料与注释》，第 2 页。

形成属于自己的形式。”[①] 尽管他也相信，“‘历史’虽然拥有巨大的‘吞没’力量，但个体生命‘节律’的隐秘并没有被取代”[②]。这些似乎都与巴恩斯对其笔下人物的处理思路有某些相通之处，但与巴恩斯不同的是，一个历史研究者需要的不是艺术的升华，他无法放弃对“真相”的追求，“即使永远不能抵达‘原来的历史’，也无妨保持向那个方向努力，而不是借口‘诠释’，为随意性辩护”[③]。

相比而言，巴恩斯确实不可能有足够的经验和记忆储存，来支撑他对自己笔下的人物做出一种历史性的解读，他也同样不可能像历史研究者那样通过对材料的比勘来洞幽察微，找见“原来的历史”。尽管他也会使用“材料”，但他更欢迎那种令历史学家无所适从的材料，那才是他艺术想象的发源地。他可能永远也无法接近萨尔曼·拉什迪笔下的“午夜之子”那种被“拷”（handcuffed）在历史之上的感觉，那种与国家“链”（chained）在一起的命运。[④] 而这种感觉和命运无疑更靠近我们对于当代史的理解。更进一步说，巴恩斯在历史认知上的风险也是一目了然的，他的主人公历史生存的秘密在于他的“反讽”的智慧。但所谓“反讽”，无非就是在话语和想象的维度上保持个人与历史的“错位”而已，一旦达到它的临界点，也就是小说中人物也曾提到的“反讽”的限度，“错位”的幻象也就会立刻破灭，人物也将坠入万丈悬崖。

巴恩斯所复活的这段强权之下的艺术人生，靠的多半是想象，是基于人性理解的想象。然而，无论是作家还是历史研究者，对于历史资料的取用和解读，对于历史的想象和建构，都“不可能脱出自己所处的时代、这个时代的问题。他们的‘问题意识’不能不是

① 洪子诚：《材料与注释》，第 265 页。

② 洪子诚：《我的阅读史》，北京大学出版社 2011 年版，第 149 页。

③ 赵园：《想象与叙述》，人民文学出版社 2009 年版，第 155 页。

④ Salman Rushdie, Midnight's Children, p.3. Vintage, 1995.

在自己的时代中生成的”[①]。一个喧嚣的时代过后，留下了漫长的回响，留下了令人不安的记忆，面对历史噩梦的不断侵扰，在化解伤痛、祈愿祥和的人类意愿中交织着多种向度的精神努力。巴恩斯虽然表示过他对探究历史真相并无兴趣，[②]但在他对历史人物的艺术处理中却保留着对那个时代所遗留下来的历史后果的关切，我们从小说结尾的“作者注”中可以看到他在提取肖斯塔科维奇这个人物时的问题意识和参照视野，他一方面注意到了在西方国家获得了资助和巨大荣誉的“流亡”作家和艺术家（如纳博科夫、斯特拉文斯基等），他们超然物外，不承担任何道德风险，却可以不时地向那些被历史绑架的艺术家投出轻蔑的一瞥；另一方面，巴恩斯也注意到了那些在时代的风云变幻中与时俱进、左右逢源的沙场老手（如执掌苏联作曲家协会长达数十年的吉洪·尼古拉耶维奇·赫连尼科夫），他们以圆滑的政治智慧“捍卫”肖斯塔科维奇的固有形象，以掩饰人格上可能存在的巨大差别。[③]

巴恩斯的问题意识与洪子诚先生的关切不无相合之处，所不同的是，洪子诚先生对于“当代”历史的疑惑和问题，既来自他对“后喧嚣时代”的社会与道德观察，也源于他对“当代”文艺史上的那些人物爱恨交织的情感。他对一批曾经信仰坚定、内心丰富的左翼作家最终落入时代的泥沼感到疑惑和惋惜，也对事后的群起讨伐严加拒绝。可以说，正是这两者之间的纠结，塑造了洪子诚先生文学史实践的独特路径，他的历史关怀和“迷思”使他选择了《材料与注释》一书的叙述体式。他试图通过这样一种形式“逼真”地呈现“当代”的复杂情境以及这种情境之下不同人物的反应和挣扎，他既看到了那种环境下人性的残损和人格的

① 赵园：《想象与叙述》，第 153 页。

② 《喧嚣的时代》结尾的“作者注”中有这样一句话：“真相难寻，让它留给斯大林的俄国吧。”（Julian Barnes, The Noise of Time, p.200. Alfred A. Knopf, 2016.）

③ Julian Barnes, The Noise of Time, pp.199-200. Alfred A. Knopf, 2016.

扭曲，也在一些“认罪书”上辨认出了人物身上残留的抵抗和坚守，比如他曾不止一次地提到，冯雪峰、邵荃麟、张光年当年的检讨、交代材料给他留下的深刻印象，“我多少看到他们在逆境中可能保持的自尊，尽可能叙述事实真相的态度。他们也批判自己，但更多是谈论事实本身；既没有竭力将责任推给他人，也没有将难堪的骂名加在自己头上讨得宽恕”[①]。

洪子诚先生的表述有时也许是矛盾的、犹疑的，但他不愿意以“时间上的优势”对历史人物做出轻慢的裁决，他的这一立场早在出版于上世纪90年代的《1956：百花时代》一书中就曾得到明确的表达：“虽说在过了许多年之后，现在的评述者已拥有了‘时间上’的优势，但我们不见得就一定有情感上的、品格上的、精神高度上的优势。历史过程、包括人的心灵状况，并不一定呈现为发展进步的形态。”[②]《材料与注释》的历史再现方式所反映出来的正是他对“当代”史问题的“犹豫不决”[③]。

赵园先生曾经颇有感慨地说：“在建构‘想象’、塑造‘印象’方面，学术研究永远抵不过通俗文化。”“在被情节化了的‘历史’中，‘同情’总易于找到对象。那种被极端化了的情境却也将某种普遍经验涵盖其中，使人从中读出自己熟悉的故事或故事成分。”[④]洪子诚先生眼中的历史景观确实是无法被“情节化”的，它于前瞻和后顾之中奔突无状，但《时代的喧嚣》却有可能带着它的“极端化了的情境”参与对当代历史想象的塑造。

二、史体与史识

《材料与注释》是对作者一部旧作——《1956：百花时代》——

① 洪子诚：《材料与注释》，第201页。

② 洪子诚：《1956：百花时代》“简短的前言”。

③ 洪子诚：《我们为何犹豫不决》，《南方文坛》2002年第4期。

④ 赵园：《想象与叙述》，第149页。

的重访。两书展开的时段、涉及的人物、讨论的问题多有重合，但《材料与注释》一书则体现了作者更为明确的“史识”，并试图通过相应的历史叙述体式的实验来实现这样的史学构想[①]：“尝试以材料编排为主要形式的文学史叙述的可能性，尽可能让材料本身说话，围绕某一时间、问题，提取不同人，和同一个人在不同时间、情境下的叙述，让它们形成参照、对话关系，以展现‘历史’的多面性和复杂性。”[②]该书取用的材料包括日记、会议记录、检讨书、交代材料、回忆录、访谈、批判材料、编年（大事记）等，其中大量是未刊资料。从史料学的角度来说，这是一次深具意义的尝试，因为它不仅突破了目前文学史研究中所借重的文献类型的范围，而且，其中的一些资料类型（如检讨书、批判材料、交代材料等）正是作者所研究的那个时段中颇为流行的文本类型，甚至说它们是这个时代所独有的文本类型也并不为过。从文本的社会发生学角度分析，这些类型的材料更深地楔入了时代的深层结构，因此也最能揭示那个时代的特殊构造，透露那个时代与社会生活的独特信息。而在此前的中国当代文学史研究中，对这种类型的历史资料的大规模使用情况十分罕见。

《材料与注释》的主体部分包括七篇历史资料的注释[③]和一篇总结性的主题论文，两者之间似乎隐含着演绎与归纳的关系，也就是说，资料的排比、注释与主题论文之间构成了一种“解释的循环”。

---

① 在文学史研究领域，洪子诚先生的“文体自觉”“史体自觉”堪称独步一时。虽然同行评议最多的是他的“（准）教材体”的《中国当代文学史》，但更令人心折的却是他的《作家姿态与自我意识》（专题研究）、《两忆集》（散文随笔）、《问题与方法——中国当代文学史研究讲稿》（教案讲稿）、《我的阅读史》（精神自传）等书中的精彩篇章，它们以多样的形式探入文学史的腹地。

② 洪子诚：《材料与注释》“自序”，北京大学出版社 2016 年版，第 2 页。

③ 《1967 年〈文艺战线两条路线斗争大事记〉》在形式上虽有所不同，但功能相似。

从著述形式上说，这种通篇以资料的“钞撮”[①]与注释来呈现研究思路的做法大大出乎人们对“文学史叙述”的想象之外，这里的“叙述”主要显示为对历史文档的“斠理”，其中“注释”的功能较为主观，偏于“主动”的叙述，但它们也只起到了连接、补充、提示等作用，至多只能算是对资料阅读方式的一种“诱导”。这种形式上的处理无疑是对文学史史述体式的最为大胆的实验，尽管作者本人也“对这一写作方式的合理、有效性产生怀疑”，却也绝不能否定这种尝试的积极意义。至于要从文学史写作的层面上来确认它是否“合理”“有效”，则更需做一番细致的辨析，不仅要考虑到研究者的思路与设定的目标，也需要结合诸如叙述形式的可拓展空间以及叙事的效率等因素做出全面的观察。目前仅从接受的角度来看，它确实凸显了其他类型的文学史叙述所无法呈现的信息，承载了研究者幽眇深微的思致。

洪子诚先生当代文学史研究的方法和取径，是在他对自身学术经历的反思和对一些比较流行的研究范式的观察与思考过程中逐渐形成的。他多年以来对自己年轻时参与的“以论带史”的学术实践频频“回顾”，从某种意义上说既是在提醒自己，也是在对越来越模式化的文学研究范式发出警示。他曾指出：“对于历史问题，包括文学史问题，有时候，我们会更倾向于采取一种‘辩难’的、‘对决’的判断方式来处理，即在所确定的理论框架（人道主义、主体性、启蒙主义等）之下，从‘外部’进行审查，做出判断。这种方法无疑具有更大的诱惑力，尤其在解放我们对当

① 在最初读到收入《资料与注释》一书的文章时，我曾不自觉地把这种史体实验与中国传统史学中的纪事本末体联系起来。“善用钞撮之法”（参见金毓黻《中国史学史》，商务印书馆 1955 年版，第 192 页）是后者史学功能的典型体现，“善抄书者可以成创作。荀悦《汉纪》而后，又见之于宋袁枢之《通鉴纪事本末》”。梁启超称之“于斯界别辟一蹊径焉”（梁启超《中国历史研究法》，上海古籍出版社 1998 年版，第 20—21 页），但洪先生的史料处理方式和史学诉求与之并不相同。

前问题的关切，和对未来想象的焦虑的功能上，在释放‘经由讲述而呈现眼前’的‘历史’的‘刺痛人心’的压力上。”① 文学史研究中的这种“理论崇拜”，以概念切割历史的做法，导致了“历史感”的普遍欠缺，“许多问题只在批评层面处理；概念，叙述方法，大多是讨论它们的对错、正误、合理不合理，不大追问概念和叙述方法的由来，产生的语境，含义和变异”②。造成这种情况的原因可能是多方面的，但与“以论带史”的“当代”传统也有密切关联，在接受媒体采访时，洪子诚先生曾说：“‘以论带史’是那个时代的潮流、风尚。不论日常生活，还是学术研究，都特别强调观念、立场、路线的重要性。这种‘病症’到‘文革’发展到极端；它的流弊现在仍然有深刻影响。我因为得过这个‘病’，知道它的危害，对它就时常警惕，提醒自己不要因为自己心造的幻影而被它控制。”③ 这种“病症”具体体现在历史研究的方法和路径上，“不是从事实出发，从复杂的材料入手来提出问题，重视考察、研究的对象的复杂经验，而是引用某种权威理论作为大前提，然后搜集、罗列几个事例加以论证。这样，历史事实、情境被肢解了，失去原来那种丰富性，遗漏了对象本身的复杂性，对象本身内部的差异，细节成为一种填充物”④。

如何不让研究变成切割历史的“知识暴力”，如何呈现事实、情境的丰富性和复杂性，如何揭示对象本身内部的差异，以及如何不让历史的细节成为理论的“填充物”，这些问题构成了洪子诚先生文学史研究和思考的关注重心，他对文学史的“问题与方法”的持续追问，最终引领他走向了对历史叙述体式的不懈实验。《我的阅读史》以个人阅读为投射屏幕，收摄了当代文学史不同时期的各方面信息，它不仅是一部别致的、细节饱满的文学史，也是一部知

① 洪子诚：《“边缘”阅读和写作》，《我的阅读史》，第 107 页。

② 洪子诚：《材料与注释》，第 258 页。

③ http://cul.sohu.com/20130621/n379435853.shtml.

④ 洪子诚：《材料与注释》，第 253—254 页。

识文化史和个人精神史。《材料与注释》则收缩视野，凝视材料，搜索隐微信息，提供了又一种文学史叙述的实验性标本。

史体，或者说历史叙述体式，一直是文学史“重写”中的一个核心的问题，从“20 世纪中国文学”概念的提出一直到今年来文学史界出现的“编年史热”[①]，近三十年中有关文学史的有价值的讨论，都无不与史体的焦虑有关。至今为止，人们所概括和指认的文学史写作模式，如意识形态化、现代化等，说到底都要落实到具体的历史叙述体式。史体是实现某种历史写作诉求的最终依托物，所以，它似乎也成了不同的文学史观念急于寻找的对象。但实际情况是，在特定的史体充分显形之前，所谓的文学史观念大致只能算是对历史再现方式的一种“构想”，史体的调试和实验是它最终“落地”的前提。

事实上，根本就不存在完美的文学史叙述体式，所有的叙事体式，不止于那些被认为是“模式化”了的叙事体式[②]，都存在着对历史、对真相的遮蔽，或者说都存在着对事实的选择，关键问题在于，哪一种选择和遮蔽，以及这选择与遮蔽背后的历史理解和问题意识，更切近于所研究的那段历史（包括其产生的历史影响），当然，“模式化”更容易导致一种集体的盲视，这也常常成为文学史范式转换的动因。往往在一种文学史叙述失去恩宠的许多年之后，人们仍然能够在其中发现新鲜感甚至对未来治史的

① 对编年史的重视无可厚非。但若以为编年史自然可以达致一种史料上的均衡与时间上的公正，恐怕是出于一种想当然的误解。撇开神学化了的“春秋笔法”不谈，至少应该明白，编年史同样需要对史事的裁断和去取，并且要倚重时、事节点以显义。“故论其细也，则纤芥无遗；语其粗也，则丘山是弃。”（刘知几《史通·二体》）

② 有关历史叙述的“集体模式”及其遮蔽作用的讨论，见于钱理群先生的《关于“文革”记忆与研究的通信》，该文收入《追寻生存之根——我的退思录》（广西师范大学出版社 2005 年版）一书。洪子诚先生也提及了这一问题。参见《材料与注释》，第 208 页。

启示，原因也在这里。[①]当然，这里面也存在着需要辨析的非常复杂的情况，一方面，文学史实践的注意力[②]会随着时代的社会风尚和知识状况而发生转移；另一方面，文学史范式的转换也并非意味着原有范式的失效和死亡，没有任何一种文学史能够独占真相。

对历史叙事体式的试验和寻找，总是与研究者的特定研究对象以及研究者的“历史感”和问题意识相关，赵园先生在其“明清之际”的研究中就发现，“以资料排比‘叙述’历史，在排比中发现历史，作为方法并没有失去有效性”[③]，她提到了资料长编、年表、年谱等。这分明是在向中国传统史学述史体式寻求支援，她指出，在史料的迷雾中，如“纂辑”那样“将不同的叙述并置，并不随时裁断；即使显然荒唐者，也以为可备一说”，这也就是明人冯梦龙所说的意思，采辑要广收博取，“叁伍异同，或可取实”[④]。这些新的思考与发现正来自对整个20世纪“新史学”的反思。自近世以来，出于对“宏大叙事”的景慕，不只是梁启超眼中的旧史体系出现了问题，连中国传统中的那些不符合“宏大”要求的撰述方式，也都统统被宣布为“饤饾之学”，早已遭人鄙弃。一种向历史文献的精深微妙之处用力的知识实践方式也由此而被逐出界外，所谓“博考经籍，

① 耶鲁学者昂利·拜尔在其所编纂的朗松（Gustave Lanson，1857—1934）文选中曾说，“文学史家的著作在半个世纪之后，能不被人们看成是陈旧得可笑、散发着时代偏见和派系成见的臭味、论证依据很不充分的，就更加少见”，但他也同时指出，圣伯夫等人的一些著作“对今天仍然有益”。参见《文学、批评及文学史》“编者导言”，徐继增译，中国社会科学出版社1992年版，第1—37页。

② 佛兰克·克默德曾以波提切利（Sandro Botticelli，1445—1510）的“再发现”为例说明一种“必要的注意形式”与其发现对象之间的关系，文学史中的“事实”相对于特定的注意力而存在、而显示其重要性。参见Frank Kermode, Forms of Attention: Botticelli and Hamlet. University of Chicago Press (Reprint), 2011.

③ 赵园：《想象与叙述》，第271页。

④ 赵园：《想象与叙述》，第165页。

采摭群言”，所谓“采摭期于至详，裁鉴期于至审”等学术评价方式，大概到陈寅恪一代学人那里还能听其余响，此后便鲜有所闻了。

向“纂辑”“编年”之类的传统“述学文体”致意，蕴含着对于史学实践的新的想象。尽管就其思想诉求和现实针对性来说，仍不出董仲舒所说的“采摭托意，以矫失礼”[①]的题旨，但我们也应该认识到，这些传统撰述方式的回归之日，也即是它们的变身之时，因为需要它们处理的对象、需要它们承载的思想已经发生了很大的变化，我们已无统揽一切的“经籍”可供参考，对于历史的认知也再无可能获得无坚不摧的强固结论。

从更深的层次上说，史体的变革并不仅仅表现在形式的层面，它还有赖于布迪厄所说的研究者“习性”（habitus）的改变，这首先关乎阅读的方式。近些年来，王汎森、赵园等先生都谈到过“深刻、缜密地阅读”的重要性，提示人们要“抵抗过于顺畅的理解，及时捕捉陌生信息”[②]。这些说法其实涉及了整个知识和学术实践的观念变革，从某种意义上说，有什么样的阅读就有什么样的学术，阅读的范围、阅读过程中的信息提取方式和使用方式，都会直接参与塑造对于知识和学术的想象。如果仅仅是为了“论证”已成竹在胸的观点，则断章取义自在情理之中；与之相反，若为求真解疑，则即便是占有了“叁伍异同”，也未必竟可“取实”。

《现代性的五副面孔》的作者马泰·卡利内斯库在20世纪90年代的一部著作中曾使用了“幽灵作祟”（haunting）的隐喻来暗示“重读”的动因，卡利纳斯库赋予这个隐喻三层含义：第一，有一些文本时常如鬼魂似的纠缠着我们，向我们的记忆、关注和想象提出要求，驱使我们去重新阅读，使它们得以在我们内心一再映现。第二，一些文本作祟于另一些文本，它们犹如预期的或不请自来的访客出（隐）现在这些文本中，早期的文本会作祟于晚出的文本，后出的文本也会缠附早先的文本。文本间的这种相互纠缠，形成了

① 《春秋繁露义证》，中华书局1992年版，第142页。

② 赵园：《想象与叙述》，第271页。

一个“阅读的时间循环”，这是互文性现象的一个重要例证。第三，作为主动的阅读者，我们也会缠附着一些文本，我们重访这些文本，就是为了弄清楚它们吸力之所在，或者去受用对文本再发现的新奇感，抑或是去体验使它们重获新鲜与活力的能力。①

其实，这个幽灵之喻并不诡异，它非常形象地捕捉到了文史研究思路的运行特征。在文史研究者那里，所有的阅读都是“重读”，都会把他置于文本与文本的纠缠之中，“文本作祟”，也正是思路的激活，问题的萌生。“重读”的过程就是与可疑文本对质，就是对文本的可疑部分的追踪，寻找蛛丝马迹，探察亲信、奥援，逼出真相、隐情。这个过程也同时完成了对文本秩序的重建。这是一般文学研究者都会有的经验，差别只在于，什么样的文本会选择你作为攻击的对象，或者你会对什么样的文本心存系念，这最终显示为一个研究者的思维取向和学术敏感。

《材料与注释》的作者大概可以为卡利内斯库的这个阅读之喻提供全面的例证，他巧妙应对文本的作祟；他着意显示文本间的相互纠缠；他对文本施以招魂之术。《材料与注释》的历史叙述体式究竟会有多大的发展空间可以姑且不论，但洪子诚先生在这次叙述文体的实验中却为我们展示了“史体”与“史识”之间的深微呼应。他所提供的启示也许在于，不存在适用于一切研究者的“理想的”历史叙事体式。

三、道德的“迷思”

《材料与注释》的主体部分以《“当代”批评家的道德问题》一文作结，表明作者在对“材料”进行编排和注释的时候是有一个关注焦点的。这个焦点，准确地说，就是“当代”文学环境中的“道德话语”或“道德修辞”的问题，当然，这个问题还会涉及文中提

① Matai Calinescu, Rereading, Preface, pp.xi–xii. Yale University Press, 1993.

到的那些“当代”批评家本人的道德素质和道德表现问题，涉及当代政治文化的话语构成与话语策略问题，进一步而言，它也涉及文学史研究如何对这些批评家做出道德观察和伦理评价的问题。尽管“泛道德化”的倾向在当代文学批评和文学文化中普遍存在，但要谈论这个话题不仅有“风险”，而且有很大难度。《材料和注释》一书的作者巧妙地用七篇资料的排比与注释构筑了一个“当代”文学语境下的“道德批评”之“场”，这在一定程度上为相关的讨论限定了对象和范围。

洪子诚先生对“当代”的道德问题的研讨可能有着复杂的动因，他曾说过：“80 年代，在反思‘十七年’和‘文革’知识分子的表现的时候，这种认识具有相当普遍性，觉得这三十年中，有许多的两面派、告密者，更有无数的见风使舵的软骨头。其实，和现在‘知识人’的道德状况相比较，当年的情况并不见得就那么不堪。”[①]但他也同样意识到，“当代”的道德问题是无法回避的，那些数量庞大的“文艺批判资料”很容易给人造成这样的“错觉”：“十七年”中的作家、批评家都“道德水准低下”，有“人格缺陷和心理畸形”[②]。他在文章中也提供了许多事例，说明“当代”文坛上的“两面派”指控虽然不尽合乎事实，但“在回顾‘当代’文艺史时，我们见到的一个事实是，那些义正词严的道德捍卫者和指控者”也同样是不诚实的。[③]因此，他所面对的问题是双向的，一方面要“廓清‘当代’政治生活中权力与道德的关系的实质”[④]，另一方面，还要对“当代”史的认知中存在的另一种道德蔑视、道德审判倾向予以有效的回应，也就是说他要深入分析业已蔓延到当下的“道德主义”话语的症结。

① 洪子诚：《材料与注释》，第 214 页注③。

② 洪子诚：《材料与注释》，第 214 页。

③ 洪子诚：《材料与注释》，第 218 页。

④ 洪子诚：《材料与注释》，第 220 页。

谈论现代的道德问题，很容易让人想起陈寅恪先生那段被人广泛引述的关于新、旧交替时期道德状况的论断[①]，其中言及道德的新、旧交替所留下的“投机”的空隙，以及“贤者、拙者”与“不肖者”之间的分际。洪子诚先生的观察角度也大致相似，他说：“虽说不应该将‘道德’问题与社会环境剥离，但也不应将一切推到外部环境，认为个人无需担责。……一个浅显的道理是，所处的境遇也许相似，但人与人之间确有不同。我们也不应将这种高下的差异轻易抹平了。”[②]

陈寅恪先生的观察和分析自然仍有其效力，但与“当代”的情况也并不完全相合。当代中国的“士习”变乱另有其复杂的成因，其间道德与政治的相互纠缠常常使对这个问题的探讨陷入僵局。“文革”之后，历史“浩劫”留下一片废墟，这常常令人触目惊心。但对于文化、教育、经济等方面的灾难后果人们或可察知和判断，而“政治暴虐的人性后果、士的精神斫丧”[③]则远非目力所及，甚至连历史研究对此也少有光顾，个中原因固然也极为复杂，但历史反省以及置身于历史之中的“自我反省的能力”无疑是一个很高的门槛，这个门槛自然也不独对“当代”史而存在。陈寅恪先生史学研究中的身世飘零之感，

① “纵览史乘，凡士大夫阶级之转移升降，往往与道德标准及社会风习之变迁有关。当其新旧蜕嬗之间际，常呈一纷纭综错之情态，即新道德标准与旧道德标准，新社会风习与旧社会风习并存杂用。各是其是，而互非其非也。斯诚亦事实之无可如何者。虽然，值此道德标准社会风习纷乱变易之时，此转移升降之士大夫阶级之人，有贤不肖拙巧之分别，而其贤者拙者，常感苦痛，终于消灭而后已。其不肖者巧者，则多享受欢乐，往往富贵荣显，身泰名遂。其故何也？由于善利用或不善利用此两种以上不同之标准及习俗，以应付此环境而已。”见陈寅恪：《元白诗笺证稿》，三联书店 2000 年版，第 85 页。

② 洪子诚：《材料与注释》，第 230 页。

③ 赵园：《明清之际士大夫研究》“后记”，北京大学出版社 1999 年版，第 543 页。

赵园先生明清之际研究[1]的问题意识，都从特定的角度体现了对历史中个体的道德处境及其人性后果的关怀。

洪子诚先生对历史人物道德表现的“高下差异”的关注，也同样能让人觉察到这种关怀的存在，这大约隐含着一种恢复文学史道德省察功能的努力。[2]他常常通过不同历史语境下的人格对比，来暗示一种反思“当代”道德问题的路径。他曾说过：“我的印象里，我涉及的许多左翼、革命作家，不论是信仰、思想感情，还是人格，生活道路，文化修养，都有相当的丰富、复杂性：他们面对时代所作的勇敢选择，他们的无可奈何的退却，他们推动时代的雄心，他们的可敬可叹，可恨可爱……他们中一些杰出者，确实不像现在的我们；我们（当然不是所有人）孱弱，单薄，属于马尔库塞说的那种‘单向度的人’。”[3]这种表述中的意绪是极其微妙的，它在对“当代”人物的有些勉强的肯定之中，所寄寓的大概是对“了解之同情”的吁请，因为“当代”的道德环境中也有令他感到“可叹”与“可恨”的一面。

从方法论上说，洪子诚先生对于当代道德问题的探察仍旧采用了他所称的“发生学”的方法，其目的在于“揭发”和显示“当代”语境中道德（话语）的内在逻辑和运行方式。这与人类学家迈克尔·兰伯克（Michael Lambek）所说的“解释学”的方法相似，这种方法无意于对所涉及的道德问题做出判断，它要考虑的问题是：特定的道德或道德话语“是如何被建构、生产、知晓、习得、固定、证明、维护和保持的？”“在面对暴力、屈辱、矛盾或是绝境之时，意义和价值是如何丧失、恢复或是更新的？”以及“特定的事物何以变得对我们至关重要，或者在特定的情况下变得重要？这种

① 赵园：《明清之际士大夫研究》，北京大学出版社 1999 年版；《制度·言论·心态——〈明清之际士大夫研究〉续编》，北京大学出版社 2006 年版；《想象与叙述》，人民文学出版社 2009 年版。

② 当代文学中的“泛道德化”批评是一个完全不同的命题，它不包含，甚至排斥道德的内省功夫。

③ 洪子诚：《材料与注释》，第 288 页。

重要性如何塑造我们的理解，以及它如何塑造社会行动并被社会行动所塑造？”[①]

道德与政治或道德与权力的关系自然是考察“当代”道德问题的焦点。洪子诚先生注意到，在“当代”的政治斗争中，“道德审查”变成了一个“最具有摧毁力的武器”[②]。“当代”的权力转移始终与“道德指控”相伴，“指控者与受辱者位置的错动甚至互换，是当代史的奇观。当受辱者被推上‘不老实’‘两面派’的审判台的时候，指控者自然获得了道德优势，一旦他们权力地位失去，立于‘道德制高点’上的就是另一些人。”[③]正如有的学者所观察到的，伦理与政治的交汇处必定是“一汪浑水”（troubled waters），[④]这也是现代语境中伦理探讨经常遭遇的麻烦之一。

据洪子诚先生分析，出现在“当代”的这种“道德指控”现象有其复杂的原因，从大的方面着眼，它既与20世纪社会主义阵营的意识形态和权力分配所引发的激烈冲突有关，也与中国“当代”的“泛道德化”的政治实践相关，“对于许多革命作家、批评家来说，他们普遍持有对文学的道德承担的信仰[⑤]。他们大多有掌握‘客观

① Michael Lambek, Life as if it mattered, Four Lectures on Ethics: Anthropological Perspectives,pp.8-9. Hau Books, 2015.

② 洪子诚：《材料与注释》，第214页。

③ 洪子诚：《材料与注释》，第220页。

④ Didier Fassin, Troubled waters. At the confluence of ethics and politics, Four Lectures on Ethics: Anthropological Perspectives, pp.175-210. Hau Books, 2015.

⑤ 现代以来的“信仰”，或者说“信仰”一词的使用方法，是一个值得深入研讨的问题。把“信仰”与“客观真理”画等号，不仅使信仰者变成了攻击性极强的“圣徒”和“护教者”，而且也为下文将要谈到的“真诚”一词抹上了一层令人生疑的色彩。沃尔特·考夫曼（Walter Kaufmann）在《宗教与哲学的批判》（Critique of Religion and Philosophy, Princeton University Press, 1978.）中曾说，“信仰”来源于一种“固执”，因为它缺乏证据，不足以“说服每一个理性人”。而在现代，“信仰”不但成了知识分子的精神“鸦片”，而且成了“最具有摧毁力的武器”。

真理'，并为捍卫这一'真理'奋斗的激情。不管是坚守的秉持，还是自我建构的幻觉，至少从表面，从姿态上看，都是在亟亟扮演着分辨真伪的道德主义的角色。在涉及与辨明'真相'和'真理'的道德问题上，他们的言辞表情常常峻烈、庄严而凌厉"[①]。其实，如果要做历史追溯的话，政治的道德化或道德的政治化倾向更可能肇端于现代的思想文化结构，只不过在当代的政治文化中变本加厉而已，而且它还在新的社会政治机制中获得了新的功能。

到底是"当代"政治利用了这种"道德主义"，还是"道德主义"塑造了"当代"的政治，这可能是一个难于分辨的问题。从实际效果看，"'道德主义'是在承担推进'一体化'思想政治体制的功能，是在促使这样的现象发生：一边是绝对的纯洁正义，另一边则是完全的欺诈和邪恶——端看谁掌握着权力而进行这种二元的道德分配"[②]。因此，政治对道德"工具"的操作方式便是，"尽量掩盖道德问题产生的社会环境因素，将它孤立抽象化，将它与社会体制状况分离，看作对纯粹个人品格的追问，并以此建构那种道德至上的、绝对主义评价趋向"。在借助道德问题击败政治对手的同时，新的权力也便自然拥有了道德的意义、道德的优势。所以，洪子诚先生认为："这种'一体化'的意识形态统制，包含道德与权力关系的重要内容。"[③]

那么，这个"重要内容"究竟是什么？既然道德已成为政治手中的一个可操控的工具，它已不再可能提供一个可与政治相抗衡的标准，权力斗争又有何必要请来道德的神龛呢？洪子诚先生曾提到苏珊·桑塔格对乔治·卢卡奇境遇的分析，这个分析或许可以为我们对这个问题的理解提供一个视角，在苏珊·桑塔格看来，卢卡奇能使自己"在个人和政治两方面幸存下来"，原因之一便是他的"内部放逐"的能力，也就是说，他可以为自己在"内部"腾挪出一个空间，

① 洪子诚：《材料与注释》，第 216 页。

② 洪子诚：《材料与注释》，第 224 页。

③ 洪子诚：《材料与注释》，第 221 页。

躲避来自外部的煎逼。这个说法听起来颇像肖斯塔科维奇的“反讽”，它们都暗示着一个可供个人选择的“剩余”空间的存在。而这样一个空间的存在则意味着“一体化工程并未完成”，洪子诚先生正是从这里发现了“当代”政治迷恋道德话语的奥秘之所在，“限制、窄化这种可供‘边缘性移民’空间的办法，就是使用这种道德评价的手段”[①]。“诚实”的问题便也由此而进入了“当代”政治道德运作的核心地带，简单地说，提出“诚实”这一道德要求的目的就在于向个体追索这个尚不在权力掌握之中的空间。

洪子诚先生引入的是莱昂内尔·特里林（Lionel Trilling）有关真诚“贬值”的话题。他发现，“真诚”在中国“当代”境遇下也在遭遇着具有普遍性的“危机”，卷入这种危机的不仅包括冯雪峰、秦兆阳等人，甚至连周扬“也有着为探求事物真相而出现的犹豫、矛盾和分裂”[②]。这个观察和判断可能未必能博得所有人的认同，但从探究“权力与道德”运作机制的角度来说，则不失为一个很好的观察，一个简单的理由是，若把“当代”那些随机应变的“两面派”仅仅归结于他们的天性，显然会堵死历史探究的通路。

在特里林那里，真诚“主要是指公开表达的情感与实际情感的一致性”[③]。但他追问真诚问题的动机可能有些不同，从某种意义上说，讨论“真诚”，是他对现代主义文学（比如，他在文中提及的 T.S. 艾略特、乔伊斯、纪德等）“非人格化”倾向及其文化后果所做出的批评性反应。[④]他看到了现代主义文学对道德生活的“自我修正”，看到了它在公认的道德标准中发明和增加的“新的元素”。

① 洪子诚：《材料与注释》，第 227 页。

② 洪子诚：《材料与注释》，第 226 页。

③ “It refers primarily to a congruence between avowal and actual feeling”. See Lionel Trilling, Sincerity and Authenticity, p.2. Harvard University Press, 1972.

④ Lionel Trilling, Sincerity and Authenticity, pp.7-9. Harvard University Press, 1972.

因此，“真诚”逐渐“贬值”，代之而起的是“真实”（authenticity）。“根据真实标准的要求，许多曾被认为是构成了文化肌质的东西已变得无关紧要了，仅被当成了幻想或是仪式，或竟至于是完完全全的造假。反过来说，文化向来予以谴责并试图去除的许多东西，比如混乱、暴力、非理性，却因真实的要求而获得了相当大的威信。”[①] 其实，“真实”并不与“真诚”完全对立，它是文学在现代道德语境下对自我姿态的调整，特里林也认为，“真实”会令人想起“更大量的道德经验、对自我以及‘忠实’的内涵的更严格的设定、更广泛地涉及大千世界以及人在其中的地位，而对生活的社会氛围则少有接受和亲近”[②]。

正是由于现代的道德实践语境的变化，“真实”成为现代主义文学和艺术侧身“道德—美学”实践时的一个新的标准，“真诚曾被认为具有巨大的原创力，但它无法与我们现代判断力赋予真实的那种惊人的繁殖力相匹敌”[③]。当然，特里林的批评视野并未完全限定于此，他的道德批评是一种知性（intelligence）的漫游和历险，他对欧洲四百年文化史的考察，最终发现的是，真诚早已随着社会制度和社会环境的变迁开始了衰落的过程。

对“丧失”的敏感始终是道德批评的主要特色，特里林的道德批评启人心智却又从不下结论。但无论怎么说，特里林对现代道德境遇的分析，不太可能为我们观察“当代”道德批评状况提供比较有效的参照。别尔嘉耶夫曾认为，真诚成为一种流行的自我检视和评价人物的伦理标准，基本上可以视为一个现代事件，它与19世纪末、20世纪初人的“自我认识”能力的发展有关。此

① Lionel Trilling, Sincerity and Authenticity, p.11. Harvard University Press, 1972.

② Lionel Trilling, Sincerity and Authenticity, p.11. Harvard University Press, 1972.

③ Lionel Trilling, Sincerity and Authenticity, p.12. Harvard University Press, 1972.

外，他还提到了“真诚”可能存在非常不同的质态（所谓“极限的真诚”“直接的真诚”“反射的、分裂的真诚”，以及“纯朴的”真诚和“感伤的”真诚）[①]。

“真诚”首先涉及自我的统一性和连续性问题，真诚的道德强制性缘于自我分离、自我分裂的事实。在《材料与注释》所涉及的那个时段，个人，尤其是书中所提到的那些个体，都深深卷入政治旋涡之中，他们没有独立于政治之外的社会生活，更不可能有自己的个人生活、自己的“自我”，他们的道德只能表现为“政治正确”，他们的“真诚”也只能是一种“政治忠诚”。吊诡的是，政治鉴定却偏偏要以道德评价的面目出现，既然任何个体都无从把握权力的意志，那么，“不诚实”的道德风险就会使个体“怵惕惟厉”，时时处在“自检自查”的焦虑之中，这种道德风险本质上就是一种被内化了的政治风险（“不忠诚”），它迫使个体把“自我”完全交付给权力。与此同时，权力也借由这种风险转移而尽显其任性和逍遥。这或许就是丸山真男所说的：“道德唯有在权力的强制之中并且在实体化的形式下始能存在，而权力也是作为道德权威体系之一始能显现其本身的社会意义。”[②]

“真诚”的道德价值源于一种丰富而充裕的自省，但在“当代”却变成了与最高政治训谕的“对标”。“真诚”既成为政治权力安装在个体身上的一种剥夺性“装置”，也成为政治场中对他人进行道德检视的“显微镜”“放大镜”，它最大限度地挤缩乃至褫夺了个体的自我世界。当那些“当代”文人借“真诚”之名以相残之时，当他们无情地相互追剿之际，他们已完全陷入了人性迷狂和道德休克状态，自觉或不自觉地充当了权力的凶恶打手。从另一方面来看，对于“当代”的那些人物来说，源于反省的“真诚”不仅是需要代价的问题，而且也完全是不可能的，他们那“服务于起誓”的语言

① 别尔嘉耶夫：《自我认知——哲学自传的体验》，汪剑钊译，云南人民出版社 1998 年版，第 268—272 页。

② 洪子诚：《材料与注释》，第 220 页。

的“贫瘠”[①]根本无法汇入“真诚”的道德渊潭，唯一留给他们的只能是“表演”的真诚（模仿洪子诚先生的说法，在当下的境况中可能连“表演”的必要都没有了）。

社会学家齐格蒙·鲍曼曾通过对纳粹屠杀犹太人事件的分析，提出了现代性社会体制对“道德冷漠”（moral indifferent）和“道德盲视”（moral blindness）的生产这一问题。[②]鲍曼借赫伯特·凯尔曼(Herbert C. Kelman)的观点，分析了在大屠杀过程中抵御暴行的“道德抑制作用”(moral inhibition)何以会在那些纳粹士兵身上失去作用，根据凯尔曼的说法，在以下三种情形单独或同时出现时，防御个人恶行的道德抑制作用就会趋于削弱：暴力得到权威认可（通过来自有合法权力的人物的正式命令）；行动被惯例化（通过受规则支配的实践和对角色的精确规定）；暴力受害者被非人化（通过意识形态的规定和教化）。[③]根据上述分析，“当代”中国的“道德狂热”在其更深的层次上表现出来的可能就是“道德盲视”，在“当代”，削弱“道德抑制作用”的三个条件每每全部到场，所以，在“以道德杀人”的背后，首先倒下去的就是人的“道德感”。“欲寡其过，谤议沸腾，性不伤物，频致怨憎。”陈翔鹤所引嵇康这句话，可能是对“当代”环境中人的道德实践境遇的最好描述，这是一个“集体行动”的社会，那些想逃避集体性恶行，甚至想逃避表达“真诚”的人，最终都是要接受“道德审判”的人。

洪子诚先生在引用邵荃麟、侯金镜等人对“大连会议”的“交代材料”时说：“他们的‘交代材料’是巨大压力下的产物，对人、

① 维克多·克莱普勒：《第三帝国的语言》，印之虹译，商务印书馆2013年版，第16页。

② Zygmunt Baunman, Modernity and the Holocaust, pp.18-30. Cornell University Press, 2001.

③ Herbert C. Kelman, ‘Violence without Moral Restrain’, Journal of Social Issue, Vol.29（1973）, pp.29-61. See Zygmunt Baunman, Modernity and the Holocaust, p.21, Cornell University Press, 2001.

事的性质认定，以及事实的真实性方面，存在需要细心辨析以判明真伪的问题。但是，侯、邵的材料，对事实的讲述采取相对冷静、‘客观’的态度，具有较高可信性：这主要不仅是语言、文体方面的问题，主要是另外一些可供参照的叙述，对此有所证实。”①

在这里我想说的是，洪子诚先生的材料处理方式的意义可能超出了他的预计，“语言、文体方面的问题”在这种形式的光照之下也会显露它们的可疑行迹。叙述与叙述的相互参照固然有助于真相的探究，但这里也可能存在着一个容易忽略的问题，这就是对一个时代的语言使用方式的警觉，或者换一句话来说，我们似乎还缺少一种能够解析这些文本语词、概念、“语法”和修辞的“文本训读”（textual criticism）技术。首先，“交代材料”“检讨书”“批判材料”这些文本类型所内含的权力关系和角色分配，已经限定了话语的方式，交代者、检讨者的“冷静”与“客观”依循的也许是特定文本类型的“成规”，就此而言，它们佐证事实、显示态度的作用可能会受到很大的限制。即使是那些几十年之后的“回忆”文本，其中的历史记忆方式也同样有可能被那些流行的文本和语言类型所塑造。②诚如维克多·克莱普勒所说：“言语有如微小剂量的砷：它们不知不觉地被吞食了，似乎显示不出

① 洪子诚：《材料与注释》，第 64 页。

② 乌尔瓦什·布塔利亚的《沉默的另一面》、艾玛·塔罗薇的《令人不安的记忆》、依娜·达斯的《生命与言辞》等，分别对 1947 年印巴分治事件、始于 1975 年 6 月的为期 21 个月的“紧急状态”和 1984 年英迪拉·甘地遇刺后对锡克教徒的大屠杀等事件进行了研究，它们都揭示了与意识形态之间的复杂关联，历史的暴力逐渐下潜到日常生活层面，已经成为人们的“政治无意识”。参见 Urvashi Butalia, The Other Side of Silence: Voices from the Partition of India, Duke University Press 2000; Emma Tarlo, Unsettling memories: Narratives of the emergency in Delhi. Berkeley: University of California Press, 2001; Veena Das, Life and Words: Violence and the Descent into the Ordinary. University of California Press, 2006.

任何的作用，而一段时间之后这种毒性就会体现出来。”[①]《材料与注释》所涉及的那些历史当事人曾长期浸泡在这样的语言里，他们的概念和情感惨遭“蹂躏和毒化”，那一时期形成的语言习惯在“回忆”中可能依然还在“迷惑并诱导”着他们。[②]人们虽然常常会说到“文革文体”或“毛文体”，但对这个问题认识和分析目前并没有实质性的进展。我们能够清晰地感觉到，其中的某些表达方式至今仍旧像幽灵一样盘踞着我们的口头的和书面的表达，它们尽管也会显得“客观”，但对于特定的历史认知来说却也不见得“有较高的可信性”。

英国历史学家霍布斯鲍姆曾多次谈到当代人“写作自己时代”历史的难度。他说：“任何一个当代人欲写作20世纪历史，都与他或她处理历史上其他任何时期不同。不为别的，单单就因为我们身在其中……以一个当代人的身份，而非以学者的角色，集聚了个人对世事的观感与偏见。”[③]“这些时代的个人经历不可避免地塑造了我们看待它们的方式，甚至塑造了我们评价证据的方式。”[④]另一方面，由于这个世纪时间压缩，社会变迁急遽，同样也给后来的世代带来了历史认知方面的困难，对他们而言，“需要极大的想象力，需要把基于自己生活经历的信念收敛起来的意志以及大量艰苦的研究工作”。只有这样才能认识到，“过去是另外一个范畴，人们在那里的行为方式截然不同”[⑤]。

在这个世纪里，“佩戴着形形色色意识形态标记”的思想家的各种历史预测和判断都彻底落败了，“他们的基本经验就是除了希

① 维克多·克莱普勒：《第三帝国的语言》，第7—8页。

② 维克多·克莱普勒：《第三帝国的语言》“代序：英雄主义”，第2页。

③ 霍布斯鲍姆：《极端的年代》，郑明萱译，江苏人民出版社1999年版，“前言与谢语”，第1页。

④ 埃里克·霍布斯鲍姆：《史学家》，马俊亚、郭英剑译，上海人民出版社2002年版，第265页。

⑤ 埃里克·霍布斯鲍姆：《史学家》，第267—268页。

望的和计划的事情外，其他的任何事情都发生了”。但对于历史写作，霍布斯鲍姆也并未放弃乐观，他愿意相信，“再也没有像失败这种东西让史学家的思想变得敏锐的了”。他还引述德国历史学家科泽勒克的话说，对失败原因的探寻，有可能导致“随后产生的更长久、更具说服力的洞察力”[①]。这个说法听起来像是“国家不幸诗家幸”的一个西方翻版。只是，历史仍在“奔跑”，“奔跑”的历史远远逃出了年轻一代的视线，历史的“奔跑”也将“观感与偏见”留给了“身在其中”的一代又一代人。《材料与注释》一书或许是想让我们在对历史细节的端详中把思想“变得敏锐”，通过它，我们至少懂得了，文学史写作无法超度它笔下的“历史”，但它可以学会和偏见说话。

原刊《文艺争鸣》2017 年第 3 期，此处收录的是作者提供的文档。

① 埃里克·霍布斯鲍姆：《史学家》，第 276 页。

带引号的“当代”：兼谈文学史家的有为与无为

钱文亮

在中国当代文学研究领域，洪子诚是第一个将当代文学这个概念打上引号并对其生成过程以及其所内含的意识形态因素进行知识考古学意义上的清理和考察的学者[①]。这种频繁使用引号的特点一直发展成为《中国当代文学史》的主要述史方式，从而被李杨理解为“一种思维方式转换的标志”，“更能体现中国当代文学研究知识范型的转换”[②]。洪子诚在当代文学史写作中所进行的具有方法论意义的创新，不仅在学术意义上终结了意识形态化的“集体撰史”模式，为多角度触摸历史的“个人撰史”打开了生产性的空间与可能，而且也使得当代中国、当代历史与当代文学一样成为一个需要重新反思和叙述的对象，对于整个当代文学的学科建设可谓惠泽深远，直到今天仍然具有示范性。

实际上，坚持对人们盲目依附、似乎是不证自明的学科概念进行深入反省和持续追问，尽力还原这些学科概念产生之时的历史现场，梳理、辨析其与当时历史语境的关系及其在不同历史语境中的演变脉络，从而更深入、更清晰地显影话语迷雾遮蔽下的历史构架与文学机制，是洪子诚至今仍在推进的工作。只不过，这工作反映

① 洪子诚：《“当代文学”的概念》，《文学评论》1998 年第 6 期。

② 李杨、洪子诚：《当代文学史写作及相关问题的通信》，《文学评论》2002 年第 3 期。

在其最新出版的《材料与注释》一书中，已经有了更大的视野，也有了新的个案与细节。正像青年学者朱康所同样注意到的：“洪子诚的当代从来不是简单的历史分析概念，而是哲学性概念，每次提到当代都特意打一个引号”，“洪子诚强调把当代看成是一种认识装置或者是机制”。[①]朱康的观点精辟地抓取了洪子诚这部书的要义与价值，因为从全球视野看，当代中国是一个非常态的存在，无论它的政治，还是经济，还是文学的实验，都没有以前的模式可以比照，所以，在《材料与注释》中，“当代”的确被当作是带有一些基本特征和概念的“认识装置或者机制”，一种特殊的文学史研究视角和关注方式；但除此之外，“当代”还应该被看作为一种特殊的话语空间，一种民族国家／阶级／现代性等多种话语错综交织的特殊时空体和动态进程。在那里，不仅仅是“当代”文学，即使是“当代”中国，自始至终也都处身于民族主义／帝国主义／社会主义等多重张力关系之中，表现出远非单一的历史面相。正因如此，在这种充满紧张感的“当代”话语空间中得到重新审视的文学历史才更接近真实。

虽然与洪子诚以往的文学史研究具有连贯性，但《材料与注释》一书的研究焦点却还是明显发生了转移，——如果说，以《中国当代文学史》为代表的研究侧重以“一体化”为关键词和总体框架解释50—70年代文学制度—权力对文学生产的制约和影响，《材料与注释》则集中对50—70年代文学进程中几个重要个案材料进行详尽掘发与历史化处理，使其如一幅幅纹理清晰的剖视图，具体呈现着“当代”文学制度—权力机制本身构建与调整的复杂的层面构成及其内部张力。除此之外，此书的后半部分“当代文学史答问”，也与前半部分相呼应，表现出洪子诚在近些年对“一体化”概念进行辩证式“修补”的同时，开始把视野扩大到整个“当代”中国的特殊历史与问题上来。所以，若要对这部在体例与结构上都迥异于常见文学史著作的《材料与注释》进行一个简要的概括与评介的话，

① 引自朱康在“光启读书会第三期：《材料与注释》”上的发言，记录稿。

那么可以说，这是一部以“当代”为对象的大书，或者说，是一部把“当代”当作问题来研究的启示录。不过，在这里需要提醒的是，“当代”在这部书中主要指称的是当下文学界常说的“前三十年”，尤其是“十七年”[①]。而之所以如此，应该与洪子诚的历史关怀与现实焦虑直接相关，或者说，源自洪子诚作为“前三十年”历史的亲历者对“后三十年”中流行且固化的关于“当代”的主导性历史叙述的强烈不满与质疑。

早在2002年与李杨的通信中，洪子诚就表达过这样的忧虑、疑惑以及相应的解决方案：“在80年代，一种有关‘文革’，有关当代历史（包括文学历史）的‘合法’叙述已经确立。这种叙述，如戴锦华指出的，剔除了历史的差异性和复杂性，而做了‘单一的霸权／共识表达’。于是，当代中国被描述为一个‘本质化的、无差异的大历史的延伸’。”“在这种情况下，呈现历史的复杂和差异，就有赖于对单一的‘合法’叙述的逸出，对未被主流的历史建构和公共历史叙述所整合的‘个人记忆’的尊重，有赖于对未被发掘，或因未赋予‘合法性’地位而被忽略、被遮蔽的当代经验的发现和呈示。”[②]

应该是出于上述考虑，写完那部堪称《中国当代文学史》的姊妹篇的《问题与方法——中国当代文学史研究讲稿》之后，洪子诚的写作曾经一度转向偏重“个人记忆”的散文、随笔体裁，并先后推出《两忆集》《我的阅读史》等著作。洪子诚这样的改变表面看来似乎是因为退休生活的开启而放下了严肃紧张的学术研究，转入随意自在的性情写作，实际上却只是转换了一种方式继续着自己对于上述问题的思考与应答。而《材料与注释》一书的著述，当然也可作如是观。因为同样是在当年与李杨的通信中，洪子诚其实已经

① 洪子诚在研究1962年“大连会议”的前言中，除了特意给当代打引号之外，同时还在“当代”后面打了括号，里面只写“十七年”。洪子诚：《材料与注释》，北京大学出版社2016年版，第64页。

② 李杨、洪子诚：《当代文学史写作及相关问题的通信》，《文学评论》2002年第3期。

表露了这部书的写作动机和编排方式：

> 90 年代以来，我们越来越确定地感受到对当代史，当代文学史描述、评价上的分裂，……（此处略——笔者注）这些现象所提出的问题是，对于当代史，对于“文革”，对于当代文学，哪一种是对历史的“真实”叙述？另一个问题是，谁有“资格”，或最有可能做“真实”叙述？
>
> 在我们生活的这个时代，那些把我们的现实经验与过去的经验连结起来的“机制”（社会结构的和心理的）已被很大损毁。主宰我们的是“现时性”的生活就是一切的观念。因而，讲述已经或就要被忘记的历史事实和经验，无疑是“亲历者”难以替代的职责。
>
> 这种自觉，当然不只是一种情绪和意念，它将主要通过比较他人的观察世界的视点和框架来实现。这样，个体、代际、国族之间的差异的“历史记忆”将可能形成有意义的对话和“冲撞”，使我们不仅“看见”原先看见的东西，而且看见原来“看不见”（或“不被看见”）的东西。[①]

不难看出，《材料与注释》正是对“‘当代人’如何书写‘当代’的历史”这一当代文学研究大问题的实验性应答。这种对于文学史叙述的新的可能性的尝试、探索不仅以“亲历者”的历史责任感贡献和钩沉了部分鲜为人知的当代文学史料，并且特别注释补充了相关的历史背景、文学事件、人物关系，从而为后来者进入当年“特定的历史情境”、更全面地了解当代历史提供了非常切实而有力的帮助。这种尝试、探索更体现在“大胆”反常规的材料编排方式与体例上，就是“尽可能让材料本身说话，围绕某一时间、问题，提取不同人，和同一个人在不同时间、情境下的叙述，让它们形成参

① 李杨、洪子诚：《当代文学史写作及相关问题的通信》，《文学评论》2002 年第 3 期。

照、对话的关系，以展现‘历史’的多面性和复杂性”[①]，不仅如此，它还以材料与注释相对照的形式，进一步加强这种“对话”的丰富性，“使我们不仅‘看见’原先看见的东西，而且看见原来‘看不见’（或‘不被看见’）的东西”。可以说，这种与当下盛行的“学报体”大相径庭的文学史著述，即使是在形式上也已具有了突破性的学术意义。

在《“当代文学”的概念》《中国当代文学概说》等论著连续问世之后，学界曾流传媒体记者误认洪子诚为“学术新人”的趣谈。但认真想一想，这又何尝不是对洪子诚文学史研究中所洋溢着的旺盛思想活力与学术新意的另类赞美。特别是对于洪子诚这一代在1980年代之前早已“被统一价值熨平的心灵”[②]而言，要挣脱已经与自己的信仰、情感、心理血肉相连的“统一”的价值观念、思维模式和知识结构，包括因之而衍生的成见、偏见，不难想象将是何等之难，而一旦能够突围出来则又是何其可贵！况且，自己的生命既已成为那个时代的一部分，要将他从那个已被“告别”的时代剥离也将是何其痛苦。然而，在要“改善心灵”的“持续焦灼的心态”[③]的驱使下，洪子诚终于还是在行将退休的年岁完成了成功“突围”与“剥离”的壮举，并且在退休之后的研究中仍然继续着自己新的“突围”与“剥离”：仍然“时刻警醒自己的经验、情感和认知的局限”，特别是“警惕历史记忆中强大的情感因素的作用”[④]，始终坚持“把对象当作客观、独立的对象，把注意力放置在对象内部逻辑的发现；避免强烈道德判断的加入和对研究方向的支配；对概念、现象作凝固化、本质化理解，转变为把它们看作是历史构造之物”[⑤]。而《材料与注释》，再一次印证了洪子诚这种一以贯之的自省、冷静与克

① 洪子诚：《材料与注释》“自序”，第2页。

② 洪子诚：《材料与注释》，第212页。

③ 洪子诚：《材料与注释》，第212页。

④ 李杨、洪子诚：《当代文学史写作及相关问题的通信》，《文学评论》2002年第3期。

⑤ 洪子诚：《我们为何犹豫不决》，《南方文坛》2002年第4期。

制的治学态度的宝贵。

对于洪子诚的已具有标识性的史家风范与文笔风格，学界多有好评，爱之者甚至将其与洪子诚的道德、人品作互证，——虽然这恰恰有违洪子诚的方式。其实，只要联系洪子诚所立身的当代知识环境中现代主义认知范式和理论向后现代主义的转变，也就不难推断洪子诚的文学史研究所流露的恰恰正是后现代史学所洗礼过的崭新气质。具体而言，后现代主义认知范式和理论对于洪子诚的文学史写作的影响至少有如下表现。

其一，文学观与文学史观的变化。在后现代主义理论思潮中，以福柯、德里达等人为代表的解构主义对二元对立的现代主义思维方式的消解和对等级压迫结构的颠覆最为根本有力，福柯以其知识考古学、谱系学的方法，否定了所谓历史本质，德里达则通过其独创的“延异”（differance）概念，否定了“逻各斯中心主义”或“声音中心主义”（以某个终极的所指，如结构、实体、上帝、理性等等具有本质意义的概念作为一切经验、思想和表达的基础），把本质向后无限地延迟[①]，凡此种种“解构”彻底破除了人们向来对理性、主体和本质的迷信，进而也使得当代人不再将文学艺术仅仅看作是简单的审美，而更主要的把它们视为认识世界的一种方式。后现代主义的这些理论与方法显然为洪子诚所吸收，使他对中国当代文学研究中一度流行的传统／现代、文学／非文学、主流／逆流等二元对立的认识框架产生了怀疑，并在当代文学研究领域率先抛弃“断裂论”的主流文学史叙述模式，明确表现出从“启蒙主义”到“历史主义”的偏斜[②]。与之相应的，洪子诚也因此在当代文学史的研究重心与研究对象的选择上，率先大胆舍弃绝大多数文学史侧重于作家与作品的通行写法，罕见地将注意力放到作家组织和文学团体、文学批评和文学运动、读者反应和书报检查、作家收入和社会地位等当代文学的制度方面，而《材料与注释》这部书，更是以领袖讲话、

① 和磊：《反本质主义》，《国外理论动态》2016 年第 11 期。

② 洪子诚：《我们为何犹豫不决》，《南方文坛》2002 年第 4 期。

“会议”与“检讨书”为主要材料，不啻是对流行文学史观的再一次颠覆。

其二，在历史本体论上，后现代主义者认为历史认识的客体（史实、史料）不是独立于认识者之外的实体，而是由语言和推论的实践所构建出来的“文本”[①]。因而，历史学家应该将对“客观事件”的关注转移到事实判断的意义建构的产生过程，通过解构文本来揭示概念系统的时代性、分析历史想象的深层结构。受此历史研究中“语言学转向”的影响，洪子诚的文学史研究的创新最早恰恰是从给当代文学学科的一些基础性概念打双引号开始的，史料与解释之间的那种被认为是理所当然的关系受到了“知识考古学”方法的颠覆，关注的重心开始从“历史事实”转向“历史叙述”。据此而观之，洪子诚《材料与注释》这部书的价值与其说是为读者提供了不少宝贵的“史料”，毋宁说给人们贡献的是“文本”，是有着开放性和生产性的意义散播的“在场”[②]。

其三，在史料解读方面，围绕“历史诠释怎样才能更切近历史”这个问题，后现代主义者主张将人类个体或群体的言行置于其发生时的直接语境之中进行考察，“是故，‘语境’（context）的概念必不可缺（无论其为历史，或文化，或个人的条件），方能弥补‘文本’理解之不足”[③]。“语境”即“语言环境”，它既影响和制约着文本的形成，也影响着人们对文本含义的理解。而“语境”同样是洪子诚文学史研究的关键词，洪子诚也始终强调应尽可能将历史现象或事件放到其当时所在的时空语境中进行考察，探讨它如何与更大的历史话语建立起联系，如何表征着特定历史情境中的文化逻辑和

① 邓欢：《后现代史学的实践与反思》，《史学月刊》2014 年第 11 期。

② 刘华初：《后现代主义史学的理论与实践》，《史学史研究》2012 年第 2 期。

③ 黄进兴：《后现代主义与史学研究》，生活·读书·新知三联书店 2008 年版，第 152 页。

文化理念。[①]对这种理论、方法的接受，洪子诚曾解释说是因为这与他对“唯物主义”文学观的信仰是并行不悖的——在“唯物主义”那里，文学艺术的状况是由人的社会生活“境况”决定，“现在看来，这种‘信仰’对我来说是利弊参半。这既让我后来的研究与‘本质主义’观念保持距离，接受‘历史化’方法也不必那么费力”[②]。在《材料与注释》中，洪子诚对“当代”（“十七年”）当事人材料的处理，就明显坚持了后现代主义的史学理论与方法，“试图把研究的场景移出受现代主义意识形态熏染过久的整体认识框架，而力图站在当事人的立场发言，或倾听他们的声音，把个人的现代性经验放在历史的具体场景中重新加以验证”[③]。

其四，在历史认识论上，后现代主义持一种极端相对主义和反实在论的立场，否认存在独立于人类语言和话语之外的超语言实在，认为所谓的事物只不过是由词语排列组合而成的“话语”或“文本”（text）。也就是说，文本并不存在大写的、唯一的意义，而是具有多重意义的可能性。既然如此，要追索事物的真实性和客观性，发掘事件的“原始”意义，在文本的意义不能被事实所证实的情况下，就只能依靠不同文本之间的相互指涉来揭示其意义。[④]在《材料与注释》中，洪子诚显然是根据这种历史认识论，考虑到历史认识主体与客体之间的矛盾，从而尝试了使人们惊叹的编排方式与体例。

综上所述，洪子诚对于既有文学史生产范式的突破离不开后现代主义理论、方法的启迪与引导，也正是后现代彻底的怀疑主义与“解构”策略使得洪子诚在当代文学史研究中尽量搁置与抑制了对各种历史事件与人物的价值判断、道德评价，反对“那种将创作与

① 此处借用贺桂梅的表述并作修改。贺桂梅：《“再解读”：文本分析与历史解构》，《海南师范学院学报》2004 年第 1 期。

② 洪子诚：《当代的文学制度问题》，《中国现代文学研究丛刊》2015 年第 2 期。

③ 杨念群：《“常识性批判”与中国学术的困境》，《读书》1999 年第 2 期。

④ 邓欢：《后现代史学的实践与反思》，《史学月刊》2014 年第 11 期。

文学问题从特定的历史情景中抽出来，按照编写者所信奉的价值尺度做出臧否的方式”[①]。然而，洪子诚却也并没有成为后现代主义的信徒与传教士，后现代史学对历史主观性的过分强调，对语言之外的事物的真实性和客观性的极端否认，显然也遭到了洪子诚强烈的追问与质疑。洪子诚曾表示:“我们究竟能在多大程度上搁置评价，包括审美评价？或者说，这种‘价值中立’的‘读入’历史的方法，能否解决我们的全部问题？”“当我们在不断地质询、颠覆那种被神圣化了的、本质化了的叙事时，是不是也要警惕将自己的质询、叙述‘本质化’‘神圣化’？”“是不是任何的叙述都是同等的？我们是否应质疑一切叙述？……在一切叙述都有历史局限性的判定之下，我们是否会走向犬儒主义走向失去道德责任与逃避必要的历史承担？……”[②]对于这些问题，洪子诚坦承自己至今也没有明确的答案，而正处于这种历史认识论上的“矛盾和犹豫不决”。洪子诚的文学史写作普遍采取了一种“多描述，少评判”的著述方式，具体表现在《材料和注释》这本书中，就是发扬了洪子诚原有的文学史研究方法和方式，把大量材料放在注释里面处理，不让它全部呈现在正文中。这里面当然可能有篇幅的考虑，但笔者觉得更主要的一点是他解决了如何尽可能“还原历史语境”的问题。为什么洪子诚在文章里面指出周扬把毛泽东、马克思、恩格斯、列宁、斯大林的话摘录出来汇编有问题，因为这种“语录体”会导致很多的误读，把这些话拿到另外的场合或环境里面，就脱离了原来的语境，肯定会偏离原意，引起无谓的引申和口舌之争。洪子诚克服这种弊端的非常好的办法就是做注释。你读材料的时候，不仅要读材料，还要读材料背后的语境，这个语境就是通过注释方式呈现的，洪子诚这种特有的“注释”实际上就是“历史语境”的具体化，这种方法有点类似《鲁迅全集》的“注释”。这种方法所产生的最好结果就是

① 李杨、洪子诚：《当代文学史写作及相关问题的通信》，《文学评论》2002 年第 3 期。

② 洪子诚：《我们为何犹豫不决》，《南方文坛》2002 年第 4 期。

有助于实现当代文学的“历史化”。

不过，洪子诚对于不同材料与声音的“描述”并不意味着他像纯粹的后现代主义者那样彻底放弃价值判断与道德评价，虽然这些判断与评价并不像其他人那样显得真理在握，但绝对自以为是。正像许多同行所指出的，即使是在《中国当代文学史》中，洪子诚也没有完全摆脱1980年代的“启蒙立场”以及由此而做出的对50—70年代文学的总体评价，而最近的这部《材料与注释》，虽然也想还原当代文学“在建构、‘转折’中的具体情境，包括成规转换、制度确立中发生的冲突”，尽量释放“十七年”历史当事人的各种声音，呈现当代文学建构者“他们的难处”，但毕竟“也是试图在总体制度情境的描述之下，来看看人的活动，他所采取的不同应对方式有着怎样的空间”[①]。换一种说法，洪子诚对于“当代”还是有一种总体的判断，材料与材料并置呈现，在构成对话和张力的同时，到底还是呈现出一个大的文学走向和文学框架，而当事人的各种材料只是表现出在大的文学格局下文学决策层的自我调适，——虽然它只是一种微调，对整个大的文学走向和文学格局没有决定性的改变。所以，《材料与注释》虽然展示了“一体化”的文学格局中的内部张力，但这种张力其实并不如我们所想象的那么复杂，它主要来自毛泽东本人或者文学决策层内在的矛盾。这段历史从这本书来看，可以有更加深入的理解。就像周扬几次说到他们以前拟定好的一些政策和一些报告，送到毛主席那里全部被推翻。（那些政策和报告）有的原来就是毛泽东的意思，他们按照毛泽东的指示去做的，去拟成的文件，但是再次送上去的时候就改掉了，就被毛泽东本人又给否定了。所以，周扬就几次对他身边的人说：我们总是跟不上毛主席的思想；这不怪毛主席，这要怪我们的觉悟、理论水平达不到毛主席的高度。这个现象实际上是很值得研究的。

在多篇自述或访谈中，面对众多热情的肯定与赞美，洪子诚似

① 洪子诚：《当代的文学制度问题》，《中国现代文学研究丛刊》2015年第2期。

乎总是表现出受宠若惊的样子，反复强调自己在当代文学研究中的种种困惑、疑惑与不自信，反省自己的脆弱与限度，特别是学术立场与价值判断上的含混暧昧和犹豫不决。这种无意中流露出的对于“独断论”的彻底否弃，实际正是一种比较稀缺的学术伦理。所以，即使是对于在当下不少学者心目中有价值高低之分的“外部研究”与“内部研究”、“启蒙主义”与“历史主义”，洪子诚仍然没有做出非此即彼、二元对立的单项选择。如果一定要给洪子诚的学术立场一个定位，大概也只能用“中间立场”比较恰当。这既是经历过后现代主义思潮冲击之后的众多历史学家的普遍选择，也是洪子诚的明智吧。

原刊《文艺争鸣》2017 年第 3 期，此处收录的是作者提供的文档。

当代文学的“材料与注释”

——“光启读书会”评《材料与注释》

在连续成功举办两期的主题研讨会之后，上海师范大学光启国际学者中心联合北大培文，于2016年9月30日举办了第三期“光启读书会”，对著名文学史家洪子诚教授最近出版的著作《材料与注释》进行了主题研讨。根据“光启读书会”的总体设计与安排，除了来自华东师大、上海大学、复旦大学、上海交通大学和同济大学等上海本地各大高校相关研究领域的专家学者之外，会议所特意邀请的《材料与注释》一书的作者、北京大学中文系的洪子诚教授和部分外地学者也专程前来参加了这一期的“光启读书会”。在一天紧凑高效的学术讨论中，与会学者各自从阅读《材料与注释》一书的感受与思考出发，结合近年来中国当代文学研究领域日渐高涨的“史料热”，集中对《材料与注释》一书的研究方式与学术意义、当代文学史材料的处理与叙述、当代文学的历史语境与还原、当代文学前三十年的历史复杂性、周扬集团的历史位置及其评价等重大议题展开了热烈探讨。会议的最后，洪子诚教授对与会专家的发言进行了总结性的回应。

一、《材料与注释》的研究方式与学术意义

《材料与注释》是洪子诚教授近年新发表的一批论文的结集，2016年6月由国内著名的出版机构北大培文以精装的形式推出。该书的主体部分是对当代文学一些史料（包括重要讲话稿、会议记录

等）的钩沉，且以材料与注释相对照的形式呈现。这种完全不符合当下盛行的“学报体”论文的写作方式本身，首先就引起了与会者的普遍兴趣和疑问。对此，洪子诚（北京大学）解释，这个书开始写的时候并没有很好的考虑，因为手头有一些材料不知道怎么处理，另外是因为岁数大了，不能像过去一样写论文，自己就采取了一个偷懒的办法，把手头的材料做一些注释，这个注释就是提供一些相关的历史背景材料、文学事件、人物关系等，除此之外，就是同时提供与主体材料相关的同类材料，让不同的材料之间形成对话，构成一种接近历史语境的真实关系。这些文章因为不是正式论文，也不是纯粹的史料，所以是很尴尬，自己当时还搞不清楚应该到哪里发表，觉得刊物可能都不会接受这些东西。但后来还是都发了。

尽管洪子诚教授对自己的工作表现出一贯的谦虚、自省，与会者却对这本书的写作方式普遍给予了肯定与赞扬。多次出版洪子诚著作的北大培文的编辑周彬就以自己与洪子诚教授合作过程的亲身经历，赞扬了洪先生克制、客观的治学态度以及因此而造就的冷静、严谨的文风，认为这本书把各种材料并置，是为了尽可能客观地展现历史与人性的模糊与多面，用直观方式将写作当中的疑惑与不确定呈现出来，不断尝试历史叙述的可能性。罗岗（华东师大）则强调，这是对当代文学研究很重要的一本书，面对当代文学的史料热，这本书是创新性的。一般的年轻学者肯定不敢这样写书，因为完全是材料加注释的模式。而作为多年从事域外汉文古文献研究整理的学者孙逊（上海师大）也从中国古代“述而不作”的学术传统的角度，认为洪子诚是要尝试一种新的写作模式，就是尽量去描述，自己不去多发挥，这种尝试可以填补各种宏观理论构架的文学史的不足，为各类文学史的写作提供了另外一种选择。例如，这本书里面第一个写到的是毛主席在颐年堂的讲话。毛主席在这个讲话以前还有一些讲话，确实是像洪子诚讲的就有内在矛盾性，怎么把相对看上去矛盾的讲话理顺，这是洪子诚注释的本领。很多话，在不同场合不同时段有一些侧重点不一样，有一些矛盾性。需要理解一个领导人内心的丰富性或者是复杂性。洪子诚的这种方法非常适合研究这样的问题，就是把零碎的、散在各处的材料，放在一起，把内部矛盾引出来，当时的背景提出来，还原斗争的来龙去脉。陈子善（华东师大）除了指出这本书冷静的特点之外，联系社科院的学者李洁非的著作《文学史微观察》，认为《材料与注释》同样是基于对当代文学史书写的种种不满所做的一种尝试，希望可以有所突破，因为当代文学史跟现代文学史是两个不同的历史阶段，它所面临的问题，跟现代文学史的处理方式很不一样。洪子诚的尝试开了一个很好的头，书中所提供的材料对我们来理解那个时代的复杂性会有帮助。洪子诚用这种方式来对当代文学史做一个新的关照，对现代文学史研究也可能是一个启发或者是推动。关于该书的第二部分“当代文学史答问”，陈子善认为实际上某些方面是对前面注释的解释，是不同形式下的补充或者是洪子诚当下的一些认识，也是他多年以来的当代文学史研究的一个延续。萨支山（中国社科院）也关注到这本书的编排，认为是特别有用心的：第一是为什么把文艺上两条路线的斗争、大事记放在倒数第二篇，又把当代批评上的道德问题放在倒数第一篇，认为这两篇文章和前面六篇文章其实是有很深的互动关系。某种程度上说，前六篇文章是洪子诚在解读材料过程当中产生的一些理解，对人事的理解，一些困惑，还有上升到理论层面的一些问题，这是集中在道德问题方面。可以把后面两篇看成是这本书的纲，顺着这个纲再理解前面六篇。洪子诚在做这些的时候，显露了围绕在他心里面的问题。比如说到底是简单还是复杂，关于个人和历史之间的突然紧张或断裂。书里面的材料非常有意义，比如说以前自己不理解颐年堂讲话中，毛主席为什么保王蒙，后来又为什么把他打成右派，比较完整地看过这个发言后，才理解了。所以，这个历史材料是会说话的，不同的材料代表不同的力量，代表不同可能性，最后通过选择某一种成为现实性。面对在后现代史观逼问下如何叙述历史的问题，洪子诚把这些不同的文学力量，当时的状况呈现出来，这个是文学史写作的新尝试，是建设性的。

对于这本书里的史料，杨剑龙（上海师大）表示有的以前看过有的没有看过，但是它所涉及的课题确实又很重大。看过以后觉得整个文学史更加丰富了，这是一种回到历史原点的求真的工作。有一些学者在研究中间刻意追求结论忽视了过程。这本书里面没有看到洪子诚得出什么结论，但脉络写得很清楚。读这本书很多历史的真相、人品和文品的真相都可以看到，历史底蕴也在其中。另外，这本书第一篇的材料就是关于毛泽东的，重视毛泽东对中国当代文学发展有重大影响，这也是这个文章的价值。这本书方法新，史料新，洪子诚对整个文学史脉络很清楚，体现在对史料的精心研读、注释过程当中，书里面有一个隐含作者，给人一种高屋建瓴的感觉。这本书为后来研究者提供了基础。朱康（华东师大）认为书中的史料给人一种特别新奇的感觉。将材料与注释结合就是洪子诚开创的一种新的写作样式。而注释里面不单是对材料做的补充说明，还蕴含着洪子诚自己不愿意明确揭示的理论雄心。比如从 1962 年会议序言还有 1966 年检讨书序言里面，洪子诚强调把当代看成是一种认识装置或者是机制。因此在这个意义上讲，洪子诚的"当代"从来不是简单的历史分析概念，而是哲学性概念，每次提到当代都特意打一个引号，"当代"如何成为一种这样的理解方式，强调"当代"包含的特定含义。特别是第 64 页 1962 年大连会议里面强调，"当代"有一种文学权力机制，从这个概念可以看出洪子诚对这个关联有一种文学意识。回头看这些历史史料的时候，我们不能简单执着于对细节的考证，而是如何在细节里面看出历史运作机制，看出细节里面包含的哲学含义。这是这本书对自己的最大启示。吴新文（复旦大学）把《材料与注释》看成是更宏大的思想史写作重构当中的一个尝试，认为该书的优点是中正平和，把很多东西放到历史大框架里面，去掉一些过分情绪化，或者是意识形态的很多东西的影响，避免一种倾向掩盖另外一种倾向，洪子诚对人物的评述非常的谨慎，非常的平和折中。另外，洪子诚通过对材料的梳理，提供了很多细节，让我们小中见大，看到那个时代的一些面貌。刘畅（上海师大）

认为这本书通过对史料的拣选、组织，让读者能够尽可能接近文学现场，接近文学活动的真实语境。例如，像书里面梳理的1957年作协党组会议材料，实际上让我们看到远比文学史上的描述更为复杂、更为精彩的一种知识分子生态。

《材料与注释》中的“注释”部分，是与会者讨论的重点之一。孙逊联系古代做学问的办法，认为该书的“注释”实际包含注释与评点两个部分，注释从严格意义上来讲是对字面的解释，而阐述背后的东西可以放到评点里面，放到眉上或者边上，建议最好对一篇材料再有总的背景介绍，借用中国古代评点的方法，将现有的注释一部分做评点，一部分做注释，在形式上多样一点。詹丹（上海师大）也认为《材料与注释》看上去标题非常客观，但也可以叫“注评”，因为注释里面还是带有一些评论的。而且材料和注释本身是有一个二元转化关系，材料转变为注释，注释又转化为材料，特别是对鲁迅文集当中的一条注释，既是把它做一个材料，又是把它做一个注释来看的话，有一个相向的运动。这是一个非常有意思的现象。对于这一点，罗萌（上海交大）认为这本书开创了一个非常好的形式，主要让材料自己对话这样一个形式，没有做过多的点评。另外的注释部分，主要也是以一个事实陈述的形式，带有一部分点评。例如，在大连会议那篇里面，第73页关于与会人员的名单，洪老师的第13个注释有一个说明，指出当代农村题材小说的主要成就以北方作家为主，与解放初的小说之间，在地域和表现风格上有延续关系，这个就是关于历史的一个内部脉络的提示，很有启发。另外一种点评，虽然也是在经验范围内，但是跳出了事件本身的点评。比如，在1957年中国作协党组扩大会议里面一篇，关于丁陈反党集团的意见修改问题，洪子诚有一句点评说，郭小川说的在词句概念上打圈子，是当代中国政治文化的重要特征。对于不熟悉材料的个人来说，经过洪子诚对郭小川这样的点评就更容易理解，但这又是一种保持距离的前提下的理解，或者说是一种你觉得对对象熟悉的理解错觉。另外，洪子诚非常注意控制主观点评的比例，而且这个主观点评内部好像还是有分化的，有些是涉及内部的，有些是跳出事件的。

二、当代文学史材料的处理与叙述

因为《材料与注释》中的材料主要属于中国当代文学的前三十年范围，与会者进而对当代文学的复杂性及其史料的处理与叙述各自发表了自己的困惑与观点。孙逊提出一个问题，即洪子诚的研究方法有没有可复制性？因为不是什么材料都可以用，这个材料的选择是比较难的。例如，领导人的公开讲话没有什么好注释的，这本书里面对毛泽东讲话的选择是因为它没有公布过，还有一些检讨材料，也是没有公开的，大家才有新鲜感。而很多“文革”时期内部的东西，一些检查，一些内部的揭发材料等，是私下流传出来的，它们的可靠性就吃不准。萨支山针对最好的论文里面都是引文的观点提出了自己的质疑，认为仅仅书里的几篇文章并没有让自己对当代文学有更为清晰和明了的理解，反而某种时候会更理不出头绪，对于一些具体的事件，在来龙去脉都讲得很清楚的情况下，在大的方面还是有一些困惑。十几年来的学术研究中，我们听得非常多的一个名词，就是复杂性，要追求一种复杂性、丰富性。现在反过来想，是不是在大家都强调复杂性、丰富性的时候，也需要一种简单明了的脉络性的东西，或者是脉络性的东西是不是应该呈现出复杂性。完全是复杂性，这样一个历史，我们是没有办法来把握的。朱康认为，对于和这个历史时期没有任何交集的人来说，洪子诚自己在这个书里面既是写作者，也是自己的对象，用他在当代批评道德里面引用的一句话：“他是一个分裂的意识，却顽固地执着于单纯的、诚实的灵魂。” 洪子诚老师这里面有分裂意识，这个分裂不是平面上的分裂，是历史的分裂，洪子诚自己是自己的历史对象，把自己参与的大部分的写作，变成了研究对象，使得洪老师能够自我反思。这样一本书不断向我们展开，在写作意义上提供了一种可能性，使我们面对历史对象的时候，能够找到一种类似于研究权力关系的方式。对没有历史经历的人来讲，阅读洪老师的书，会对当代保持更多敬畏。倪文尖（华东师大）非常称赞这本书，但认为写这样的书需要合格的非常了不起的主体。在这本书里洪子诚其实是有非常大的坚持，把他觉得比较重要的那些材料，找到一个好的方式呈现给大家。另外一方面，其实这本书还在回答一个问题，就是他的《中国当代文学史》出来之后对那个“一体化”概念的批评。这个书感觉是洪子诚试图对他这个概念做了一些特写式的说明，选了那几个点。另外，倪文尖认为洪子诚还是有一个文学性的基本想法，在书中一方面试图对他的“一体化”既做坚持又做反思，在学科史上意义做实，另外一方面，还是有一点想讨论所谓当代文学既坚持好的文学，但是又要和当时的政策或者说人群联系起来。罗岗也强调洪子诚在本书中实际上是有一个很坚定的知识分子立场，这个坚定的知识分子立场又是有某种设身处地的怀疑。实际上洪子诚的这个工作不仅仅说他有这个资格的问题，首先还是一个材料的选择，然后有一个注释，实际上还需要能力的问题。这个能力对于洪子诚来说，他可能经历非常多，包括很多幕后事情也知道，所以他这里面什么时候注，什么时候不注，怎么来讲，你看上去和读的时候很轻松，但是真正让你做这个工作是非常不容易的。朱羽（上海大学）认为这本书有洪子诚对于中国社会主义政治教育和美学整体机制的反思，不过这种反思很特殊，表现得比较零碎和比较微观，但有些看法还是经过特别提炼的。例如，关于公私边界问题的反思，就暗含着洪子诚对某种消极自由领域或者个体性的坚守。特别是第 220 页对陈翔鹤的讨论。

孙晓忠（上海大学）在回忆洪子诚文学欣赏品位的同时则表示了自己的困惑，就是如果说洪子诚仅仅迷恋文学性的话，他为什么没有去研究现代文学呢。这里可以看出洪子诚的选择也有一点直面当代史的努力，这点非常可贵。因为做当代文学的确比研究现代文学要难，难在很多东西一说就错。洪子诚的一个基本说法是要去怎么看这些人，像这本书就让读者看到了很多生动的人，看到了当代文学的生产过程及其背后的生产关系。用洪子诚自己的话说不是简单道德上的同情，而是学术上的同情。什么叫学术上的同情，可能是试图尽量用材料还原的方式，通过这些材料的丰富性看出，不但从反面，也能从正面。比如，通过对周扬历史资料的处理，我们也可以看到周扬对文艺复兴、先锋文学的迷恋等，从思想的层面来讲当时那些人，可能他也是比较丰富的。在认识方法上，洪子诚力图克服把历史简单化，是要呈现两极之间的光度、色调和状态。其实对当代史的研究不缺乏资料。在洪子诚的书里面，可以看出这些材料怎么被运用，需要解释的时候再搬出来，不是眉毛胡子一把抓。正是从这样的材料里面读者能够闻到历史的气味，可以看出时代的眉目。当代文学和意识形态斗争关联的复杂性，就为这种写作范式提供了更多可能性。从这样的材料里面读者其实看到历史是很复杂的。希望洪子诚作为亲历者多写几本这样的书，把整个当代文学史大事里面看来是比较重要的整合在一起，按照一个顺序都用注解方式给读者注一下，每个年代的重要事件都能够得到有效的注解，这样的文学史可能更完整、更有效。对于90后、00后学生来讲不单是要注解文学史，连当代文学作品都要注释了。注解是非常必要的，尤其当代文学。旷新年（清华大学）认为读这本书是很不容易的，要有很多准备才可以读下去。做历史研究，特别是考证学，和法官断案，甚至和侦探那种方式都有相通的地方。但同时有一个问题，这个法官看上去是位于一个客观超然的位置，但结合解释学和后现代的背景，对法官像上帝一样公正超然的位置是应该有所怀疑的。法官也是一个社会人，也是代表后面的一个阶级力量，政治的力量，另外是代表一种时代的观念。作为历史研究，也是同样的，肯定是有代表自己的主观东西，读洪子诚的书，会想起很多东西。周展安（上海大学）联系到洪子诚的《中国当代文学史》的影响，认为这同样是一个有开创性意义的书，使读者清楚了这个研究对象的性质。以前一般对当代文学的理解是从作家作品角度入手，文艺政策、党的政策是作为理解作家作品的背景材料来把握的。洪子诚一系列的著作，尤其是这本书，对以往对当代文学史的理解做了一个扭转作用。他提醒人们，文艺政策、党的政策对当代文学史研究来说，不仅仅是背景材料，很可能是主体，要作为主体性的研究对象。这里面牵涉到当代文学和现代文学质的不同。周展安表示自己不同意“二十世纪文学”此类提法，认为当代文学和现代文学有巨大差异，其中一个是文艺政策、文艺争论、党的政策等各方面和文艺相关的特点。洪子诚这个书表面上看是材料，其实材料编排就比一般著作更值得考究。詹丹结合自己的古典文学专业，认为洪子诚在解释“中间人物”的评价问题这个现象的时候是非常有趣的。有人说洪子诚的《中国当代文学史》是没有文学的文学史，其实这恰恰是《中国当代文学史》的优点——把文学和体制，把这种革命的一个社会学背景结合了起来。因为如果单从美学角度解释美学的话，不太好听的说法是自淫，就是在一个内在的圈子里打转，最后没有对社会现象起到一个真正的穿透力解释，他是一种自我安慰或者按照古典文学的说法是趣味主义。而趣味主义的最大问题就是在美学内部打转，所以他不对美学以外的东西进行定义，当他说不清楚的时候，就用“妙不可言”之类的话搪塞过去。所以洪子诚在注释当中夹杂的一些主观判断跟历史现象结合在一起的话，很给人启发。毛尖（华东师大）在赞扬洪子诚作为教材的《中国当代文学史》的权威性与公正性及其文字之后，认为洪子诚在《材料与注释》里有一个想把主观感情隐藏在写作中的愿望。书里不是所有材料都全文放在一起，而是摘选了一些，这些材料一方面（让人）觉得政治性很高很残酷，像 33 页夏衍说丁玲的话，“我亲眼目睹和看到一个极其虚伪、极其狡诈，又极其阴狠的两面派典型”等这些。但是一方面又觉得有点感动，好像那个时代人和人就是那样坦率地说话。就是这样一个时代，洪子诚打开了它，想通过对象内部把握，来达到对它们的重新串联。我一直在想，把这么一些高温度、高矛盾、高交集的材料放在一起，怎么做到这样一种串联。在这个书的第 202 页中读到洪子诚自己的交代，他说自己也蛮喜欢这些（被批判的）东西，但是当时他就去批判他们，他自己觉得好像有点人格分裂的感觉，好像是一种双手互搏的表达。这里面就让人感到洪子诚处理这个事情的难度，但他把它开放出来变成新的可能性。

萨支山认为洪子诚对于史料的处理回应了我们在后现代史观逼问下如何叙述历史的问题。洪子诚以前用过预设和选择的概念，可能是用一种预设和选择来取代一种事后的叙述，这个是洪子诚在这方面的一种尝试。王宇平（上海交大）对萨支山的观点表示赞同，认为洪子诚其实为当代文学历史提供了一种非常有效的叙述，给读者打开了有足够包容性和对话性的空间。这样呈现材料和加注释的方式，使得（读者）自己有足够勇气进入这些材料。讨论该书的写法和内容，可能只有放到洪子诚的研究史或者脉络里面才能发现它的意义。这本材料与注释，洪子诚一直采取往后退的方式，把复杂的研究对象不断呈现给我们。它首先是力图不加任何价值判断，而把材料推向前面。在这里面当然是有研究主体自己的一个声音，但它会是以一种隐藏方式呈现。除了这本书之外，洪子诚在近些年文章里面其实也开始讨论整个当代文学的外部环境，中国当代文学的当代性可能与新中国成立、20 世纪社会主义实践，以及全球冷战格局里面新的政治构象、生活图景是联系在一起的，可能它的意义也是要放到当时全球格局里面去理解。最近洪子诚在《文艺争鸣》上发表了《当代文学中的世界文学》一文，也提到在当代文学和世界文学关系上，史料整理和研究做得不够，还有一个很大的提升空间。李国华（同济大学）看到洪子诚关于大连会议的注释之后，觉得当代文学或者 1949 年以来的文学现象，所涉及的是一个社会结构不同层面问题的复杂性。洪子诚自己对于文学和文学性质的理解有他自己的一个趣味或者判断，这个东西带动他在思考的一个问题是 1949 年以来，或者是 1940 年代以来，甚至退到左翼文学以来，这个文学为什么会变成当年洪子诚经历的那个样子，为什么会变成当代文学这样子。这可能带来一个思考的方式，就是不能从内部来寻找原因，不能就文学来论文学，必须从类似某种文学社会学的思路来讲，文学是这样被打败的。猜测背后可能有研究者个人经验和趣味，但是他的学术的叙述的确显得非常有分寸。用一种非常有分寸的方式去呈现他所看到的研究对象的问题。钱文亮（上海师大）引用斯坦福大学一个儿童发展心理学专家的研究结论，认为“多描述、少评判”这句话实际上也适合于处理复杂的历史和现实中的一些现象和问题，是做学问的一种良好的态度和立场。洪子诚的研究之所以为大家所接受、喜爱，都跟洪子诚类似的态度、处理材料的分寸关系非常大。洪子诚在对历史现象和对历史材料做评判的时候，实际上是非常谨慎、非常克制的，——当然并不是说他毫无评判。另外一点，《材料和注释》实际上延续了洪子诚文学史研究的原有方法和方式。洪子诚在做《中国当代文学史》的时候有一个跟其他文学史非常不同的特点，就是他把大量材料放在注释里面处理，不让它全部呈现在正文中。这里面当然可能有对篇幅的考虑，但更主要的一点是他解决了如何尽可能“还原历史语境”的问题。你不仅要读材料，还要读材料背后的语境，这个语境就是通过注释方式呈现的，这种特有的“注释”实际上就是“历史语境”的具体化，——这种方法有点类似《鲁迅全集》的“注释”。这种方法所产生的最好结果就是有助于实现当代文学的“历史化”。为什么洪子诚的《中国当代文学史》出来后，被大家赞叹说“当代文学终于有了‘史’了”？这是很重要的原因。

关于《材料与注释》在当代文学史料处理上的“语境化”，陈子善举例说，书里面《1967 年〈文艺战线两条路线斗争大事记〉》自己年轻时候就读过，从 1949 年以后一直到 1967 年这个时段里面这个斗争是不断的，但是具体什么内容已经记不清楚了，洪子诚把这个材料提出来，可以看到 40 年代以后文化战线很多问题，它的症结和冲突在什么地方，各方的博弈是怎么展开怎么进行的？这个是新鲜的东西，以前不这样处理，以前只是论文当中引述一些话，现在洪子诚是全盘托出告诉我们整个是在什么语境下面讲的或者是写的。对此，洪子诚解释说，原来就是“文革”初的时候把自己拉去参加革命造反队合作编写大事记，一起参与的人后来都没有提这个事情。大家从根本观点上肯定是赞成的，但是也看到这里面的复杂性，所以才会分头将中国作协提供的部分材料抄录复写保存。对这些材料为什么主要是注释而不做评点，洪子诚认为有的时候很多事情很复杂，自己把握不好。

三、如何理解社会主义文艺

正如洪子诚最后做回应时所总结的，全天的会议中讨论的最大问题，是如何理解社会主义文艺。旷新年认为，中国当代的历史不是一个常态，而是一个像列宁所描述的被世界资本包围的很特殊的孤立状态。所以提到当代要提出它这样一个特殊的历史背景。这样的状况里面发生的很多事情是很特殊的，包括文艺界的很多争论。萨支山也认为很多史料如果局限在文学范畴里面，而没有把它还原到一个更大的、20 世纪革命史这样的脉络里面来做，可能我们就不太好理解，关于文学和政治、文学和生活、作家人生观等等这样的一些问题，只放到具体的专业范围里面，就没有办法理解。就是说，以一种所谓普泛性的文学定义来谈20世纪50—70年代的文学差异，会影响到我们对这个时期文学的客观评判。吴新文认为 50—70 年代也有另外一面，没有我们想象得那么封闭，国外的书进来的还是很快的，高层次可以看，李泽厚、陈明的对话说那个时代没有事情干就到阅览室看国外进来的书。当代文学前 30 年思想界的斗争很激烈，有的时候制造斗争，不断寻找自己斗争的对象，在自己队伍内部寻找自己的敌人，这不是完全荒谬的。中国当时大的内外部环境，它面临的问题，以及达到的目标，这都是需要看的。新中国成立之后，1956 年以后对农业、手工业、资本主义工商业进行改造，这个变化很大，社会基础变了，上层建筑能不变吗？这种大情况下，很多东西是要发生变化，不一样就需要斗争。另外一个环境，中国和美国、苏联对抗。应付外部强大敌人，首先组织要巩固起来，中华人民共和国作为政治共同体，这样的情况下，斗争是有合理性的。这个在细节过程上可能发生很多错误问题，但是大的方面是避免不了，很多偶然性的东西，如果单个看是很荒谬，放到大的历史环境就很容易理解。至于道德评价问题，文艺路线斗争很多时候是上升到道德层面。毛泽东在批评人的时候是多个方面的，更多是讲政治是比道德更高的东西。道德里面有大道德和小道德问题。另外，讲道德评价还有责任能力问题，毛讲动机和效果已经指出过，光强调动机不行，要讲责任的，不能说是好心没有反党反社会主义就完了。共产党一直讲政治，讲这个话会产生什么影响，会对大东西有什么损害，这个是大道理。至于毛泽东的文艺思想，从“延安文艺座谈会上的讲话”一直到50年代思想演变，毛受到很多周围环境的影响，如江青很早就介入文艺界，有一段时间毛很多材料是转给江青看的，让她思考一些问题。另外是中宣部文艺处包括下面写的报告对毛有影响。但是毛对文艺是有自己的定义的。他到70年代讲现在没有小说没有诗歌了，他也不高兴。这样大背景下，对毛泽东思想，尤其是延安座谈会上的讲话，以及后来演变是要做梳理，做大的文学史和思想史。这个是需要重新理解和重新讨论的。

周展安提出，中国当代文学和社会主义文学到底怎么理解，不能用某些大的概念框架来堂而皇之地解决。比如说，中国当代社会主义文学的很多英雄人物、理想型人物被认为是不真实的，讲当代文学不够好是因为没有很好地反映现实，人们采用一个框架，一端是文学，一端是现实。但是如果我们去读当代文学的材料，特别是文艺政策的材料，当代文学和刚才的预设是抵触的，那个时代的当代文学并不只是一个仅能从反映论角度来理解的东西。文艺是斗争的武器，文艺是现实的一部分，类似的表述提醒我们当代文学和现代文学的巨大不同，我们没有办法离开中国当代现实理解当代文学。讲起来有很多原因，第一点是新中国成立以后，特别是1958年以后中国现实一个巨大的变化，对现实真正的阐释权，不是文学家掌控，不是任何人掌控，是党掌控的。我们读现代文学，鲁迅会说我的文学里面有时代的眉目，画出了现代国人的灵魂，这个表述不简单，鲁迅说这些话的时候实际上预设了他从一个作家、文学家的角度理解这个社会，他是有能力把握这个世界的。在当代时期有能力把握这个世界的手，不是掌握在作家这边，而是我们党找出来的，我们党是现实的最有力的阐释者。从这个角度上来讲，我们研究当代文学的时候，更直接的或者是有效的方式不是阅读文学作品和文学家的发言，而是首先要理解党的政策，这是把握当代文学最要紧的事情。应该以这些东西为开端，否则没有办法理解当代文学。所以，洪子诚的书不是在量上拓展，不是仅仅告诉我们一些背景材料，实际上是提示了一种最正当的研究当代文学的方法，就是从这些文艺政策入手。还有一点，中国社会主义的特点是定于“一”，不像我们一般理解的现代社会的特点，是分门别类的，有的问题是用文学处理，有的问题是用哲学处理，有的是用什么处理，是一个分工状况。社会主义有若干特点，其中一个特点是把专业性门类、专业性界限打破，所有东西融合为“一”，同样文学界限也需要打破，文学也必须融合到“一”当中。当然，这个“一”在里面起主导作用的是党的政策。从这个角度可以发现，当代文学不好是因为没有反映现实这说法是不对的，因为整个当代社会主义时期，就不预设一个分门别类的、分工不同的状况，就是要在大“一”当中怎么趋近于“一”，所以这个文学好不好不是说有没有反映现实，而是有没有把自我否定掉了融合为“一”。在文学性上讨论好的作品，是作品完成于自身，成为深刻的作品，但是当代时期这个定于“一”的特点，使当代文学好不好的特点不是完成于自身，而是完成和现实问题的交锋，完成于怎么融入大“一”当中。这一点没有办法说是好还是不好，这是当代文学的一个特点。还有一个特点，我们发现所有这些人，包括周扬等被批判的人，和他们批判的人，这些人都相差不大。他们都是高度严肃的评论家，意思是说他们是正面处理文学和社会现实关系这个课题，穷尽了自己所能来处理这个课题，这个状况今天基本没有了。观点是有差异的，人有各种问题和缺陷，但是对待文学和思考政治的态度是相当严肃的。另外一个他们的共同点，所有这些人，其实讲到最后，对于党是没有意见的。就是说有一些争论，有一些冲突批判是在一个框架内部展开的。这个不是评价他们道德高低问题，首先要理解的是他们共同认可的这个框架本身有没有问题，如果说他们共同分享的框架本身没有问题，我们大概得出一个结论，江青这些人比周扬这些人站得高看得远。为什么今天得出的结论相反，是他们共同认可的框架被认为是错误的，这就延伸出一个问题，评价当代文学史上的评论家，最重要的不是就这些评论家谈论他们之间的观点差异，更不要说是讨论道德问题，而是首先检讨他们共同认可分享的框架有没有力量，是不是解决了当时时代的重大问题。记得有人写过这方面的文章，认为无论是何其芳还是江青，都没有把中国问题的严肃性呈现出来。洪子诚在这个写法上是把不同的研究者材料，采取一个并置方式，下结论很谨慎，所以是开辟性、开放性著作。这不是说洪子诚没有观点，而是在于这个问题本身的沉重性，就是刚才讲到这个框架本身我们如何理解，到今天也不是那么轻易有答案，所以没有结论反而是一个真诚面对问题状况的态度。与周展安的观点相呼应，陈子善举例说 1966 年林默涵有一封检讨书，里面有很多微言大义，检讨者坚持了什么，就是在当时对他很严厉的批评下，他坚持一条我犯错但是不反党，从头到尾基调就是我不可能反党。如果把当代史上不同的检讨书做一个比较，也非常有意思。每一个人都从他的处境或者认识来看这些问题，可能会读出以前被遮蔽的某些方面。钱文亮对周展安的观点也表示认同，认为书里的这些材料不仅仅是对年轻人，而且对 60 后这一代人的感觉来说，好像已经是被处理过或者被隔离了，没有办法引入当代文学问题的思考和讨论之中。所以说对这样一些材料应该怎么看，现在洪子诚做出了一种示范，就是让材料与材料并置呈现，构成对话和张力，让我们能够感受到当时的历史语境带给当事人的压力，以及他必须要做出的一个反应，当然也有它的意义。但这样一些材料呈现在一个大的文学框架下，它实际上是一种文学决策层的自我调适，但是一种微调，它对整个文学大的走向和文学框架没有决定性的改变。所以，洪子诚这本书，展示的是在一体化的文学格局中的内部张力，而这种张力甚至并不如我们所想象的那么复杂，它主要来自毛泽东本人或者文学决策层内在的矛盾。就像周扬几次说到他们以前拟定好的一些政策和一些报告，送到毛主席那里全部被推翻。那些政策和报告有的原来就是毛泽东的意思，他们按照毛泽东的指示去做，去拟成的文件，但是再次送上去的时候就被改掉了，就被毛本人又给否定了。所以，周扬就几次对他身边的人说：我们总是跟不上毛主席的思想；这不怪毛主席，这要怪我们的觉悟、理论水平达不到毛主席的高度。这个现象实际上是很值得研究的。倪文尖提及自己印象特别深的事，是当年“二十世纪中国文学”概念提出来后如日中天的时候，日本学者有一个质疑，说你们怎么会不说社会主义文学了。当时洪子诚说了几句话，表达的也是这个意思。这说明洪子诚其实有非常坚韧的一贯性的那个东西，有非常大的坚持。对于自己提出的“一体化”概念，洪子诚又有所修正，就是所谓它内部的张力和所谓多个层次。事实上，如果要说“一体化”张力来自哪里，首先来自毛泽东他本人的颐年堂讲话。其实就有两手。这样的两手，是共和国史的内在组成部分，到了邓小平那儿其实也是这样。罗岗认为洪子诚提出当代文学“一体化”问题的时候，在突破“二十世纪中国文学”这个框架过程中，一个很重要的原因就是强调当代文学体制的建立跟现代文学不一样，虽然那些作家都是从现代过来的。所以“一体化”带动的是对文学制度的研究，很显然这个制度研究不能够依靠原来仅仅阅读作家作品的方式，一定要去做材料。所以很多的材料，出过好几本，王本朝、张均的，虽然都叫中国当代文学制度研究，实际会发现他们所注重的面向还是非常不一样的，而且还有很多空间没有打开来，所以很多需要继续做材料。

朱羽认为，在《材料与注释》中讲到批判冯雪峰的时候，洪子诚注释说这个比较错误，将个人隐私作为斗争手段来运用。但是不是可以再进一步追问，为什么在那个时代内心状态可以这样呈现，背后的支撑究竟是什么。如果以文学为例，社会主义生活指向整体性，文学世界和生活应该要保持一种互动，它不存在一种必然界限。内心世界呈现本身就是文学机制的产物，主流的现代文学观更关注这种内心的不确定、动摇和彷徨，乃至分裂，内在性被设为不透明、无法穿透的内核，但是社会主义文学好像不认同这个。如今让人不太适应英雄人物内心是比较单纯透明的，而且可能有更高的原则，比如毛主席的话，有一种呼应关系，内心深处的声音可以展示出来，也可以是他的声音在那个时间回响，这种确定性非常像青年卢卡奇的小说里面一开始提到的那种内心和世界的关系。但是难点在于中国社会主义实践好像已经无法拥有那种确定性了。所以不管内心状态如何，自律和内在的幽灵已经存在。显然洪子诚不愿意过多责备个人，所以论述个人道德和情感，最终都是指向外部机制或者转移到一种更大的，他有时候用"宿命"这个词，这个力量，对这个力量的认识可能用"一体化"的能指去捕捉，但是今天看来这个"一体化"能指不足以捕捉这种力量。另外一点，洪老师对社会主义文化自身有一种希望或想象，把它想象成未实现的、充满差异的、多元的、复杂性和弹性的，包括他对于大连会议的介绍，对于 1962 年讲话材料，包括对于作家的自主性，对于周扬的某种温和评价，都包含背后这个问题意识。如何正面触碰何为社会主义文学这样的问题去支撑乃至规范文学（政教）文化机制，做出更细致和内在的批评，是非常迫切的一个问题。如何去把这些社会主义文学的正面能量释放出来？一个要看整体性上的影响，不可能仅限于文学或思想，另一个需要更长时段的线索，时间不能单单停留于 1956 年。另外，把文学放在一个复杂图式整体结构里，要区分层面，文学是不是跟中国社会主义实践结构性矛盾和张力之间有关系，看似很远，但其实很紧张。反思社会主义政治经济，强调教育、政治哲学以及策略的实践，它其实能触及普遍的媒介，为很多话语分享，文学中有教育，电影中也有，很多领域都能分享。其实我们现在总结社会主义经验，很多还没有被概念化，有待工作。但是总体来说这样一个层面非常重要，如果要理解什么是社会主义精神，去理解这种精神影响的形成非常有用。李国华认为，这个书的核心仍然是被加引号的当代，仍然是如何在文学知识领域呈现当代这样一个问题，而且是在谈大连会议的那篇文章所面对的对象。如果进行这样注释性研究之后，所扩展出来的可能性会更大一些。罗岗对此发表感想，认为洪子诚的《材料与注释》实际上还是根据整个学术，特别是对当代文学的理解有很大的关系，包括刚才讲的“一体化”。因为“一体化”就是对文学制度，或者说是对当代文学体制的研究，而之所以集中到这些文艺界的领导人，或者叫文艺界意识形态领导，（是因为）他们上面接受党的领导，下面分管具体的文学活动，在某种程度上他们是当代文学体制上的肉身化，每一个人背后都承载了当代文学史和当代文学体制，所以对他们不是进行个人道德评价，也完全超越了什么书生跟政客、政治家之间的矛盾。这些材料的选择跟洪子诚整个的学术构想有很大的关系。另外，对这些材料的理解，对当代文学的理解不能够仅限于当代文学体制，或者叫当代文学制度层面，因为洪子诚跟别人也有一个对话，是关于文学性的一个讨论。虽然有文学体制的控制，但是当代文学有意思的地方，就是从文学创作本身或者文学本身来讲，它还有某种跟那个体制不同的或者超越的东西，不被这个东西控制。另外，好几位老师都在讲，理解当代文学比如赵树理和柳青的小说，还有一个更大的共同框架，一个国家框架。你讲农民的利益，农民有自留地和农业社会主义之间是什么关系问题，理解大连会议就必须考虑走什么农业发展道路的问题及其如何反映在创作里面。

四、周扬集团的历史位置及其评价

除了社会主义文艺问题，与会者讨论最多的还有周扬问题。旷新年首先谈到这本书里有关周扬案件的评价，对现在文学界过高表扬周扬“文革”以后的道歉表示不认同，认为周扬在受中央委托为纪念马克思100周年诞辰的会议上所作报告，没有遵照一个比较能代表中央观点的形式，而是选择了自己觉得当时有影响力的人来起草，所以胡乔木讲这个东西跟我们党的意识形态不太合适，不应该发在《人民日报》上。另外，今天人们觉得周扬很了不起，到处道歉，但他对胡风和丁玲一直没有怎么真诚道歉，而且阻挡平反，真的是伤害了这两个人。1979年给“胡风反革命集团”第一次平反，像《三十万言三十年》那本书所讲，当时是周扬把平反书送到胡风家里，现场的周扬那样一种居高临下的姿态甚至超过了任何时候，比50年代把胡风打成“反革命集团”的时候他们两个之间的对立还强烈，胡风还是一个罪人。胡风死的时候悼词里面的罪名还是没有洗白，最终彻底平反是在1988年，那时周扬已经退出历史舞台。丁玲是看到了自己的彻底平反，但是1984年中组部已经给她有一个平反的初稿——40年代部长陈云和副部长李富春就有明确结论说丁玲没有问题，到中宣部讨论的时候，周扬就很不愿意。所以周扬是把看不顺眼的就打成了反党分子。实际上，周扬还给丁玲取了一个“马列主义老太太”的名字。所以觉得周扬的做法对胡风和丁玲没有人道主义，却要回到人道主义讨论。不管胡乔木和周扬他们都没有能力讨论人道主义这个问题。而且又提出“异化问题”的讨论，这个讨论恰恰迎合当时人们的一些要求。1979年，胡风给梅志写信，思路想法做法很像1953年写的三十万言书一样，认为不应开这样的文代会，这样的文代会只是重建以前的官僚主义机构，说没有做过真正的拨乱反正就不要开这样的会。另外一件事，是周扬刚刚从“文革”后复出，和美籍华人赵浩生在香港《明报》发表了一篇文章，就说延安当年有两派，一派是丁玲的暴露派，一派是我们的歌德派，周扬把丁玲算在暴露派内。周扬有这个权力可以发，但是胡风和丁玲他们发不了。丁玲在文代会上置疑周扬，说我没有成立这样的派，我跟他们是相互独立的。那个会上讲1979年是中国的春天，不仅仅是科学的春天，也是文学的春天，萧军就大声说“周扬的春天就是我们的冬天”；而且丁玲说不要搞宗派，不要以为那些人跟你是一致的，只是觉得你有权力。钱文亮根据接触到的一个材料补充说，在胡风被打成“反革命集团”以后，中央曾经指定由陆定一、周扬和公检法部门的负责人成立了一个十人小组，由陆定一任组长，专门领导胡风专案的审查工作。1956 年为了审判“胡风反革命集团”案，开过一次“三长”（公安部部长、最高人民检察院检察长、最高人民法院院长）联席会议。会上，根据外调拿回来的材料证据，最高人民检察院和最高人民法院的领导认为，把胡风集团定为“反革命集团”法律依据不足。当时陆定一就同意十人小组开个会重新讨论。可是会议通知发出后，会没有开，就是因为周扬在这里面起了决定性的作用。周展安认为关于周扬集团的讨论是这本书的中心所在，这个集团包括周扬、邵荃麟、林默涵等。所以洪子诚这个书表面上看是材料，其实材料编排就比一般著作更值得考究，这是围绕周扬集团所展开的小型文学史，不是一个背景材料的处理。里面有一些个人评价，但这个不太重要，认识周扬、周扬集团要把他放到整个 20 世纪里面来理解，发现他在历史结构当中的位置，这应该成为一个研究的中心。周扬集团很特别，一方面是激烈地批判别人，例如在胡风事件当中；同时周扬本人又是在“文革”时期被批判，大概找不出另外一个和他分量相当的人有这样一个枢纽性位置。胡风也喜欢批判别人，但是没有像周扬获得那样的历史位置。毛尖自陈对洪子诚的书有不满足的地方，认为在这本书中周扬和夏衍成为一个比较负面的形象，尤其洪子诚在好多段落中，比如说像 56 页、57 页里面，就直接上来说“但周扬阴谋没有全部完成”，当然这是冯雪峰的材料，但是材料选择和注释里肯定有洪子诚的态度在里面。包括 123 页还有 135 页中关于周扬和冯雪峰，这里讲关于周扬装作一贯正确有个注释，然后周扬和冯雪峰最后见面，洪子诚对周扬是有一个批评的，好像这么多事情发生还轻描淡写的一句话。但是不是应该对周扬有一个更高的理解，把周扬放到更高平台上去，就是超越周扬和冯雪峰的矛盾，超越周扬和丁玲的矛盾等，把周扬放到更高平台重新打开周扬。因为在对周扬的关注中肯定要牵扯到毛主席和周总理，如果把周扬放到更广阔的视野中，这样也会比较好地让我们理解夏衍，因为夏衍介入了很多地下秘密工作。夏衍骂丁玲不会完全是一己说法，他可能没法举例子，因为他是地下一条线。如果能打开夏衍更多东西的话，夏衍对丁玲的批评，他只能用很情绪化的东西来说。这个情绪化里面应该包含一些夏衍来自自己掌握材料的一个态度，如果能把夏衍和周扬的研究打开得更多些，把他们放在一个更高层面上打开，这个文学史可能会更开阔。罗岗认为在对于周扬、夏衍这些人的理解上还有一个维度，包括洪子诚的处理，包括李辉、陈徒手等人的处理。李辉、陈徒手等人都把它搞成一个文人和官员之间的矛盾，这个是很无力的。但是洪子诚其实完全突破了，把他们看成一个可以说是文化官员，或者党的意识形态干部，或者叫文艺工作者、领导者，这里面他们的冲突是文艺工作的领导者冲突，不是简单把它视为文人和官员的对抗。实际上有一种非常庸俗的模式，最早是对瞿秋白的解释，说瞿秋白有文人的一面，也有政治家的一面，然后两种之间的矛盾。认识周扬关键的一点，不是在道德上。包括旷新年批评周扬，不是说周扬道德不好，而是他处的位置，那个时候他是一个有权的在位者的时候怎么处理，当他是一个被批判者又怎么来处理。这个涉及另外一个问题，必须有一套解释。展安可能要说，就是有一个激进化的逻辑。还有一个共同框架的问题，这个共同框架错了，后面的人无论讲什么都是错的。但是如果不说共同框架，对于激进化逻辑的问题，我们先要弄清楚它为什么要激进化，它应对的是什么问题，这个可能很重要。包括 1956—1957 年实施的一些政策，包括为什么要用“文革”的方式来处理回应这个危机，怎么处理，恰恰是洪子诚的书带来的一些更需要当代文学研究解决的问题。因为当洪子诚讲到周扬集团的时候，被周扬批判的是一批人，但实际上周扬又被别的更加激进的人物批评，包括政治上姚文元这样的人，后来成为写作组的很多人，这些人在激进化脉络里怎么来评价。因为像朱羽原来他是研究美学大讨论的，其中我们知道照相馆里出美学，印象最深的是洪子诚提出这个材料的重要性，引申出非常多的重要问题，可以说 60 年代开始的激进化氛围里很多“东西”都从这里面出现了，我们通常把它称为社会主义文化领导权问题，而且这个文化领导权包含了审美的问题。

针对与会者讨论最为热烈的周扬集团以及社会主义文学的问题，洪子诚回应说，因为对周扬我们没有一个整体性关照，所以整个就会读出来一些不同的感受，或者是一些不同的看法。这个牵涉到周扬在整个社会主义文艺里的位置以及他所起到的作用问题。实际上周扬在社会主义文艺里，还是有很多考虑和想法，包括 60 年代初期。洪子诚表示自己老想写一个周扬的研究文章，但是写不出来，又不太满意目前对周扬的研究，跟他关系很亲密的人，那种写法没有意思。研究周扬的论文也不是很满意。因为这是一个比较重要的人物，不管用什么方法都会牵连很多复杂的问题，不光是他个人的问题。至于如何理解社会主义文艺，也是自己非常困惑的问题，在《问题与方法——中国当代文学史研究讲稿》这本书里自己试图解决这个问题，当然也受到很多人的批评，认为有一种宿命论。其实开始研究“十七年”，包括前三十年的时候，自己认为社会主义文艺有它的合理性，有一种肯定的东西，不是说这个框架一开始就是错的。小的时候，有很多机会读杂七杂八的小说、各种书，等等，但是都不感兴趣，自己当时感兴趣的，现在都有看不起的感觉，就是《新儿女英雄传》那些解放区的东西，所以郭沫若在 40 年代高度评价像《李有才板话》那样的小说，也不能够完全说他投机。有的时候审美的问题也是很复杂的。对社会主义文学为什么下一点功夫研究，因为自己开始并不是把它作为一个完全否定的框架来想，但是也看到这里面复杂的问题，很多难以解决的矛盾，所以，社会主义文艺这样大的框架，它的文化性质包括理想的视野，它跟传统的一些文化思想是什么关系，这个是贯穿50、60年代直至“文革”的症结性问题。在考察的时候，发现周扬的观点其实也是有很多的变化，包括在60年代初的时候，他其实是有限度地回到胡风的立场，虽然他很严厉地批判胡风。所以这个变化，他可能也是认识到，社会主义文艺在实践过程当中遇到了一些难以克服的矛盾和症结。另外，自己对社会主义其实有一个理想化的看法，实际上理想的社会主义是有相当的自由的权利，也有保护个人的隐私包括想象的权利。其实自己所有的问题症结都在这里。

除了上述问题之外，本期“光启读书会”还广泛涉及了“史料热”中盲目堆积档案材料的伪学术、当代文学与古代文学、外国文学的关系等问题。

本文由钱文亮整理，原刊《现代中文学刊》2017年第2期，此处收录的是整理者提供的文档。

“材料”与“注释”的……另一种力量

李公明

洪子诚教授的《材料与注释》（北京大学出版社，2016年9月）分为“材料与注释”及“当代文学史答问”两大部分，前者是主体部分，以与“当代文学”相关的重要讲话稿、会议记录等材料与注释相对照的形式梳理和钩寻“当代”文学与政治等相关史料；后者以答问的形式探讨当代文学史的写作及教学问题，在这部分文字中充满了作者的人生体验和内心感受，反映出他的真实性情，是有温度、有感染力的文字；从中也可以看到作者对自己的客观认知和谦逊、朴实的品性，恰好是当下学界中难得的一股清流。该书出版后引起当代文学史研究界相当大的关注，各地召开的专门研讨会和众多的评论文章颇能说明其重要意义和影响。

“材料与注释”，这个书名并不寻常，值得深入思考。作者在“自序”中说，“最初的想法是，尝试以材料编排为主要方式的文学史叙述的可能性，尽可能让材料本身说话，围绕某一时间、问题，提取不同人，和同一个人在不同时间、情境下的叙述，让它们形成参照、对话的关系，以展现‘历史’的多面性和复杂性”。后来作者对“最初的想法”做了一些修正：“其实，‘最初’并没有这样的想法，只是要为手头留存，但不知道如何处理的材料寻找一个出路。”（《〈材料与注释·自序〉的几点补充》，《文艺争鸣》2017年3期。顺带要说的是，作者在该书出版之后发表的这篇关于“自序”的《几点补充》是对原书的写作缘起和方法论以及历史观的重要说明，并且具有独立的、关于“当代”文学史研究的思想价值。）为“材料寻找一个出路”，这既是质朴的想法，我认为同时也未尝不含有对现实语境和学界时风的某些思考。但是过了“最初”之后，写了两三篇，他就想到“是否可以选择各个时期的若干材料——文章，讲话，事件，某一期的刊物，某一作品……做出注释，来从另一侧面显现文学过程，作为‘正规’文学史的补充。这样，材料选取，就不是以未曾公开发表作为主要依据，而主要考虑它们能否折射‘当代文学’的重要现象、问题，以及材料自身的‘体积’（性质、篇幅）和‘密度’（可阐释性）上的限度。”（《〈材料与注释·自序〉的几点补充》）从“现象”“问题”到对于“材料”本身的“体积”“密度”等别出心裁的形容，再回到原“自序”中说的“以展现‘历史’的多面性和复杂性”，就不难明白洪子诚的真正“初心”就是通过强化和提升史料意识，助推当代文学研究的“历史化”。从史料出发，用证据说话，其思想前提就是拒斥真正的历史虚无主义，不回避、不遮蔽、不扭曲历史的真相。应该说这是一种带有自觉意识的叙述方法论探索，由此来看，才能理解配合真实的“最初”想法的“注释”动机和要求已经是高标准的：“为材料的确切性提供支持，或暴露其疑点。因此，注释便主要包括两个部分，一个是涉及的事件、人物的背景因素，另一个是尽可能寻找不同叙述者对同一事件的叙述，或同一叙述者不同时间的叙述，加以印证、对比。”（《〈材料与注释·自序〉的几点补充》）

应该说，这种“材料与注释”的研究与写作方法已然成为一种“文体”。关于这种写法的文体问题，作者在《〈材料与注释·自序〉的几点补充》中一再表示“不符合现在学术规范的文体”，并向破例发表这些文章的学术刊物致谢。其实，从一方面来看，就“言之有物”和“持之有据”而言，这些文章都是极为严谨的，作者强调注释是重要部分并要采用每页脚注的形式也说明了这点，也可见目前形式上的“学术规范”对文体的要求是很狭隘的；另一方面，更应该思考的是这种以“材料与注释”为核心的“文体”与通常写作意义上的文体具有不同的含义。在现实语境中，要把当代文学史研究放置在更真实、更广阔的历史语境中进行，文学与政治形势、文学与社会场域（权力网络及其历史脉络是其重点）的深层联系自然是非常重要的议题，而相应地也会对研究方法与叙述方式提出更带有特殊性的探索要求。

在这里不妨思考荷兰学者贺麦晓（Michel Hockx）提出的“文体问题”，他认为所谓的“文体”（style）作为核心概念远远超出常见的文体学范畴，它“指的不仅仅是语言、形式和内容的聚合物，而且也是生活方式、组织方式（像在社团中）和发表方式（像在杂志中）的聚合物。……我认为，文体这个概念比其他任何尝试区分文体的文本和非文本因素的概念都更具实用性”。（贺麦晓《文体问题：现代中国的文学社团和文学杂志（1911—1937）》，14 页，陈太胜译，北京大学出版社，2016 年）贺麦晓的“文体”概念是从他的文学社会学研究方法延伸出来的，他以“文体”作为核心问题和论述视角的意义是使文本分析、个人生活方式、文学体制和社会场域等多重研究融为一体，在阅读方式上强调必须从原初语境中阅读现代文学文本，从真实的文本语境中获得丰富、深刻的体验，从而在文学与社会学之间建立起坚实的联系；另外，贺麦晓把“文体问题”视作在中国现代文学研究中走出“五四”思维范式、实现研究范式转换的重要途径。与他的“文体问题”相比，洪子诚的“材料与注释”有相通的含义，如对于文本与原初语境、文学与体制及场域等联系的高度重视，以及对文本分析的历史性质的设定，都有相近的目的预期。区别在于，贺麦晓的“文体”更多是对象化的和研究范式性质的，洪子诚的“材料与注释”则更多考虑的是从研究者本身所处的现实语境出发，形成一种“尽可能让材料本身说话”的文学史叙事，而在这种叙事探索中又反过来产生了与贺麦晓的“文体问题”在某种程度上不谋而合的含义。其实，在现实语境与研究对象特性的条件限定下，洪子诚拿着手里的这些“材料”如果不想任其沉睡的话，也只能“寻找”到这样的“出路”。陈子善在一次研讨会上指出当代文学史跟现代文学史是两个不同的历史阶段，它所面临的问题，跟现代文学史的处理方式很不一样。我认为在这种貌似简单的论述中，论者其实也是敏锐地看到了在这个“不同的历史阶段”中的“材料”的“出路”问题。他继而认为“洪子诚的尝试开了一个很好的头，书中所提供的材料对我们来理解那个时代的复杂性会有帮助”，应该说正是对这条“出路”的高度肯定。当然，这也不仅仅是现代文学与当代文学所遭遇的难题，洪子诚的“材料与注释”无疑也为探索当代政治史、思想史的多元写作方式提供了有益的启迪。

该书中的“材料”与“注释”当然有明确的区分，但是实际上在“注释”中又包含有“材料”，因为在这里的“注释”常常也只能以“材料”说话，二者之间在某种语境中完全可以转化。“注释”当然就是研究工作的一种，其特殊性在于注与释的结合。通常论文中的“注释”的基本功能是给出所引材料的准确出处，同时也可以对某些相关问题给予说明，但是一般不会要求“注释”承担正面的叙事与阐述功能。然而在这里，主要以“材料”说话的“注释”中也包含有评述和阐释的成分，因为毕竟这是在“材料”之外唯一可以表述作者观点的地方，而且人文研究的最根本职责在于意义的探询这样的价值感也使作者无法真正做到“注”而不“述”。读完全书之后，我很明显感到无论是“材料”还是“注释”，在洪子诚的文本中都具有指向两方面的问题意识，一方面是这些文本得以产生的外部性因素，如政治发展的形势、文学自身的生产体制、文艺政策的展开与执行方式，乃至来自某些个人的特殊因素；另一方面是这些文本生产者本人的真实价值观念、道德状况与人格特征，同时在这两种指向中又都表现出作者的内在紧张：既要指向、揭示和表述，又时刻警惕走向另一个极端和另一种道德化压抑。正是在处理这种内在紧张中特别体现出作者具有克制、客观、冷静和严谨的学术品格，随时坦诚地披露自己在思想上和写作中产生的疑惑，把历史的模糊与不确定的面相真实地呈现出来。作者说希望自己的论述较为的隐蔽和节制，既是“文体”上的考虑，同时也是觉得确定的评论可能限制对材料的多向度阐释，还有就是对论述者自身由“时间”所赋予的历史认知和道德优势的虚妄一面的反思与质疑。因此，“《材料与注释》取这样的倾向，采取‘微弱叙述’的方式，也是一种自觉的选择”。（同上）这是非常细腻、真实的研究心路历程，既能帮助我们理解《材料与注释》的重要价值与特殊意义，也更能引起我们思考历史研究者自身的主体性问题。

还应该特别指出的是，这种内在紧张还来源于作者所欲处理的“材料”具有的特殊性质：一方面，这些“材料”的生产者都是身居某种高位的文艺官员或知名作家和知识分子，这些人的历史与现实状况都充满了复杂性，他们的外在立场、真实心态、道德状况等都会在风向不定的外部政治环境影响下产生变化，要准确把握确乎是极为困难的；另一方面，正如作者在《几点补充》中所说，“这些材料比较特殊，它们是特定情境（反右、‘文革’等政治运动）下的产物；这些检讨书的作者，他们处在人身、表达的自由受到剥夺的情况下。材料固然可以有助了解在这样的‘时刻’，受害者和加害者（加害者在材料中往往隐匿，或不是以个体身份出现）的不同处境、心态，但是材料是否具有文学史的‘史料’价值，研究中是否可以作为史料征引，就很难说，需要对它们做出辨析”。（同上）这是对于“材料”的运用非常慎重、严谨的学术态度，在目前学术生产机制在形式上比较重视材料的时风中，尤其是对于青年学者的论文写作，这种学术态度尤有重要的示范意义。又如，在谈到当代文艺界在各个年份发表的纪念《讲话》社论的时候，作者提醒说“在阐释时所要强调的方面，会在看来周全稳妥的文字中透露出来。当年的写作者为了这种表达而字斟句酌、遣词造句上煞费苦心，避免因表达上的失当深陷困境，而读者也训练出了机敏的眼睛、嗅觉，来捕捉到哪怕是细微语气的变化。在这一切都成为‘历史’的今天，最后受苦的是当代文学、当代文化的研习者——也要继续努力训练眼睛、耳朵的灵敏度；他们没有办法规避这个‘吃二遍苦，受二茬罪’

的命运。”（150—151 页）

在我看来，与“材料”和“注释”这种显豁的“文体问题”相比，上述这些问题意识、论述指向、由此而产生的内在紧张及其释放方式更具有深刻的探索性意义，其中所蕴含的客观、冷静、理性的思维品格对于在政治史与思想史写作过程中无可逃避的价值追问与道德判断而言，也更具有防止容易出现的情绪化与极端化偏向的作用。作为这种克制而严谨的探索意识与方法的成果，在作者即便是极为克制的概括性表述中也是让人兴奋的：“可以约略窥见‘当代文学’的制度性因素中中国作协这个机构的中心地位，以及‘十七年’中文学生产的具体运作方式。林默涵、张光年等针对周扬的检讨书……显现国家和执政党对文学控制，制订实施规划的具体情形，显现文学领域的层级权力结构形态，以及这个时期，权力阶层那种文化官员／作家的双重的身份角色，这种身份之间纠缠制约，和由此产生的冲突。”另外一个角度的观察，则可以看到通过反右斗争、通过作协党组扩大会议，“周扬（和他们一伙）如何在‘路线斗争’的光环下，逐步排除‘异己’，确立他（他们）的权力核心地位。所谓‘一伙’，正如 1966 年江青他们的‘部队文艺工作者座谈会纪要’分析的，是以 30 年代左翼文学权力集团为主，周扬、夏衍、齐燕铭，也扩展到林默涵、邵荃麟、刘白羽等。他们的文艺思想资源，重要部分来自俄国 19 世纪的别、车、杜‘三家村’……这些材料，有助于我们了解周扬（和他们‘一伙’）在权力获取后，他们原先僵硬的理论教条怎样松动，怎样雄心勃勃、紧锣密鼓地推动他们的文学理想和文化抱负，也可以了解在实施过程中，怎样与有偏执狂心理特征的激进政治／文化力量发生冲突中的溃败、破灭，和最后匪夷所思地成为阶下囚……这是当代文学已经讲述过，但仍有很大展开和深化空间的未讲完的‘故事’”。（《〈材料与注释·自序〉的几点补充》）这当然是当代文学研究中独具深刻意味的重要成果，这时才能真正理解作者所说的那种力量：“明晰的归纳、判断虽说更重要，在大多数时间里拥有宏大力量，而‘不确定’也并非总是软弱的代名词，偶尔也会具有另一种性质的力量。”（《〈材料与注释·自序〉的几点补充》）实际上，“偶尔”也并非总是偶尔才降临的，在书中不少地方都闪耀着这种力量的光芒。1962年，周扬在“理论座谈会”上的发言中提到“可以找些作家来谈谈，为什么不敢写生活中的问题”。作者在“注释”中说：“这里提出了当代的难题。周扬说要找些作家谈谈‘为什么不敢写生活里的问题’，可是这个问题好像应该回过来问控制文艺的权力阶层才对。”（《材料与注释》，125—126页）

洪子诚说的当代文学的那些“未讲完的‘故事’”其实并不局限于文学，而是更多地属于“当代”。正如他自己说的，“这些材料也有许多皱褶，里面夹藏着另外的问题。譬如，1962年连续开了半个月的大连会议，议题虽说是短篇小说创作，大部分时间谈论的都是那时的农村状况，和有关的农业政策。……其实，文学与现实问题的这种关系，正是‘当代文学’的重要特征”。（同上）在书中的“材料”与“注释”中，类似的“故事”和“特征”很多。比如，在《1966年林默涵的检讨书》中，林自己检讨认真执行“1961年中宣部关于在报刊上宣传毛泽东思想要防止庸俗化的通报”是“十分错误”的，是“对群众学习毛主席著作大泼冷水”。（155—157页）洪子诚在“注释”中详细引述了中央这份报告的主要内容，以及其中所批评的那些现象，如把某乒乓球选手创造了独特的中国式横拍打法、某医院治疗慢性病的一种方法、某农民解决肥料问题的过程等等都说成是学习了“毛泽东同志战略战术思想”的结果（155—156页，注释5），在这里真是充满了“纠偏”与“反纠偏”的悲喜剧，而在今天看来就更是别有滋味。又比如，“在‘十七年’中，邵荃麟等的身份已不仅是作家、批评家，其多层角色中，更重要的是文化官员。不过，其对文学事业的执着，学识和艺术感觉的水准，努力在有限空间里争取文学的理想前景的焦虑和责任心，这些绝不是今天的文化官员可以相提并论的”（69页，注释6）。从“材料”

和“注释”的皱褶中自然地蹦出来的“故事”与“特征”或许可以写出一部当代文学的“外传”，相信亦足以传世。

原刊“澎湃新闻”2018年2月8日《上海书评》栏目，此处收录的是作者提供的文档。

文学史写作与90年代的知识转型

——以洪子诚的研究为例

陈培浩

文学史作为一种知识形态是近现代社会文化转型的产物，是“晚清以来关于现代民族国家的想象、五四文学革命提倡者的自我确证，以及百年中国知识体系的转化”，还有“教育体制的嬗变”[①]的结果；也是“一部分知识分子书写历史、阐释历史、参与历史的‘权力’的一种确认”[②]。换言之，作为现代知识体系，文学史常被赋予为民族国家输出主导性意识形态的功能，这使文学史写作承受着特定的话语规约，但文学史著又是史家作品，渗透着史述主体的立场和省思。话语规约常常通过主体省思的中介对文学史写作起作用，在规约与省思的博弈及时代奠基性话语的转移过程中，文学史的书写范式也发生着种种变迁。论说当代文学史书写范式更迭，无法绕开洪子诚的《中国当代文学史》。该书在学术探索上得到众多肯定——当然也存在批评和争议，是多年来很受欢迎的当代文学史教材之一[③]。此

① 陈平原：《“文学史”作为一门学科的建立》，《假如没有“文学史”……》三联书店2011年版，第3页。

② 杨庆祥：《“重写”的限度：“重写文学史”的想象和实践》，北京大学出版社2011年版，第154页。

③ 洪子诚《中国当代文学史》1999年8月由北京大学出版社出版，初版多次加印，2001年5月已是第5次印刷。该书修订版于2007年6月出版，同样多次加印。2010年收入“洪子诚学术作品集”出版，至2015年8月第7次加印。该书的销量之巨，“在中国9年时间里卖出了将近50万册”，据张隆溪：《中国学术在西方》，《中华读书报》，2009年2月11日。

书价值已被广泛深入论述，重提的因由是希望厘清洪子诚文学史写作与90年代知识转型的关系，既从文学史编纂史的纵向序列，也从文学史著与时代语境的横向序列中建立考察洪子诚文学史写作的意义坐标。质言之，它在中国现当代文学史编纂史上发挥何种作用、居于何种位置？与时代知识转型之间有何关联？在文学史写作多维探索、众声喧哗的时刻，文学史日渐从一种真实性、权威性话语转为一种建构性话语，“文学史已经终结”[①]的判断萦绕于耳，此时的文学史写作可以从洪子诚的写作实践中获取何种启示？为行文方便，本文将“20世纪80年代”“20世纪90年代”统一简称“80年代”“90年代”。

一、文学史编纂史视野下的《中国当代文学史》

1999年9月10日，北京大学出版社举办了“《中国当代文学史》研讨会”。这是关于洪著文学史最早的集中评价，呈现了彼时现当代文学研究界的主要看法。意见主要有：（1）肯定洪著冷静客观的史家笔法和“理解之同情”的史家立场；（2）肯定洪著对文学史内部机制的研究；（3）肯定洪著“抓现象”的撰史方式，并论及个人撰史的优势与局限；（4）指出洪著融合专著和教科书的特点及由此带来的文史冲突等问题。总体而言，与会学者热情肯定了洪著的学科探索价值。钱理群先生表述为“当代文学有‘史’了”，谢冕先生则指其为文学史写作和当代文学研究提供了范式启示[②]。这些评价准确把握了洪著的方法论和学科创新意义。新世纪以来，许

① 洪子诚和吴俊都有相关说法，相关文章见贺桂梅：《穿越当代的文学史写作——洪子诚教授访谈录》，《文艺研究》2010年第6期；吴俊：《新媒体语境与“文学史的终结”——兼谈文学批评的现实困难》，《文艺研究》2016年第6期。

② 此次研讨会纪要发表于《当代文学研究资料与信息》1999年第6期，并收入洪子诚：《当代文学的概念》，北京大学出版社2010年版。

多学者都专门论述过洪子诚的文学史写作。这些论述有着眼于洪著范式意义、方法论启示以至文学史叙述伦理的肯定；也有批评和质疑，如李杨认为洪著“下篇”不及“上篇”精彩，以“一体化”的建构和解体作为“当代文学史”叙述结构存在二元论之嫌，谱系学方法运用不彻底[①]；贺桂梅认为洪著对某些文学现象存在“道德判断”[②]；郜元宝则指洪著未能准确说出80年代以来文学的性质，将两个不同性质的文学阶段强行并置于“一体化”概念下；以及“重史轻文”，属于“作家缺席的文学史”[③]。夏中义认为“当代文学”应包含当代作家创作的旧体诗词[④]，而洪著并未列入。这些评价涉及了“当代文学”的内涵外延及历史本质争议、方法论上建构论和本质论之争、工作偏向上的文／史冲突以及文学史著定位上的教科书／专著冲突，虽尖锐却发人深思。有些确触及了洪著薄弱之处，也有些需要继续讨论：如“一体化”作为整部文学史的基础概念，究竟是封闭性的还是开放性的？谱系化方法是否是客观化、学术化的绝对保障？完全去除价值立场的文学史叙述是否可能等问题。这种争鸣昭示着新世纪以来文学史研究在史观和方法论上多元共生的局面，蕴含着建构新的历史表述的活力和可能。在对洪著的评价中，李杨、贺桂梅、旷新年等学者一直坚持从方法创新角度解读洪子诚文学史叙事的转折意义[⑤]。李杨肯定洪子诚在50—70年代文学研究

① 李杨、洪子诚：《当代文学史写作及相关问题的通信》，《文学评论》2002年第3期。

② 贺桂梅:《文学性与当代性——洪子诚的当代文学史研究》,《文艺争鸣》2010年第9期。

③ 郜元宝：《作家缺席的文学史——对近期三本“中国当代文学史”教材的检讨》，《当代作家评论》2006年第5期。

④ 参见夏中义：《当代旧体诗与文学史正义——以洪子诚〈中国当代文学史〉上编为研讨平台》，《安徽师范大学学报》（人文社会科学版）2013年第5期。

⑤ 李杨:《为什么关注文学史——从〈问题与方法〉谈当代“文学史转向”》，《南方文坛》2003年第6期。

中，摆脱原有的文学史等级制，转向“对‘等级制’本身的质疑”[①]。贺桂梅则认为洪著破除了“当代文学”的自明性质，使“文学的历史”转变为“文学史”[②]。旷新年《寻找“当代文学”》等文章深受洪子诚《“当代文学”的概念》影响，不将“当代文学”视为简单时间范畴中的文学总体，而是包含一系列建构的历史实践。这种思路具有更宏大的历史视野，切中洪著核心价值，值得在文学史编纂史视野下进一步论述。

1998年，洪子诚发表的《“当代文学”的概念》一文，也许是他治史历程中最早具有方法论转折意义的论文。此文没有沿用过去文学史专注于“‘当代文学’的性质或特征”的本质论研究方法，转向“当代文学”“如何被‘构造’出来，和如何被描述”[③]的建构论思路。洪子诚发现“当代文学”并非一开始就被用于描述正在发生着的当下文学，最初担当此任的概念是“新文学”。变化“从50年代后期开始，‘新文学’的概念迅速被‘现代文学’所取代，以‘现代文学史’命名的著作纷纷出现。与此同时，一批冠以‘当代文学史’或‘新中国文学’名称的评述1949年后大陆文学的史著，也应运而生”，“当时的文学界赋予这两个概念不同的含义。当文学界用‘现代文学’来取代‘新文学’时，事实上是在建立一种文学史‘时期’的划分方式，是在为当时所要确立的文学规范体系，通过对文学史的‘重写’来提出依据”。因此，“当代文学”并非是承接着“现代文学”而后产生的概念，而是在同一逻辑下同时产生。洪子诚指出，从“新文学”到“现代文学/当代文学”的命名转变中，镶嵌着从毛泽东《新民主主义论》中转换而来的“多层的‘文学等级’划分”[④]，在毛泽东经典的政治论述中，中国社

① 李杨、洪子诚：《当代文学史写作及相关问题的通信》，《文学评论》2002年第3期。

② 贺桂梅：《文学性与当代性——洪子诚的当代文学史研究》，《文艺争鸣》2010年第9期。

③ 洪子诚：《“当代文学”的概念》，《文学评论》1998年第6期。

④ 洪子诚：《“当代文学”的概念》，《文学评论》1998年第6期。

会的发展阶段被划分为旧民主主义、新民主主义、社会主义三阶段，“在文学史的概念问题上，这一论述引发的结果，是赋予‘新文学’（后来便用“现代文学”来取代）以新的含义，而作为比‘新民主主义性质’的‘新文学’更高阶段的文学（它后来被称为‘当代文学’），也已在这一论述中被设定”[①]。

此文显示洪子诚的文学史思维从本质论向建构论的转换。“当代文学”在洪子诚这里不仅是一个“人民文学”取代“人的文学”，或“人的文学”颠覆“人民文学”的某一历史范畴，而是“一个从40年代开始被设计、规范，通过文学运动而不断生成，在50年代后期得到命名又在“文革”时期的激进实践过程中遭遇困境，而在80年代进入另一个转折时期的历史范畴”[②]。此处，洪子诚超越了对革命或启蒙的价值认定，首次在史述上启动了建构性方法论，这为日后的文学史写作提供了启示和参照。黄修己先生将中国新文学史的编撰模型概括为“进化论的阐释体系”“阶级论的阐释体系”和“启蒙论的阐释体系”[③]。这种概括如今并未失效，然而“启蒙论”文学史并不能描述90年代以后文学史写作的内在差异。重要原因在于，黄修己的概括仅基于“史观”这一变量，而洪子诚的探索则使方法论成了考察文学史写作范式时不能忽略的要素。如果考虑史观和方法论两个变量，会发现当代文学史写作包含了以下四种最基本模式：阶级本质论模式、启蒙本质论模式、启蒙建构论模式和阶级建构论模式。如果说王瑶、朱寨的文学史基于阶级本质论，“二十世纪中国文学”基于启蒙本质论的话，洪子诚的文学史则将启蒙史观和建构论结合起来。故而，李杨等人与洪子诚在“史观”上虽有差异，却一致肯定他的文学史方法论创新。

如果说1949年之前的新文学史著在进化论史观与循环论史观

① 洪子诚：《“当代文学”的概念》，《文学评论》1998年第6期。

② 贺桂梅:《文学性与当代性——洪子诚的当代文学史研究》,《文艺争鸣》2010年第9期。

③ 参见黄修己：《中国新文学史编纂史》，北京大学出版社2007年版。

博弈中获取新文学的合法性的话；50—70年代则通过将“新文学”拆分为“现代文学／当代文学”来建构“当代文学”对“现代文学”的价值优势；80年代的“重写文学史”又与此前的“阶级论文学史”构成意义对冲，把阶级论所建构的价值秩序重新颠倒过来。在洪子诚看来，这两套叙事策略和评价系统，依然是90年代当代文学史的主要叙事方式，他的文学史写作希望跟此前的“阶级阐释论”“启蒙阐释论”这“两个不同的文学史系列，两种思想文学评价系统”[①]构成对话。对话结果，大概可以描述为将建构论引入史述，在不放弃启蒙价值立场的前提下，尽可能警惕自明的二元认识论可能的陷阱；使历史的修辞性和历史的真实性，谱系学的方法论和新启蒙的价值论得到更学术化的结合。此前基于阶级阐释论和启蒙阐释论的文学史都是特定历史条件下的探索，它们回应了特定的历史关切和文化迫切性，在时代转折之后也暴露了本质论作为知识思维的局限性。洪子诚率先将建构论引入了当代文学史写作实践，自觉走出文学史史述的意义对冲模式。从具体影响看，建构论在新世纪日益受到文学史研究界重视[②]，洪子诚于这种值得重视的文学史方法论实有筚路蓝缕之功。

二、洪子诚文学史写作的转型心路

李杨从洪子诚文学史写作中辨认出一种“反思80年代”的转折意味：80年代的主流文学观念“都是通过一系列二元对立的模式

① 李杨、洪子诚：《当代文学史写作及相关问题的通信》，《文学评论》2002年第3期。

② 新世纪以来，当代文学史研究最引人瞩目的方法创新体现在李杨、贺桂梅、旷新年运用知识考古的谱系学方法对一系列当代文学概念的溯源和程光炜教授及其团队运用历史化和文学社会学方法所进行的“重返80年代”的文学史研究中。现代文学史研究领域最引人瞩目的则是李怡等学者致力于民国社会文化体制对文学的影响“民国机制”研究。这些文学史研究思路，或许都有着洪著《中国当代文学史》的影响。

加以建构的”，“洪子诚对80年代的反思，正是通过对这一已成时尚的二元对立模式的质疑开始的”[①]。李杨通过《问题与方法》中的诸多例子证明了洪子诚在拆解二元对立、反本质主义方向上的努力，他深知洪子诚的知识转型与“自身的经历有关”[②]，却并未回答其如何转型的问题；贺桂梅认为这源于洪子诚对19世纪俄国文学精英性和批判性的服膺：“洪子诚一直秉持着一种精英主义的启蒙立场，强调个人精神的创造性和社会批判性。某种程度上，我们可以由此解释洪子诚对80年代‘新潮’的不满；更进一步过度诠释，也可以说他90年代对左翼文学的重新理解，都是在此基础上形成。”[③]姚丹在考察洪子诚精神资源时，则特别强调“人道主义”[④]的作用。这些观察别出心裁，一定程度上解释了洪子诚对左翼文学的同情及对启蒙立场的执着，却不能解释洪子诚文学史方法论的转型问题。构成洪子诚文学史知识论的三大支撑：新历史主义（强调历史的叙事性质）、知识谱系学（强调知识的建构性以及知识考古方法的优先性）和文学社会学（强调从文学制度、社会语境等外部要素考察文学建构过程），显然都不能从19世纪的批判性文化中获得。毋宁说，专业认同（很早就专门做文学史研究）、个性特质（严谨谨慎，强调史料的搜集积累），以及对时代转折下知识转型的敏感，才构成了洪子诚文学史写作超越80年代知识立场的前提。

事实上，80年代末期，洪子诚就开始意识到“当代文学”的建构性。1987年，一次在和张钟聊天时他提出这样的问题：“为什么共和国一成立，当代文学就开始？‘当代文学’是怎么回事？揭开

① 李杨:《为什么关注文学史——从〈问题与方法〉谈当代“文学史转向”》,《南方文坛》2003年第6期。

② 洪子诚：《问题的批评》，见么书仪、洪子诚：《两忆集》，学苑出版社1999年版，第333页。

③ 贺桂梅:《文学性与当代性——洪子诚的当代文学史研究》,《文艺争鸣》2010年第9期。

④ 姚丹:《一个人的文学史——洪子诚学术研究的范式意义》,《南方文坛》2010年第3期。

它的‘历史巨手’又是什么？”[1]这个提问意味着他对“当代文学”的发生学产生了兴趣。《问题与方法》作为一部以课堂讲稿形式出现的文学史方法论专著，道出了洪子诚文学史认识论转变的某种轨迹。1988年夏天在北戴河举办的“文学夏令营”多次被洪子诚提及，提示了某种知识转向的“前史”。活动中，严家炎等先生都做了演讲，一位参加活动的青年学者对西方世界的个人主体的独立、自由的状况，做了相当理想化的描述，“乐黛云老师就不太同意他的讲法。她举了许多例子，说明所谓个体的‘自主性’其实是脆弱的，我们是生活在‘他人引导’的世界中。她举了美国一些教授的生活和学术研究做例子，说明这些看起来很‘自主’的决定、路向，都受到社会环境、学术体制的严格制约”[2]。在后学尚未成为潮流的80年代，洪子诚就开始从教学和生活中体验到主体的脆弱性以至“当代文学”的建构性。洪子诚自称，对浪漫主义主体论的疑惑，“主要还是基于生活经验，主要不是在理论上。关于历史的叙事性质，最初也是从当代生活境遇、经验中模糊获得的”[3]。一种理论资源化入接受者的思域，先要跟其生存经验取得共振。洪子诚文学史认识论转向的重要特征便是理论习得与生活经验的结合，他并非那种从纯理论学习上获得知识转向契机的学者。当然思维转向跟理论阅读也密切相关：

> 比如韦伯、杰姆逊、本雅明、阿尔都塞、马尔库塞、哈贝马斯、葛兰西、萨义德、福柯等，但很不系统，有的就没有读完，有的不求甚解……因为研究当代文学，像卢卡契、胡风等的书，甚至托洛茨基等的倒是看得仔细，也读了像舍斯托夫、别尔嘉

① 贺桂梅:《穿越当代的文学史写作——洪子诚教授访谈录》,《文艺研究》2010年第6期。

② 洪子诚：《问题与方法——中国当代文学史研究讲稿》(增订版)，北京大学出版社2015年版，第35页。

③ 贺桂梅:《穿越当代的文学史写作——洪子诚教授访谈录》,《文艺研究》2010年第6期。

> 耶夫、薇依等的书。有的书是很偶然机会得到的，却偶然地从中得到许多“灵感”，比如美国基督教神学家特蕾西的《诠释学·宗教·希望》，还有佩里·安德森的《西方马克思主义探讨》。我读苏珊·桑塔格的理论作品是很靠后的事情了，但感觉很亲切。我比较认同的是，承认历史的叙事性质，但不是导致删除“真实”和“希望”，导致让人们对历史真实失去信心。①

“很不系统”“没有读完”“不求甚解”是自谦之词，也透露了一种理论接受上的合目的性策略。这里的合目的性不是功利的，而是说洪子诚期待理论跟他的生存经验产生共鸣。理论照亮了现实，“感觉很亲切”，他才更愿意去系统读完。自身的生命经验其实综合了相当丰富的历史信息，它很大程度上可以成为甄别理论有效性的标准。洪子诚的理论接受的务实性和切身性导向了他后来对佛克马“叙事历史学”观念的接受。1993年，佛克马在北大授课，后来根据课程记录出版的《文学研究与文化参与》一书对洪子诚有重要影响。佛克马虽强调历史作为“叙事形式”——“历史叙事形式并不是一扇洁净明亮的窗户，人们可以没有阻碍地透过它去看过去”——却并不否定历史的真实性，“我们不能够因为强调历史的‘叙事性’，而否认文本之外的现实的存在，认为‘文本’就是一切，‘话语’就是一切，文本之外的现实是我们虚构、想象出来的。即使我们承认‘历史’具有‘修辞’的性质，我们仍然有必要知道，‘哪些事是历史上实际发生过的，它们具有何种程度的历史确切性’”②。这段话解释了洪子诚历史叙述观念的接受源头，同时也解释了他文学史写作强调历史叙述性，但并不丧失对历史真实之认同的由来。他接受“叙事历史学”，是在佛克马、特雷西的意义上的接受，是基于自身历史体验而做出

① 贺桂梅：《穿越当代的文学史写作——洪子诚教授访谈录》，《文艺研究》2010年第6期。

② 洪子诚：《问题与方法——中国当代文学史研究讲稿》（增订版），第44页。

的知识选择，而非从理论到理论的思想进路。这或许可以稍微解释何以洪子诚将“80年代思维”拆解成本质认识论和启蒙价值论，有所扬弃也有所继承。这被李杨视为“80年代思维残余”，却是基于他愿意随着时代语境和文化迫切性的转变而更新知识，却不愿意让变幻的理论话语宰制鲜活切身的生命经验。这种理论的现实感，似乎也值得我们深思。

不同于80年代那些和朦胧诗、寻根派、第三代诗人、先锋派等同代文学现象结伴同行，为之摇旗呐喊、提供理论阐释的批评家，洪子诚带着一定距离观察和冷静判断的特点很早就表现出来。然而，彼时洪子诚所使用的思想资源很大程度同步于80年代的主流文学资源。以《作家姿态与自我意识》为例，我们可以看到非常明显的卡莱尔、苏珊·朗格的影响。在反思80年代中国文学的感伤化倾向时，洪子诚多次借助于卡莱尔《人论》《语言与艺术》的理论判断，他也借苏珊·朗格的观点来反思中国文学对艺术“构型”的忽视。卡莱尔和苏珊·朗格在80年代的中国被接受，很大程度上在于他们与“主体性”及“纯文学”话语的关系。写于80年代的“《作家姿态与自我意识》在表达着对新时期文学的失望和对更好的文学的展望时，问题的症结被归结为‘创造者的精神结构’和‘独立的文学传统的建设’”，“90年代展开的文学史研究，却以某种似偶然又似必然的方式，绕开了这一研究思路可能的局限，而形成了新的研究格局”[①]。理论资源也影响着作者的表述方式，在反思80年代文学“处理关于个体心灵对有限的、确定的生活领域的深入把握与对有限、确定的生活领域的超越这一关系”时表现出的“窄狭”与“疏隔”两种倾向时，洪子诚说道：“一切忘记人的感性存在和对具体人生的深入把握以求‘超越’的努力，都是虚空的、靠不住的。”[②]

① 贺桂梅:《文学性与当代性——洪子诚的当代文学史研究》,《文艺争鸣》2010年第9期。

② 洪子诚：《作家姿态与自我意识》，北京大学出版社2010年版，第149—150页。

拒绝人的丰富感性被某种概念所提纯和化约正与“主体性”话语形成合奏，这种立场洪子诚90年代以后并未放弃，但“一切……都”这种强判断句式是否正是他所谓“放在现在，便不会再用”[①]的呢？90年代的知识转型既是洪子诚的个人努力，也不能脱离于整个90年代的时代语境。下节将重点分析。

三、90年代的知识转型

如果将洪子诚文学史写作置于90年代中国知识转型背景下观察，不难发现其个人探索跟时代转向之间密切的同构关系。对于很多学者而言，90年代并非作为80年代的自然延续，而是诞生了一种截然不同的新质，“‘80年代’是以社会主义自我改革的形式展开的革命世纪的尾声”，“‘90年代’却是以革命世纪的终结为前提展开的新的戏剧，经济、政治、文化以至军事的含义在这个时代发生了根本性的转变”[②]。社会转型对知识界的影响，汪晖描述为“市场化进程加速了社会科层化的趋势”，“1980年代的那个知识分子阶层逐渐地蜕变为专家、学者和职业工作者”[③]。这种转变事实上在很多学者创痛剧烈的经验中展开。钱理群先生谈到进入90年代的惶惑：充满了问题和困惑，不复是当年提“二十世纪中国文学”那般的自信酣畅。仿佛从堂吉诃德变身哈姆雷特，“我无法认同我们曾经有过的现代化模式”，“但我却无法说出我到底‘要’什么，我追求、肯定什么”[④]。90年代的王晓明“常觉得自己无话可说，

① 洪子诚：《作家姿态与自我意识》，第163页。

② 汪晖：《去政治化的政治：短20世纪的终结与90年代》“序言”，三联书店2008年版，第1页。

③ 汪晖：《当代中国的思想状况与现代性问题》，《文艺争鸣》1998年第6期。该文1994年初刊于韩国《创作与批评》，《天涯》1997年第5期摘要发表，《文艺争鸣》1998年第6期全文发表。

④ 钱理群：《矛盾与困惑中的写作》，《文艺理论研究》1999年第3期。

因为找不到一个能令我真心服膺的批判立场”，而且在文学乃至社会学、思想史研究领域，类似的立场缺乏、精神失语现象，“也相当普遍”[①]。这种困惑其实是时代转折下知识转型空档期的焦灼不安，社会转型吁求着知识转型，在新生社会经验面前，如何重构把握小至学科、大至世界的新方法和新知识，这是对整个知识界的挑战，知识界需要就此做出调整和应对。李泽厚将90年代知识界的变化描述为“思想家淡出，学问家凸显”[②]，进入90年代的文学研究者普遍存在“从批评到学术”的转移，内在于这种研究阵地转移的是知识方法和知识认同的变化。

80年代文学界的那批风云人物，从90年代中期就或先或后转型了。提出“二十世纪中国文学”的三位学者，并没有将他们的理论转变为具体的文学史著。值得注意的是，除了钱理群、陈思和继续编写文学史外，陈平原、黄子平、王晓明等80年代倡议“重写文学史”的重要人物都没有写出打通20世纪的文学史。即使是钱、陈二人，一个写《现代文学三十年》，另一个写《中国当代文学史教程》，依然是在“现代文学”和“当代文学”的既定学科规划中写作。这跟两部文学史的教材特性有关，是否也跟作者在90年代知识转型中不复当年自信相关呢？陈思和影响甚广的《中国当代文学史教程》在很多方面推陈出新，也有学者指其依然是80年代知识方法和价值理念的衍生物[③]。日后陈思和苦修德语，希望在比较文学方面再开创新的研究领域，这种选择跟90年代知识转型这个大背景也许有着内在关联。80年代与陈思和一起倡导“重写文学史”的王晓明，90年代也经历严重的思想资源困境，在新世纪后转向“文化研究”。

① 王晓明：《太阳消失之后——谈当前中国文化人的认同困境》，《当代作家评论》1995年第5期。

② 李泽厚：《思想家淡出，学问家凸显》，《李泽厚对话集·九十年代》，中华书局2014年版。

③ 参见昌切:《学术立场还是启蒙立场》,《中国当代文学史史学观念笔谈》,《文学评论》2001年第2期。

文化研究在保留了80年代介入现实的可能性之余，在知识方法的丰富性、复杂性上显然大大区别于从前。此外，李陀、蔡翔这些当年倡导“纯文学”的批评家，新世纪之后理论话语更丰富多样，转而在现实焦虑推动下试图重新激活“革命中国”的思想资源，构成了告别80年代的重要景观。

进入90年代，在对时代新质的辨认过程中，“80年代”也在价值论和方法论上成为被审视和反思的对象。90年代初就有评论家提出“后新时期”以宣告“新时期”的结束，“后新时期”提出者张颐武等人又将从“现代性”到“中华性”的转移指认为90年代新知识型的探寻[①]，这其实是对以现代性为价值内核的“80年代”进行的反思。此外，一批学者也开始了对作为方法的“80年代”的反思和超越。上文援引了汪晖对90年代转型的描述，汪晖试图在国家日益卷入资本主义世界体系的背景下宏观把握中国的思想转型，他的论述也包含着某种知识方法的转变。汪晖80年代以鲁迅研究为学界瞩目，不过就其研究范式、知识类型而言，依然内在于80年代主体性话语。所以，《当代中国的思想状况与现代性问题》显然是汪晖知识和学术转折的结果。此文中，汪晖使现代性从一种思想武器变成一个被分析的问题，这里包含的转折也许正是从启蒙话语向后现代谱系学的转变。他在重新思考80年代的现代化想象时指出中国知识分子在寻求建立现代民族国家过程中“以西方现代社会及其文化和价值为规范”，中国现代性话语的最为主要的特征之一，就是诉诸“中国／西方”“传统／现代”的二元对立的语式来对中国问题进行分析[②]。这里自觉运用超然的谱系化方法把现代性作为一个审视对象，显示了把握世界方法的变化。

① 张法、张颐武、王一川:《从“现代性”到“中华性”——新知识型的探寻》，《文艺争鸣》1994年第2期。

② 汪晖：《当代中国的思想状况与现代性问题》，《文艺争鸣》1998年第6期。

90年代初影响甚广的“人文精神大讨论”是对八九十年代社会文化转型导致的文化危机的回应，其间的思想碰撞和话语交锋，主要体现为以新启蒙为核心的80年代话语与以后现代理论为核心的90年代话语之间的对峙和较量，从中不难辨认出一种以谱系学为核心的知识方法的崛起。这场讨论后来辑成《人文精神寻思录》一书，各种不同意见文章超过一百篇，“进入90年代以来，知识界如此热烈而持续地讨论一个话题，大概还是第一次吧”[①]。在当时的语境下，站在新启蒙立场哀叹人文精神失落的持论者因着某种“末路英雄”的文化悲剧感而引发众多共鸣，可是日后看反而是那些站在后学立场上的持论者的知识思路逐渐成为主流。当年的新锐评论家陈晓明犀利指出：“八九十年代以来一些学人退守书斋，皈依国学或是反激进、持新保守主义立场，不过是回避现实的特殊策略。这种无可奈何的逃避，在意识形态语境中，被历史之手改写为一代学人的自觉。显然，人文价值、终极关怀等等特别适合这种历史情景。反之，这种历史背景也赋予了人文主义立场以真实的现实含义，并且强化了这种话语的衍生。”[②]当年的陈晓明在知识方法上已然有别于80年代主流，他自觉地将“人文精神”作为一种叙事和话语来看待，人文精神“不过是知识分子讲述的一种话语”，“在这里，知识谱系学本身被人们遗忘，说话的‘人’被认为是起决定支配作用的主体”[③]。这里，80年代那种统一整全的“人”话语终结了，替之以对这种整体性话语的反向审视。这里的知识谱系学正是后来被李杨视为文学史方法论不二法门的知识考古。另一位当年的青年批评家张颐武则将人文精神视为“最后的神话”，对人文精神无视“‘知识’

① 王晓明编：《人文精神寻思录》“编后记”，文汇出版社1996年版，第270页。

② 陈晓明：《人文关怀：一种知识与叙事》，王晓明编：《人文精神寻思录》，第122页。

③ 陈晓明：《人文关怀：一种知识与叙事》，王晓明编：《人文精神寻思录》，第122页。

的有限性”，以为“任何学者只要具有了‘人文精神’，就能穿透‘遮蔽’，无限地掌握世界”[①]的本质论神话提出尖锐的质疑。当时一般读者看来不无艰涩的知识考古方法如今已经成为学界主流，而这批携带着后学理论武器登临学术界的新锐学者也成为学界中坚，他们无需面对知识转折那种自我剥离的噬心之痛，但那些在80年代内化了启蒙话语的学者，却必须经受一种群体性的身份危机和知识底座的艰难重构。李杨便称：“对于洪子诚这一代在80年代获得新生并开始自己学术生涯的学者来说，反思80年代，却意味着艰难的自我否定和自我超越。”[②]

90年代文学史研究领域反思80年代的典型产物当推“再解读”现象，它不是沿着80年代文学史研究方法进行的补充和丰富，而代表了一种方法立场的转折和重构。90年代以唐小兵《再解读：大众文艺与意识形态》、李杨《抗争宿命之路——“社会主义现实主义”（1942—1976）研究》和黄子平《革命·历史·小说》三部著述为标志，“形成了一种可以称为‘再解读’的学术现象”[③]。再解读在研究对象和方法上表现出如下特征：（1）重新解读左翼文学经典的热情；（2）将包括结构主义、后结构主义、女性主义、文化研究、后殖民主义等多种批评方法结合于经典重读的方法导向；（3）从阐释经典转变为揭示“它们的生产机制和意义架构”[④]的建构论转向。如果说80年代的“重写”是新启蒙对于阶级论的反叛和重构的话，90年代的“再读”则包含着对80年代启蒙文学方法论上的丰富，以及知识范式上的深刻转型。在这种范式下，人们不再倾向于说出“什么是好

① 张颐武：《人文精神：最后的神话》，王晓明编：《人文精神寻思录》第138页。

② 李杨：《为什么关注文学史——从〈问题与方法〉谈当代“文学史转向”》，《南方文坛》2003年第6期。

③ 旷新年：《文学史视阈的转换——论1950、1980和1990年代的文学史叙事》，《中国现代文学研究丛刊》2013年第1期。

④ 黄子平：《“灰阑”中的叙述》“前言”，上海文艺出版社2001年版，第3页。

的文学”，而倾向于追问“为什么它被视为好的文学”。从“什么”到“为什么”的转换中，更加细致入微的理论辨析和更加复杂丰富的理论方法建立了一套至今仍在发挥作用的“学术化”规范。上述三书都被列入洪子诚《问题与方法——中国当代文学史研究讲稿》参考书目，可见它们与洪子诚90年代文学史研究的共振关系。事实上，90年代年届五旬的洪子诚，和很多更年轻的学者一起进入一种“同时代”氛围，探索并完成自己艰难的知识转型。洪子诚说：“我的《中国当代文学史》和同时间的论文的写作，当时主要的想法是，批判性（自然不是否定）处理80年代的‘新启蒙’的立场和思想方法，包括主体性、人道主义、审美等问题。主要是将这些命题从‘本质主义’的牢笼中解放出来，认识它们都是‘历史’的产物。”[①]

90年代文学史方法转型全面表现在洪子诚文学史研究的各种形态中：文学史研究论文（如《“当代文学”的概念》《当代文学的“一体化”》等）、文学史著作（如《中国当代文学史》等）、文学史方法论讲稿（如《问题与方法——中国当代文学史研究讲稿》）、文学史料选及笺注（如与谢冕合编《中国当代文学史料选：1948—1975》《材料与注释》）。并呈现出如下特征：（1）文学史考察重心从主体性向体制性的由内到外转向。众多研究者已经指出文学史体制考察在洪子诚研究中的重要位置。由于深刻意识到“文学史写作的‘叙事性’”[②]，洪著文学史放弃了“盖棺论定”的诉求。如洪子诚所言，很多当代文学史第1页“通常就会以确定的语句指出，1949年中华人民共和国的成立或第一次文代会的召开，宣告了‘当代文学’的开端，中国新文学进入一个新的时期”[③]。相比之下，洪著《中国当代文学史》则深入40年代腹地去描述“当代文学”前史，借以阐述“当代文学”一系列规则的

① 见洪子诚先生与本文作者的邮件通信。

② 洪子诚：《问题与方法——中国当代文学史研究讲稿》（增订版），第43页。

③ 洪子诚：《当代文学的“一体化”》，《中国现代文学研究丛刊》2000年第3期。

发生背景。由此，他将“当代文学”是什么的本质设置转变为“当代文学”为什么发生的机制演绎。（2）构史方法从本质论向建构论转向：对敞开文学史建构性的执着。这种建构论思路贯穿于《“当代文学”的概念》《中国当代文学史》等论文和著作中，也体现于他的近著《材料与注释》中[①]。这部由原始文献和注释构成的独特文本开创了文学史写作的新体例，已经引起了学界的热烈讨论。敞开文学史叙述性的做法在此书中也极为明显，以书中涉及周扬的《1957年中国作协党组扩大会议》《张光年谈周扬》《1966年林默涵的检讨书》等篇为例，它事实上将30年代、50年代和60年代的文学语境并置起来，要求读者在历史连续性中解读文本。脱离30年代左翼文学阵营的“两个口号”论争便很难看清1957年对冯雪峰的批判；而离开60年代诸多批判周扬的文本，也难以看到1957年批判冯雪峰的内在纠葛。洪子诚以材料编排敞开历史的岩层结构，他不急于以史家身份下一个断语，却在连续性历史语境的营构中让历史文本相互驳诘和穿透。（3）史述语气从坚定的强判断向犹疑滞涩的弱判断的转向，形成洪子诚史述上对微弱叙事的坚持。所谓微弱叙事是指对任何绝对化强判断的警惕，微弱叙事形成了洪子诚史述语气上的谨慎、犹豫甚至于“滞涩”（郜元宝语），但微弱叙事不仅关乎史家个性才华，更关乎一种论史立场。1999年，洪子诚曾给钱理群写过一段话，表达了某种困惑：“我们究竟能在多大程度上搁置评价，包括审美评价？或者说，这种‘价值中立’的‘读入’历史的方法，能否解决我们的全部问题？”“各种文学的存在是一回事，对它们做出选择和评价是另一回事。而我们据以评价的标准又是什么？这里有好坏、高低、粗细等的差异吗？如果不是作为文学史，而是作为文学史，我们对值得写入‘史’的依据又是什么？”“当我们在不断地质询、颠覆那种被神圣化了的、本质化了的叙事时，是不是也要警惕将自己的质询、叙述‘本质化’‘神圣化’？”“是不是任何的叙述都是同等的？

① 洪子诚：《材料与注释》，北京大学出版社2016年版。

我们是否应质疑一切叙述？”[①]……多年以后重读这段话，洪子诚觉得当年使用的排比句式不无矫情，足见其思维中牢固的犹疑和自省，这使他对任何反“历史化”的绝对立场都十分警惕，他以“一体化”描述50—70年代当代文学体制，却始终强调这种描述自身的限度。所谓弱叙事就是一种自我设限的叙事，这种自我设限的意识很可能正是90年代知识转型的深刻结果。

90年代的社会转型中，知识界前沿热切地寻找描述和把握这种转型的知识立场，这种转型同样潮涌于人文社科领域中。80年代的“重写文学史”和90年代的“再解读”现象都是知识转型与社会转型的共振，洪子诚的《中国当代文学史》也是此番知识转型的产物。然而，身处90年代，很多学者虽意识到80年代知识资源与新语境的冲突，但真正在理论思维上完成转换的并不多。至今不乏文学史家依然坚持80年代的启蒙论文学史立场，洪子诚称《“当代文学”的概念》最初在研讨会上宣读时也不被理解。如今回望似乎可以清晰看到90年代知识转型的脉络，但身处现场的学人却置身于各种话语相互碰撞的迷雾，反而有“身在此山中”的迷惑。还必须指出的是，在文学史写作上完成方法论转型远比在单篇论文或某个现象研究上进行方法探索困难得多。将建构论落实到“当代文学”叙事中，既考虑“当代文学”如何被建构的主线，又不忽略纷纭复杂的运动、思潮、现象；既注重文学体制研究，又不忽略重要的作家作品；既抓住不同阶段文学“当代性”的区别，又注意其内在连续性。这些问题即使是耕耘当代文学几十年的洪子诚处理起来也依然不无争议。就此而言，我们不难想象方法论转型落实在文学史写作上的操作难度和学科意义。

结语：“当代文学史”的可能前景

在一次访谈中，洪子诚说：“大家都在说‘新文学的终结’，其实，

① 洪子诚：《我们为何犹豫不决》，《南方文坛》2002年第4期。

在我看来，‘当代文学’好像也已经‘终结’了。”[①]“当代文学”的终结也许可以如是理解：（1）从内涵上说，洪子诚所描述的具有特定内质的“当代文学”，即“一体化”的建构和解体过程的文学进程结束了。新世纪以来的文学包含了迥然有别于此前60年的历史本质。对未来“当代文学史”而言，如何辨认、提炼和确认新的“当代性”，建构新的当代文学史叙述，无疑是一项崭新的任务。贺桂梅说：“当我们把‘当代性’作为问题提出时，需要意识到怎样的历史转型在发生、新的当代性构造的历史条件，以及隐含在背后的历史诉求到底是什么？”[②]那时确立的“当代文学”，已然不再是洪子诚意义上的“当代文学”了。也许正是重新感受到“新当代性”的存在，洪子诚才发出“当代文学”终结的感叹。（2）从命名上说，正如很多学者所言，“当代”文学不可能永远“当代”下去，它所涵盖的时间已经超过“现代文学”两倍有余。“当代文学”作为一个学科命名的模糊性召唤着更具确定性的新命名。“当代文学”命名上的更迭冲动，也是“当代文学”终结的另一含义。新世纪以来，“当代文学史”研究界，在命名冲突[③]、文／史冲

① 贺桂梅:《穿越当代的文学史写作——洪子诚教授访谈录》,《文艺研究》2010年第6期。

② 贺桂梅:《文学性与当代性——洪子诚的当代文学史研究》,《文艺争鸣》2010年第9期。

③ 张福贵提出文学史命名上从“意义概念”返回“时间概念”，以“民国文学／共和国文学”替代原有的“现代文学／当代文学”或“二十世纪中国文学”的观点。见张福贵：《从意义概念返回到时间概念》，《文学世纪》（香港）2003年第4期。“民国文学”后来发展为李怡及其团队更有范式意义的“民国机制”研究。但即使单从命名上说，“民国文学”也是带着特定政治内涵的命名，而非纯时间命名，所以这种命名由于内生的政治复杂性而充满疑难，也存在不少争议。见郜元宝：《“民国文学”，还是“‘民国的敌人’的文学”？》，《文艺争鸣》2015年第8期。

突[①]、史观冲突[②]、范式冲突[③]的多重矛盾中呈现了新左史观的崛起、民国机制的探索、当代文学文献学转向以及文学史权力弱化带来的多元撰史模式并存的复杂现象。

回顾现当代文学史编纂史会发现：文学史写作并不能自外于时代性的思想潮流，在特定时代背景下文学写作因应着时代文化迫切性而备受瞩目，引发全社会关注、争鸣，比如80年代由黄子平、陈平原、钱理群三位学者提出的“二十世纪文学史”概念就由于其现代性想象与80年代整个社会的“现代化”进程相呼应而广受认同，开启了日后大量“二十世纪中国文学史”的写作实践，成为走在时代前沿的学术新创；但新世纪以来诸如“民国文学史”“汉语新文学史”等新的学术概念，虽也包含着鲜明的学科问题意识，但由于与整个时代思想潮流没有形成对焦，便无法溢出文学研究领域而获得全社会关注。不管在何种状态下，文学史写作一直处于多种话语的控辩、博弈和争夺之中。洪子诚《中国当代文学史》是在90年代的时代转型和多种话语博弈背景下产生的，就此而言，它以知识分子的学术坚守回应着时代性的思想脉动，从而成为此一阶段文学史

① 高玉新近发表的文章从文学教育角度指出文学史写作存在的重史轻文弊端。见高玉：《文学史作为中国文学教育基本模式之检讨》，《文学评论》2017年第4期。文史冲突一直是文学史写作存在的重要矛盾，“是更强调对文本的‘文学性’分析，还是更关心文学现象产生的文化机制，甚至把文学当作文化现象的一部分，这是当前文学史写作中‘文’‘史’冲突表现的另一方面”，见洪子诚：《问题与方法——中国当代文学史研究讲稿》，三联书店2015年版，第45页。

② 在李杨、贺桂梅等人对洪子诚当代文学史的意见中可以辨认出一种新左文学史观对启蒙文学史观的挑战，2013年韩琛《“民国机制”与“延安道路”——中国现代文学史研究的范式冲突》，显然也是新左史观对启蒙史观发出的争鸣，韩文见《文学评论》2013年第6期。

③ 在撰史模式上，是传统的思潮现象加作家作品，还是建基于深层文学制度；是以“抓现象”为主，还是以作品解读为主；是具有俯瞰性、整体性的概观纵览，还是以点带面的“星座图”，文学史的修史范式上也充满了各种论辩。

探索的重要样本。

未来的当代文学史将以怎样的形态出现？贺桂梅认为未来我们面对的也许不再是一部包罗万象、百科全书式的文学史，“在我们这个社会分化加剧、知识立场的分化也趋于激进的时代，也许将更多地出现的，会是某一种文学史：左派的文学史，纯文学的文学史，或新媒介的文学史”[①]。这种倾向事实上已经出现，在文学史叙事日益多元的时代，除了内生于大学教育体制的文学史著之外，还有大量的阶层文学史、类别文学史甚至于“一个人的文学史”。文学史在写法上也千差万别，如王德威哈佛版《新编中国现代文学史》则是“星座图”形式的文学史[②]。

也许未来的当代文学史将不再命名为“当代文学史”，已发生变化的文学情境和历史诉求也要求构造当代文学新的史述。此时回首洪子诚的文学史写作，其意义不仅在于他敏感于90年代的知识转型，在文学史编纂史的历程中贡献了自己的方法论更新，更在于他抛出的尚未解决的问题：其一，面对“历史本质”的异代建构，当代文学书写者该以什么样的学术立场和方法去捍卫“当代性”的中立性？这个问题，洪先生在自觉揭示和实践，却依然受到某些质疑，因而值得未来的史家继续深思。其二，如果说文学史研究倾向于客观化、学术化的话，那么书写主体的价值立场该在何种程度上被容留？洪子诚新世纪以来对启蒙史观的坚持其实在提问：一个完全超越性的知识主体是否是可能的？又是否是更好的？其三，面对急剧

① 贺桂梅:《文学性与当代性——洪子诚的当代文学史研究》,《文艺争鸣》2010年第9期。

② David Der-wei Wang, A New Literary History of Modern China, Boston: Harvard University Press, 2017. 按王德威的描述，这部文学史“由150篇小文章组成，每篇不超过2000字。每一位写作者从某个时间点开始写，每篇文章包含一个引题或是引语，然后才是题目”。“每篇文章只写一个时间点，讲一个故事，深入浅出，然后这150个不同的时间点汇集成一张‘星座图’”。参见崔莹:《王德威：新写中国现代文学史》，2015年3月6日，http://cul.qq.com/a/20150306/057296.htm.

变化的时代和知识转型，文学史写作主体该以何种学术状态和修为去转化时代的挑战和营养。这或许是洪子诚文学史写作更超越性的启示。

原刊《文学评论》2018 年第 2 期，此处收录的是作者提供的文档。

洪子诚的学术生命力

毕光明

如今再也没有人会说当代文学不能写史，搞当代文学没有学问，研究当代文学史欠缺学术性了。这固然是时间起了作用（当代文学的行进脚步距离它的起点越来越远，“当代”所包含的文学现象有许多已经成为过去，对它的回顾、梳理、辨析和阐说分明就是在述史），但也由于当代文学工作者在近二三十年持续努力，以大量建立在历史考察基础上的研究成果证明了当代文学具有绝不亚于现代文学的史学价值，治当代文学一样需要学术眼光及能力。而在当代文学评论研究的学术推进过程中，洪子诚先生是一个标志性的人物，甚至可以说，当代文学史学形态的正式确立，他起的作用最大，其学术贡献堪称无人能比。1999 年洪子诚的《中国当代文学史》（以下简称《文学史》）出版，一种全新的史述范式，令整个当代文学界惊异、兴奋和欣喜。如果说，此前出版的数十部集体编写、主要用作大学中文系教材的当代文学史著，对 1949 年以来中国文学的描述方式大同小异，的确欠缺学术品格的话，那么，洪子诚的《文学史》不仅完全打破了惯常的述史体例，将文学规范、文学环境、文学制度、文学机构、报刊与会议、文学问题史等等也作为考察对象，多维度地检视当代文学的发生，从而改变了书面文学史本体的构成，更重要的是大量运用稀见的史料，重建了当代文学的历史现场，以客观化的叙述和缜密而富有弹性的语言引领读者进入这一现场，去触摸逝去年代的炽热与冰冷，使文学史具有了超越文学认知的文化价值。可以说，当代文学史研究的历史化和知识化，始自洪子诚的文学史写作，是他以当代中国第一部个人文学史奠定了当代文学史书写的不容置疑的学术地位，结束了当代文学无史的历史，尽管《文学史》并非尽善尽美。

《文学史》出版后得到的好评和它对中国当代文学研究的深远影响，超过了同时代的任何一部当代文学史。不少学者认为，《文学史》的写作与出版是当代文学史研究的里程碑。2000 年 11 月，中国当代文学研究会第十一届年会在广东肇庆召开，会上洪子诚的《文学史》成为谈论的热点。广西师范大学的黄伟林教授说这部文学史的出版是划时代的，惹得在场的洪子诚老师立即满脸羞红，情急地对他的说法加以阻止和否定。尽管洪老师的反应是他一贯谦虚、低调和腼腆的性格使然，他害怕张扬的心理十分真实，但是，说《中国当代文学史》改变了“当代文学”的学术地位却不存在任何夸张的成分。及今，《文学史》出版已近二十年，这本书还不见有后来居上者。在这二十来年里，它持续地发挥着学术影响力，一方面它所发现的当代文学“一体化”的生成机制及其后果，以及前后两个三十年既有连贯性又有差异的文学史深层结构，帮助学习者认识和思考当代文学的基本性质及其决定因素，一方面，它对文学史材料的发掘和处理，给研究者示范了进入文学史深处的方法与路径，特别是它所触碰的关乎文学存在的种种问题，给了后来者以开展研究的启示和深入掘进的空间。新世纪以来，当代文学研究的风气与格局与 20 世纪八九十年代相比有明显的改变，即不再局限于文学思潮的勾勒和作家作品的评价，而对文学制度、文学政策和文学期刊等文学生产的关联因素表现出浓厚的兴趣，当代文学的从业者在文学史研究与书写中明显强化了对学术性的追求。这固然跟 90 年代以来“思想淡化，学问凸显”的思想文化场域的形成有关，但不能不说洪子诚的文学史写作开了当代文学史学术化写作的先河，影响所及，不同世代的当代文学从业者，在研究与写作中与《文学史》建立起了互文关系，不少论文与专著，都在选题与方法上与洪式写作有着不同程度的关联。因此可以说，当代文学实现由批评向研究的转型，洪子诚起了重要的带动作用。

《文学史》影响力，也是它的生命力所在。自问世以来，《文学史》一直被多所高校选为中文系本科生的当代文学教材和现当代文学专业的考研指定参考书，它还被翻译成英文、俄文和日文在国外出版，这在文学史著作中是少见的。《文学史》既没有在时间里减色，也突破了空间的阈限，只有真正富有学术性的写作，才会有这样强韧而持久的生命力。然而，洪子诚的学术生命力并非只是由一部《文学史》来体现。如果说，《文学史》仿佛横空出世，实则作者经过二十余年在北大中文系当代文学教研室从事教学和研究的准备，特别是在喧嚣的年代里他也不畏孤寂地在藏书丰富的北大图书馆日夜爬梳，光是创刊以来的《文艺报》就通读了三遍，长期浸润在刀光剑影的当代文学历史氛围里，靠坐冷板凳对当代文学演进过程的每一处纠结和细节，都进行了目光犀利而深沉的反复打量和长久凝视，积累成《当代中国文学的艺术问题》《作家姿态与自我意识》《中国当代新诗史》《1956：百花时代》等前期成果，才顺理成章、水到渠成地完成了《文学史》这一集大成之作，体现出一个坚韧的性格和沉潜的心灵不期而遇地与学术圣柱相拥抱的话，那么，以《文学史》而赢得文学史家身份的洪子诚，在专业的压力和回答历史诘问的焦虑大为缓解之后，进入了更为自由的学术思考与实践的人生境界。洪子诚本来就不是急功近利的人，2002 年从北大中文系退休以后，他的学术研究与写作就更不受学术评价体制的规约了。需要用文字表述出来的，是他从南方的小城考入北京大学以来的人生经验、阅读所记和思考所得，这样他的写作在一定程度上可以由着性情，不拘格套，不必左顾右盼，没有太多顾忌，但唯实是务，唯真是求，因为这时的写作，固然还是要替学术史负责，但又何尝不是个体生命负载的卸除，不是心灵自由的翔舞。这就是为什么在退休之后，洪子诚进入了又一个重要的学术产出期，几乎是一个学术创制臻于至善的时期。这一时期的代表作是《我的阅读史》和《材料与注释》。

《我的阅读史》和《材料与注释》文体都别具一格，前者近乎散文随笔，后者看似材料的堆积，但书中的文章无不与作者的学术历程相关，是最新学术成果的展现。《我的阅读史》也是一位富有实力与个性的学术主体的形成史。阅读史是一个人在漫长的人生里与书本、艺术、理论、历史事件、友朋与同人、社会与世界的交互作用的过程，除了先天的禀赋，阅读培养一个人对事物及外部世界的兴趣，形成他（她）的知识结构和心理结构，从而铸造出一个人的生命质地与能量，而作为学术主体，他（她）的研究兴趣、关注点、价值取向、言说风格和学术个性都因之而塑成，既是主观选择的结果，也被偶然机遇所决定。洪子诚不例外。他看待文学的方式，评价文学的标准，对待学术工作的态度，都来自他经由阅读而形成的精神构造，他的思想观点大多能从他的阅读史上找到来源，反过来看，是阅读给了他丰沛而稳定的学术生命力，使之成为当代学术史上的“这一个”。

《材料与注释》则是洪子诚提供给当代文学的前所未有的史述形态。它出版于 2016 年，其主体由作者亲历当代文学史的非常时期及 50—60 年代所获得的几篇材料构成，有领导人讲话、会议记录、批判会的发言、交代材料、检讨书等，但不是材料的简单展示，而是按照能够说明特定历史背景上文学界内部冲突的经过、文学与政治的关系以及人物性格命运的目的加以有匠心的编排，并在关键之处加以注释，让文学史料说出历史真相，其中隐含了研究者关于文学的历史舛误和人格作为文学与政治权力的中介的真知灼见。由于这些材料来自当代文学历史上的几个重要文学事件，如 1955 年中国作协党组对《文艺报》“丁陈反党小集团”的打击，1957 年的中国作协党组扩大会议对冯雪峰的清算以及与之相关的鲁迅全集注释修改事件，1962 年的大连会议，1966 年“文革”开始对文艺界“走资派”、“黑帮头目”和“修正主义分子”的揭发批判等；涉及在当代文学最高机构的管理层扮演重要角色的理论批评家和作家，如周扬、林默涵、刘白羽、张光年、邵荃麟、侯金镜、郭小川等，因而在当代文学史里具有结构性的地位和很高的史料价值，可以说洪子诚通过对人事关系上公私相济的剥露，把捉到了造成当代文学史沉重喘息的命脉。为了“让材料自己说话”，洪子诚在对材料进行注释时，一方面不断地征引新材料与之互证或互否，以厘清事件的原委或人物的品格，同时，还加以画龙点睛式的评点，以揭示讨论对象的性质，审慎地引导读者对特定语境压力下的语言表述进行甄别，从而对沉埋的历史真相和历史运动中的复杂人性加以现象学的还原。如果没有这种方法独特的解读，未经历过那一年代的人很容易误读或许能接触到的历史语言，而在当代文学历史的理解上产生偏差。正因为如此，《材料与注释》的学术创新令人惊诧，它变废为宝，化腐朽为神奇，凭着对历史情境的熟悉将散乱的材料整理为形式独特的文学史著作，具有无可替代的学术价值。难怪出版后好评如潮，单是《文艺争鸣》就设立“材料与注释评论专辑”，一次性发表钱理群、杨联芬与邢洋、贺桂梅、旷新年、孙民乐、钱文亮、何吉贤、李云雷等人的八篇论文进行集中评介与阐释。从这样的学术反响，恰可看出洪子诚学术生命力的健旺。

那么，洪子诚强健的学术生命力又是从何而来的呢？这不是一个能够简单回答得出来的问题。就跟洪子诚所一贯重视的文学现象的丰富性和复杂性一样，他本人作为一名从甘居寂寞到背负盛名的学者，支撑他心无旁骛持续地进行学术探讨并取得卓越成就的，有多重因素。不过从他的著作和行事里，还是可以感受到一些起主要作用的方面，或许可以概括为：不自信带来的认真严谨；与历史同行获得的历史感；博览群书得来的才学识；千锤百炼后始能惜墨如金。

洪子诚出身名校，跻身于文学研究的重镇，但多少年来，他都甘居边缘，只要谈起自我就流露出不自信，每遇赞誉辄羞愧而不敢当，这种表现与他的身份和造就似乎颇不相称，但在他这些丝毫也不是做作，相反极为真诚。无论是谁，与之相处一段时间，都会感到他的谦逊、低调和容易害羞更多地出于他的生性，毋宁说是赤子之心的自然流露。只有像他这样怯于矫饰的人，才长久地保持纯朴的天性。他的不自信似乎源于从小养成的性情，但也与成长过程中有过受挫经历有关。洪子诚一再坦陈，他走上文学研究这一行，是缺少创作才能而别无选择的结果，他举出的例子是在北大中文系念文学专业时的创作尝试未能得到认可使他遭受打击。这的确可以看作对一个人所秉得的思维类型的一个证明，然而一两次受挫就放弃创作改弦更张，并不能说明这个人就天生没有创作才华。对于洪子诚来说，吊诡的是，他毕业后留在北大读研究生，后因研究生名额压缩而留在中文系任教，教的就是写作，他的写作才能在他日后的学术写作中完全显现了出来。这样看来，他的不自信是没有道理的。然而实际上，他的不自信最终成全了他。不自信是一个人对自己在世界中的位置的本能的又是理性的自我评估。人在纷纭复杂、变动不居的世界上，本来就十分渺小，容易被湮没：但凡有这样的觉悟，意志才不会膨胀，意识才不会谵妄，才会有对未知世界和无涯知识的敬畏，行事处世才会小心谨慎，对待要做的事情才会格外认真，做的过程和结果才会非常严谨。洪子诚的敬畏感和虔诚心也许跟他小时候信过基督教有关。一个人明了自己在世界中的位置，才不至于狂妄到以为自己可以掌握这个世界，才不会把一个宏大的构想加诸他人，才不会非要把具体的事物强行嵌入先验性的理论框架。洪子诚做学问，就是老老实实从材料入手，有一分材料说一分话。他治文学史，倾向于论从史出，而非以论带史，可以是史论结合，有时候干脆论隐于史。他的文学史写作建立在材料的有机处理的基础之上，因而可以称为信史，没有可有可无的话，没有水分，学术含量高，学术生命力因而历久不衰。读过他的文学史的人，都认为洪子诚治学以严谨著称，殊不知他的严谨原是不自信的产物。

出生于 1939 年的洪子诚，在新中国成立时已经晓事，亲眼看到新的时代给家乡和亲友的生活带来的变化。1956 年从广东揭阳县中考上北京大学，从此在北京这个全国政治与文化中心跟着共和国的历史一道行进，经历过一系列政治运动和社会事件。1957 年，见证了北大惊心动魄的鸣放和反右运动。1958 年在北大的操场上炼过“钢铁”。1965 年与北大 63 级的学生一起到朝阳区小红门公社参加“四清运动”。1966 年参加“文革”，写大字报，参加“战斗队”和革命大批判活动。1969 年到江西南昌县鄱阳湖边的鲤鱼洲北大五七干校劳动，打柴，种稻，开手扶拖拉机。1971 年回到北京，第二年在学校后勤劳动，挖防空洞，当过锅炉工和工地上的小工。1972 年夏回中文系参加教学工作。1974 年夏受中文系委派，到北京东城区文化区文化馆协助群众文化工作半年。1975 年与中文系学生到京西门头沟煤矿、东方红炼油厂劳动，“开门办学”。1976 年唐山大地震后与学生一起到唐山灾区“开门办学”，在开滦煤矿劳动，采写抗灾英雄事迹。在唐山时遇毛泽东去世。1977 年初加入北大中文系当代文学教研室，恢复正规教学，走上当代文学史的研究与写作道路。虽然是以学生和大学教员的身份亲历新中国成立后一次次的政治运动，在体力劳动中吃过苦，除了“文革”开始时被学生招到宿舍批判过一次之外，未受到什么冲击，但是，这种被历史运动所裹挟的被动性和盲目性是洪子诚这代人普遍存在的历史感。历史潮流由人的活动构成，而人在历史潮流中并不能看清历史的趋势及本质，人被历史所扭曲时也并不觉得自己被扭曲。而当历史发生巨大转折造成断裂时，人却不仅不能为历史担责，反倒在新的历史要求下对同样断裂的个体生命史在精神层面进行投机式的自我修复。意识到这一点，才是更为可贵的历史感。洪子诚具有这样的历史感。因此在当代文学史的清理时，能直面自己在历史中的表现，不惮于反省，对那些卷入政治斗争害人害己的主角，既给予理解的同情，也对其中人格缺陷者加以明贬暗讽。洪子诚研究被政治权力完全左右的那一段当代文学史时，没有回避自己同这段文学史的关系。他提到他和同学先后在 50 年代和 60 年代参加的两次听命于主流意识形态的写作活动。一次是 1958 年冬在《诗刊》社徐迟等先生的建议下，与同学谢冕、孙玉石、孙绍振、刘登翰、殷晋培一起编撰《中国新诗发展概况》，用“主流”和“逆流”来划分“五四”以来的新诗。一次是1967年初春参加《文艺战线两条路线斗争大事记》的编写。这两次写作活动，是洪子诚深度参与政治化文学史建构的实践。后一次写作发生在“文革”期间，跟“文革”遭到鄙弃的为“四人帮”服务的写作班子写作颇为接近，参加者一般来说讳莫如深。然而洪子诚却原原本本地记述了这次写作的过程及内容，将尊重历史与反省自我很好地统一了起来。由于历史观富于理性，他的写作最大限度地呈现了历史的原貌，它构成了真正反省历史的前提，这样的写作其学术性不言而喻。在《材料与注释》里，洪子诚对那些应该为当代文学队伍的自残负主要责任的文坛领导如周扬、刘白羽、林默涵、张光年、邵荃麟等，没有凭自己的好恶对他们予以臧否，而是让他们用自己的言行勾画自己的人格形象，在材料的比勘中让当事人显露出品格的高下。对于张光年和邵荃麟在政治压力下的坚持予以肯定，对周扬人格的复杂性加以仔细辨析，使其洁处自洁，污处自污，还了人物也还了历史以公道，理断了当代史上的一段模糊不清的公案，显示了学术的力量。

凡治文学史的人，最好符合治史的主体条件。唐人刘知己在《史通》里说治史者须具史才、史学、史识这“三长”。才，是指敏锐的感觉与表达能力。学，是指深厚的学养根基。识，是指识见也就是对事物的洞察力和综合判断能力。前人认为，这三者相互关联，实为一事。才、学、识的得来，主要靠读书学习、生活阅历以及专业训练与实践。洪子诚应该算是具备“三长”的学者。他能够从南方的小县城考入北京大学，当属经过严格筛选的英才。北大是中国的最高学府，学习条件与环境最优。在他就读北大中文系的时候，一批学养深厚的著名学者如游国恩、王力、高名凯、杨晦、朱德熙、冯钟芸、林焘、杨伯峻、王瑶、吴小如等，是他们的授课老师，可以想见洪子诚接受的是怎样的学术熏陶。他的知识结构的形成和专业能力的不断提升，也得益于他在北大这个优越的学术环境里博览群书，和始终站在学术前沿的文学评论研究实践，以及长期与一流的学生互动的教学相长活动。从《我的阅读史》所提到的书籍即可看出，洪子诚的阅读面很宽，而又围绕文学这个中心。文艺学、美学、史学、思想史、文化人类学、社会学，乃至文化研究理论，共同构成了他从事中国当代文学史研究的理论资源，但他在文学评论与研究写作中，从不搬弄大而新的概念让文学作品对其加以印证，他只是把这些理论化作他理解文学问题的视角、识见与洞察力。他对音乐与电影的爱好提高了他的艺术修为和精神品位，也投射为他审视文学、品鉴人生的美学趣味。洪子诚先生不苟言笑，看上去严谨，但他绝不古板，更不僵化，而是德高品雅，俯仰自如，乃在于不事张扬的历练获致的渊深学殖，使他对过眼之事能洞若观火，只不过因为深知人类知解力的限度而对直截的判断尤其是二元判断采取怀疑的态度。洞察力是一种穿透事物表象看见本质（事物在一定条件下的质的规定性）的能力，由于表象与本质往往不对称，并且所谓本质仍然是一种历史生成的状态，因此洪子诚喜欢寻找问题，并且对解答问题的结论往往要进行辩证性的质疑。而这样的质疑有时会针对同行们对他的某些提法的误解。例如，他在《文学史》里提出过搁置价值判断，回到历史情境的主张，于是当代文学界不少人对文学研究中的价值判断表示蔑视，认为没有学术性。针对这种风气，洪子诚提问："我们究竟能在多大程度上搁置评价，包括审美评价？或者说，这种'价值中立'的'读入'历史的方法，能否解决我们的全部问题？"又如，针对非本质主义倾向，洪子诚问道："当我们在不断地质询、颠覆那种神圣化了的、本质化了的叙事时，是不是也要警惕将自己的质询、叙述'本质化'、'神圣化'？"才、学、识的综合，才能形成这种透过一层看、从对面看的思维方式。也许见识越多的人，越知道对象世界的难以把握，而自我的观察、思考与分析能力有限，所以在各种选择面前，难免犹豫不决。洪子诚文学史思维的独特性就体现在这种犹豫不决上，他的文学见解因而具有开放性，这也是他的学术生命力的源头活水。

要是从 1958 年参加《中国新诗概况》的写作算起，洪子诚的学术写作时间已整整六十年。不过从 50—70 年代起，北大也一直处在政治和社会运动的旋涡边缘，洪子诚和他的同事并没有好好坐下来教过几天书，更谈不上开展学术研究。他从事中国当代文学研究的真正起点是1977年他所在的写作教研室解散，受张钟与谢冕之邀，他加入当代文学教研室，开始编写当代文学史教材。也就是说，洪子诚的学术研究，贯穿了“新时期文学”的全程，有整整四十年的历史。他参加编写的《当代文学概观》，在80年代曾经是高校首选的当代文学教材之一（影响更大的是郭志刚等主编的《中国当代文学史稿》），因此，洪子诚可算作新时期当代文学学术建设的开拓者之一。不过在前二十年，洪子诚还不是学术界的风云人物，尽管在80年代就出版了《当代中国的文学艺术问题》（1986），90年代出版了《作家的姿态和自我意识》（1991）、《中国当代新诗史》（1993）、《中国当代文学概说》（1997）、《1956：百花时代》（1998）等学术含量较高的当代文学史著作。八九十年代还是个评论当家的时代，学术化的文学史研究还没有形成风气，也不被看好。然而，洪子诚并非有意选择退回图书馆翻阅保留着他的历史记忆的旧期刊，为他的一个人的文学史做了最充分的准备。实际上，他在八九十年代的文学史研究与写作中，并无引领学术潮流之意，但事实上他开辟了有别于现状批评的文学史研究之路。直到20世纪的大门即将关上的1999年，洪子诚出版了他的《中国当代文学史》，才从四面八方引来关注的目光和赞誉的声音，一个文学史家从而在当代文学领域拔地而起，在唤醒当代文学的文学史意识的同时，也给了当代文学批评以自赎的机会。从1977年到2017年，这四十年是洪子诚学术生命的黄金期，在这个时期，他完成了一般学者难以完成的崇高学术业绩，对得起北大对他的培养和珍视。而在这四十年的学术写作中，经过千锤百炼，他的学术表达日臻成熟，及今炉火纯青，仅是语体就打上了鲜明的洪氏印记。文学创作是语言艺术，文学研究难道就不讲究语言表达的艺术性吗？洪子诚写过诗歌史，对现代诗人是语言的炼金术士深有体认，他的文学史语言因之是逻辑学与诗性的完美结合，坚实硬朗而富有弹性，质密端正而不失幽默。可以断言，积数十年功力磨砺而出的有着钻石般质地的个性化语言，将会大大延长洪子诚学术写作的生命力。

原刊《名作欣赏》2018年第13期，此处收录的是作者提供的文档。

当代文学研究“生长记”

——洪子诚著作阅读札记

张　涛

“生长记”这个题目，就套用洪子诚先生的文章《〈爸爸爸〉：丙崽“生长记”》。近二十余年来，关于中国当代文学研究的“生长点”问题，一直是学界关注的焦点与热点所在。在中国当代文学研究领域中，“开疆拓土”似的“空白地带”似乎越来越少，为了突破学术研究和学术增长的“瓶颈”，大家纷纷去寻找新的学术“生长点”。然而，这种寻找对于相当数量的研究者而言，都是无功而返，苦苦寻找后仍然是“一无所有”。但我们读洪子诚先生的一系列学术著述，我们在在可见当代文学研究的“生长点”。

一、“个人史”与“文学史”

正如洪子诚先生所言：“‘读作品记’和前些年出版的《我的阅读史》（北大出版社，2011年）有关系，但也不同。主要是减弱了‘阅读’在自己身上留下痕迹的记录，而侧重延伸、扩展到对当代一些思想、文学问题的讨论。”（洪子诚：《读作品记·序》）在《读作品记》中一如既往保持了《我的阅读史》中的“轻松”风格，但洪子诚先生又把“个人史”与“文学史”融合在一起，在“轻松”之余，还有强烈的“历史感”。用自己的阅读史与生命体验（尤其是一些涉及个人趣味的艺术形式）去激活当代文学史中的问题。同时，洪子诚先生的当代文学史研究也能够将他“亲历历史”的人生经历与生命体验再度变得激动。正是在这“个人史”与“文学史”互相激活的良性互动中，蕴含着无限丰富的当代文学研究的“生长点”。

在《读作品记》中有一篇《与音乐相遇》。看到这篇文章时，我立即想起了钱理群先生的《与鲁迅相遇》。我记得钱理群先生在《与鲁迅相遇》的后记中说起他与鲁迅相遇的“机缘”。他说，一个人在顺境的时候是不会与鲁迅相遇的，只有在逆境时才会“与鲁迅相遇”。思想性、精神性的“相遇”与人世间所有的“相遇”一样，都是需要“机缘”的。这种“机缘”未必一定是“逆境”或“顺境”，但一定会与某种历史的、现实的人生境遇相关。从文章中看得出来，洪子诚先生应该是一个古典音乐的“发烧友”。我对古典音乐一无所知，但在读《与音乐相遇》时，我从洪子诚先生这篇看似只谈个人“趣味”而无关“文学史”的随笔中，看到了洪先生的“历史记忆”与“闲笔不闲”之处。洪子诚先生是在“文革”结束后，才知道作曲家拉赫玛尼诺夫的名字，但是后来他才知道“60 年代才华横溢的上海女钢琴家顾圣婴，就曾排练、演奏过这部协奏曲。顾圣婴在那个时代，其才情不在刘诗昆、殷承宗之下。她在‘文革’中受到迫害，批斗，1967 年 2 月 1 日凌晨，和她妈妈、弟弟一起自杀身亡，年仅 30 岁；她死时，因为潘汉年案蒙冤的父亲还在狱中”。我知道顾圣婴的经历遭遇，是读到赵越胜发表在《读书》2010 年第 6 期上的《若有人兮山之阿》。洪子诚先生在谈到拉赫玛尼诺夫时，完全可以不谈及顾圣婴的，但却要荡开一笔说上几句顾圣婴，也足见洪子诚先生的“历史意识”。也是在这篇文章中，洪子诚先生谈及他在 1990 年除夕夜，在蔚秀园的家中听北京台立体声音乐频道的感受：

> 那年，北京还没有禁放鞭炮，却好像没有多少鞭炮声，暖气也烧得不大好，那个住宅小区确实“冷寂”。不是太清楚当时收听的是哪个广播电台……一开始就是沉重的定音鼓的敲击，这种敲击持续不断。同样持续不断的是或低沉，或锐利的

哀吟和叹息。这样造成的压抑感，和这个传统团聚的节日需要的温暖、欢乐构成的对比，在当时给我诧异的冲击。将这首追悼亡灵的乐曲安置在除夕夜，产生这样念头的人，是个什么样的人？……我发现自己已经离开乐曲本身，转而和那个不知名姓的节目制作人对话。

生活里这样的零碎细节当然不会得到记载，也很快就会销声匿迹；连同当时的情绪。这是需要细心保护的，因为在人的意识中，它们属于“最微妙和最不明确”的部分，而且往往寄存于心中的，自己有时也容易忽略的角落。

在谈及文学批评尤其是文学史研究的时候，我们常说要“客观”，但我们不要忘了文学创作与历史记忆不仅是“客观”的，更是有“温度”的，有“表情”的，所以纯粹的“客观”知识并不能完全激活文学创作与文学史中的全部问题，那些“最微妙和最不明确”的部分，的确是需要与之相称的“微妙”和“不明确”去触碰、去相遇、去激活。而我们读洪子诚先生的著述尤其是《我的阅读史》与《读作品记》常常可见洪子诚先生旁逸斜出的“微妙”与“温度”。这些“有情”的记忆与体验，恰恰是当代文学研究“生长记”的重要来源与精神力量。

二、当代文学“史料学”

洪子诚先生在当代文学研究和当代文学史写作中，最为人称道的或者常被提及的学术优长就是他在研究中对当代文学史料搜集、使用的自觉意识。在当代文学史料学上的学术优长和主要成就，集中体现在洪子诚先生的《中国当代文学史》《中国当代文学概说》等著述中。

近年来，在中国当代文学研究领域中，大家越来越重视“史料”的价值与作用，甚至有学者认为在时下的当代文学研究中已经发生了“史料学”的转向。在我看来，是否存在“史料学”的转向，还可以进一步探讨，但至少发掘、使用“史料”已经成为当代文学研究的一个新的“生长点”。洪子诚先生算是比较早的在当代文学史料上用力甚深的研究者。但以我阅读洪子诚先生著述的体会而言，我以为，洪子诚先生对于“史料”的挖掘、选择和使用，与时下当代文学研究界流行的“史料学”研究有着明显的不同。当下当代文学研究界热衷的“史料学”研究，还是以“铺陈”史料居多，对于史料本身缺少一种学术的自觉意识（即何为当代文学史料、史料在当代文学研究中的“作用”与“边界”等重要问题，缺少学术性的思考），对于不同的史料也缺少“甄别”意识。对此，洪子诚先生在《关于当代文学史料》一文中，就曾指出在整理当代文学史料时应该注意史料的“边界”与“范围”：

> 当代文学与政治的关联更加紧密，不仅是中国社会政治，而且是世界政治局势、运动，甚至有时候就是政治运动的组成部分。在这种情况下，史料整理区分文学与政治的界限不是那么容易，这就牵涉到范围、边界的问题。如果局限于“纯文学”，显然难以呈现其面目，但过于放大，又会失去边界。（《关于当代文学的史料》）

尽管洪子诚先生在当代文学史料用力甚多，但他不是那种陷入“史料”中不能“自拔”的学者。同时，洪子诚先生不仅重视对当代文学史料的使用，而且有时会“创造性”地使用当代文学史料，这集中体现在他的《材料与注释》一书中。我们可以说“材料与注释”是洪子诚先生“发明”的一种带有史料性、自我学术个性的学术研究“文体”。他以当代文学史中的重要现象或重要人物为核心，让不同性质的史料，不同时期的史料，在同一个学术场域中进行对话、辩难，在一个“互动性”的过程中，将当代文学自身的“复杂性”与“历史性”较好地呈现出来。洪子诚先生对于当代文学史料的理解，不仅仅停留在“实存性”上，同时他也看到了“史料”的不“纯粹性”，即看到了“史料”的“价值论”意义：

> 史料工作，有时候被看作只是为研究建立基础。其实，创造性的史料工作，就是学术研究的重要组成。近年来风行的文学编年史，有史料汇集的性质，实际上也是另一种文学史；因而，不同的“编年史”的价值，和不同的文学史一样，相差很大。严格说，史料的搜集、整理很难说有“纯粹”的，它总是与文学典律确立，与对文学历史的理解，以及与现实的问题意识有密切关系。我们总不会去做任一作家的年谱，不会做任一作品的版本校勘或发表时间考证，也大概不会耗费精力去寻找任一作家的轶文、书信，搜寻文坛上的任一奇闻轶事；除非有这样的癖好。选择、判断和采用相应方法本身，就不是技术性工作。（《关于当代文学的史料》）

洪子诚先生关于史料在“价值论”意义上的洞见，以及史料在当代文学研究中的作用与局限，对于当下当代文学研究界流行的“史料学”研究提供了一个反思的立场与视角。史料在文学研究中是基础，固然很重要，但也不应有“史料崇拜”，尤其应该意识到史料自身的“有限”价值。

三、被“藏”起来的理论

因为洪子诚先生的当代文学研究与当代文学史写作，均是以“史料”见长的，所以大家往往将洪子诚先生归入“史料派”，学者孟繁华先生就曾在《中国当代文学研究的“乾嘉学派”》一文盛赞洪子诚先生在当代文学史料研究中的贡献，他说：“当代文学研究，既有当下的文学批评，同时也有对历史材料的关注，这样才构成了当代文学研究的完整格局，才会将当代文学做成一门学问。这方面的成就和影响，首先是洪子诚教授。”孟繁华先生对洪子诚先生的这样赞誉是恰如其分的，但从我阅读洪子诚先生著述的感受来说，除了洪子诚先生在研究中的史料成就外，我认为，洪子诚先生的当代文学研究与当代文学史写作都是带有强烈的“问题意识”和“理论性”的。我记得洪子诚先生在《问题与方法——中国当代文学史研究讲稿》一书中，提及一次北大中文系请来了一位西方的理论家来讲座，陈平原先生还特意叮嘱洪子诚先生去听讲座。洪子诚先生说，大概是陈平原先生觉得他太缺少理论了，所以才叮嘱他去听讲座。从洪子诚先生的这段话中，我们可以看到他的幽默感。其实，洪子诚先生对于理论的关注，从“文革”结束之后就开始了：

> “文革”后的一段时间，有两份可以个人订阅的“内部刊物”，在我的学习中起到重要作用，一份是外文出版局的《编译参考》，另一份就是文学所的《文学研究参考》……80 年代的《文学研究参考》，译介了不少外国重要文学论著，以及外国学者（竹内好、普实克、夏志清、浦安迪、韩南、叶维廉、佛克马等）研究中国现当代文学的著作。（《当代的文学制度问题》）

对于理论问题的关切，一直贯穿在洪子诚先生的当代文学研究与文学史写作之中。我们从他与吴晓东先生关于“文学性和文学批评”的对话及收入在《读作品记》的其他文章中，就可以看到洪子诚先生对于理论问题的敏感与思考，他在那里提及了马尔库塞、竹内好、别尔嘉耶夫、萨义德、苏珊·朗格、以赛亚·伯林等著名的现代理论家、思想家。这是洪子诚先生提及的理论资源，但洪子诚先生更多的理论阅读与理论思考，已经转化或内化在他对当代文学问题的论述中，我想这些就是被“藏”起来的理论。例如：

> 由这两个方面，我想到“生长”这个词。文学作品，包括

> 里面的人物，它们的诞生，不是就固化、稳定下来了；如果还有生命力，还继续被阅读、阐释，那就是在“活着”，意味着生长……“生长”由两种因素促成。文本内部进行着的，是作家（或他人）对作品的修订、改写（改编）。文本外的因素，则是变化着的情景所导致的解读、阐释重点的偏移和变异。（《〈爸爸爸〉：丙崽生长记》）
>
> “经典”基本上是一种精英主义的选择，经典化实际上就是一个精英化的过程，即使文本当初带有大众流行的性质。这里的“精英化”，既指文本（剧目）的性质、等级，也指接受、阅读的情况。经典的阅读、欣赏，常带有更多精英的、个人化的、鉴赏的意味。（《革命样板戏：内部的困境》）
>
> “同情”“尊重”等，本来就与人的情感、感性生活相关。它们不仅关乎概念、理论、逻辑，更包含研究对象和研究者的历史经验、感性生活内容。在研究历史上，知识与信仰究竟有着什么样的关系，个人经验在人文学术工作中需要加以警惕还是应该积极加入，这些都曾有过争论。但不管怎么说，研究者的身份认定，个人经验是无法完全排除在外的。（《“作为方法”的八十年代》）

从以上引述的文字中，我们可以清楚地看到，如果没有现代史学的、文化研究的、新历史主义的基本理论阅读，是不大会提出上述的问题的，即便能有与上述问题有关的论述，也完全不是这样的表述方式。因为我们的观察总是被理论“污染”的，有什么样的理论资源就会看到什么样的“问题”，同样也就会有什么样的理论资源就会有什么样解决问题、论述问题的方式。

上述关于被“藏”起来的理论，是我源自我阅读洪子诚先生著述的感受与“猜想”。也可能洪子诚先生的这些问题与论述，不是来自相关的理论资源，而是另有来路。

原刊《名作欣赏》2018 年第 13 期，此处收录的是作者提供的文档。

辑三：访问与对谈

穿越当代的文学史写作

——洪子诚教授访谈录

洪子诚、贺桂梅

洪子诚，1939年生于广东揭阳。1956年考入北京大学中文系文学专业，毕业后留汉语教研室担任写作课教员，1977年转入新成立的当代文学教研室。此后一直从事中国当代文学、中国新诗的研究与教学工作，是当代文学学科建设的重要参与者。洪先生70年代后期与80年代中期参与写作的《当代文学概观》及其修订版，1999年独立完成的《中国当代文学史》，是产生广泛影响的中国当代文学史教材。其他代表性著作有《当代中国文学的艺术问题》、《作家姿态与自我意识》、《中国当代新诗史》（与刘登翰合著）、《1956：百花时代》、《问题与方法——中国当代文学史研究讲稿》、《文学与历史叙述》等。2009年9月4日，北京大学中文系的贺桂梅博士就当代文学的学科建设与历史评价问题，对洪子诚先生进行了访谈。这里整理出来的，主要是有关洪先生学术经历和当代文学史写作方面的内容。

一、50—70年代：集体写作、大历史与个人

贺桂梅（以下简称贺）： 由您来谈当代文学史的写作应该是很有代表性的。现当代文学史的主流叙述模式在不同时期各有变异，比如50年代后期的初创，比如70年代后期的定型，比如80年代的“重写”等。而您介入了不同时期的写作。1957年您和北京大学中文系的

另外五位先生集体编写了《新诗发展概况》，可以先从这里谈起吗？

洪子诚（以下简称洪）：50年代编写《新诗发展概况》的情况，在《回顾一次写作》这本书中讲得很多了，再讲出新东西好像不太可能。基本情况是1957年“反右”之后，从1958年开始批判资产阶级学术权威，叫“拔白旗，插红旗”，主要在高校开展。那些著名学者的学术观点都会遭到批判。那时候的情况跟“文革”期间还是不太一样。严厉的人身攻击和开会面对面批判还没有。主要是写批判文章，也会贴大字报。

我所在的中文系56级文学班批判王瑶先生。我不清楚为什么会选择他。我原来以为批判王瑶可能与中国作协或其他部门有关系，因为1958年张天翼在北大“蹲点”，就在我们班。跟我们说的是要写一部反映青年学生的长篇小说。他参加我们班的一些活动，到宿舍聊天，一同去颐和园玩，我们在学校劳动时他也来给我们鼓劲。所以印象中，总以为批判王瑶可能跟中国作协有关系。后来我问了好些人，都说这个想法没有根据。在这个问题上，中国作协、周扬他们可能更想保护这些学术权威。“文革”时候，中文系主任杨晦先生说作协派张天翼来北大，是要保护吴组缃先生。批判王先生主要针对他的《中国新文学史稿》。我在1958年参加过巴金作品讨论（其实也是批判），没有参加批判王先生。那年暑假我回老家广东揭阳，回来后，班上的批判文章都已经写出来了。当时主要指责王先生否定“五四”文学革命中党的领导，再有就是指责他“伪科学”，说他的书是“剪刀加糨糊”，是拼凑、抄袭的。后面这一点是他后来最恼火的。批判文章中有一篇专门讲这个问题，好像发表在《文学评论》上。80年代在香港中文大学有一次关于王先生的录音采访，整理稿登在上海的《文艺论丛》上。他在访谈中对这一点很恼火。这一点我完全能够理解；一个严肃、认真的学者受到这样的攻击，什么人也难以忍受。

贺：你们写作《新诗发展概况》的主要参照是什么？与此前的

新文学史在叙述体例和基本理念上的不同主要表现在什么地方？

洪：主要参照的还是50年代出版的几部新文学史的诗歌部分，根据他们提供的线索去找材料，并不是铺开全面去看报纸杂志。但“原始”的诗集看了不少，从北大和北图借出来几百部，倒并不是那种看选本的做法。讲到的诗人、流派，还有体例等，其实没有超出那些新文学史，但在观点上有很大的不同。主要是按照1958年以后建构的两条道路斗争的方式去处理，依据的是周扬、邵荃麟他们的观点，也参照臧克家1954年写的“新诗发展的一个轮廓”的观点。我们其实没有什么新的发明。55级集体写《中国文学史》的时候，有许多步骤：比如先学习材料，先写出一些部分来讨论，选择一些难点进行专题“解剖”，等等。我们编写《新诗发展概况》就六个人，基本上没有什么很专门的讨论，也就是七嘴八舌乱吵一通，一人分一个阶段，自己看材料。稿子出来后可能会提一些意见进行修改。

贺：除了《新诗发展概况》，50—70年代您还参加过哪些重要的学术活动？能说说您这段时间的主要经历吗？

洪：1958年科研“大跃进”时还参加了现代文学史、中国戏曲史的编写，它们后来都流产了。1958年的集体科研对我来说可能有一点好处，比如怎样概括作品、归纳问题，还有写作上的训练等。但是我对这个事情评价不高。它主要是一场政治运动，要发动群众，让年轻人来占领资产阶级学术权威的阵地。将学术工作全部纳入两条道路斗争，用被界定的经验来肢解事实，这种方法产生很大流弊。对这种流弊的清理，我后来花了很大力气。

1961年毕业，我留在学校教写作课。当时是困难时期，很多机构解散，或者压缩人员，分配很困难。一直拖到9月才分配。分配填志愿，我和同班两个好同学约定，第一志愿填西藏。其实我对西藏一点都不了解，没有任何准备，我也不是雄心壮志的那种人，但也不是虚情假意，大概还是有一点浪漫吧。那年我二十二岁，对社会、对生活，完全没有实际经验。但最后也没有让我去西藏。教写作课工作量比较大，要批改很多的作业。教文科外系的，有的班有一两百人，每学期要做五六次作文，批改作业要花很多时间。不少教师不愿意教写作。我是没有办法，留校的时候，就明确告诉我要教写作。愿意做专业研究的，都选择去北京师院、人民大学。毕业之后到“文革”十年，基本上没有什么像样的“学术”研究。

贺：70年代后期学科重建，您从现代汉语教研室转到当时刚刚成立的当代文学教研室，这跟您对当代文学的兴趣有很大关系吧？

洪：“文革”后北大写作课取消，我从现代汉语教研室转到新成立的当代文学教研室。应该说也不算是偶然的事情。50年代上大学，我对当代文学很关注，作品看得不少。很多作品，著名长篇、短篇小说、诗歌等，都很熟悉。有不少作品当时很喜欢。《青春之歌》《红旗谱》《创业史》，孙犁、茹志鹃的短篇，甚至杜鹏程的那些很浪漫、夸张，语言有点粗的作品，如《在和平的日子里》《延安人》等，当时也喜欢，还有王汶石的短篇。那个年头，接受的主要还是19世纪欧洲现实主义的文学观，对像赵树理那样的接受民间文艺传统的作品，评价就有点不高。但是对《红岩》我也一直不很喜欢，说不清楚什么原因。包括改编的电影《在烈火中永生》也不很喜欢。这部作品出版后很轰动，成为文学界的重要事件。我倒是比较喜欢陶承的回忆录《我的一家》。后来分析原因，大概是60年代我开始对观念性非常强、构造痕迹很明显的作品，有一种拒斥的心理。这个和我当时正好大量读契诃夫的小说、戏剧可能有关系。

贺：在我的感觉中，尤其是从您最近发表的一系列“阅读史”方面的文章来看，您似乎更偏好19世纪的西方文学，特别是俄苏文学？

洪：从读中学到60年代，各种作品读得很杂。俄苏作品当然读得很多。高中的时候读了大量翻译的苏联小说。不过《红与黑》也是高中读的，还有巴尔扎克的一些小说，当时并不是特别地受触动。《约翰·克里斯朵夫》也是高中读的，但是没读完，《战争与和平》也没读完。大学期间，一度很迷恋屠格涅夫，还有车尔尼雪夫斯基的《怎么办》。因为五六十年代，西方 20 世纪现代文学翻译介绍非常少，自然就偏于 19 世纪的。不过我说不好，如果当年西方现代文学作品也有许多翻译的话，是不是也会喜欢？记得上大一时有一次在东安市场旧书铺买了一本纪德的《地粮》，盛澄华先生 40 年代译的，也就一般翻翻，并没有很好地理解。

大学毕业前那一年和教写作课那几年，没有什么大的运动，学校生活平稳，倒是读了不少书。写作教学没有明确专业方向，有不好的地方也有好的地方。好的地方就是读书不是那么功利，读的范围比较广，感受也不是总朝着一个固定方向。读得比较多的是契诃夫的小说、剧本，还有高尔基等的小说。对俄国文学的兴趣，除了个人趣味情调，也跟整个的时代氛围有关系。另外也读了不少西方和俄国的文论，如别林斯基、车尔尼雪夫斯基、普列汉诺夫、卢那察夫斯基。当然，除了这些激进的，也系统地读了人民文学出版社 1962 年开始出版的“西方古典文艺理论译丛”，很仔细地读了丹纳的《艺术哲学》，画了很多红、蓝道道，还有不少批语。“文革”后一位教文学理论的同事借去，还给我的时候说我的批语“许多都是错的”。当时很欣赏杜勃罗留波夫对《大雷雨》，对奥勃罗莫夫的分析，也很欣赏别林斯基那种气势。在“文革”前几年中，除了契诃夫之外，细读的还有鲁迅的杂文。我用第一次工资的一半买了十卷的《鲁迅全集》。还非常认真地读了《红楼梦》和《聊斋》，写了批语，做了详细笔记。可惜笔记后来都丢掉了。一度还对曹禺的剧本很入迷。教写作让我对语言特别关注，当时对《红楼梦》《聊斋》的兴趣，有很大成分是关注它们的语言运用。这个对我后来有很大好处，也就是提高我对八股式的思维和语言表达方式的警惕，虽然做到这一点非常难。

当代也有一些批评家当时给我印象深刻。比如，做电影评论的钟惦棐，可惜他 1957 年就被划为“右派”了。还有艺术批评的王朝闻，另外还有黄秋耘。黄秋耘 1957 年也差点成为“右派”。王西彦先生——

他写文章也用“细言”的笔名，后来当《文艺报》副主编的侯金镜，也有许多批评文章写得很好。茅盾的小说评论当时影响很大，除了总括性的评述之外，有许多采用点评的方法。他特别关注短篇的结构、人物的安排，这跟他的小说观念有关系。他和胡适看法相近，认为“现代”意义的短篇基本上是结构、横断面的问题。他对茹志鹃的《百合花》，对陆文夫 60 年代作品的评论，当时都觉得很好。

贺：教课之外，您当时是不是也做些研究，发表过一些文章？“文革”时期的情况是不是有很大变化？

洪：当时没有什么研究，没写什么东西，就是跟我的同班同学周倜用“子悦”的笔名合写过一些杂感、小散文。比较认真写的一篇文章，在《北大学报》上发表过，叫《〈社戏〉的艺术技巧》。他们发表这篇文章，我想主要是鼓励教写作课的人能安心教课，说明教写作也是有学问的。1964 年批判电影《早春二月》时我写过两篇批判文章。一篇发表在北大内部杂志《红湖》上，还在中文系全系学生开会时念过，念的时候学生几次笑了起来，也不知道为什么，可能是我的语调不是那么严肃。另外一篇是当时北京市委的刊物《前线》约我们写的，我和一位教现代文学的老师合作，署名子晓。这两篇文章，都批判《早春二月》宣扬“极端个人主义”“资产阶级人道主义”。其实我对这部电影很有好感，却要迎合潮流去批判它，也不是被迫的，而是我自愿的。这是需要我反省的。另外，“文革”开始不久，1967 年春夏吧，我和严家炎、谢冕等几位先生，被北大派去，和当时的中国作协“革命造反团”合作，编写《文艺战线两条路线斗争大事记》。这些活动，按照一般理解和“学术”没有什么关系，不过，从“文艺激进派”的逻辑看，那既是“政治”，也是“学术”的。这些事情，我会在《我的阅读史》里面比较详细地讲到。

“文革”就是参加运动，后来上两年五七干校，回来以后烧过一个冬天的锅炉，还在学校图书馆工地当过小工。接着就是给工农兵学员上课，开门办学，去过好多地方：门头沟煤矿，东方红炼油厂，大地震后的唐山……从唐山回来是1976年10月，那个月“四人帮”就被打倒了。

贺：想问一个比较宽泛一些的问题：对于50—70年代发生的许多重要政治与文化运动，您的一般态度是什么，采取怎样的应对方式？

洪：我在五六十年代一直是一个很追求“进步”的青年，积极争取入党，但是党总不要我，在相当一段时间让我有点伤心。在政治运动里头，我一直是不上不下、不左不右的那种身份，当然，也就可有可无。有时候表现得比较积极，得到认可，有时候也受到批评。但是好也好不到哪里去，坏也不会太出格，用一个词来说，属于“平庸”的那个类型。“反右”后期，“组织”对每个人都有一个总结、评价，放在档案袋里。毕业的时候，一个看过我的档案的班干部告诉我，反右时对我的鉴定是“中中”——左、中、右，“中”又分为中左、中中、中右三类。这个鉴定倒是很符合我的情况。当然，对政治运动、文化事件，我的态度在五六十年代和在“文革”期间会有阶段性的变化。“文革”一开始，我是想积极投入运动的，但是，“六一八”（1966年6月18日北大发生的事件）的暴力，对我冲击很大。看到系里一些老师、领导被批斗、游街，被泼上墨水、戴上厕所纸篓的情景，真的不敢相信，不知道为什么会这样，惊心动魄，也有恐惧的感觉。毕竟我从没有见过大世面。

总的来说，我还是愿意、有时候还是很积极地去呼应潮流的，但在大多数情况下，总是跟开展的运动有距离，思想、情感的距离，行动跟不上。这种距离，后来我分析可能有几方面的原因。一个是没有政治经验，不清楚一个人在这些运动中应该怎么去做。比如怎样“靠拢”组织，汇报思想，在运动中如何表示立场，如何向领导者或工作队什么的揭露、提供情况等。我没有经验，也觉得将内心的东西讲给一个我并不了解也不亲密的人听，是很别扭、难堪的事情。所以，参加农村“四清运动”，还有在五七干校，开会给我提意见，总说我“清高”、孤僻，不能和群众打成一片，不能“把心交给党”，不知道我在想什么。干校在一次给我提意见的会上，一位老师好意提醒我说，“清高”在旧时代还有一点积极意义，在社会主义时期就只有反动性了，可能发展到和党对立。另一个原因是对运动中提出的观点，不能很快跟上。最近读一本书，有一个国外著名哲学家说，在时代面前，最要紧的是要有勇气面向“本质”“真理”，而不是向“观看”、向事实打开。可是我常常纠缠一些自己把握到的事实，或者纠缠于我的感受，这就失去这种很快靠拢“真理”的能力。举例说，“反右”时我上大一，同班有一个老乡，都是广东潮汕人。他对我不错，可是“反右”时被划成右派，我却总和他划不清界限：总觉得昨天还是朋友，今天突然就是敌人，感情上这个弯转不过来。那时我是团员，团小组专门开会批评我、帮助我。这样的事情不止这一次。这种距离，在一段时间确实让我苦恼。但是也有好的地方，这个是我后来才慢慢意识到的。和政治、文学潮流，和研究对象的关系不是那么紧密，感情不是那么投入，就有可能获得一种观察、思考的空间：有“弊”也可能有“利”吧。

那时候的运动，大概大多数人都会关心，因为这跟他们的切身利益、跟他们的日常生活紧密关联，很难置身于潮流之外。我不是一个有先见之明的人，更缺乏勇气，更重要的是心里头愿意去呼应。但后来发现这种呼应、跟随变得越来越困难。当你已经没有了这种追随的一丁点愿望，对许多事情已经难以接受，很反感，但你又没有胆量抗拒，甚至没有胆量沉默的时候，这就非常尴尬，也非常痛苦。这种经验现在还是记忆犹新。“文革”时“清理阶级队伍”，抓出来那么多人，莫名其妙地突然这个人也是“反革命”，那个人也是“反革命”，很多事情已经超出我们常识所能理解的范围。况且那些庄严、崇高的概念、口号，已经变成表演性的东西，完全无关事实。我在“文革”中并没有受到什么大的冲击，但是，这种普遍性的概念和事实的分裂，言词和内心的分裂，充斥社会各个方面的各种表演的仪式、姿态、口号，对人的精神的折磨，真的让人难以忍受。

二、“新时期”：从《当代文学概观》到《中国当代文学概说》

贺：当代文学的学科化开始于70—80年代转型期，您和北大中文系当代文学教研室的几位老师集体编写的《当代文学概观》，是较早出现并且影响很大的当代文学史教材。当时是怎么考虑要写这样一部教材的？

洪：北大中文系恢复教学是在1970年。第一届工农兵学员是70届，本校和江西五七干校同时招收学生，每个班只有很少的学生，二十多、三十个人吧。“文革”结束恢复高考，77届进校后，教学内容开始调整。之前工农兵学员的教学内容非常简单，也讲一些文学史、文艺理论基本知识，各个时期的一些作品，但都不系统，选择的都是符合当时政治的。很多时间都是配合运动进行写作。从77届开始就比较系统了，“文革”前大学的课程设置逐渐恢复，包括文学史、文艺理论、专题课。“文革”前北大中文系教文学史的，都在一个教研室，现在分细了，有了古代、现代、当代的划分。当代文学教研室的筹建应该是1977年，这在当时是个普遍现象，很多大学都建立了当代文学教研室。北大当代室是张钟、谢冕筹建的。他们两人原来是文艺理论教研室的。当时取消写作课，写作教员重新确定去处，有的原来就是教古汉语或现代汉语的，便留在这些教研室。其他的根据自己的专长、兴趣，重新选择。袁良骏去了现代文学，我和汪景寿、赵祖谟选了当代文学。记得张钟问我愿不愿意，我说可以，他们也了解我对当代文学比较感兴趣。况且我无一技之长，有点像万金油，也没有其他去处。

1977年我们开始编写当代文学教材。参加的老师有张钟、我、佘树森、赵祖谟、汪景寿。一边编教材，就一边开始给77、78届上当代文学课。我印象里头，我们文学史的编写可能要比郭志刚他们编写、也就是十院校后来的教材（《中国当代文学史初稿》，人民文学出版社 1980 年 12 月版）要稍晚一些。记得有一次，张钟和我们几个人还跑到北京师院（现在的首都师大）中文系去“取经”，了解他们的编写经验，在北京师院开过一次会。不过毕竟我们不是多个学校合作，又只有五个人，事情比较简单些，所以《当代文学概观》的出版反而比他们要早，1979 年就出来了。当时的另外一本《中国当代文学史》（福建人民出版社），二十二院校合作的，到 1982 年才出来。华中师院的《中国当代文学》，上海文艺出版社 1983 年才印出来。

贺:《概观》大致是按体裁分类，每种体裁以时序介绍，先有概述，然后再抽出一些代表性的作家分章进行评介。这种叙述体例当时有过仔细构想吗？

洪：《概观》的编写有些奇怪，是一种非常自由的合作，不像过去和后来集体编写教材，要认真统一观点，讨论体例和章节安排，分配字数，初稿出来后还要讨论、修改、统稿，等等。我们基本上没有这些程序。几个人简单交换意见，分工，然后就分头去看材料，去写。我猜想，张钟最初可能想提议谢冕负责诗歌部分，我负责短篇小说，但后来诗歌和短篇全给了我，谢冕没有参加。可能是谢冕当时已经是著名诗歌批评家了，很忙，没有时间。另外，他常说他永远是个“副”的，教研室他是副主任，当代文学研究会是副会长。在学校，教研室主任按照行政级别是“科长”，谢冕说他是“副科长”，还不如我，因为我后来还当了教研室主任——这当然都是我们一起说的笑话。但谢冕那时已经很有影响，特别是 1980 年 5 月发表《在新的崛起面前》以后，所以没有太多时间……

以体裁的方式来编写，这个体例跟当时的当代文学史确实都不一样。别的当代文学史都有很多篇幅谈文艺思想斗争，然后划分时间段落，每个阶段再混合按体裁、题材、作家作品来设计章节。我们为什么选择这种方式，好像也没有很认真地讨论。但是有两个因素是讨论过的：一个是“十七年”文学思潮、文艺思想斗争问题，那时候“文革”刚结束，觉得如何处理对我们来说还有一定难度，许多事实还不清楚，也就是说当时写这部分条件还不成熟。另外的原因，可能是要和教育部的那一部有所区别吧。所以，《概观》文艺思想斗争部分基本没有涉及，但是在每一部分也会融入这种因素。

编写的时候，我们五个人肯定交换过意见，但是也没有很专门地去仔细讨论。我看材料花了很多时间，包括刊物、作品集，还有评论方面的材料。“十七年”重要的短篇小说集、诗集看过一遍，许多都做了笔记。当时精力充沛，一天能工作十多个小时。写出来后也没有分头传阅、讨论。像佘树森的散文部分，提交的稿子就很成熟，出版时基本没有改动。不过张钟要我看一部分稿子，主要是戏剧和长篇小说的一部分。我做了修改，特别是戏剧，这部分的初稿在写法上不是很严谨，有点像评论文章，也太长，所以我做了许多压缩、修改。也修改了长篇小说的一些部分。我们讨论过书名和署名问题。想避开“当代文学史”之类的名称，“概观”还是佘树森想出来的。署名排列的问题，张钟很客气，说我写得最多，也读过、修改过许多稿子，提议署名我在前面。但我们一致认为应该是他领头；事实上，这部教材的编写，基本框架，是他提出、组织、协调的。汪景寿主动提出，“文革”后他已经单独出了两本书了，这一回他的名字就放在最后。记得稿费分配也是这样，好像有一千多两千元的稿费，那时候可是个大数目。我提议五人平分，就不要统计字数什么了，但张钟不赞成，最后多给了我一些。当时大家很谦让，有一种超越个人名利的追求。

我觉得《概观》和教育部的（人民文学出版社）和二十二院校的比起来，对“十七年”文学的质疑、反思要多一些；各个部分个人的色彩也比较明显，没有去特别追求观点、行文的一致。在对当代文学的一些基本问题看法上，五个人很相近。但也有不同，好像张钟和我表现得比较“激进”一些，就是对“十七年”的批评要更多。当时当代文学分期有几种方法，最普遍是三分法，就是划分“十七年”、“文革”、新时期三个阶段，也有四分法的，就是“十七年”

又以1956年为界分成两段，二十二院校教材就是这样。我们的《概观》因为是按体裁写，所以没有明确的时期划分，但基本上也是三个时期的观念。不过，我在80年代中期给学生讲当代文学，采用的却是两分法，也就是以“文革”结束为界，划分为前面三十年和后面的新时期，把“文革”十年也跟“十七年”放在一起。我还用一堂课专门解释为什么要这样做。虽然当时普遍认为“十七年”和“文革”是两个截然不同的时期，但换一个视角，我觉得这三十年也有它的内在规范的连续性，是一种文学理念、设计，在各种冲突中的实现及其极端化的过程，因此可以作为一个时期来观察。到了90年代，我就明确使用“50—70年代文学”这样的提法、概念了。

贺：当时您理解“转折”的关键性内涵表现在哪些方面？

洪：基本上认为“文革”后的“新时期”的文学和前面是很不一样的。我们当时强调的是这种历史的“断裂性”。对我来说，“转折”和“解放”这些词语是连在一起的。当时比较强烈的感受，一个是在过去被压抑的东西，观念、作家、作品、情感、风格等得到“解放”，作家获得以前没有的思考、表达的空间；另外一个就是对“多元化”的想象。“百花齐放”，文化、思想、文学的多样，是经历过“文革”的许多人的期盼，当时觉得能够开始实现了。我的“转折”的感觉，分析起来集中在这两点。现在想起来，那个时候对事情常常有一种本质化、理想化的理解。

贺：1986年《当代文学概观》出了修订版《当代中国文学概观》，这时有没有考虑过叙述体例有不太合适的地方？

洪：没有。当时大家的意见是不要有大的改动，没有觉得在体例上有什么不好。自然也不愿意在这上面花太多时间。修订主要是要加强“新时期”的部分，因为“新时期”已经六七年了，出现许多新东西。修订还是各写各的，完全没有讨论。诗歌部分我增加了新时期的两节，对“十七年”做了修改压缩。短篇部分改动不多，因为“短篇小说”作为一种体裁，它在新时期的地位、意义已经发生变化，逐渐失去相对独立的位置。长篇、戏剧的内容都有增加，主要是80年代前期的创作成果。修订版《概观》的序言是张钟重写的。记得我跟他提议，我们没有讲文艺思想斗争、文学思潮方面的问题，是不是可以把序言改成类似绪论的东西，将这方面的内容适当容纳进来。他当时说好，但后来他没有这样做。可能还是觉得处理起来有难度吧。

贺：在80年代，您关于当代文学开设了哪些课程？当时关注的主要是哪些问题？

洪：本科生的基础课我上得比较多，到退休至少讲过十遍。每一次都重写讲稿，都有比较大的改动。这花了很多的力气。所以我说我基本上是个“教书匠”。除了讲当代文学史，也讲一些专题课，如当代诗歌研究、诗歌现状评述、新时期文学思潮等。好像没有专门讲过小说方面的专题课，也没有开设过作家论的课程。有两次被谢冕拉去参加他主持的讨论课，一次是当代诗歌导读，一次好像叫当代诗歌群落研究，上课的是高年级本科生，还有研究生和来北大进修的青年教师。导读课的文章汇集在一起，本来想出版的，出版社编辑也做了处理，后来出于各种原因，没有刊印出来。

80年代文学很热闹，有很多新的现象、许多文学问题出现，常常很轰动。怎样看待、解释，哪些是泡沫，哪些是有价值的，价值表现在什么地方，文学的“写真实”问题，“十七年文学”评价，朦胧诗，人道主义，现代派……回答这些问题，对当代文学教师是个挑战。我想当时的关注点是在这个方面。我也试图把现象、问题放到文学历史上去观察，这就是1986年我的第一本书《当代中国文学的艺术问题》的思路。另外一个关注点是作家的精神境界和文学的“独立”传统问题。孙民乐最近有一篇文章，说我对80年代文学的反思是比较早的，他说的是我的《作家姿态与自我意识》那本书。其实80年代后期反思已经不少。另外，我的反思和现在的不太一样。

80年代末我主要是持一种比较精英的、启蒙主义的观点。觉得虽然新时期文学成就不小，但也存在重要问题，而这些问题是延续下来的，觉得当代作家或者说当代文学没有建立起自己独立的或者相对独立的文学传统，有的作家与政治权力的关系存在很大问题。那时的想法，其实并不是说文学要脱离政治，不要处理现实政治问题、社会问题，而是说作家对政治问题的处理，常常没有自己的发现和境界。大概是1988年，在一篇和诗人公刘先生讨论诗与政治关系的文章中，我讲了这个看法，文章发在《文学评论》上，记不清哪一期了。文学表现政治事件、问题，重大社会问题，或者发挥政治的某些功能，这都没有问题。但是作家应该有自己独立的处理方式，包括思想观点、独特视角，也包括艺术方法。而不应该只是呼应、重复某种主流的政治观点。我还逐渐意识到作家的精神态度、境界问题，和社会制度、文学体制是紧紧关联在一起的，这是我后来将文学体制问题作为文学史的重点考察对象的动机。

贺：您上课时主要用什么方法讲当代文学史？

洪：我上当代文学基础课也指定教科书，除了我参加编写的，也列出其他几种有代表性的。我说你们看哪一种都可以，看哪一种真的没有什么关系，因为我具体讲的跟教科书不一样。基本上是归纳一些问题，将作家作品融入这些问题中。90年代初出版的《作家姿态与自我意识》这本书，就是从基础课的讲稿里截取出来扩充修改的。

贺：从作家论角度讲文学史其实是非常偷懒的办法，因为线索早就有了，而您从作品带文学史问题的讲法其实要有比较强的概括性和个人判断。您什么时候开始考虑独立写一本当代文学史？

洪：作家论的讲法其实也很重要，做得好很不容易。我的讲法的形成，和“文革”结束后文学问题层出不穷的这个现象有关系。我总想努力在课堂上回应这些问题。但因为是基础课，还是要尽量给学生比较完整、系统的知识，一些重要作家、作品不能忽略，注意有一定完整性，不要为了“问题”割裂成碎片。

说到“独立”写文学史，说实在话，我基本上没有自觉意识。这些事情其实有许多误解，总觉得我的一些做法、说法都胸有成竹，事先深思熟虑的。其实不是这样。有一个我自己都感到奇怪的现象，就是我的一些研究，写的书，自己非常没有信心，但是评价有时候出乎我的意料。我的第一本书《当代中国文学的艺术问题》，交到出版社编辑那里，是很胆怯的，我说你要是觉得不行就算了。第二本书《作家姿态与自我意识》，1989 年秋天吧，丛书主编杨匡汉打电话问我有什么书稿，说他们正在编一套研究新时期文学的丛书。我说手头实在没有，但因为好不容易有个出书的机会，就说想想看能不能从讲稿里头整理出几段来。然后我就利用一两个月，特别是 90 年初那个寒冷的寒假，整理出十五六万字。香港 1997 年出版的《中国当代文学概说》也是这个情况。《概说》是我 1991 年到 1993 年在东京大学上课的讲稿整理的，我真的没有想到出来后反应还不错。

贺：《概说》的叙述体例，也就是您后来说的“内部清理”的综合方法，是怎么考虑的？

洪：“十七年”以至八九十年代的不少当代文学史，虽然对问题，对作家作品评价可能不同，甚至相反，但是在叙述体例上，其实遵循的还是 50 年代周扬、邵荃麟他们评述当代文学确立的框架。这个框架不能说是完全无效的，但也是在当时特定政治、文学语境中产生的。因此，在 80 年代，我讲课就有意识想离开这个框架、这个叙述体例。但也不是简单构造一种完全不同的东西，而是首先是将力量放在解释这个框架的理据上。也就是说，把周扬他们确立的叙述方式和概念，当作需要辨析的问题来提出。

贺：当时有没有意识到这些判断其实与新时期的主流观点已经不太一样了？

洪：没有很清楚地意识到。总体上可能差别还不是很大吧？如果有“不大一样”的话，可能是对“历史进步”的那种历史观产生怀疑。我越来越不相信“时间神话”，那种“新时期”“新纪元”的意识越来越淡薄。在《1956：百花时代》这本书的前言里我说道：“现在的评述者已拥有了‘时间上’的优势，但我们不见得就一定有情感上的、品格上的、精神高度上的优势。历史过程，包括人的心灵状况，并不一定呈现为发展、进步的形态。”“我们”当然包括我在内，而且首先是从对“我”的认知出发的。所以我说，我“对自己究竟是否有能力，而且是否有资格对同时代人和前辈做出评判，越来越没有信心”。这些话写在90年代比较靠后的阶段，但是90年代初就已经意识到了。这大概是最重要的“不大一样”。因此不是把新时期文学、作家理想化，更多的是看到有问题的方面，有些悲观。在研究、叙述方法、态度上，有意识尽量减弱“批评”的因素，抑制评价的冲动。所以我开玩笑说，“当代文学”既不是你的，也不是我的，就是“当代文学”罢了。这是一种距离。这里有一个经常讲到的“价值判断”的问题。对各种文学现象、作家作品，你的评价自然会制约甚至决定你的文学史写作。但我还是注意保持一种距离。另外，因为是做文学史研究的，就必须有一种观念支撑，认为事物之间——文学现象、作家作品——存在一种内在联系，这种联系不仅仅是空间的，更重要的是时间上的。而且认为时间上的联系的脉络是可以被清楚梳理、清楚描述的。不过，事实上我也常常怀疑这种观念，经常有“文学史是可能的吗”的念头出现。这是我的讲课、我的书透露着很多不自信情绪的原因。

贺：您在备课、讲课的过程中形成的对当代文学的这种理解，是不是在写作《概说》的过程中变得清晰了？

洪：当时没有意识到。不过现在回想起来，确实也有这样的因素。因为要用一种简洁、概括的语言来描述复杂现象，就逼着我对问题有一个清理，形成比较明确的概念和表述方式。所以，在日本讲课的经验，对我 90 年代后期的一些论文（比如《“当代文学”的概念》《50—70 年代的中国文学》）和《中国当代文学史》的写作，在观点和方法上都做了准备。

在日本，和我合作上课的是一位东大的教授，他中文讲得很好，是个中国通。埼玉大学的一位青年教师也一直来听我的课。当代文学在日本非常边缘，没多少人研究，当时他们主要是作品翻译和一些作家的评论。因为学生程度，特别是中文程度参差不齐，后来商量，我用中文讲一课以后，第二堂课再由东大老师用日文补讲一次。为什么这个课拖了三个学期？主要就是因为这个原因。当时讲的时候，并没有现成讲稿，在北大的讲稿不能用，太复杂、琐细了。所以都是一边写，一边讲，凌乱地写在活页纸上，讲完之后就丢在抽屉里。讲完三个学期，还有一个学期我才能回国。有一天那个日本老师跟我说，可不可以把讲稿整理一下，由他们翻译在日本出版，说日本还没有这样的当代文学教材。我想这个想法很不错，要是没有这个提议的话，我的讲稿和那些纸片，可能就在回国的时候处理掉了，我一点都没有想做成一本书的念头。讲课的时候，因为缺乏资料，很多都是凭记忆，要核实这些材料，在那个地方很不容易。这就是《概说》那本书里头确切引用的材料比较少，注释也少的原因。当时还没有用电脑，整理以后誊清，有十三四万字。临回北京的时候，在新宿一家咖啡厅里又商量过一次，说是没问题，已经联系了两家出版社，都表示愿意接受。回来后觉得还是有许多地方不准确、不完善，就重新改了一遍，将修改稿给了那位日本先生。但此后就没有消息了，稿子也没有退回。虽然觉得有点不可思议，但想想也就算了。奇怪的是，我也从没有动过试试在国内出版的念头。过了三年，也就是 1996 年底，有一次聊天，和当时正在北大读博的陈顺馨说起，她说，我拿到香港看看。陈顺馨是香港人，她后来联系了一家小出版社（青文书屋）印了出来。这样，拖到 1997 年才出版。

这也算是“独立”写的文学史了。但是当时没有“独立”写作文学史这样的明确想法。也可能我读大学的时候，看的文学史都是个人署名的，刘大杰的，郑振铎的，王瑶的，林庚的，刘绶松的，丁易的……只是到了1958年以后集体编写才成了潮流。所以“独立”的文学史写作，在我头脑里好像没有成为一个问题。

三、90年代的反思与《中国当代文学史》

贺：您影响最大的《中国当代文学史》（北京大学出版社1999年版）是从什么时候开始写作的？

洪：1997年北大当代文学教研室开始筹划《当代中国文学概观》的修改。大家认为《概观》在教学上已经不大适用了，修订版到1997年已经十多年过去了，有很多新的文学现象，作家也有重要的变化。当时我还是教研室主任，就跟谢冕商量能不能重新编一本教材。他非常赞成，说北大应该有这个责任。我征求过教研室老师的意见，有的老师很忙，像曹文轩、张颐武、韩毓海老师，就明确表态不参加。后来就剩下我、谢冕、蒋朗朗、李杨。谢冕提出把还在读博士的孙民乐拉进来，他的理论很强，以前在东北就已经是大学老师了。我记得开过会，交换些意见后，说回去各提出一个提纲再来讨论。隔了段时间，我、李杨、孙民乐都提交了提纲。但是将这三个提纲放到一块儿，发现它们之间的距离，真的是相差太远了，根本无法捏到一起。其实三个提纲各有特色，也体现了当时处理当代文学史的各种不同面向、路径，但就是不可能捏合、调和。我的提纲还是很传统的路子，因为过于“传统”，大家都不是很满意，谢冕也不太满意，他觉得我的提纲里，就是写1958年的一章“走向‘文革’文学”有新意，其他章节新意就不是很多，面孔比较旧。李杨的提纲突出“文化”的维度，特别重视左翼激进派的文学现象、问题，重视当代文学的“社会主义现实主义”的特殊经验，所以“文革”时期的文学现象，包括红卫兵诗歌、知青小说占了很大的分量。孙民乐的则侧重文学思潮的演化，有很强的理论背景。这反映了当年大家的各种思考，探索如何有效地处理当代文学问题。但是考虑到教材的性质，我提出还是要比较“中庸”一些，与传统教材的体制、样式有更多承续比较好。这次讨论没有结果，怎么办呢，只能说大家再想想。

正在为这件事发愁的时候，有一次碰到钱理群，就把这个事情说给他听。他突然说，你为什么不自己做呢？你自己写一部好了。这倒是我原来没有想到的。这样，我就决定一个人做。不过做这个决定的当时，有点忐忑不安。编写中，因为过去参加写文学史已经许多次，也没有太新鲜的感觉，只是没有估计有那样的难度和工作量。对“十七年”和“文革”我比较熟悉，所以写起来还不是特别难，也有了《概说》的基础。即使这样，也用了很多力气。80年代以后的就更不容易，要看的材料、作品很多，也苦于找不到很好的概括、描述方式。前后花了有一年多到两年的时间，最后的情况你知道的，没有写完就病倒了，许多工作都是你帮助做的。做完这件事我就下决心，再也不去做这样的事情了，太折磨人了。

贺：《中国当代文学史》的基本框架和观念可以说是您在不断的教学过程中逐渐形成的。但在具体动笔写的过程中，是不是遇到了新问题，比如您怎么考虑文学体制和文学经典之间的关系？

洪：抽象谈论文学史观念、方法，和实际的文学史写作，是很不相同的。理论可以头头是道，写的时候却会不断出现各种各样的难题。文学史当然有一个“经典化”问题，也就是作家作品的筛选，当代文学也不例外。但是我考虑有这样两个因素，一个是“十七年”“文革”时期的总体文学成就并不高，“十七年”没有非常重要的作家；另一个因素是毕竟写的事情离我们还很近，所以，基本上还是处理成以问题带作家作品的方式。有一些文学现象、一些作品，虽然“文学性”不高，但当年影响很大，而且对考察这个时期的文学状况很重要，我还是尽量不过早删除它们。在文学“经典”的问题上，我在处理上的变化，主要是关注点上的一些转移，也就是从去评判哪些作品能成为“经典”（有价值的作品），转移到去解释这些作品当时为何能被确立为“经典”。

贺：90年代后，您关于当代文学的一些基本判断相对于80年代是不是发生了一些变化?

洪：好像慢慢有些变化，但是也不是很自觉。也就是对革命文学、左翼文学的态度有些改变，同情的，认为有其时代的合理性的这种想法增加了。但也不是完全认同，转而对“自由主义”文学采取批判的那种转变。而且，我不大赞成笼统谈什么“左翼文学”“革命文学”，把它抽象化、同一化。中国20世纪的“左翼”这个线索，在不同时期，不同作家那里，呈现的形态有时是很不同的，应该分别对待。虽然我认识到左翼文学潮流的产生有它的合理依据，有它的创新活力，给文学带来新的成分，但是在后来发展、变化的过程中，特别是进入50年代之后，基本上是走向体制化的，逐渐失去活力的过程。我把这个过程称为“一体化”。有的学者认为，在当代前30年，文学“一体化”是过程，不是结果，我的看法是，既是过程，也是结果。90年代我的研究思路，在一些论文，在文学史和《问题与方法——中国当代文学史研究讲稿》那本书里，很大成分是探讨这个有合理性、有好的出发点的文学，因为怎样的原因走上失误或者说失败的。

贺：虽然您主要做的是文学史研究工作，不过我发现如何叙述历史，其实跟文学（文化）理论的关系很密切。可以说说您阅读的主要理论著作吗?

洪：关于理论书，我在80年代就读了不少。和许多人一样，比较受当时大量涌进的西方现代文学作品和文学理论吸引。三联出版的“学术文库”看了不少，也读了一些商务重版的汉译西方名著。海外中国文学、思想史研究的著作也读过一些，如余英时的书，夏济安的文章，夏志清的小说史。司马长风的文学史也读过，但当时觉得不太好，那种政治意识形态太过强烈了，觉得欠缺“学术”上的分量。至于1985年的方法热、系统论、控制论什么的，当时以至现在我也摸不着头脑。外国学者可能韦勒克、伊格尔顿的著作读得比较认真。中国学者李泽厚、刘再复的书都认真读过，还有刘小枫的书，《诗化哲学》《拯救与逍遥》等当时对我有影响。那时候读书也有“时尚”，我也不敢怠慢地去追赶“时尚”，比如尼采、弗洛伊德的，卡西尔的《人论》，苏珊·朗格的符号学……不过，在文学史研究方面，韦勒克和伊格尔顿的书给了我直接的启发，还有佛克马的。

贺：我觉得您在《中国当代文学史》中表现出了一种对叙述行为的自觉，因此您的文学史不仅讲文学作品的历史，也讲这种历史如何被叙述。这种意识其实是很需要有理论反省力的。

洪：这种观念的形成还是在90年代以后。不过，80年代后期也逐渐有了这种意识。1988年在北戴河文学夏令营，我们几个老师都去讲课。我听过乐黛云的讲座，她用很多时间批评刘晓波关于欧美世界人的绝对自主、自由的那种幻觉，讲了她在美国的见闻，来谈“主体”受到的历史制约、限定，给我印象很深。对浪漫主义主体论的疑惑，那时主要还是基于生活经验，主要不是从理论上。关于历史的叙事性质，最初也是从当代生活境遇、经验中模糊获得的，后来在读书过程中才又加深了认识。1993年从日本回来以后，逐渐看了一些书。80年代以后流行的不同的理论著作，多少看过一些，比如韦伯、杰姆逊、本雅明、阿尔都塞、马尔库塞、哈贝马斯、葛兰西、萨义德、福柯等，但很不系统，有的就没有读完，有的不求甚解……因为研究当代文学，像卢卡契、胡风等的书，甚至托洛茨基等的倒是看得仔细，也读了像舍斯托夫、别尔嘉耶夫、薇依等的书。有的书是很偶然机会得到的，却偶然地从中得到许多“灵感”，比如美国基督教神学家特蕾西的《诠释学·宗教·希望——多元性与含混性》，还有佩里·安德森的《西方马克思主义评述》。我读苏珊·桑塔格的理论作品是很靠后的事情了，但感觉很亲切。我比较认同的是，承认历史的叙事性质，但不是导致删除“真实”和“希望”，导致让人们对历史真实失去信心。

贺：把“当代文学”视为一个自足的历史范畴，这种理解方式是不是在写作《中国当代文学史》的过程中形成的？

洪：可能要稍微早一点。《“当代文学”的概念》这篇文章是1998年发表的，但是1995年就开始准备写了。考虑了一段时间，写的过程倒没有用很多时间。对“当代文学”这个历史范畴的思考，要是从更早来说，是从《当代中国文学概观》修订版出版之后就开始了。1987年参加中央电大在黄山的会议，我和张钟住一个房间。《概观》的序言第一句话说：“一九四九年中华人民共和国成立，标志着我国进入了社会主义历史时期，历史的巨手同时揭开了我国社会主义当代文学的篇章。”我说，为什么共和国一成立，当代文学就开始？“当代文学”是怎么回事？揭开它的“历史巨手”又是什么？听了我提的问题，张钟说确实应该讨论。不过他很快就到澳门教课去了，并没有讨论。这应该是我在当代文学研究上的一个“起点”，也就是从评价、价值判断，转到对将概念、叙述方式放置在产生它的历史语境中去清理的思路。这个思路，开始在当代文学研究界，不是很容易被理解、被承认的。记得《当代文学的概念》发表后的一次当代文学研究会年会上，给我十五分钟时间发言，我就概括讲这个问题。但是后来回应、讨论的时候，大家争论的焦点是“当代文学”这个概念是不是科学，应不应该取消，用另外的概念取代。

其实谈论这些问题也对。我也反复说我完全赞成更换概念，只要教育部在学科建制上将这个名称更换，保管它立刻就生效，这就是体制的力量。这里有两个虽然有联系，但是不同的问题。一个是如何重新选择、确立对历史和现状的更合适的概念和描述方法，另一个是对已有的概念、描述方法——它们已经产生意义，产生历史效应——的形成和内涵，以及内涵的历史变迁做出分析。这两个问题，常常混淆，以致不能形成对话的共同点，讨论不能深入。举个例子说，对“文革”中的江青、姚文元等的激进派，他们的主张，扶持的创作，如样板戏，我们可以评价，否定或者肯定，这是一种思路。但也可以注意激进派的文艺观，他们的政治—文学观念是什么样的，有什么样的内部逻辑，这样的文学为什么要建构，是怎样的形态，等等。而不是做出简单的否定或者肯定的判断。其实，有力量、有根据的价值判断，也需要建立在对它的内部逻辑深入认识的基础上。

贺：2007 年您出版了《中国当代文学史》的修订版，这次修订在哪些方面考虑得比较多？

洪：更正一些错误，特别是资料上的，作品发表时间、刊物等。“十七年”和“文革”部分也有修订，但改得比较多的是 80 年代以后的下编。针对有的先生批评我对“新时期”的“多元”存在本质化、理想化的问题，也做了一些修改，也想让“体制”的分析维度得到延续。但实际上也没有处理得很好。时间这么靠近，对八九十年代文学的把握方式，目前也只能这样。90 年代以来，出现很多新的、复杂的现象，什么是文学的看法也发生许多改变。文学与大众文化的关系，文学与影像媒介作品的关系，文学传播、接受方式的变化……种种问题，还缺乏文学史意义上的研究，我基本上是以“纯文学”的基点来处理这个时期的文学现象。这是存在的问题。另外，修订本延续了初版本存在的内在矛盾，也就是在处理 50—70 年代和 80 年代以来的文学，在评价上、感情态度甚至方法上并不统一。这个不同我认识到了，但是也难以扭转。这些矛盾，牵涉到文学与政治、个人命运与历史时间、文学性的普遍维度与历史维度之间的复杂关系。还有一点遗憾的是，荷兰布里尔出版社出版我的“当代文学史”英文版，依据的是初版本，不是修订本。译者是加拿大学者，在中国工作过一段时间，中文也很好。他翻译的时候，修订版还没有出来。

修订版附录的年表，本来应该编到 1999 年，可是我延长到 2000 年。从 1998 到 2000 年这三年中，不少“现代”“当代”的作家去世，丁毅、罗大冈、张志民、方纪、冯健男、罗洛、茹志鹃、陈登科、公木、钱锺书、叶君健、鲁藜、萧乾、冰心、毕朔望、姚雪垠、王汶石、蒋孔阳、高晓声、袁静、王西彦、唐达成、李准、阮章竞、昌耀、张长弓、戈宝权、柯灵、金克木、田德望、卞之琳……大家都在说“新文学的终结”，其实，在我看来，“当代文学”好像也已经“终结”了。这个事实对我来说，终归有点伤感。

说明：访谈稿经洪子诚先生审阅、校订，由季亚娅（时为北大中文系博士研究生）进行了录音和文字整理。特此致谢。

原刊《文艺研究》2010年第6期，此处收录的是作者提供的文档。

文学史写作：方法 ·立场·前景

洪子诚、季亚娅

季亚娅（以下简称季）：出版于1999年的《中国当代文学史》，有的学者认为是当代文学史范式转变的标志之作，其中常被提到的一点是，这部文学史打破了常见的“作家—作品”的叙述方式。而从文学生产整体，从文学的“内”“外”的互动关系中描述当代文学的发生、发展，有的研究者把这种方式称为“文化研究式的整体思路”。当时为什么会采取这样一种叙述框架？

洪子诚（以下简称洪）：“范式”的讲法太大了，不大合适。文学史其实有各种写法，抽象谈论各种写法的优劣不大恰当。我就是采用一种和“作家—作品”的叙述有区别的方式罢了。按照“范式转变”这个说法，好像“作家—作品”的文学史叙述体系陈旧，已经落伍，需要被超越，这个判断恐怕不能成立。事实上，我的文学史就被郜元宝先生批评为“没有文学的文学史”。在文学史写作上，我认为作家、作品仍应该是主轴。

当然我也不是没有讲作家、作品，只是没有完全按照这个模式来设计。当时的原因有两个，一个是既然当代文学史那么多，你写一本，总要有一点新的东西。最主要的还是，觉得当代文学史有一些重要问题需要面对，需要回应。主要也不是非常想标新立异。相反，我的这个提纲，当时讨论的时候，是被认为比较保守、缺乏新意的。当时想到的是，从方法论上，当代文学史的“历史感”比较欠缺，许多问题只在批评的层面处理；概念，叙述方法，大多是讨论它们的对错、正误，合理不合理，不大追问概念和叙述方法的由来，产生的语境、涵义和变异。另外，“制度性”的问题没有得到关注。或者说，大家比较注意的是权力的控制、干预，包括暴力干预的方面，复杂的文学体制和生产方式，还没有比较深入、系统清理。再就是，文学转折的问题，也就是“当代文学”的发生的研究，也还没有得到重视。当时这几个方面的问题，是我试图解决的。一些重要的作家作品，不是没有涉及，而是想换一种处理的方法，特别在前三十年这个部分。比如写作方式、主题学、评价史、文类的当代变迁，等等。

季：您说提纲经过讨论，不是自己独立写的吗？

洪：在另外的地方我已经说过，这本书开始是打算当代文学教研室集体编写的，有五六个老师参加。开始是分别提出大纲，结果发现差别非常大，没有办法扭到一块儿。文学史写作在起步的时候，很大难题就是所谓“体系”“框架”的确定。90 年代那个时候，文学史写作，特别是当代部分，普遍有一种建构新体系、框架的冲动，想办法找到一条贯穿的主线。主体性、人性，还有创作方法、流派，以及现代性、反现代性等的框架。我的提纲当时老师们觉得“新意不多”。后来我决定自己编写的时候，还是用了这个比较保守的大纲。一方面是觉得这是一个教材，不能太“新潮”，另外，是那种体系性过强的设计，担心又重复那种“一元论”体系。过去是阶级论，用资产阶级、无产阶级作为唯一判断标准，现在虽然换了一个新的名目，虽然有它的合理性，但用它来安排、切割纷杂的文学现象，总觉得心里不安定；实际上可能又重新遮蔽许多东西。过去的经验，包括 1958 年参加集体科研的经验告诉我，这种“坚硬”的体系设计，肯定会导致一种二元对立的看待事物的方式。我不是说二元的描述方法都要不得，但是从文化、文学的性质说，包括作家、作品，特别是优秀的作品，它们的性质，在大多数情况下，都不应该被简化成教条，抽象为某种“意识形态”，也就是不可能被单一、僵化的意识形态所缩减和概括。

季：“范式”的讲法是不是合适先不去说它，但是围绕您的文学史，的确有不少文章谈到方法论问题。您这部文学史对于“历史”与“叙述”关系的认识，有学者认为是对自明的既定概念进行“知识谱系学”清理，也就是您所说的把“终点”当成“起点”来思考。您什么时候有这样的清理的意识？

洪：许多事情的发生在我这里，常常不是掌握某种理论，应用某种理论的结果。当然我也读过许多理论书，理论是很重要的。但是有些认识也是生活经验提供的。这几十年来感受最深的，大概就是个体生命，以及历史叙事的严重分裂。我偶然看到我60年代、“文革”期间的一些笔记、讲稿，简直认不出当时的那个人就是自己。对我来说，这种分裂，包括“历史”和“叙述”之间的关系，并不需要什么深奥的理论才能了解。

写这部文学史之前，当代文学原始性材料我看得很多，很熟悉陈旧书刊灰尘扑鼻的滋味，知道了种种复杂现象，看到不同时期、不同批评家对历史做的不同概括、叙述。“文革”结束后参加编写《当代中国文学概观》（北京大学出版社1980年版，修订版1986年）的时候，主要考虑的是哪种叙述、概括是“正确”的，也就是当时大家经常挂在嘴边的“拨乱反正”“正本清源”这些词。后来想法有了调整。觉得弄清楚那些说法、概念的特定含义，了解形成它们的具体条件、背景，比做出简单肯定或否定要重要得多；即使从批判的意义上也是这样。对这些概念、说法，也不是要全都推翻，主要是将概念、现象、作家作品，放置于特定历史情境中，考察它们的含义、由来、变异，也就是它的发生、扩散、变迁以及衰减的情况。采用这样的叙述方法有一个前提，就是对事实，对材料有比较全面、细致、历史性的把握；这和在某种理论框架、信念下进行评断的工作方式不同。还有是如何处理评价冲动的挑战。人文学科始终联系，并且深深渗透着权力、价值等问题。我不相信知识和信仰无关，它们可以截然切割。但这种清理的“历史化”方法，又需要抑制评价的欲望。如果一开始就为好坏优劣的判断左右，为急切的好恶情感支配，那么，了解对象的“真相”，它的具体情境，就很困难。对这种方法，旷新年在他的书里说的，不是做“最后的审判”，“只是静观概念的生与死，它的前身，它的投胎，它的解体朽灭，它的灵童转世”。当然，归根结底“审判”你不可能，也回避不了。我很理解小说家阎连科对“伪现实主义”的批评、嫌恶，他指的大概是那些“粉饰现实”，为政治权力歌功颂德的作品。但在“历史化”的视野下，在进行“内部清理”的时候，“现实主义”并没有真、伪之分，只有不同——不同的历史时间、理论派别，不同的作家的现实主义。这种不同，根源于对“现实”的不同理解，和对文学与现实关系的不同想象。这样说，当然不是说作家、作品之间，没有高低优劣的区分。

季：您说的这种方式，也就是人们常说的福柯式的解构主义？或者新历史主义的方式？但是我觉得您的“解构”并不彻底。您好像还有另一种方法论资源。譬如您提到卡岗的《艺术形态学》、韦勒克的文学理论对研究的启发，也就是从“结构”上去观察、理解文学历史。您也热衷于寻找一个时期的文学特征。这也就是一种确立序列的传统历史主义方法。这种序列的整理如何避免一种“倒放历史”的危险？您在写作中又如何处理这两种不同的历史叙事手法？

洪：你说得很对，我是个“不彻底”的人，新旧交杂。有年青朋友说我虽然能够跨进到90年代，但是遗憾又有许多80年代的“残留物”。不过他们对我比较宽容，认为我这样年纪、这样经历的人，能做到这个地步就算很不错了。有一个时期我也相当苦恼，总想办法能更前进一步，清除这些“残留物”。后来发现这很难，特别是情感、心理的层面，“强扭的瓜不甜”，也就不再勉强自己。我的书、文章，因为提供那些看来稳固的概念、叙述、情感方式、思维方式产生的历史背景，“暴露”了它们的不确定性，指认它们的“叙事”、构造的性质——从这个方面，也可以说就是“解构”的、“后现代”方式。但是从我的书里，又可以看到“现代主义”“本体论”等的浓重阴影；有时候后者好像还有更重的分量。你说得对，热衷去讲“当代文学”有起源、规范、演变和结局的“故事”，就说明这一点。从“后现代”的观点看来，这种讲述不可思议。因为从“后现代”的观点看来，“历史”只是一些纷乱的碎片，“文学史还有可能吗？”在结构和解构、同一性和反同一性、系统和反系统、确定性和不确定性之间，我常常处于摇摆之中。

不过，我的基本想法是，意识到概念、主体等的建构性，对“启蒙主义”和“主体论”反思，并不是要否定人作为主体的意义实践。贺桂梅最近写的一篇谈《我的阅读史》（北京大学出版社，2011）的书评里面有一段话，说“批判的意义在于，意识到主体的建构性而同时执着于更有价值的生存方式”，在此，“‘主体’是一个历史性的范畴也是一个伦理性的范畴。这里的‘伦理’，不是那种源自既定的伦理观念、让人感恩的‘道德’，而是人作为‘主体’的信念与实践。因为了解了人的限度及其历史结构，执着于主体的信念才更为自觉，也才有了突破历史结构的现实可能性”。这个意思，还可以引用一位阐释学家的话来说明：“对后现代精神而言，纯粹自主的自我已不再可能。然而尽管历尽磨难，几度转型，却到底并没有被抹杀。……后现代的主体现在已知道：通向现实的任何道路都必须穿越我们语言的极端多元性和整部历史的含混性。”（特雷西《诠释学·宗教·希望——多元性与含混性》）

季：与您这种理解“主体”的“现代／后现代”方式相似，您对于“文学”的理解似乎也存在同样的犹疑：您强调文学的独立性，但是正如贺桂梅老师说的，“不是一个超越性的文学传统与一个压抑性的政治机制之间的对立，而是希望‘文学’能够成为一种与政治机制相当且相抗甚至统摄时代生活全部的一种政治力量”。贺老师称之为一种“信念式的文学本体论”，“与其说是一种审美主义的残余，不如说是洪子诚对于某种超越论式的信念或视野的表达：他期待并相信人能够超越特定历史的局限而整体地理解世界的存在”。您如何看待这其中“文学／政治”的关系？二者如何在您的叙述中整合又分离？这个问题我还想具体到几个层面：二者是否应该天然被描述为一种二元对立方式，比如“纯文学”对政治的描述？如果不是，文学是否本身只能是“文化政治”的一部分？比如以中国现代文学为例，现代文学本身是政治实践或者行动的“媒介”，但这个媒介也有自身独立必然的空间？

洪：这个问题在20世纪，以至现在，是个“永恒”问题了，过一段时间就会拿出来争论一番，就像音乐里的变奏。巴赫的《哥德堡变奏曲》有三十个变奏，我们的这个问题恐怕要更多。当然，每次变奏都有新的因素加入，面对不完全相同的社会、文学现象，也说明这个问题还没有失效，有现实的迫切性。近些年来有对“纯文学”的反思，重视文学对现实问题的回应，去年诗歌界有讨论“介入的诗歌”，讨论诗歌的公共性。作为这个命题的延伸，文学（诗歌）伦理的问题，在这几年也被反复讨论。

我不大赞成的是，各个时期文学的兴衰、成败，大多拿它来说事。或者说是太强调政治（“政治工具论”），或者说是因为远离了政治（“纯文学”）。而作家的才情、修养、想象力等，都在这种争论中忘掉。如果说20世纪中国文学的“传统”（或者“遗产”）的话，这可能就是最大的遗产、传统了。这种“二元对立”的描述方式，早就存在；而且主要不是“纯文学”的描述，是由激进、左翼、革命的文学阵营的政治家、文学家首先确立的描述方式，这在俄国，在现代中国都是这样。“政治—文学”在百年多的理论探讨和写作实践中，已经成为有着内部矛盾的“结构”。80年代“纯文学”的那种政治描述，只不过是在这个结构中进行的一次反思性调整。20世纪初流亡西欧、法国的俄国思想家、文学家，如别尔嘉耶夫、舍斯托夫他们，因为获得一种比较，都讲到俄国文学家、知识分子对作家、对文学的理解，与西欧、法国作家有很大不同，有一种所谓

“俄国态度”和“法国态度”的区别。这和俄国、中国的社会现实、历史情境有关。这些问题，我在《问题与方法——中国当代文学史研究讲稿》《我的阅读史》这些书里，已经有许多讨论。“政治”自然有一种天然的至尊的位置和价值，因为它可能涉及现代人生存的重要问题、处境。在这种理解下，艺术就天然地是对它的依附；就像你说的，文学只是“政治实践或行动的‘媒介’”。我不是要推翻这个信念，在中国这样的社会，这样的信念确实有它的合理性，甚至崇高性。我只是想不必什么时候都那么极端。米兰·昆德拉在《相遇》(台湾皇冠文化出版公司，2009)这本书里，讲到这样一件事情：捷克有一位叫赫拉巴尔的作家，在俄国占领捷克的那些年里，因为他的作品“非政治化”，当局“没有人找他麻烦”，他还可以出书。他的这种没有直接对抗、没有表明抗议的政治态度，引起记者E的强烈不满。昆德拉跟他发生激烈争辩。昆德拉说，他和E记者分歧的性质，是认为“政治斗争高于具体生命、艺术、思想的人和认为政治的意义在于为具体生命、艺术、思想服务的人”的根本的分歧。

在一个极端的、什么事都归结为政治的环境和体制里，有时候你反而会盼望有优秀的、“非政治化”的，也可以说是孤独的诗歌、小说产生。当然，这类作品的遭遇可能是两个，或者因为不能回应现实问题受到批判，或者在解读中发现这种“非政治化”文本的政治含义，而赋予它们以政治性(“文化政治”)。在我这样的人的生活经验里，就有曾经为了某种“至高无上”的信念而牺牲亲情和友谊的自责。现在，我可能会比较亲近昆德拉这样的感受：“事实上，必须非常成熟才会理解，我们所捍卫的主张只是我们比较喜欢的假设，它必然是不完美的，多半是过渡性质的，只有非常狭隘的人才会把它当成某种确信之事或真理。对某个朋友的忠诚和对某种信念的幼稚忠诚相反，前者是一种美德，或许是唯一的、最后的美德。”我用了“比较亲近”这个说法，就是我对昆德拉的说法也有犹豫。吴晓东老师说得好，“昆德拉是西方从冷战到后冷战阶段的，从‘社会主义’过渡到‘自由世界’的最关键的见证者和言说者”。昆德拉的这些言论其实也都是很“政治”的。“政治”真是无处不在啊，一个大筐，可以装入所有东西，而且你就在里面，想逃也逃不掉。就像在1955年秘密批判“丁（玲）、陈（企霞）反党小集团”时，一言不发的陈翔鹤说的那样，他引了嵇康的话：“欲寡其过，谤议沸腾，性不伤物，频致怨憎。”说你本来并不想卷入政治漩涡，只想找一门学问或者在文艺上下一点功夫，但这是不可能的……这是当代许多人的悲剧。

季：不过，也有一些文学家并不是以这样的方式来提出、整理问题的。比如周作人当年谈到言志/载道的文学，二者并不仅仅是政治/文学的区分，更为关键的是态度，即“言他人之志即是载道，载自己之道即为言志”。那么，今天对于这二者的信奉，有无“真伪”态度之分？是否“真”的态度，成为判断“政治”具有某种合理性的一个价值标准？比如您虽然强调文学性，但是也一直在为“介入的文学”辩护，从来没有简单粗暴地处理这一类文学的“政治”问题，而是在介入与艺术，诗意与历史，或者文学与历史之间寻找一种平衡。

洪：周作人的这种提问和整理方式，和那种政治/文学的方式不同。其中最主要一点，他将问题落实到文本和作家自身，而不是从一个整体性框架里，去抽象地谈这个问题，并且把这个问题绝对化地上升到道德高度。我觉得他的方式，胡风和他有点相近。当然，按我们的理解，一个是“右派”（“自由派”），一个是“左派”（革命者），似乎连不到一起。胡风在谈到生活、题材、世界观的意义的时候，重视坚持不离开作家的生命，他的体验，他的创作实践。这个有点像卢卡奇说的，为生动的生活经验所营养。“他人之志”和“自己之道”的分判，“真伪”之类的鉴别，也必须在这个层面才能有效。我欣赏日本学者丸山升用的“抵抗”这个词。在处理那些两难的问题上，需要身心的投入；它不是纯理论，或者简单的态度，是“个人”的生命有关的问题。也就是说，坚持某种目标、信念的作家，在处理政治和艺术，良知和语言这些问题上，只有通过自己内在生命的“抵抗”，来形成属于自己的方式。我在编《我的阅读史》这本书的时候，偶然读到香港梁文道教授的一篇短文，就将它附在写契诃夫一篇的后面（第53页）。梁文道说到他曾经深陷于“艺术”与“革命”矛盾的困境。后来读到诗人希尼的《契诃夫在萨哈林岛》，说他对这个问题的认识，“乃能逐渐逼近这个问题的核心”。契诃夫虽然想以文学来“诊治”俄罗斯，但是仍愧疚于自己的失责，觉得世间苦难深重，却放纵着自己的艺术才华。抱着这种深重的负罪感，他决定从莫斯科穿过苦寒的西伯利亚，行程六个月，到萨哈林岛，也就是现在的库页岛，为被囚禁的政治犯写一本书。梁文道在文章结尾这样写：终于到达萨哈林岛的契诃夫，“在脚镣撞击的声响中，尽情享受创作的快悦，释放自己天纵的才情，因为这一刻他心安理得，他的赎罪之旅已经结束（也同时开启）。在两座险峻的悬崖之间，他找到了最细微精巧的平衡”。我想，这里说的是处理政治和艺术、良知与语言这“两座险峻的悬崖”的问题，其实主要不是抽象理论问题，而是具体艺术家、诗人的“自我”的问题。在这个问题上，“天纵的才情”且不说，我们其实也没有契诃夫那种“赎罪的勇气”。

季：这是不是您提到的“作家的精神结构”？90年代后期到现在，反思“纯文学”是一个普遍性潮流。但您在多个地方为它辩护。您好像说过，如果说80年代“纯文学”留给我们什么遗产，就是文学如何在权力面前保持独立传统。1988年您的一篇谈作家精神的文章，还有最近的《我的阅读史》，都提到“作家、文学创作如何建立一种与各种权力、与现实政党政治保持距离的独立文学传统，如何维护作家精神的独立地位，摆脱对政治权力乃至金钱权力的攀附”的问题。不过，“独立”“自主性”是可能的吗？今天的当代文学如何在介入现实与精神独立之间找到一种平衡？或者说，“创作自主与社会责任之间”，孰优孰次？

洪：创作自主和社会责任之间，介入现实和精神独立之间，它们并不一定就构成对立、矛盾关系。相反，能够有力量介入社会现实，介入政治问题的作家，恰恰是那些追求精神独立性的作家。说到反思，好久以前大家就说过，不要将“反思”看成简单的否定，看成评价上的翻转、颠倒。但是，在实践中却常常表现为简单的翻转、否定。50年代中期“反右”，批判冯雪峰、丁玲，还有1958年批判巴金的小说，说“个性解放”“个人主义”在民主革命时期还有积极性，到社会主义阶段就变成反动的了。哪有这样的事情呢？很可惜这样的思路、方式一再重复。对80年代“纯文学”的批评就是这样。虽然大家会说，当时“纯文学”提出，有它的现实根据和政治含义，有它的积极性。言外之意是这种“积极性”现在已经消失，已经不存在，成为消极的，阻碍文学发展的因素。没有试图在“剥离”中，将值得珍惜、可以继承的东西留住，成为我们的“遗产”。从我的感受说，我觉得当年有关知识分子问题的讨论，以及“纯文学”的主张里，包含着对当代知识分子、文学写作与“权力”关系的反省。“纯”“独立”的主张，包含着作家精神自由独立的诉求。这个诉求，在今天仍然是一个严峻的现实问题。

在80年代，我和许多人一样，确实都有对“自主”“独立”“精神自由”的绝对化想象。经过学习，我现在也明白这样的常识：人都生活在一定的社会环境中，在特定“体制”之中，纯粹自主的“主体”只是幻觉。1988年夏天在北戴河有一个文学夏令营，我们在那里上课。乐黛云老师课上，举她在国外生活的实例，批评刘晓波关于西方世界绝对自由、个人独立的想象。这就像她后来在自传里引了福柯的话，“没有任何‘存在’可以置身于这个罗网之外”。不过，同样也是“常识”告诉我们，“罗网困陷”的个人，也不是就无所作为，不是完全失去可选择的空间；至少，“如果把某种主体意识通过自身经验，建构而成的文本也看作一种历史，那么，这些点点线线倒说不定可以颠覆某些伟大构架，在一瞬间猛然展现了历史的真面目，而让人们于遗忘的断层中得见真实”。（乐黛云《我就是我》）

季：十多年来对于《中国当代文学史》的质疑，集中在对“一体化”的不同理解上。有的从文学与民族国家的关系出发，认为“一体化”不仅是当代文学，也是所有文学比如“五四”文学的特征；有的认为您描述的“一体化”从建构到解体的过程，本身暗含着“一体／多元”的价值判断，但所谓“解体”恰恰是意味着另一种“一体”的体制权力；有的认为，当代文学“一体化”是个过程，不是结果；有的认为50—70年代文学就是“多元”的，并以这样的视角，共时性地建构“打破以往文学史一元化的整合视角”的当代文学史；有的则认为您的“一体化”叙事，是不理解那个时代文化的政治特征和它的合理性；有的认为您对“一体化”进程本身“历史化”不够，将一体化的动力抽象地看成一种“自我纯粹化的冲动”；……您是不是意识到存在缺陷，在2007年的修订中，对于这种“一体／多元”的价值判断，进行了某种辩证式的自我修正？如何看待这种“一体／多元”背后的80／90年代文化转型的知识背景？处在这两种背景转换之中的您自己，是否具有任何一方都有共鸣但又不觉得不能满意的情况？这是不是他们都觉得不满意的原因？

洪：这些讨论、批评文字我大多读过，但是没有认真去编排；这回我就有全面的了解了，谢谢你的整理！这些质疑、讨论、批评，有不少是来自朋友、学生，要对他们表示感谢。让我知道我的说法、描述有什么缺陷，存在哪些问题。当然，有的批评我也不同意。对这些质疑、批评，我有一些回应。回应包含自我批评和自我辩护两个方面。这些都写在《当代文学史写作及相关问题的通讯》《当代文学的“一体化”》《当代文学史中的“非主流”文学》这几篇文章中。2007年《中国当代文学史》修订版，也尽我的能力做了一些修补。你说的“辩证式自我修正”，其实用“修补”比较好。就像一件衣服，没有条件换件全新的，只能补补那些被人发现，我自己也认可的破绽。自我辩护方面，主要是说，“一体化”并不是说它就是“铁板一块”，内部也存在“多层”的情况。多层是什么意思？一个是在“一体化”的实施、推进中，必然发生不同文学理想的作家、派别的冲突。另一个意思是，文学写作和成果不是简单概念，存在不能被理论概括的复杂性。还有各个阶段具体的情况也有不同。但是我的“一体化”论述确实存在问题，认识到的是，“一体／多元”的这种“对立项”的设置显得僵硬、绝对，尤其是其中的价值判断过于简单。对“文革”以后文学的制度化问题认识、研究也不够。还有就是表现了“新时期”开始的那种“文学复兴”的想象，那种幻觉。贺桂梅批评我在谈当代“左翼文学”的“自我纯净化”冲动这个问题的时候，说我将问题抽象化，“历史化”不够。这也是真的。我用了“宿命”这个词，觉得当代“人民文学”的建构者被一种看不见、摸不着的力量左右，拖着他们走向他们不想去的地方。命运在作怪啊！瞿秋白、胡风、周扬、冯雪峰、郭沫若、丁玲、赵树理、江青都是这样，他们都是现代的“悲剧性”人物，都不能掌握自己的命运，而是被操纵在冥冥之手中……当然，放大来说，现代人的命运，其实多少都有着悲剧的意味……我的说法是不是太“唯心”了？

但无论怎么说，当代50—70年代文学处于特殊时期。说任何时期都存在“一体化”，说“文革”之后更“一体化”，那大概是我们都用了这三个字——拽一个时髦的词，就是一样的“能指”罢了。我是不是“妖魔化”那个时代？……这怎么说呢？可是对我的另一种批评是说我胆小怕事，揭露、批判那个时代很不够，也就是说我“妖魔化”不够。这就让我不知道我的错误主要是在哪个方面。所以就像你说的那样，两个方面“都不满意”。这种尴尬，和八九十年代社会转型的知识背景有关系，但也是我的性格、立场造成的后果。

季：说到性格、立场，您内心好像很抵制那种左右站队。您在《关于切·格瓦拉的通信》里说，您“并不认为应该接受这种两极化创造世界的方法，也不想在这样的两极世界中左右站队，进行选择”。您的这种立场是不是表现了某种阶级意识？如姚丹老师谈到的，您的历史叙述不是工人阶级主体性式的表述，而是自由主义式的，小资产阶级式的，或者中间状态的、暂时的、悬浮的……

洪：她有这么说吗？我一点都不知道。在什么地方，哪篇文章？

季：是在《“一个人的文学史”：洪子诚学术研究的范式意义》这篇文章，里面有一段讨论您的历史叙述与左翼“历史与阶级意识”这类要求的差异，原话我记不大清了。

洪：姚丹说得很对。不过她说的“中间状态”“悬浮”“暂时”，好像说总归要落实到一个固定落脚点，这个对我来说不是很容易，不太现实。“悬浮”大概是我的常态。不过姚丹从阶级意识上对我的分析，应该很切合我的实际。我在《关于切·格瓦拉的通信》（《我的阅读史》）的最后，有一些无奈的话：“一个人所属的‘阶层’所给予的‘视野和立场’，有时候几乎是命定的，难以更改的。”这个有点模仿杨绛《干校六记》结尾的几句话。我确实很“小资产阶级”。从50年代上大学，1961年参加工作，到“文革”，对我的批评主要都是说我小资产阶级思想、情调严重。那时候还不大流行缩略语“小资”；而且那时候的“小资”和现在的“小资”意思很不一样。在那个时代，小资意味着斗争性不强，温情主义，立场不坚定，不能把自己的一切交给“党”，不能和群众打成一片，清高，感情不健康，莫名其妙地感伤忧郁，审美上的贵族化，但还是有一些革命的要求和热情……总之，它的错误程度，没有资产阶级那么严重，属于可上可下的“悬浮”状态。我总是在这方面受到批评。不过，现在我真的不知道怎样判定一个人的阶级属性，根据哪些经济、政治、思想的标识？有的自称代表“工人阶级”或“底层”的人，怎么看怎么不像，有的人不过是表演而已。他们是说变就变的，没有操守可言。当然，我现在说我“小资产阶级”什么的，并没有过去的那种负罪情绪，这是和过去大不相同的。现在“小资”大概不是政治污名了，倒好像很值得炫耀。这也是时势使然。

季：这和前面谈到的“真伪”“抵抗”等问题有点像。过去是可以在“抵抗”意义上谈论“小资”的，现在就不是这样。

洪：立场、站队的问题，那个时候是严重政治问题。因为世界就被“一分为二”，生活在“一体化”的世界里，世界观、情感也强制性地要求明确站队。社会主义帝国主义两个阵营，革命反革命，无产阶级资产阶级，革命路线反动路线，正面人物反面人物，香花和毒草，“文革”中的造反派和保皇派……没有中间地带。文学方面，五六十年代，有的批评家、作家在一个时期，曾经想争取一点“中间地带”，发明了奇奇怪怪的词语、概念，什么“中间人物”，什么“无害文艺”（有益和有害之外的），什么“次花”（“主花”之外的），结果都受到批判。这种站队的冲动，我感到有点奇怪的是，到了90年代，在文化思想界，好像还在延续。“文革”时候，大家都要组织“战斗队”，我和谢冕老师六七个人的，起名“平原战斗队”。因为北大分裂成两大派，有一派是“新北大公社”，掌权的，另一派叫“井冈山”。我们既不依附掌权的一派，也不想上“山”，就在“平原”，当然也就落得两头都不讨好。

季：这大概是您强调的“怀疑的智慧”，或者“边缘”“限度”的意思吧？您的这种性格，在精神资源和个人经验层面的依据是什么？“文革”记忆吗？

洪：个人生活经验肯定是主要的，包括留在情感、心理方面的负担。被迫站队表态讲假话的那种屈辱感、负罪感，在运动中，对同学、老师的“政治正确”的指责、批判，也是难以释然的心理负担。这个方面，我在《回答六个问题》那篇，还有谈看小剧场剧《切·格瓦拉》的文章里，讲过许多，再说就饶舌了。你说的精神资源，我说不大清楚。俄国的文学和音乐可能影响比较大吧？或许还可以加上宗教家庭的背景？我说不大清楚。也许天生就是这样的。

季：这种立场、性格会以什么方式影响到文学史写作？比如某种叙事上的“犹疑”？中间立场的站位，有时候是不是比左／右的选择更难？这种态度，能获得一种更理性的视角和对现象、问题整合的可能性？

洪：对写作的影响肯定存在。什么影响呢？大概是说了这个方面又说那个方面；说话有时含糊其词，不敢或不愿下确定的结论；该鲜明肯定的东西却留有余地，该批判否定的又有那么一点同情；文风不鲜明尖锐，不生动活泼，缺乏激情；在研究上过于经验主义，没有事实依据不敢多说一句，缺乏演绎铺陈的想象力，更谈不到叱咤风云的气势……这样的性格其实不大好。我刚退休的时候，2002年吧，当时还是学生的刘复生、李云雷、鲁太光他们和我有一次对话。他们说得很对，在需要果断、明确表明立场态度的时候，就该表明自己的立场；他们说，勇气和“片面的深刻”在我们的时代更重要。当然，我不大理解的是，哪个“时代”可以不那么“更重要”呢？

不过我不大赞成你“中间立场的站位”的说法。我有点讨厌“站队”“站位”这些词语。准确地说，站队即使不能避免，但不一定都始终站在固定位置。有时候可能站在这边，有时候站在那边，有时候哪边都不“沾”。说起来有点像投机分子。在这个问题上，我比较认同耿占春先生的意见：知识界立场的两极对立或站队，其实并不是思想自身的产物而是专制主义的一种投射；如果我们取消了自我批评意识，不管表面上学到什么主义，骨子里还是那种陈旧的斗争哲学……

季：赵园老师的一篇文章，说您的犹疑、怯懦后面有不容易磨损的“坚硬的内核”，您怎样理解她的话？

洪：可能是不容易改变的意思吧？包括情感、观点。“坚硬”也有两面性。我是广东人，iang / ian 分不清楚，电脑输入用的是模糊音输入法，敲入“jianying”，就蹦出来“坚硬”和“僵硬”。这就是“坚硬”的两面性：固执，僵化，不能“与时俱进”，常跟不上形势。一年多以前，有一位在报社工作的朋友也问这个问题，这个访谈发在一份内部刊物上。当时的回答是：

……在性格上，我确实是个不自信的人。我的讲课、研究都是这样。我常常问学生，我这样讲、这样写行不行。我在研究时，面对“对象”，哪怕是一些受到批评甚至谴责的人物，有时都会产生“我有资格（学识、智慧、感受力）评论他们吗”的疑问。我1962年第一次上课的一位学生（他也已经退休）这样说我，说我的自省、低调“不是处世，不是修养，不是道德，乃性格”，他说得很对。

但也许有某些“坚硬”的东西，就是我一个时期的认知，我的感受。我不大会随机应变；或者说，当我要做出随机应变的时候（特别是“文革”期间），这会是很困难，也很痛苦的事情。从性格上，我也不习惯热闹，喜欢独处，对各种潮流，因为觉得自己跟不上，心理承受能力比较差，后来就转化为保持距离的习惯。

我出生于一个基督教家庭，宗教对我最主要的影响是，一个人要时刻保持对善恶、美丑、经验和超验区分的信心，虽然美丑等的标准会在历史中发生变化。在研究中，我经常质疑“二元对立”的思维方式和看待世界的方式，但我在最基本的方面，仍是个“二元”的信仰者。我不愿意这个世界变得混沌不清。总之，如果说有“坚硬”的方面，就是不太投机，不愿对权势者（政治的、学术的权势者）谄媚。……

季：但是，文化界这种左/右的立场并不是虚构出来的，不仅涉及历史，而且涉及现实的不同理解。比如您怎么看“当代文学”的“当代性”？说“当代文学六十年”，实际上是前后两个三十年，体现了两种不同的政治观和文学观（革命/启蒙），是两个“当代”。您对于这两个“当代”如何理解？或者进一步区分，其实存在三种“当代”：50—70、80、90年代。您对于90年代以后的“当代”如何理解，它和前一个“当代”有什么不同？

洪：在“文革”刚结束的80年代初，当代文学史分期其实要更复杂，有所谓三分法和四分法。三分法是“十七年”“文革”“新时期”，四分法以1957年为界，把“十七年”又分为两个阶段。不同分期，体现了有差别的对当代史、当代文学的不同理解。我1979年开始独立上当代文学史课的时候，没有采用三分或四分法，就是以“文革”为界分为两个时期。这种划分，既是对文学事实的描述，当然也包含着价值判断。用“革命”和“启蒙”来概括两个时期（后一个准确说是80年代），可以说是很多人都认同的。问题是评价上的分歧。尽管目前有的学者对前三十年文学的看法改变，评价很高，我仍然认为这是个文学贫乏的时期。这样的认定，依据的标准，和“革命”“启蒙”没有直接关系。革命文学里有很差劲的，也有很优秀的；表现人道主义的，启蒙精神的文学也同样参差不齐。除了政治立场、意识形态之外，文学还有另外的（我不说更高的）标准。政治意识形态的评判不是唯一，而且不是最重要的标尺。

说到对80年代，特别是90年代以来这个“当代”的特征的描述，我没有能力做，真的说不好。很难再用某一个或几个概念来指称。这是一个物化的世界，消费的时代，表现欲望的流行文化成为主流文化，“严肃文学”（姑且这样说）位置日益缩减。说“多元”也好，说“碎片化”也不错。无论是“启蒙”还是“革命”所支持的“文学公共性”，在很大程度上已经削弱。但还是存在着一些作家、诗人，在认识这种时代，这个时代文学的症候的前提下，在意识到困难的情况下，仍有执着的努力，也贡献了许多不错的作品。无论如何，在精神、道德衰败的当下，他们的写作支持了我们对未来希望的微弱信心。说这个时代的文学辉煌自然是幻觉，但说文学死了，已经崩溃，也有点耸人听闻。

季：说到文学评价，您在80年代中期谈《创业史》的时候说，“像托尔斯泰的《战争与和平》，他的其他作品，我们不一定认同他对历史，对道德问题的观点，但他的丰富的作品不仅是那些历史观念和道德说教。一部长篇，如柳青自己所说，只是为了证明党在农村的道路、政策的正确性，此外没有别的目标，这种艺术目标是很可商榷的。值得庆幸的是，柳青的作品并不像他说的那么简单。”（《当代中国文学的艺术问题》，北京大学出版社，1986）那么，您说的“丰富”是什么意思？它是文学的一个评价标准吗？

洪：因为我们在很长时间里，都把政治观念、政策表现作为文学评价的首要尺度，为此争论不休，我提出的“丰富”是针对这种现象的。在政治、道德观念之外，还有另外的并非不重要的东西。人的生存依据、生活的全部内容，他的情感、心理等，有更丰富复杂的构成。台湾诗人林亨泰有一首短诗，叫《生活》，其中的两句是："不必是一个特别理由来生活／活下去本来就是不用借口。”你这样年龄的，生活总会有自己觉得很重要的理由；像我这样老迈的，才能体会到“活下去本来就是不用借口”。是不是？

我对《创业史》的评价，不是把全部注意力放在它表现“党在农村的道路、政策”的对错上。不是说在80年代农业集体化道路受到质疑，《创业史》就该否定，90年代以后，集体化要恢复名誉，《创业史》评价就随着翻转。在社会主义现实主义，或者革命文学名目下，不同作家、不同作品，区别其实是很大的。即使同一个作家也是这样。法捷耶夫早期作品《毁灭》就不错，《青年近卫军》就说不上。高尔基的《母亲》被看作社会主义现实主义奠基的经典，但他值得读的小说其实是《克里木·萨姆金的一生》。肖洛霍夫《被开垦的处女地》远不如《静静的顿河》。长篇《红岩》，在我看来其实不如陶承的回忆录《我的一家》。我不是以“革命”还是“启蒙”，“阶级论”还是“人道主义”作为唯一的，或最主要的评价标尺。所以，当代文学“前三十年”和“后三十年”的文学，它们有很大不同，但是并不一定要在政治观念和阶级立场的层面，做对立性质的评价。

季：您的这些看法我不大能同意。那您怎么看待当代左翼文学所体现的左翼历史目的论？体现的阶级主体性的叙事自觉？包括左翼大众文化，那种既非精英也非今天意义上的大众文化实践？如何评价左翼文学中“民族文学或者东方文学的主体性”？如果引入全球冷战的地缘政治视野，您对左翼新文学“解体”的“必然性”有没有新的解释？今天新左翼重新激活左翼批判遗产的努力，如何在自我反思和自我批判的过程中，将左翼文学变成一种具体的动态的“中介物”，而不是固定化的概念？

洪：我对当代“左翼文学”的看法，许多都写在《问题与方法》这本书里。你读过这本书也知道，我对这个问题其实很矛盾，许多没有想清楚。记得我说到左翼文学有它的合理性，它的出现、存在有社会历史的、文学传统的依据。“左翼文学”这个概念，我不是在特定文学流派上使用，是宽泛地看作这样的文学形态：它试图表达“底层”工农大众的诉求，表达变革不合理社会的强烈愿望，提供一种刚健清新，给人以希望，自身也介入社会实践、社会斗争的文学。但我认为需要检讨的是，在前三十年，它靠政治强力定为一尊，甚至是唯一合法存在，它自己又不断地“纯净化”，自我封闭地耗尽自身的活力、生命。陈映真说过——原话记不清了，大意是——“二战”之后，台湾社会和文学家只有右眼，没有左眼，只是向右看，追随西方。这些话放到八九十年代的中国大陆，也有一定的现实意义。所以，这些年关于激活左翼批判文学遗产的主张，关于重视亚洲、中国经验的论述，有它的理由，也有积极意义。不过，话说回来，台湾的左翼文学界、思想界毕竟比较幸运，他们有陈映真这样的作家，这样的没有被大陆当代左翼文化规范所缩减、所教条化的作家。你只要读读陈映真的作品就可以明白这一点。因此，当吕正惠、陈光兴、赵刚等教授拿陈映真来表达他们的左翼文化理念的时候，让人感触到一种厚实感和可信性。你说的那种自我反思、自我批判很重要，没有这样的工作，总是简单地拿浩然，拿《创业史》来支撑全部论述，那是不能解决问题的。

说到“阶级主体性叙事自觉”，那当然很好，也很必要。问题是，我们如何能获得这种“主体性”？谁的创作体现了这种“阶级主体性叙事”？在五六十年代，提出作家要深入生活，改造思想，这是转移立足点获得工农的阶级意识、情感的途径。可是后来却被鉴定为“社会主义改造收效甚微”，作协等几乎成为“裴多菲俱乐部”；从工农中直接培养的作家，像胡万春，后来也说他变质了。我们如何想象这个阶级意识和阶级主体性，是当代遗留下的，现在也还得不到讨论的问题。不过，和“前三十年”很不同的是，现在获得“阶级意识”“阶级主体性”，好像要容易得多。坐在屋子里、书斋里想象、宣布就可以。周扬 1946 年评赵树理的文章，里面一个重要论点是，过去作家写农民都是在外部、在上面，赵树理是从内部，以农民身份来表现他们的生活的。这应该说就是“阶级主体性叙事自觉”吧？柳青、浩然这些作家，近几年在左翼批评家那里获得很高评价，也应该基于这样的理由。可是，在“文革”前夕和“文革”中，浩然得到荣耀，赵树理却受到非人迫害而死：同一“阶级主体性”的表达者却有这样相异的遭遇，这样的诡异、蹊跷是需要解释的，需要纳入自我反思、批判的内容之中。回避当代史的许多复杂情况，过滤掉那些血泪，过滤掉左翼文学道路的问题、挫折，不是一种清醒的态度。

季：我们还是回到文学史学科的问题上来吧。近来另一些文学史写作干脆去“当代化”，出现了王朝文学、晚清文学、民国文学、共和国文学这样的概念；在空间上，也出现了一种整合海峡两岸暨香港主体性的企图，比如“世界华语文学”。对此您怎么看？还有，贺桂梅老师的“知识社会学”，主要从文学外部即文学作为知识生产总体体系的一部分的方式；蔡翔老师，以批判理论和现实“批判”诉求重新解读文学史的尝试；韩毓海老师，在左翼文化政治脉络中强调历史目的和“历史主体性”的方式等。新的文学史叙事将有何种可能性？有没有一种可以设想的新的“范式”出现？会不会是出现站在各自立场上分裂的具体的文学史？

洪：有几个想法。一个想法是，在中国大陆，我们太过于重视教科书式的，大的文学史，虽然有学者一再质疑，希望降温，但是这个势头没有得到遏制。这和现在的学科体制，和大学课程设计关系密切。后面不解决，温就降不下来。因为在这样的体制下，文学史写作、出版是有利、也有名可图的事情。当然我也是这个病症的推波助澜者。另一个想法是，应该有不同的文学史，体现不同的历史观、文学观的文学史“范式”。你说过的以文学批评方式的文学史，也是重要的一种。这个方面，文学、文学史研究，应该开放边界。一是文学自身的边界，一是研究、解读文学的学科边界。社会学、文化研究、思想史等方式的引入都具有积极意义。你提到的几位老师近些年的工作，都很有价值，是近年来当代文学研究的开拓性成果。去年 11 月我去台湾开会，路过新竹的交通大学，蔡翔正好在那里的社会与文化研究所讲他的《革命 / 叙述》，听说反应很热烈。贺桂梅的书也很受重视。第三个想法是，如果文学还有理由存在，也确实还没有死亡，那么，审美的、文学性的研究、解读、体验也不能忘却。

季：再问一个问题。您对于自己哪一本书或者文章最满意？似乎每一本书您都尝试一种不同的表达，比如《作家姿态与自我意识》注重文本细读和作家审美风格，《当代文学概说》则重在文学制度的考察。而相比《“当代文学”的概念》等奠定“当代文学”学科合法性的学术论文，我更喜爱您后来《我的阅读史》这类更感性、更“个人”的表述方式。

洪：确实没有“最满意”的。比较起来，《我的阅读史》里有的文章，有较多的“感性”，也比较直接透露自己的性情，写作时候的心境也比较放松，所以好一点。一些朋友也说比较喜欢这样的文字。我的许多文章发表、书印出来，通常不愿意去重读。几年前读丸山升的书（《鲁迅・革命・历史——丸山升现代中国文学论集》，王俊文译，北京大学出版社，2005），许多话很触动我。他说，1996 年重读他自己八年前刊登在北京《文学评论》的文章，“真的十分厌烦”，因为想到在这段时间里“没有多大长进”，而且还不断说相同的话。是的，厌烦！这也说出我在重读自己作品时候的心情，理由和丸山先生是一样的。我的“当代文学史”和论文里那些干涩的文字，那么多的引号，那么多的注释：当时是怎么想的啊？！所以这次，日本学者说要将当代文学史翻成日文，我就坚持要删去大部分注释。可是他们好像又不大同意……

季：如何理解“我的阅读史”的“我”？“我”的偏好、趣味、情感在学术研究中应占什么位置？如果把“阅读”看成一种主体批评实践，“阅读”何以是“私人”同时又是一种“集体”行为？如果“我”既是“昨日之我”又是“今日之我”，那么对于“我”的追溯与回顾，是否就构成了“一代学人”对于历史、现实的对话？

洪：呵呵，问得太学术了！个人经验在学术研究中的地位，它是积极的，还是消极的，是要积极倚重，还是要抵制排斥，这些年学术界也谈过不少。我想也是因人而异吧。我是既有抑制，也有借重，这种平衡有时候也相当劳神费心。《我的阅读史》不是一般读后感，是想建立起一种对话，就像你说的，“今日之我”和“昨日之我”的对话，还有“我”和他人在“今日”和“昨日”的对话。将这种对话放到一个历史过程里，我想以个人感受的方式，来留下当代历史变迁的点滴痕迹，也回应我关心的现实问题。不过——也学着你的学术化语言——“今日之我”和“昨日之我”，也不要分得那么清晰，就像前面说到的“主体性”那样，很大程度是这个写作者现时的想象、构造之物；从这样的意义上，对话也就是独白。

最后要补充的一点是，我虽然说了不少为“非政治性”“纯文学”辩护的话，其实内心期待、向往的，还是一种厚重的，具有时代、历史重量的文学，一种广义的“承担”的文学。它们可能以一种强烈政治性面目出现，但也可能是“非政治”的形态。还是借丸山先生的一段话来表明我的意思吧。在他的一篇文章里，引了日本学者武田泰淳对中国现代文学这样的说法：“逃脱阿Q性的现实，飞跃到瓦雷里似的知性的机会，没有赐予过任何人。”丸山先生对此说：“我以为至今还是至理名言。”他的这篇文章（《战后五十年——中国现代文学研究的回顾》）写在1995年。

原刊《新文学评论》2012年第3期，此处收录的是作者提供的文档。

关于文学性与文学批评的对话

洪子诚、吴晓东

文学性

洪子诚: 以我的感觉，90年代中期以来，思想文学界出现对“文学”不信任的声音。其中可能包含两个方面，一是对90年代以来文学创作现状不满，从更深远的角度则是对文学的位置、社会功能的怀疑。折射这一思潮的表象之一是，不少批评家、研究者转向以文学为“平台”的文化、思想史、社会学的研究。在这一潮流中，你对文学却保持坚定的信心。你最近出版的书，如《文学的诗性之灯》《二十世纪的诗心》《漫读经典》，从名字也可以看出这一点。“坚守文学性的立场是文学研究者言说世界，直面生存困境的基本方式，也是无法代替的方式”；“中国诗歌中的心灵和情感力量……始终慰藉着整个20世纪，也将会慰藉未来的中国读者。在充满艰辛和苦难的20世纪，如果没有这些诗歌，将会加重人们心灵的贫瘠与干涸”——这些话，相信在得到一些人首肯的同时，也会被许多人认为是“痴人说梦”。支撑你这样的表述的动力和依据来自哪里？是对历史的概括，还是基于个人的生活经验？

吴晓东： 我从您的新著《我的阅读史》中其实也可以感受到您对文学的某种信心。这种信心既来自您对历史的洞察，也来自您个人的生活经验，但我也多少感觉到文学对您也是信仰之类的存在。而对我来说，文学研究的动力也应该说是基于某种对“文学”的与您相类似的“信仰”。对我这种不信神的人来说，如果想信点什么，那可能就是文学了。古今中外那些最好的文学，都是认真思考和呈现人类的生存处境，关怀人的灵魂和感情，呈现人的希望和恐惧的本真的文学。这种对文学本身的信仰，不会因为历史的某一个阶段文学出了问题而丧失。这可能就是您所谓的来源于“对历史的概括”吧？至于是否还存在“个人的生活经验”方面的原因，我想每个从事文学的人（无论是作家还是文学研究者）都有个人遭遇文学的具体方式。就我个人而言，一旦回到单纯的没有功利性的文学阅读状态——阅读古今中外各种类型的最好的作品，都是心灵感到安详充实和满足的时光。

另外，赋予文学某种深刻内涵的时代已经过去了。像20世纪70年代末80年代初文学受到全社会的普遍关注、提出重大社会问题、成为时代先导的历史阶段，可能也是文学的某种非典型的状态。在今天这样文学返归“正常”的时代中，我们反而有可能认真对待什么是文学以及什么是文学应有的作用和位置。

洪子诚：“文学性”是近来学界，也是你经常关注的问题。和它联系在一起的，还有文学“自主性”“自足性”“文学自律”等说法。从表面看，你的论述有时呈现某些不一致、矛盾的现象。这既体现在理论层面，也体现在实践（阅读、文本分析）的层面。在这个问题的关注点上，你赞同杰姆逊的“不是艺术作品是否为自治的，而是艺术作品何以成为自治的”，即“不是把文学和审美形式看成一个自律或者本质性的概念，而是考察它形成的过程”，并说“自主性”可能是制造出来的幻觉。但你又说，“文学的自主性是文学言说世界的前提”，“‘文学性’在今天依旧还构成着文学之所以成为文学的终极依据”。一方面你说，“没有一个抽象的普遍性的文学自主性”，但是在另外的地方，你还是禁不住要对“文学性”做某种抽象的、普遍性的概括。这些互异的看法，在你有关这一问题的认知结构中处于何种关系？你是否认为，在承认“文学性”的历史建构性质的前提下，当今更应该关注它的某种恒定的、延续的因素，以避免这一命题的破碎化？

吴晓东：我对“文学”的概念一直处于比较矛盾（不敢说是“复杂”）的认知状况。主要因为作为研究者，不想把“文学”进行某种本质化的解读和概括。如果是一个普通的文学爱好者，我相信他对文学予以某种单一的、纯粹的界定和判断，是应该得到理解和尊重的，不过作为一个研究者则需要警惕这种本质化的倾向，原因可能很简单，就是尊重与还原文学在其历史进程中固有的丰富性与复杂性，理解文学作为一种生产方式本身的建构性。文学既是一种“成品”，也是一种生产（作家的创作）与流通（印刷、阅读、批评以及社会影响）的过程，同时文学在其创作与阅读的过程中直接关涉的是人们的心灵活动和精神历程。这都意味着文学活动本身固有的丰富与复杂，要求我们不能进行某种简单的归纳和解读，所以文学研究者肯定避免给“文学”某种单一的定义。

洪子诚：我的印象是，人的经验、想象力、创造力（原创力）、独特性、艺术趣味等因素，在你的理论论述和文本分析中，是“文学性”的核心内容。这个理解，是否存在某种程度的“保守”倾向？或者说，这个认定是否过于精英化或“贵族化”？是否过分强调、依赖那个“伟大的传统”，而欠缺如雷蒙德·威廉斯说的“实践意识”的维度？在文学与历史、社会学，在精英、高雅文学与“大众文学”“人民文学”，在书籍出版物的文学与新媒介的“文学”之间的“边界”上，你是否持偏于封闭，而非开放的态度？也就是说，如你说的，这样对“文学性”内核的强调，会不会导致“与大众的脱离，与生活实践的脱离，与现实政治的脱离”（《文学的诗性之灯》76 页）？

吴晓东：诚如您所观察到的那样，我对“文学”其实没有一种特别系统、固定的阐释和判断。同时在写作过程中也时时表现出自我矛盾的地方。在我个人的文本分析和写作中，很可能不自觉地把文学进行精英化或“贵族化”的理解，也难免会过分强调、依赖所谓“伟大的传统”。因为当我们不知道什么是文学或者什么是好的文学的时候，也就是那个“伟大的传统”发挥历史作用的时刻。但一方面，在诸如雷蒙德·威廉斯这类具有马克思主义或者左翼倾向的理论家那里，文学当然也被理解为一种社会的和历史的实践，尤其是与大众紧密结合的实践。我出于对左翼的同情，很认同这种文学的“实践意识”，在我对文学趋于某种您所谓的具有“保守”倾向的理解的同时，也坚信文学应该具有与大众，与生活实践，与现实政治相结合的维度。但另一方面，我也觉得在精英、高雅文学与“大众文学”“人民文学”，在书籍出版物的文学与新媒介的“文学”之间的“边界”可能不是那么明晰。比如西方的现代主义在中国，80 年代还完全以先锋派的姿态出现，但到了 21 世纪，我觉得当卡尔维诺、昆德拉们已成为一代小资茶余饭后的谈资的时候，中国的先锋文学也日渐在新世纪蜕变为常规文学的一部分。

洪子诚：你说到，马尔库塞的《审美之维》对你，对 80 年代后期中国大陆思想文学界有相当影响，你有关文学性的论述，也多少能见到这个痕迹。他强调“感性”，经验世界的意义，以及“新的感性”在人的解放上的作用，强调文学所内含的“政治潜能”。这是在左翼的，马克思主义的脉络上，来重新认识文学的政治功能的。但不知道对不对，在他积极的表述之下，却能体验到某种“退却”的，乌托邦的“悲剧”意味。这就像佩里·安德森所言，“谈方法是因为软弱无能，讲艺术是聊以自慰，悲观主义是沉寂无为”（《西方马克思主义探讨》118 页）。你在谈文学、诗歌的时候，多次使用“慰藉”这类的语词，并说文学“它在骨子里是使人傲世、愤世、最终逃世的”，“正如人类一切美好的情怀，文学性也具有脆弱的本性”，“或许只有在放逐了文学性之后，才能直面残酷的现实生存环境”——这是否无意间说出《审美之维》所遮蔽的，或深藏不露的悲剧气息？

吴晓东：您从马尔库塞那里体验到某种“退却”的，乌托邦的“悲剧”意味，我觉得很有洞察力。对“感性”、经验世界以及文学所内含的“政治潜能”的强调，与直接的社会实践和现实政治相比，肯定有“退却”的、悲剧性的成分。但我更想从“乌托邦”的角度理解这种悲剧性，恐怕与佩里·安德森所说的“软弱无能”“聊以自慰”“沉寂无为”有别。事实上，马尔库塞对人类“新的感性”维度的强调，尽管不乏文学与美学乌托邦的意味，但却直接介入了60年代的激进政治，从而才成为一代欧洲学生的思想领袖。而一切的乌托邦的确像您所说，都具有某种悲剧气息。文学乌托邦恐怕也如此。但我同时认为，这种乌托邦的“悲剧”意味，也恰恰是文学所内含的固有力量。在某种意义上说，文学就是悲剧乌托邦。我很喜欢您的这种洞察和理解。

洪子诚：文学性问题提出，直接目的是拯救无力回应现实的文学，因而也与对80年代“纯文学”思潮的检讨联系在一起。敏锐的李陀是这个一时成为热点的话题的发动机。我们应该感谢他。但我觉得对一个经历过80年代，且是当年的“弄潮儿”的他，为了突出话题而有简化历史的情况。遗憾的是，他的说法被不加质疑地当成共识并被广泛引述（似乎吴亮是少数提出不同意见的）。你没有专门论述这个问题，但好像也同意他的看法，即认为80年代纯文学导致文学远离政治，失去回应现实问题的能力，是放逐政治性，放逐社会关怀。这至少在两个方面应该讨论。一是他对80年代的所谓“纯文学”（或“文学回到自身”）的诉求所做的简单化、“同质性”的概括，将它简单化为只关注语言、形式、艺术技巧。这明显不是事实。二是将90年代文学出现的问题（无力回应现实问题）主要归结为“纯文学”思潮作祟，这也找错了方向。就前一个问题说，所谓“纯文学”的理论表述，在80年代就有复杂情况；更重要的是，处于这一“话语实践”领域内的作品，呈现的是很不相同的形态。至于后一个问题，如果说90年代文学真的存在现实关怀，介入上乏力的话，焦点性原因也不是这一思潮所能承担的。作为个体的作家的精神、思想高度，他的艺术勇气、处理政治与艺术关系的视野和智慧、可以提供的艺术经验等，是更应该被注意的。而这一切，正蕴含在80年代的“文学回到自身”诉求的某些部分之中。也就是说，文学的问题在于作家思想、精神、艺术经验上的缺失，而不是外在的某种思潮的后果。

都说“回到”、反思80年代，但反思所呈现的部分的思维方式、路线，却朝着非语境化的方向行进。一方面说80年代“纯文学”观念包含着很强的政治诉求，但又指责它导致文学脱离政治：这如何解释得通呢？薛毅说“纯文学”和“先锋文学”是两个对立的概念，前者是专门化精英主义的，后者是反抗的。这样的划分很成问题。“纯文学”是带有精英化的倾向，它可以是“小众”的，但也可以是很“先锋”、富有反抗性的。同样，“先锋文学”在许多时候，也都表现出强烈的精英化特征，这是属于不同范畴的概念。

吴晓东：李陀先生是得风气之先的高尔基笔下的海燕一类的人物，常常能够敏感到时代风向标的变化。他有很强的提出问题的能力。而关于80年代“纯文学”思潮的检讨，又经过了这些年的积淀，我现在倾向于您的观点。您的那本他人无法贡献的《我的阅读史》，还提供给我对80年代现代主义影响中国文坛的历史语境的重新体认。现代主义之所以在80年代中国文坛风靡一时，并不仅仅是纯粹形式上的和语言上的原因。正像您所揭示的那样：那时中国文坛关注的是现代主义文学表现出的对人的处境的揭示和对生存世界的批判的深度，譬如文坛对卡夫卡的《城堡》的关注，就与对“十七年”以及“文革”的记忆及反思密切联系在一起。而“萨特热”所造成的存在主义的文学影响，更是直接关涉着对存在、对人性以及人的境遇的新的意识的觉醒。文学因此内含的是“社会承担的意识”以及建构反思性历史主体的重任。

我也很赞同您所说的“文学的问题在于作家思想、精神、艺术经验上的缺失，而不是外在的某种思潮的后果”。有大关怀和大悲悯的作家尤其是这样，无法想象老托尔斯泰和陀思妥耶夫斯基的创作会随时受外在的某种思潮的左右。他们往往是酝酿、创造和引领思潮的人。但是中国作家的思想和艺术的独立性往往很弱，所以有跟风的爱好，大部分作家都容易受到风潮的牵制。而这种跟风的习惯，也与“作家思想、精神、艺术经验上的缺失”有关，而跟风则是其外在的一个表现形式。

洪子诚：在有关文学性的讨论中，在文学与政治的关系中，竹内好在中国学界复活，被当作解开这一“死结”的良方，成为重要的思想上的、方法上的资源。正如你提到的，“竹内好构成今天学界的一个重要资源，也正是从文学的态度或者说文学性的意义上说的”（《文学的诗性之灯》89 页）。其实，竹内好的《鲁迅》，很早（80 年代初吧？）中文版就出来了，记得当时文学所办的《文学研究参考》，还用很大篇幅编译了它的主要内容。但竹内好那时并没有引起大的反响。是什么原因让他的思想、著作在 90 年代后期的中国“突然”成为“显学”，以至发展到以谈论竹内好为时尚？或者说，为什么在有关文学性问题上，他成为重点援引的思想成果？

吴晓东：关于这个问题，可能孙歌或者薛毅更有发言权。我只想说，我之所以认为竹内好构成今天中国学界的一个重要资源，是他重新提供了我们对“文学的态度”或者说“文学性”问题的理解。关于竹内好所赋予“文学”的意义，我是从尾崎文昭先生在北大中文系的“左翼文学的时代”讨论会上提交的论文《竹内鲁迅与丸山鲁迅》中获得了更深切的理解的。尾崎先生指出：“竹内氏在鲁迅身上发现的‘文学’，不是情念与实感，而是在这一词语深处的伦理。或者说，是在那种意义上作为机制的思想。这一点，也只有这一点，才向竹内氏保证了对于‘政治’的‘批判原理’。”我认为这是纠正我们目前对于“文学”的狭隘理解的更有效的定义。竹内好理解的文学，恐怕不是我们中国学界一度从文学的自律性的意义上理解的文学，竹内好说鲁迅“通过与政治的对决而获得的文学的自觉”，文学与政治的关系是竹内好所说的“绝对矛盾的自我同一”。同时，竹内好的“文学”是诉诸伦理实践的，是一种作为机制的思想。这都会丰富我们对于文学的理解。

洪子诚：人们最感兴趣的是竹内好谈鲁迅时的“文学自觉”和“回心”说。你认为，竹内的所谓“文学自觉”的“文学”，并非我们通常以为的那个概念。这个看法我觉得很有道理。你在引了尾崎文昭的话（竹内在鲁迅身上发现的“文学”，“不是情念与实感，而是在这一词语深处的伦理。或者说，是在那种意义上作为机制的思想”）和孙歌的话（“只有自我否定才具有否定的价值，而任何不经过自我否定的思想与知识，任何来自外部的现成之物，都不具有生命力……”）之后说，“这就是竹内好所谓文学的态度”，也就是“在自我挣扎自我否定中建立自己的真正历史中的主体”的态度，也就是“赎罪的”“回心”的态度，鲁迅自己说的“煮自己的肉”的态度。这个论述是很好。因此，作为竹内好的“文学的态度”的对立项，可以列举的有观念的、外在的、非内化的、非渗透于自我血肉中的、非自我批判的，等等。

略有遗憾的是，你对这一点的重视似有不足。自然，不应将回心和赎罪意识当作鲁迅的“唯一原点”，但这却是其他的“原点”（如果有的话）所不能并列，更不能取代的。强调这一点，不会导致一种“整一的模式化”的追求。这也是鲁迅超越某种政治理念、立场的最重要的思想精神遗产，也是中国知识界、文学界最欠缺的态度。

吴晓东：的确，更重要的是，在竹内好看来，鲁迅的文学的自觉是与回心与挣扎的概念联系在一起的。或者说，鲁迅的文学的自觉的核心其实是主体的真正自觉的过程，是在处理伦理、宗教以及思想的机制的过程中获得的原理性的自觉。其中一个基本原则是孙歌先生所阐述的“发自内部的自我否定”。这就是竹内好所谓的文学的态度。这给我们提供的是一个在自我挣扎自我否定中建立自己的真正历史中的主体的鲁迅形象，而我们今天缺乏的正是研究者自身的通过挣扎和自我否定过程的主体性的建构，缺乏的正是这种自我否定的知识。而您高度重视鲁迅的回心和赎罪意识，认为是“中国知识界、文学界最欠缺的态度”，我也非常赞同。我也同意“强调这一点，不会导致一种‘整一的模式化’的追求”。我们如今的思维模式往往为了刻意避免本质化和一元论，而走向逆反，导致漫漶无边、毫无重点的多元论，同样是非此即彼的刻板机械的思维方式在起作用。我本人也要警惕这一点。

洪子诚：说到“原点”，相关问题是，近年来“历史化”“语境化”已经成为“学术正确”。如果谁被称为“本质主义”者，或者说他在使用一种“本质化”的方法，那就等于说无可争辩地错误和落伍。你怎样看这种现象？别尔嘉耶夫在他的书中讲道，20世纪初，俄国知识分子所进行的哲学、文学讨论是在很高的、深刻的水平上进行的，“主要的界限就在这里：在西欧，特别是在法国，所有的问题都不是按其本质去研究。例如，当提出孤独的问题时，那么，他们谈的是彼特拉克、卢梭或者尼采如何谈孤独，而不是谈孤独本身。论说者不是站在生活的决定性的秘密面前，而是站在文化面前。这里表现了过去的伟大文化的疲惫性，它不相信根据实质解决问题的可能”（《思想自传》）。我们如何理解这段话？日本学者于本源性、原理性东西的探索的执着，是否可以平衡我们在时间、文化上出现的迷思？也就是你说的在今天，有必要警惕“过度历史主义”，或过度“语境化”的倾向。那么，什么是“过度”，“过度”又有怎样的表现？

吴晓东：您引用的别尔嘉耶夫的这段话非常精彩，有助于我们如何具体地甄别何谓真正的“历史化”。法国人提出孤独的问题时之所以可以谈彼特拉克、卢梭或者尼采，“而不是谈孤独本身”，恰恰在于关于“孤独”的问题都历史化地表现在彼特拉克、卢梭或者尼采的言论中，所以无法脱离他们的言说，“本质化”地讨论孤独。换句话说，没有大思想家们贡献出的关于孤独的言论，“孤独”的话题是无法“在很高的、深刻的水平上进行”的。而我们关于中国的现代和当代文化的探讨出现过度“语境化”的迷思，往往由于我们找不到我们自己的彼特拉克、卢梭或者尼采。但我们有鲁迅，所以像钱理群老师总是回到鲁迅，提供给我们理解中国式的“历史主义”的一个途径。而“过度历史主义”，或过度“语境化”，往往不是表现在回到历史原初面貌的追求，而是迷失在所谓历史的丰富材料中没有自己的问题意识与独特诉求。这就是为了历史材料而忘却了研究目的。另一方面，我们的所谓“语境化”，往往无法“在很高的，深刻的水平上进行”，而总是一个低层次的历史材料堆积和复印机般的刻板复制。在这个意义上说，浮浅的“历史化”“语境化”与浮泛的“本质化”一样不可取。

文学经典

洪子诚：你对于“文学性”的信任，和对作品解读的专注，很大程度根源于对文学经典的信任。80 年代以来，中国文学界又出现“经典”的大面积重估、重评现象，主要涉及中国 20 世纪文学，但也广泛牵连至古典和外国文学。不过可以看出，你在文学经典认定的标准上，持比较谨慎、稳妥的态度。你在谈到夏志清的现代小说史时，说他“需要决断”的真正的考验，是依靠已经有的权威而科学的文学史定见，还是基于一种新的文学性的视景大胆做出自己的判断。你在经典问题上，是否更依赖已有的文学史权威的定见？

吴晓东：就大部分所谓的西方经典，我承认自己的确依赖已有的西方文学史权威的定见，当然在西方文学史研究过程中，西方学者也有他们自己不断重新估价经典的过程。不过对于中国现代文学经典，尤其是当代文学经典来说，我觉得则一直处于经典化的道程中，作为现代文学研究者，我本人可能也正参与了现代文学再经典化的批评实践。经典的界定是一个再造的过程。比如 80 年代就是一个对中国现代文学重新经典化的时期。而我个人认为，经典不仅仅是“过去性”的，同时也是“未来性”的，换句话说，对经典的重新认知也取决于我们怎样看待自己的未来。所以一种新的文学性的视景对于我们界定什么是经典非常重要，尤其在判断什么是当代经典的问题上。

洪子诚：你是否感觉到80年代以来，出现一种传统意义的“经典”的“陨落”（姑且用这个不大确切的词）的现象？也就是说，有若干方面的力量，对原先依靠权威文学史定见形成的经典概念和经典系列，构成“威胁”。一个是文化研究，在它的视野中，“经典”并非一个必要的条件。另外是经典概念的“泛化”，它已经被随意使用。对这种情况你怎么看？李欧梵先生在谈到萨义德的时候说，这位“后殖民”批评的发明人，《东方主义》的作者，对西方人文经典传统并非采取抹杀态度。能感到李欧梵先生内心的宽慰（见他为《西方现代批评经典译丛》写的“总序”）。你是否也有相似的感受？当你知道萨义德经常“回到”典律的作家作品，“回到”康拉德、奥斯汀，并将自己描述为“在文化上是保守的”（《知识分子论》，台北麦田版）的时候，是不是感到心安？

吴晓东：我特别欣赏萨义德的地方，是他对经典的理解是与一个人文传统相结合的。美国有些大学的通识教育也正是靠经典研读来使学生触摸进而传承自身的传统。在这个意义上说，具体经典作品尽管可以变更，但其基本范围不可能经常遭受质疑。一个国家对经典的认知经常变化，或者经常遭受您说的“经典”的“陨落”的现象，也就意味着这个国家的意识形态和文化自觉出了问题。而经典的界定也的确出现了“泛化”的问题。一个国家的经典首先是没有那么多，其次是经典应该具有某种稳定性甚至恒常性。因为经典与我们对传统的认知密切相关，也与我们要成为什么样的人，我们应该有什么样的文化密切相关。美国是一个高度重视本民族经典的国家，他们积淀下来的经典都是从各个层面影响了美国历史和美国人自我想象与认同的书籍，这些书籍曾经深刻介入了美国人的自我定位和自我塑造的历程中。借用美国思想家理查德·罗蒂的理解，其中塑造了美国人的那些文学类经典“并不旨在准确地再现现实，而是企图塑造一种精神认同”。也就是在一个个所谓的“美国故事”中，讲述美国人应该是什么样子，或者应该成为什么样的人。这些文学经典的标准“规定了一生的阅读范围”。“而制定标准的主要目的是告诉年轻人去哪里寻求激情和希望”。这些文学“与永恒、知识和稳定毫无关系，却与未来和希望有着千丝万缕的联系，它与世界抗争，并坚信此生有超乎想象的意义”（理查德·罗蒂《筑就我们的国家》第102页）。这就是塑造了美国人的文学经典的意义。

今天的中国在经典认知问题上出了问题，与我们这个时代的盲目是一致的。所以读萨义德依靠对小说经典的解读来讨论比如关于帝国主义的问题，关于殖民主义的问题，我都觉得很亲切，觉得提供了一个可以仿效的方法论。而一个国度，有着大家一致普遍认同的经典，同时每一代人一直阅读，就像博尔赫斯所说对经典具有“先期的热情与神秘的忠诚”，这样的国度就会让他的国民在手足无措的时候凭借对经典的阅读而获得心安。我觉得您运用的“心安”的概念甚好。因为生活在今天这个时代，并不是每个人都能获得心安的感觉的。

洪子诚：近年来流行一个“红色经典”的说法，用来指称20世纪表现共产党领导革命的作品，如《白毛女》《红旗谱》《创业史》等。这是一个存在争议的概念，即使使用它的，含义也各不相同。有的其实就是一种借用。你对这个问题怎么看？

吴晓东：我个人倒是认为，“红色经典”的确已经获得了被经典化的历史条件，这就是中国的革命历程和社会主义实践的历史本身值得赋予由它催生出的“红色经典”以经典地位。而在某种意义上说，“红色经典”之所以被经典化，正是因为我们已经远离了“红色经典”之所以形成的历史时代。我们是带着某种缅怀和追认的态度去看待“红色经典”的，这也恰恰说明，对“红色经典”的阐释，也正是“红色经典”时代已经过去了的某种证明。

洪子诚：虽然你并没有给出一个文学经典的系列，但从你的论述、分析的关注点，在20世纪中外作家作品中，你评价最高的是那些具有“现代主义”（就这个词在中国文学界的广泛意义）倾向的作品。就小说而言，《从卡夫卡到昆德拉》这个短语构成的书名可以看到，你是在为20世纪最值得重视的小说家开列清单：卡夫卡、普鲁斯特、乔伊斯、海明威、福克纳、博尔赫斯、罗伯－格里耶、马尔克斯、昆德拉，可能还包括康拉德、帕斯捷尔纳克、加缪等。20世纪中国现代文学方面，除了鲁迅之外，京派作家、诗人似乎是你最钟爱的；感觉比起艾青，你对卞之琳评价更高？你对“左翼”（也是宽泛意义的）的作家作品，总体上不是太看重，至少是无法与京派作家，与沈从文等相比拟。我的这个印象是否确切？你担任主编的《中国新诗总系·40年代卷》，对延安、“解放区”的作品选入不多，特别是那些“民歌风”的作品。这里贯穿着你什么样的经典评定标准？你谈到80年代末90年代初从一种精神需求大量阅读西方20世纪文学作品，那么，个人文本阅读的经验在有关经典认定上起到什么样的作用？它与理论，与文学史定见之间构成何种关系？

吴晓东：我曾经说过，我喜欢的诗人有不少，包括艾青。但卞之琳则称得上是我所热爱的诗人，这可能与个人的偏好有关，因为我比较认同卞之琳的性格，或许这也潜移默化地制约了我对现代作家的认知。恐怕也与我的阅读史和研究视野有关，读书阶段流行西方现代主义，所以《从卡夫卡到昆德拉》的课程便集中选择了现代主义的作家。所以个人的阅读史的确像您说的那样，对我关于经典的选择方面难免产生影响。而我这几年则认识到，西方的20世纪现代主义文学可以说是“深刻”，而19世纪的浪漫主义则称得上是“博大”，所以我的阅读也从20世纪慢慢上溯。而到了研究阶段，也的确会受到某种理论以及文学史定见的制约。我从事的现代文学研究，则偏重于京派、沈从文、废名以及以卞之琳、戴望舒为代表的中国现代派诗人，所以在论文写作中自然多有倾斜。但这不意味着我对左翼、延安、“解放区”的作品有偏见，只是我研究得不够，我个人就很喜欢赵树理的小说和延安时期的丁玲。现在看来，我编的《中国新诗总系·40年代卷》，对延安、“解放区”的作品选入不多，的确是一个大的缺憾。当初您曾经含蓄地建议过我可以多选一些，我也增补了若干首，但可惜数量仍然有限。

洪子诚：你关注的文学现象，喜欢，或着重解读的作品，大致可以看到两种取向。一是复杂的，有解读深度的，二是由“时间”所赋予的那种凄美、忧郁、伤感，具有废墟意象和颓废情调的美感。或者说，这样的美感因素更能打动你，引发联想和感触？也可能这在触及人类生存状况上更具深刻性？另外的美感维度是朦胧、复杂，需要反复咀嚼探求的文本。但后者可能与我们从事的职业有关。可分析性是一个长期工作中形成的美学上的反应，尽管有时候并没有意识到。“可分析性”和“好作品”之间的关系是什么？前者会不会成为我们不自觉间形成的判断前提？

吴晓东：您的这个问题非常重要。近来常常看到一些甚至是很出色的学者长篇大论条分缕析，盛赞某部新问世的小说或电影，但找来一看完全不是那么一回事，所讨论的作品的艺术水准甚至不及格。只是这部作品符合了评论者的某种关切、理论或者口味，要不就是评论者拿来“说事儿”（当然如果是拿了红包或因为是朋友的作品就予以鼓吹则更等而下之）。因此，具有“可分析性”的文本往往是研究者更喜欢的文本，但却不必然是“好作品”。学生们的论文中也会出现这种情况，洋洋洒洒几万字分析一部作品，但是当你问起这是不是一部好作品，就回答不上来了。所以我认为当前的文学研究的危机之一就是审美判断的能力日渐匮缺。您说“可分析性是一个长期工作中形成的美学上的反应”，总结得非常精辟。但作为一个文学研究者，具备一定的审美判断力也同样应该是职业伦理的体现。当然对审美和艺术性的关注也要警惕美学专制主义，换句话说，美感趣味也要有多重维度。我本人的确像您所说，对凄美、忧郁、伤感，以及朦胧、复杂的美感维度表现出了更浓厚的兴趣，但是也要警惕以自己的口味去贬低他人的口味。

洪子诚：对北岛诗的评价、分析，是个有趣的现象。一方面，中国大陆不少读者，仍将他“朦胧诗”时期的那些作品看作他的“代表作”或最好作品，但他本人却对它们持批评态度，显然认为他移居国外后的诗作更具价值。另外，有的外国研究者（如宇文所安）对像《雨夜》等作品的感伤化持有非议，而大陆读者可能觉得他后期作品过分排斥“抒情”是一个问题。这种评价上冲突的有趣现象说明什么？我们是否能够建立一种有更多共识的感受和评价标准？你论述北岛诗的长篇文章，将他的诗阶段性地用“政治诗学”和“诗学政治”来概括，这是否暗含着一种评价，包含着“发展”的价值观？

吴晓东：我个人在文章写作的过程中，没有想到后期的北岛对前期是一个发展，不过觉得他是由于生存和历史境遇的改换，影响了他的诗歌创作图景。在我这篇写北岛的论文《从政治的诗学到诗学的政治》中，恰恰不同意北岛对自己的朦胧诗时期的“悔其少作”的心态，而是认为朦胧诗阶段的北岛已经被历史给“经典化”了，不能被北岛自我否定掉。北岛称自己朦胧诗阶段的作品都是“官方话语的回声”，这是一种反历史的态度。在我看来，北岛的朦胧诗阶段的写作贡献了一种反叛时代的“政治的诗学”，塑造了一个审美化的大写的主体形象；而始于90年代的流亡时期则在诗歌中实践着一种“诗学的政治”的维度，以漂泊的语词的形态继续着全球化时代来临之后的海外汉语书写，同时也纠结着自我的重塑以及主体的再度认同的重大问题，创造了跨语际书写和汉诗写作的新的可能性。这种新的可能性尚处在一个未完成的进程中，要求我们研究者对他的创作只能寻求一种不那么确凿的判断。但总体来说，我对流亡时期的北岛的评价没有朦胧诗阶段高，而是认为流亡时期的北岛在主体认知与文化认同方面出了问题，进而影响了诗歌的内部景观。所以我想回避的正是一种“发展”的价值观。

批评、阅读和阐释

洪子诚：文学教育中，很重要的是作品阅读、阐释。但现在是否有过分重视理论，以阐释理论作为挑选作品的这种倾向？另外，前些年我们都参加过“文本分析与社会批评”的研讨会，这是为了突破文本分析的封闭性，而放置到更广阔社会、大众空间的努力。很多年过去了，这种承担的效果你觉得怎么样？你好像并不太理会这一诉求？或者说，你考虑的，更多是从文学、诗学的角度上来发掘这种参与的可能，如你选择北岛、王家新那样？

吴晓东：过分重视理论，以阐释理论作为挑选作品的标准的这种倾向在我的一些研究中也有所体现。我现在开始警惕这种理论先行的研究。但我对理论依然有无法舍弃的情结，似乎总觉得理论会增加文本阐释和分析的某种深度。也经常有学生问我关于理论的作用以及如何运用理论的问题。理论可以是一个视角，一道光束，照亮对象和客体；可以是我们思考的中介，就像过渡，过了河后，可以舍筏登岸，直达客体的秘密。理论就是过渡的船和中介。我很欣赏李欧梵与罗岗的对话中李欧梵先生的说法：“理论应该像灯光一样照射进来，一照，可以看出很多东西。当然，如果不做具体研究，只亮几盏理论灯光，恐怕照来照去还是这几个样子。”换句话说，理论还应该具体落实到细节研究。我还想补充的是，你所借用理论的灯光可能非常亮，但是你自己借助于理论灯光到底能发现什么，毕竟取决于你自己的眼光和主体意识。有些人发现的只是他想看到的东西。

理论运用得恰到好处的话，也有助于突破文本分析的封闭性，如您所说，把文本“放置到更广阔社会、大众空间”。我其实在这些年的小说解读中有意识地尝试这种“突破文本分析的封闭性”的拓展工作，虽然做得可能不够好。比如对王家新的分析，就关注他与俄罗斯精神传统的关联性以及他的近期诗歌表现出的重建生活伦理学的征象。

洪子诚：在一篇文章里，你谈到读鲁迅散文《腊叶》的感受，说它透露了罗兰·巴尔特式的“世态沧桑”感。你说，鲁迅将一片病叶夹在书中是在“暂得保存”一种“病”的意义，而在挽留这个“意义”的同时，他也发现“意义”如同旧时的颜色一般被销蚀。你说，这是“意义”无法挽回的本质，最终祛除“病”的附加语义，而还原了生命形态的本真性。不过，如果真是这样的话，也就没有鲁迅的这篇感人文章，同时也没有你面对鲁迅“世态沧桑”感的“感怀不已”。这些且放在一边，如果发挥到阅读、作品分析的问题上，我的问题是，在解读中，我们注意力的重心是在“复原”文本的“原初”情境，还是立足于阅读者的，不被那些具体情境支配的立场？

吴晓东：也许不同的研究者对一部文本的不同解读方式，恰像从不同的角度照到文本上的光亮。有时光亮太弱，就无法照亮文本，有时光亮太强，也会遮蔽文本，有时角度太偏，也无法切中文本的主体与中心。重要的是洞幽烛微，为读者揭示文本的真正有待发掘的秘密。有些作家的确创作出了需要阐释的复杂文本，比如乔伊斯的《尤利西斯》和《芬尼根的守灵夜》，就是需要阐释和解读的范例，因为作者刻意设置了阅读障碍或者隐藏了深层结构，所以就需要去“复原”文本的“原初”情境。当然研究者真正理想的状态，也是像一个普通读者那样，“立足于阅读者的，不被那些具体情境支配的立场”。不过想坚持这种立场，在具体的文本阅读实践中，不是始终行得通的。因为读者阅读严肃作品的时候，通常面对的不是那种清澈见底的透明文本，有时就需要专业研究者对文本的“原初”情境加以“复原”。

有时作品内涵的“意义”可能是连作者也不自觉的，我分析鲁迅的《腊叶》想揭示的就是“病叶”上潜藏着鲁迅也许不自觉的某种心理结构，我把它视为“病”的意义，最终“意义”却如同旧时的颜色一般被销蚀。但我承认阅读这篇《腊叶》完全可以不顾我的关于“意义”的分析而直接被鲁迅疼惜病叶的心境打动。

洪子诚：在批评和文本阐释中，批评家往往强调要立足于艺术，不要以意识形态分析作为根基。昆德拉在文章中讲到对索尔仁尼琴的看法，说“这位伟人是伟大的小说家吗？我怎么知道？……他那引起巨大回响的坚定立场（我为他的勇气鼓掌）让我相信，我已经预先认识了他所说的一切”（《相遇》，台北，皇冠文化版）。你同意这个看法吗？如果挪到奥威尔的《1984》来，是不是也可以有这样的评价？你对王家新的诗有很高评价，但诗歌界有的人在艺术层面，也有不少批评，如情绪、主题的重复等。你肯定不会同意这种看法。在这方面，那种精神性的维度在批评中是否占据过大的分量？

吴晓东：我最近重读了一遍奥威尔的《1984》这部小说，令我产生前所未有的震惊体验。我惊异于奥威尔在写作这本书的1948年对未来极权主义的想象化情境的设计。这部小说虽然也是十足的意识形态性的，但是小说中想象出的关于未来的一个个具体的情境却着实惊人，有着令人惊诧的情境意义上的真实性。这也保证了《1984》的小说性以及您说的艺术性。我完全赞同您的判断，即使对一部作品进行意识形态分析，也要以这种艺术的水准以及真实性为根基。但昆德拉仅仅根据索尔仁尼琴的“坚定立场”就判断“已经预先认识了他所说的一切”，而且在《相遇》中说“我从来不曾打开任何一本他的著作”，就有点先入之见了。“坚定立场”不一定妨碍索尔仁尼琴的艺术性，如果精神性的维度与艺术性完美结合，精神性会增益作品的艺术性。王家新的诗作中，精神性的维度的确占据“过大的位置”，但就我的判断，其精神性与诗艺还是获得了应有的均衡感的。我尤其看重王家新最近几年的探索，其中表现出对您所说的“重复”的突破。

洪子诚：文本解读、分析的目标之一，好像就是要将含混的、暧昧不明的东西清晰化。提供明晰答案，似乎是不少分析所立定的标的。但是，就你所特别重视的文学的自觉、感性等特征而言，就像有的人说的，“在创造性的激情、原始的直觉和思想的客观成果之间永远存在着悲剧性的不协调”；“思想必须说出来，人应当完全这个行为。但是下面这句话在一定意义上始终是正确的：‘说出的思想是谎言。’”（别尔嘉耶夫《思想自传》）——这不仅指写作，也可以引申到阅读上来。你在这方面持慎重态度。你体验到这样的困境吗？如何处理？你觉得有时也应该保留某种含混，某种不确定的空间？

吴晓东：前些天读希利斯·米勒的《文学死了吗》（广西师范大学出版社 2007 年版），书中有一节的小标题很吸引人，叫“文学的陌生性”。米勒认为真正的文学作品互相之间都是没有可比性的。“每个都是特别的、自成一类的、陌生的、个体的、异质的。”“强调文学的陌生性，这一点是比较重要的。因为很多文学研究的一个主要功能（更不要说报刊文评了），就是遮盖这种陌生性。……文学研究隐藏了文学语言的独特性，试图去解释它，使它自然化、中性化，把它变成熟悉之物。……无论如何，这些文学研究都有一个隐含的目的，就是平息人们对文学真正陌生性的自觉不自觉的恐惧。每一作品都没有可比性，这令我们生畏。”从陌生性的角度说，我们这些文学研究者干的是南辕北辙的事情，是使文学去陌生化，或者说是祛魅的活动。

米勒把“文学的陌生性”上升到文学的基本特征的高度来论说，“陌生性”成了界定文学本体论的重要因素，这与您引用的别尔嘉耶夫的话有暗合之处。在这个意义上说，追求某种非确定性把握和判断，应该是文学研究者职业伦理的很重要的一部分。而这种职业伦理，我其实主要是当年从您的课上和著作中最早体悟到的。

洪子诚：新批评有一种文本自足的信仰，现在大家认识到这种主张的弊病。苏珊·朗格在强调诗歌创造的是一种幻象，是虚构之物，并具有一种“结构的形式”“表现性的形式”，是语言的“造型作用”，所以她反对在读诗的时候，时时结合作者的身世，想象作者写诗时的情景，将诗作为一种心理学的“案卷”去读（《艺术问题》）。她还说，有的分析，“是强行从诗句中挤出的陈述”，认为研究诗的时候，应该将“诗人告诉我们一些什么？他是如何将自己的经验传达给我们的？”转移到“诗人创造了什么？他是如何创造的？”等现代问题。不过，她也不是完全这样做的。究竟时代情境、作家传记等在文本分析、解读中居何种位置，还是一个值得思考的问题。另外，语言、技术、主题、方法与时代、历史、社会生活、文化变迁之间的关系，是不是也是你解读时关注的问题？你对顾城诗歌评价很高，80 年代是这样，现在也是这样。那么，他的经历、事件是否对你的评价有影响，有什么样的影响？

吴晓东：那就从顾城说起。我知道顾城杀妻事件（1993 年）对您关于顾城的评价有很大的影响。就像阿多尔诺说“在奥斯威辛之后写诗是野蛮的”一样，经历了顾城杀妻和自杀事件我们肯定无法像从前那样看待顾城，由此也会影响到对他的诗歌的评价，尤其是我们还处于顾城离去不久的时代，道德尺度是我们无法祛除的衡量标准之一。而且只有通过顾城杀妻事件以及此后揭露出的顾城在激流岛上的私人生活空间，我们才更明晰地看到顾城诗中的某些面向。这并非一种目的论式的分析视野，也不是以杀妻事件作为终点进行反观，而是想通过顾城最终的生命结局回溯到诗中寻求这一终结的必然性，而且这种必然性也的确能在顾城诗中找到。这就是您所说的“时代情境、作家传记等”因素在文本分析、解读中有时会占据重要位置的原因。顾城事件也会影响文学史写作面貌。我当初（1994 年前后）与钱理群老师一起参与编写《彩色插图中国文学史》的写作，新时期的诗歌部分就是由我写的。这本文学史是由商人出资，最后在大陆和香港分别出简体字和繁体字两个版本。结果大陆版出版社删去了关于北岛的所有文字，而香港版则删去的是顾城，因为出资的老板因杀妻事件而极度讨厌他，必须拿下关于顾城的部分才能出版。这本书的出版是个很有趣的案例，反映出政治、资本以及个人的好恶是怎样介入了文学史面目的呈现的。所以有时“新批评”的文本自足的信仰想坚持也无法坚持到底。因为在语言、技术、主题、方法之外，“时代、历史、社会生活、文化变迁”也总要找上门来。

我不讳言对顾城诗歌的偏爱，他的童话世界曾经仿若天国的声音，而其诗歌中精致的语言、纯美的幻象、纯净的质地……也仿佛不属于我们这个世界。然而，为什么创造了一个美好而单纯的童话世界的诗人会成为一个杀人者？这本身就是一个最大的反讽，也为顾城这一精致完美的所谓“汉民族的器皿”敲击出一道裂纹，由此启发我们反思关于“诗是一种精神”（福斯特语）之类的那些似乎不言自明的论断的合理性。

顾城事件也意味着诗歌评判标准无法完全从诗歌内部获得，至少逼迫我们重启道德视野。但我的困惑处在于，千年之后的读者如果仅仅面对顾城的诗歌，而并不了解他的生平和身世背景，那么道德视野是否还会起作用？或者以怎样的方式在起作用？如何判断顾城诗中可能具有的某种剥离了具体历史语境的“未来性”？又是否存在这种“未来性”？这些问题一直在困扰着我。

洪子诚：前面说过，那种细密的，有明确理论支持的“科学性”分析，目前成为潮流，而印象式的感悟批评的地位下降。这有两方面原因。一个原因是如你说的，采用何种方法，与文本的性质有关，针对“现代主义”的诗、小说，传统批评方法并不能揭示其中的奥妙。另一个原因是理论方法本身的发展带来的解读，分析面貌的改变。但是，印象式的、感悟性的批评是否已经过时？我们有时候还很怀念刘西渭对作家作品的那些耐人寻味的点评，觉得有时候比洋洋万言更有意思。况且，如你说的，80 年代那种“非功利”阅读中遭遇的“尖锐的针刺所带来的痛楚”，那种柔软感和痛楚感，很可能消失在这种“科学”分析中。回过头来说，那种敏锐的艺术自觉和感性判断，似乎是一个重要基础。

吴晓东：印象式的、感悟性的批评在文学中必须占有一席之地，虽然刘西渭当年对作家作品的解读和判断也屡遭作家本人的反批评，认为不符合作家创作的本意。但是文学的魅力之一就是无法实证性。文学研究的“科学性”和学术性必须先在地接纳和涵盖这种文学感悟，才称得上真正“科学”。文学的固有禀赋，如带给心灵的顿悟以及感动与科学性多少是矛盾的。所以“敏锐的艺术自觉和感性判断”，无疑是文学研究的重要基础。这也是您的研究给学界的印象。

洪子诚：这样，我好像更喜欢你融入更多个人感受、体验的那些文本分析，如你写读《尺八》的文章。我们有时候其实更重视某一个有见地的读者（批评家）是如何阅读、看待某部作品的，而不完全更重视他提供某种方式和结论。因而，你讲到的竹内好、伊藤虎丸等学者的那种对作家作品的“原体验”，虽然有某种“玄学”、神秘意味，但想想是有某种迷人的风采的。

吴晓东：竹内好和伊藤虎丸等日本学者的研究有魅力的地方可能就在执着于对本源性、原理性东西的探索。他们不是扼杀文学的神秘性，而是小心翼翼地呵护文学固有的神秘。他们在对鲁迅的研究中表现的方法论，有一种本质直观的特征。这种“本质直观”就其玄学化来说未见得是好的品质，但对于弥补我们的研究中洞察力和想象力的缺乏，却具有相当珍贵的启示意义。

2013 年 1 月 13 日

原刊《现代中文学刊》2013 年第 2 期，此处收录的是访谈者提供的文档。

重审当代文学中的“制度”与“人”

——洪子诚教授访谈录

洪子诚、李浴洋、李　静

问：洪老师，非常感谢您接受我们的访谈。不久之前的2017年3月11日，北京大学人文与社会科学研究院刚刚召开了“洪子诚《材料与注释》研讨会”。这已经是您的《材料与注释》（北京大学出版社2016年版）出版之后学界举行的第二场研讨会了。我们的问题，自然也就首先想围绕您的这部新著展开。在3月11日的研讨会上，与会代表提及最多的话题便是《材料与注释》在著述体例上的特点，即您在“自序”中说到的“（本书）尝试以材料编排为主要方式的文学史叙述的可能性，尽量让材料本身说话，围绕某一时间、问题，提取不同人，和同一个人在不同时间、情境下的叙述，让它们形成参照、对话的关系，以展现‘历史’的多面性和复杂性”。熟悉您的学术经历的读者都知道，关于您在书中处理的50—70年代文学中的一些重要事件——诸如“百花运动”、“反右运动”、“大连会议”与“文革”等，在您此前出版的《中国当代文学史》《中国当代文学概说》《1956：百花时代》等著作中已经形成了一套相对完整与成熟的历史叙述。而且，您的叙述在某种程度上也已经以一种“知识”甚至“常识”的形式被学界广泛接受。那么，在这一背景下，您选择重新谈论，并且是以这样一种方式谈论这些您已经多次谈论过的话题的动因是什么？您如何看待您在本书中所做的工作与您此前已经完成的历史叙述之间的关系？

洪子诚：《材料与注释》中使用的材料，有的在我以前的书中多少涉及过。特别是1998年版的《1956：百花时代》，在处理1957年中国作协党组扩大会议事件时，就比较详细引用了冯雪峰、邵荃麟“文革”期间写的“交代材料”，以及这次会议的发言记录。另外，大连会议的材料，毛泽东颐年堂的谈话，在我的书里也不是全新的东西。之所以将它们拿出来再加以编排注释，原因有两个方面：一是这些材料过去主要是在我的论述框架中被征引，材料本身的丰富、复杂性有可能被缩减、遮蔽；二是对历史事件的不同叙述所形成的对话，历史与叙述的关系，在以前的著作中虽然涉及，但是基于材料本身所做的展开还是有必要再尝试。当然，还有重要的一点是，我越来越关注历史事件中个人的细微情感、反应，这在总体叙述中常常被忽略。事实上，在读这些材料的时候，它们给我留下很深的印象，有的还可以说是触目惊心。“历史”并不只是一些抽象的“规律”，是有血有肉，有欢笑也有眼泪的。

问：在“自序”中，您谈及交代了《材料与注释》中的“材料”来源及其历史背景的《1967年〈文艺战线两条路线斗争大事记〉》一文“也可以看作本书的‘代序’”。文中介绍了作为本书主体部分的六篇“材料”是您与其他学者在1967年参与《大事记》写作时私下抄录的。但我们也注意到，当时被抄录下来的“材料”不止这六篇。那么，您在写作本书时选择“材料”的标准是什么？换句话说，为何是这六篇“材料”进入了您的关注视野？

洪子诚：当时材料复制条件很差，不可能拍照，自然也没有复印机和扫描工具，都是靠手写抄录。记得分工抄录时，用很薄的纸每种复写六七份，每人一份。因为很费功夫，抄录的材料并不多。大连会议记录很详细，只能摘抄小部分，很可惜。当年的抄写，和这些抄录的材料，严家炎、谢冕等先生现在完全没有印象，自然也没有保留。我其实也没有保存材料的习惯，当年也没有学术研究的预想。为什么会留存一些，也不知道，可能觉得辛苦一阵，扔了可惜。另一些材料是中国作协当年印制供批判用的，如邵荃麟、冯雪峰、林默涵、刘白羽的材料，这些用过就交上去了。因为那个时候编写的是文艺“两条路线斗争大事记”，材料也就都是“十七年”中重要的文学运动、思潮方面的。现在放在一起就形成主题性的观感，并没有什么特别的“关注视野”的选择。

问：“周扬集团”在1949年之后的“文艺战线”上的命运浮沉，似乎是本书在材料编排与注释撰写时讨论的核心问题。在与胡风、丁玲以及冯雪峰等几股力量的“竞争”中，“周扬集团”最终取得了胜利，进而主导了1950年代后期与1960年代初期的中国文坛。他们之间的“较量”，涉及观念、制度、现实权力与人事关系等诸多因素。在您看来，“周扬集团”能够成为文坛主导力量的最为重要的原因是什么？

洪子诚：这是个需要继续研究、讨论的问题。胡风一派的受排斥到覆灭，过程及原因已经有许多讲述，也有大量的研究成果，情况似乎比较清晰。周扬与丁玲、冯雪峰之间的问题，谈论的文字也不少，但仍有晦暗不明的地方，特别是丁玲和周扬的关系。都是湖南人，为什么闹得不可开交？不同的“知情人”和研究者之间看法、情感倾向不同，有的可以说是大相径庭。《材料与注释》出来后，有的学者认为我对周扬同情太多，有的则认为在他们的关系中，丁玲也并非完全无辜。90年代写《1956：百花时代》的时候，我曾系统读了丁玲50年代初的书、文章，如她对萧也牧的批评，对作家应该“到群众中落户”的提倡，以及《跨到新时代来》的论文集。可以看出，她都是自觉地作为“解放区”作家的身份发言，表现了指导来自“国统区”作家的姿态，坚持维护、执行毛泽东文艺路线的。从具体工作上，她和周扬可能有分歧，但是这个时期他们的文艺观点看不出有什么差异。而据50年代担任中宣部机关党支部书记的李之琏先生“文革”后的回忆，1955年秘密批判丁玲、陈企霞，中宣部内部对是否将他们定性“反党小集团”就存在分歧，似乎只有周扬表现最积极。“观念、制度、现实权力与人事关系”的诸多复杂因素中，我看在这一事件中的决定性因素，还是这一制度下的“现实权力与人事关系”吧；不过，它被“包装”为观念、路线斗争的形式出现。

“周扬集团”这个说法，可能早已出现，但是我最近才听到。去年 11 月上海师大“光启读书会”讨论《材料与注释》，上海大学的周展安使用了这个词。我们在谈论当代的周扬的时候，自然不仅仅是谈论他个人。记得江青主持的“部队文艺工作者座谈会纪要”（1966），和姚文元的《评反革命两面派周扬》（1967）文章，使用的是“周扬为首的黑线”“周扬等人”“周扬一伙”的说法。“集团”这个概念，包含某种制度性的组织因素，用来称呼“十七年”中周扬及文艺界的掌权者是否合适，还需要进一步讨论。不过这个说法也是有依据的，和“纪要”、和姚文元文章中这样的论述有关：“这条黑线就是资产阶级的文艺思想、现代修正主义的文艺思想和所谓三十年代文艺的结合”；30 年代的“左翼文艺运动政治上是王明的‘左倾’机会主义路线，组织上是关门主义和宗派主义，文艺思想实际上是俄国资产阶级文艺批评家别林斯基、车尔尼雪夫斯基、杜勃罗留波夫以及戏剧方面的斯坦尼斯拉夫斯基的思想”……这些描述，也可以说具有“集团”的意味了。至于周扬他们为什么能成为文坛主导力量，相信也是由诸多因素促成的。这其实可以追溯到左联和延安时期。延安时期到 50 年代初，他在文艺界的领导地位实际上已经形成，确立。这从第一次文代会中可以清楚看到。但是，丁玲、冯雪峰都是老资格左翼作家，他们作为作家的成就、影响，比周扬要大许多，仍是潜在的威胁，可能构成对周扬等地位的挑战。说起来，大概丁玲、冯雪峰他们身上，仍留存更浓厚的文人、书生的素质，而说实在的，“百无一用是书生”。

问：书中除呈现了“周扬集团”在 1949 年之后的崛起过程以外，还触及了他们在“文革”爆发前后与更为激进的文艺—政治集团“斗争”时落败的经过。您如何看待“周扬集团”在 60 年代初期以后越来越被动，以致逐渐丧失在文坛的主导地位的命运？只是因为他们不够“激进”，还是另有其他原因？

洪子诚: 姚文元文章列出的周扬为首的“文艺黑线”人物名单是:胡风、冯雪峰、丁玲、艾青、秦兆阳、林默涵、田汉、夏衍、阳翰笙、齐燕铭、陈荒煤、邵荃麟等。这是个有趣的现象：因为周扬和胡风，和丁玲、冯雪峰在50年代斗争中曾经表现得有点“你死我活”，结果他们最后却被归为一类，都是“一伙”的。这个观察并不是完全没有道理。也即是说，在“左翼文艺”内部，周扬等和后来的“激进派”之间的分歧，与和丁玲，以至胡风之间的，要大得多。确实，周扬等的文艺观的主导面，是19世纪激进民主主义的内容，或者说相近于普列汉诺夫的主张——50年代后期到60年代初，周扬对普列汉诺夫的遗产十分重视，经常提到他。而江青、姚文元的文艺观和实施文艺政策，在对待文化遗产上，在如何组织文学生产上，思想脉络更接近苏联20年代的“无产阶级文化派”。为什么周扬他们会落败？这不是文艺自身的问题，要有更大的视野。那个时候，文艺就是现实政治，要从国际国内政治经济形势，从毛泽东当年的政治理想，从中国革命遇到的“危机”，从“文革”发生的原因联系起来，才能看清楚。这些不是我能够办到的，我对中国当代文学的研究，也经常被批评为缺乏大的国际视野。

问： 本书中唯一一篇接近论文体式的作品是《“当代”批评家的道德问题》。您在其中指出，50—70年代中国进行的是一种“‘泛道德化’的政治实践”，因此道德主义者的身份也就往往内在于这一时期革命作家与批评家的自我与集体认同之中。是故，道德批判在历次涉及他们的批判运动中自然屡见不鲜。是否对党“忠诚”是在这一时期的批判运动中经常秉持的标准。然而问题也随之而来，即检验对党“忠诚”程度的标准通常会被落实成为对于党的领导人以及党在某一具体领域甚至具体政策中的意志执行者的“忠诚”程度。您在书中也提到，在对于“周扬集团”的对立面进行批判时，他们对于周扬不够“忠诚”便构成了他们“反党”的一项重要证据。而由此可见的是，在一种由现代政党主导的新型的道德实践的展开过程中，却相当内在地包含了对于原本应当摒弃的部分传统伦理的抽象继承与大力发扬。当然，两者之间的缠绕与纠葛大概源于某种深层的历史结构，对于它们很难简单地做出是非判断。对于这一现象，您如何看待?

洪子诚:“真诚”问题，道德问题，在当代历次文艺批判、斗争中，都被着重提出，1957 年批判丁玲、冯雪峰时，更是这样。它贯穿整个“当代”的政治环境；即使当年是青年学生的我们，也常常面临这样的“追问”。对党是否真诚，在当年构成强大的压力，不仅来自外部的逼迫追问，在许多“革命者”那里，也内化为重要的心理内容。我相信如有的研究者说的，晚年的丁玲，对“真诚”的证明是她心理、行为的主要支撑点；她就活在对“真诚”的证明之中。不管是批判者，还是被批判者，都生活在这种他们无法解脱的悖论之中。不是吗? 在党组扩大会上，丁玲对周扬曾有的轻视态度，被作为对“党”闹独立、组织“反党小集团”的证据，说党的领导不是抽象的，总是体现为具体的领导人；但是当丁玲检讨自己不该那样对待周扬，说这是不服从党的领导时，又被批判为将具体个人与“党”等同，以此推脱罪责。正如你们所说，“在一种由现代政党主导的新型的道德实践的展开过程中，却相当内在地包含了对于原本应当摒弃的部分传统伦理的抽象继承与大力发扬”。但这种继承并不“抽象”，而是很具体的，包括观念、心理内容，甚至仪式的种种细节。在 80 年代初的历史反思思潮中，很流行的一种看法是认为“文革”是“封建主义复辟”，这在后来受到很多质疑。简单化是肯定的，“封建主义”概念的使用也不太恰当。但我仍然认为，与“封建时代”的政治、伦理传统之间的继承关系，是观察中国现代政党、政治运动性质、行为方式特质的有效切入点。90 年代掀起的中国革命的“反现代的现代性”的论述，既拓展、深化了我们对毛泽东领导的中国革命性质的理解，也阻遏了原本应该继续深化的这一历史反思。

最近我写的《读作品记》，有一篇涉及苏联共产党第二十次代表大会之后，欧洲左翼知识分子对信仰的检讨问题。当时法国共产党负责人之一，也是著名作家路易·阿拉贡在60年代的文章中，讨论一种现象。他以俄国思想家别尔嘉耶夫作为例子，谈到这位神学家对待宗教的态度。别尔嘉耶夫和薇依一样，虽虔诚信奉基督教，却拒绝与教会发生关联。阿拉贡说，在宗教信条被社会化的时候，“精神和灵魂的叛逆注定要行动起来反对这种宗教信条”，“反抗‘社会化’了的教会”。共产主义如果要成为社会行动，“社会化”是必然的进程；信仰者也会被组织到里面。中国的社会主义者深刻遇到这一矛盾、在困惑中无法解套的，瞿秋白是一个，冯雪峰或许也可以算一个。但是，他们的精神困境和挣扎不可能有出路。他们意识到这种“社会化”的不可避免，也具有它的正当性；而“反对”也只能以类乎“神秘主义”的方法——对社会化制度的抗拒，无法以制度的形式来实行。他们如薇依所言，这样的人“必须而命定要独身一人”，对任何人际环境来说，“都是局外人，游离在外”；他们的精神影响，也只是发生在极有限的个体之中。但是无论如何，一个健全、有自信力的社会，也可以给他们的存在留下哪怕细小的空间，容纳这些人数不多的“‘社会化’了的教义之外的精神经验的承担者”。

问：回到《1967年〈文艺战线两条路线斗争大事记〉》一文，您在“自序”中提到它原题《思想、语言的化约与清理》，而此文的最后一节正是对于50—70年代“精神和语言的‘简化’”问题的集中讨论。在3月11日的研讨会上，您也表示“语言的败坏”是这一时期最为重要的“历史债务”之一。关于这一话题，钱理群老师与黄子平老师等人也都有过论述。不过，一个值得注意的现象是，中国共产党从40年代开始就一直十分注重语言建设，包括多次进行“整顿文风”运动以及“毛文体”的形成，在一定程度上都为现代汉语的演进积累了重要经验。如果将这一背景与发生在50—70年代的“语言的败坏”放在一起进行考察，其间意图与效果的悖反显而易见。那么，您认为出现这一悖反的关键原因是什么？

洪子诚：“精神与语言的简化”以至“败坏”，准确说主要发生在后来，尤其是“文革”期间。当然，这是一个过程，不是骤然发生，也不是“文革”之后就戛然而止。中国共产党40年代以来的“整顿文风”和语言建设，是政治理想、政治制度建设，以至现代人格建设的组成部分。在20世纪50年代初，也还有过“汉语规范化”的“运动”。1958年，毛泽东又一次提出“文风”的问题，提出“准确、鲜明、生动”的六字主张。从文学方面看，40年代解放区的一些诗，特别是小说，确实展现了现代汉语的新的风貌，丰富、加强了现代汉语的表现力。在赵树理等的作品中，可以看到在民间（主要是北方农村）口语之上提炼、改造的成果。40年代后期闻一多、郭沫若、茅盾他们的惊喜和赞扬，应该是真心实意的，这种肯定体现了历史感。夏志清60年代在《中国现代小说史》上对赵树理语言和叙述方式的讥讽，是一种偏见。我上大学和开始工作那些年，赵树理作品经常成为现代汉语学家论著的词汇、语法、修辞的例句，教学中也频率甚高地被选为“范文”。这个现象虽然有政治意识形态方面的原因，但也是有现代汉语演化、发展上的道理。但是，“当代”确实发生语言贫瘠化、僵化、“败坏”的情况。这表现在两个方面，一个是语词与事物、现实之间的关系的严重脱节，矫饰、夸张、浮华，另一个是严重的套语、公式化。翻开“文革”时期出版的书刊，触目惊心的印象是，所有的人都在说同样的、规范的话。成年累月地重复这样的陈词滥调，不发出腐败的气息都不可能。语言不只是表达工具，也体现着我们的情感、思维、生活方式。

问：同样是在《1967年〈文艺战线两条路线斗争大事记〉》一文中，您提到自1980年代以来，您“为着改善被统一价值熨平的心灵，处于持续焦灼的心态之中”，因为“原有阅读、生活经历的单薄，即使简化、清理的压力有所缓解，也没有太多的东西可以释放出来”。由此我们也可以理解，您何以会在“一元”与“多元”的价值判断中做出明显倾向于“多元”的选择。我们注意到，相当一批与您同代的中国现当代文学研究者都持有类似立场。在中国现代文学研究界，更有“多元共生”的文学史主张。作为一代学人的道路选择，这非但无可厚非，而且极具启示意义。但对于在前辈们倡导的“多元”的价值取向中成长起来的年轻学者而言，存在的最为显著的问题却是一种整体性视野的普遍缺失。当然，这一问题的出现并不能得出“一元”优于“多元”的结论。我们想向您请教的是，您如何看待这一现象，以及在重建把握历史的能力方面，您有何建议？

洪子诚：关于“一体化”“多元”等问题，此前我已经说过很多，现在也没有更多的话说。处于自动或被迫的思想禁锢环境中，“多元”、开放曾经是一种具有崇高感的热切、紧张的期待。这种期待也不可避免地理想化，以至没有清醒意识到在“多元”的时代，“一体化”的压力仍持续发生。不同的也许是，除了政治意识形态压力之外，也加上了市场意识形态，和两者的合谋。而且，压力不仅表现为权力的强制，也表现为“无形”的方面；有时候，后者的力量更为强大。另外，也没有意识到，崇奉的“多元”格局，也有可能是在维护“强势”思想、文化的地位。

如何“重建把握历史的能力”，这也是我这些年最想知道，却最终懵懂无知的。好些年前，我曾写过一篇谈乐黛云老师的文章。乐老师是我尊敬的老师，我最尊敬她的是她对己对人的真实。也许我们可以从她的经验中得到一些启示。我谈她的那篇文章题目叫《有生命热度的学术》，收入《我的阅读史》。乐老师在回顾自己50到80年代坎坷的遭遇的时候这样说：“我的生活充满了跌宕起伏，无论好事坏事全都来得出人意料，完全无法控制；大事如此，小事亦然。”所以她说：“……米歇尔·傅科曾经断言：个人总是被偶然的罗网困陷而别无逃路，没有任何‘存在’可以置身于这个罗网之外。”这段话见1995年她在台北出版的自传。80年代初，李泽厚先生曾经用“转换预告”“开放心灵”“创造模式”“走进农村”“接受模式”“多元取向”，来区分、描画 20 世纪六代（或六个时期）知识分子的基本特征。按照这个区分，乐黛云老师当属“接受模式”那一代。“接受”在李泽厚那里，应该是个动词，也就是说，那是缺乏创造力的，接受统一“模式”的一代。如果说李泽厚的整体描述能够成立的话，那么，“突破模式”的人的存在也一样是事实。他们不管是在“接受模式”，还是“多元取向”的年代，都艰难地抵抗着涌动的强大潮流的同化力量，对“同质”文化保持一定的距离，保有开放、批评，但也包容、非排他性的心态，不苟且，不阿世媚俗，努力坚持自己独立的判断。也就是乐老师自传的书名：“我就是我”。个体在任何时代都有一个确立自身位置的选择问题，这个问题与“一元”“多元”的价值取向无关。下面的一段话也许值得我们参考：“对后现代精神而言，纯粹自主的自我已不再可能。然而尽管历尽磨难，几度转型，却到底并没有被抹杀。……后现代的主体现在已知道：通向现实的任何道路都必须穿越我们语言的极端多元性和整部历史的含混性。”（特雷西《诠释学·宗教·希望——多元性与含混性》）。

问：最近一段时间，“人”的研究在历史学界重新受到重视，像罗志田教授与王汎森教授就先后呼吁“我们确实需要将隐去的‘人’召回到历史著述中来”。无独有偶，思想史研究者孙歌与人类学家刘志伟在一次学术对话中也表达了对于“人的隐去”的不满。可以说，这一思潮的兴起在某种程度上是对于此前长期盛行的观念史研究与制度史研究的一种反拨。我们感到，《材料与注释》虽然一如既往地发挥了您在文学观念与文学制度研究方面的优长，但对于历史现场与历史进程中的“人的境况”，您似乎给予了更多关注。而这些部分也是我们在阅读时记忆尤其深刻的。但其难度仿佛也是非比寻常的，像您在本书中处理的许多重要对象，如周扬、林默涵、邵荃麟、张光年，既有的研究就并不理想。是否可以请您谈一下对于 50—70 年代文学研究中的“人”的研究的看法？

洪子诚：这些学者的文章许多我都没有读过，从你们的引述介绍中，他们的意见是值得重视的。“历史”不是抽象的观念和规律，对于文学批评、研究而言，更是这样。

如果回溯当代史，在文学批评、文学史研究上，其实一直存在两种倾向。一种是“人的隐去”，另一种是对文学生产“物质”因素，对制度、观念史研究的忽略。记得1957年，钱谷融先生发表了后来受到批判的论文《论“文学是人学”》。这篇文章涉及问题广泛，其中一个重要方面是指出当代文学写作、批评强调“整体现实”“典型”而忽略人的重要位置。这个倾向在当代是持续性的。90年代，自从杰姆逊第三世界国家文本的“民族寓言”性质的著名论断传入中国之后，这个有一定可信性的描述性论述，在一些人那里，很快就转化为一种写作、研究的指导性“福音”。我在一篇谈韩少功小说《爸爸爸》的文章里说道：“中国现代众多叙事文本，便在若干‘寓言’‘隐喻’模式下站队；20世纪中国有关‘乡土’的书写，不是属于‘国民性批判’系列，就是属于‘文化守成主义’模式。”这真的让人感到郁闷。文学作品中的“人”，在这种模式下被删削了具体性，变成一种符号，事实上也就等于消失。

当代文学研究中，对观念史、制度研究的忽略，同样是不应轻忽的倾向。确实，二十多年来，这方面形成一个小热点，但也很难说这方面的研究就已经足够。在当代，对文学写作性质的精神性因素的强调，掩盖了文学生产重要的“物质”因素，掩盖了精心构建的制度在规范写作、批评上起到的重要作用。我在80年代后期开始注意这个问题，最初的动机也完全是出于对“人”的关切。写作《1956：百花时代》的时候，就关注当年对整个社会的“泛政治化”倾向的讨论。读《绿化树》，也明白传统“读书人”（章永璘、张贤亮等）金榜题名的理想在现代的延续，如何获得社会政治制度的保证。而物质的、制度性因素又如何制约、影响叙事方式、人物塑造、结构等的文本形态。当代文学的众多概念，叙述方式的清理，关乎学科建设的问题，更与“人”的当代处境密切相关。确立20世纪中国文学等级制的“国统区作家”“解放区作家”“建国以来的文学”“当代文学”等，并不仅仅是纯学术的概念。至于“写真实”“歌颂光明”“暴露黑暗”“现实”“真实性”“现实主义”“历史本质”“人性”“人道主义”“异化”“日常生活”等，在理论批评中不仅不同理论家常常是各说各话，而且这些概念也与“人”的生命紧密相连：它们寄托着许多的欢乐、情热、期待，也黏附着层层的血泪的痛苦。1957年，深挖冯雪峰、丁玲、艾青等的“反党”根源是“个人主义”，对这个在当代被赋予政治、社会伦理、个人品行等复杂内涵的“超级”概念，不说从学术史考虑，即使是为这些落难者辩诬，不只是情感、立场上的支援，“学术”上也需要我们做出清理的努力。

问：注释作为一种学术文体，在中外学术传统中皆有渊源。但在当代文学研究中，有意将之作为一种有效的著述体例，应当还是从您开始的。我们注意到，在您主持的《回顾一次写作——〈新诗发展概况〉的前前后后》一书的写作中，您就为“关于《新诗发展概况》答问”部分撰写了不少注释。只不过那次您所注释的是您曾经直接亲历的历史事件，您的书写姿态也更为接近“个体”意义上的“回顾”，而在《材料与注释》中，您注释的是您尝试分析与把握的研究对象，呈现的方式自然也就更为“客观”。但正如您在“自序”中所言，您“其实也经历过那样的年代，对这些文章涉及的人物的处境不是完全隔膜、无知”。也就是说，其中同样包含了某种“回顾”的成分。那么，您在此番注释时是如何处理注释者与注释内容的关系的？而与此相关的一个问题是，如何在历史研究中处理研究者本人的历史经验，始终是一个聚讼纷纭的话题。在这方面，您的“节制”与钱理群老师的“投入”经常被学界拿来比较。不过我们发现，在您2011年出版的《我的阅读史》与今年即将出版的《读作品记》中，您对于“感觉”（不同时期阅读的情境与心境）的重建与反思占据了很大篇幅。甚至在《材料与注释》的“注释”部分中，您有时也会直接“出场”。这类文笔在您此前的著作中似乎并不多见。那么，您现在是如何看待研究者的个体经验（包括“感觉”）在历史研究中的位置的？

洪子诚：我当初使用注释这种方法的动机，不是想“发明”一种文学史方法，而是要为手头一些材料寻找适当的处理方法。这些材料大部分比较特殊，它们是特定情境（反右、“文革”等政治运动）下的产物；这些检讨书的作者，他们处在人身、表达的自由受到剥夺的情况下。材料固然可以有助了解在这样的“时刻”，受害者和加害者（加害者在材料中往往隐匿，或不是以个体身份出现）的不同处境、心态，但是材料是否具有文学史的“史料”价值，研究中是否可以作为史料征引，就很难说，需要对它们做出辨析。这是开始对它们编排、注释的动机：为材料的确切性提供支持，或暴露其疑点。因此，注释便主要包括两个部分，一个是涉及的事件、人物的背景因素，另一个是尽可能寻找不同叙述者对同一事件的叙述，或同一叙述者不同时间的叙述，加以印证、对比。后来，确实有过这样的念头：是否可以选择各个时期的若干材料——文章，讲话，事件，某一期的刊物，某一作品……做出注释，来从另一侧面显现文学过程，作为“正规”文学史的补充。自然，不是所有材料都值得这样做，注释的方法也只是“正规”文学史的一种补充。这种方法，有助于更好地展现材料本身的丰富、复杂性，避免由于论著主旨的裁剪而呈现单一的状貌。不过，历史总是要做出论述和判断的，因此，一定程度“搁置”明确判断指认，确实也只能是一种“补充”。

总的说，我研究的“当代文学”，研究对象和我的生活经历基本是同步的。这有好处，也有明显缺陷。好处是对这个时期的文学现象，作家生活、写作处境，政治文化氛围有亲历者的体验和了解，这是另一世代的研究者不具备，或者说需要花很大气力才能理解的优势。缺陷是，对问题的认识、判断，同步的生活经验也会让你就事论事，缺乏超越的眼光，对材料的掌握，也会存在问题，即有许多材料还需要一段时间的发掘积累，不是“当代人”全都能把握的。“当代人”写“当代史”可能经常会出现两种不同的倾向。一种是意识到“亲历”的那种经验性优势，会加强写作者评述的强度。另一种是感知“当代人”与“历史”在时间的重叠，经验、情感与“历史”的无法剥离的纠缠，失去“旁观者”的视角，而宁愿采取一种收缩的姿态。不能简单化地判断哪种方法更好，更有价值。这里存在许多难题。就像一位学者指出的那样，“回到”历史情境之路，既要有个人经验的积极介入，但也要与对象保持一定距离，对自我的立场、经验有警惕性的反思。离开个体经验和自我意识的加入，论述可能会成为无生命之物，成为悬空之物，但过度的投入、取代，对象也可能在“自我”之中迷失，“历史”成为主体的自我映照。由于历史观、性格、知识等方面的限制，我似乎更愿意采取后一种方法，也就是一种“微弱的叙述”。

“节制”和“投入”的问题，既牵涉到社会立场，也有关学术“姿态”。我的看法是，积极投入，并在社会生活和学术活动中明确表达自己的观点，应该得到提倡张扬。几次和学生，和年轻学者谈话中，他们也委婉地批评我，说这个时代更需要介入，更需要鲜明说出自己的意见。我也同意他们的看法。不过，有的事情不是你想努力就能达到的，本性使然，性格的问题，一辈子也难以扭转。当然，在受到提醒也意识到自己的弱点之后，也还是有些微的调整，就如你们说的，《读作品记》有较多的“出场”。

问：在《材料与注释》中，您所处理的“材料”——会议纪要、检讨书与回忆录等——是近年当代文学史与当代史研究中使用较多的几种材料类型。它们进入学术领域，成为“研究对象”，在很大程度上带动了一批当代文学研究的新的学术生长点的生成。但在对于什么可以成为历史材料这个问题的认识上折射出来的，从来就不止关乎学术技艺，更涉及学术甚至历史观念。最近几年，当代文学研究界对于史料工作的重视空前加强。我们想知道，在对于究竟什么可以成为当代文学的“史料”这一问题上，您的看法是怎样的？

洪子诚：近年来，当代文学研究确实表现了重视史料的倾向，这自然是好事：首先得把事实弄清楚，然后才有你的观点和分析。这也是“当代文学”已经六七十年，已经很“历史”的必然趋势。以一般的理解，和当代文学“生产”有关的事实、材料，都可以成为它的“史料”，因此难以画出它的边界。包括作家传记，作品，社会政治环境，文学制度政策，出版传播媒介，评价程序、方式等，什么可以成为“史料”的问题难以明确回答。而且，在我看来，某些材料是否成为“史料”，也是因人而异的，与使用者的“意图”相关。这里有怎样的关系，一是有待搜集整理的材料， 二是搜集整理者， 三是整理者与材料建立的关系。尽管史料工作有基本的要求和“作业规范”，但是这个关系是独特的，难以通约化。重视材料，也并不意味着材料越多越好，越多研究就越出色。就像有的学者说的，要学会记住，但也要学会忘记。至于记住哪些，忘记哪些，这对研究者的研究目的、视野、智慧都是一种检验。有的材料，一个时间被忽略，另一段时间材料则被重视，也是因为某种历史视野和理论框架发挥的作用。什么样的史料搜集、整理有意义，有价值，采用什么样的方法处理合适，这取决于研究者的不同史观、史识，以及艺术上的判断力。严格说，史料的搜集、整理很难说有“纯粹”的，它总是与文学典律，与对文学历史的理解，以及与现实的问题意识有密切关系。我们总不会去做任一作家的年谱，不会做任一作品的版本校勘或发表时间考证，也大概不会耗费精力去寻找任一作家的轶文、书信，搜寻文坛上的任一奇闻轶事——除非有这样的癖好。史料工作也带有阐释性。史料不是固定的，死的，摆在那里的，需要发现，赋予意义，给予“编排”，因而它们也有生长、变化或消亡的生命过程。史料与文学批评、文学史研究之间，是一个互相推进、辩驳、制约的双向运动。我在研究中的感受是，深知史料的重要性，也知道陷于庞杂混乱的材料之中无法挣脱的困境。在大量资讯扑面而来的时代，重要的是要学会分辨，有发掘、回收的敏锐，同时也要有汰除、掩埋的勇气。

问：在当代文学研究中，似乎一直存在文学史研究与文学批评的二分。这一分野几乎自“当代文学”创生之日起就出现了。在现代文学史上，基本是先有文学批评的繁荣，然后才有大规模撰写“新文学史”的时代来临。但在“当代文学”展开的历史现场中，两者从一开始就处于共生状态，并且彼此交融。当代文学史写作的“批评化”倾向，在近年为一些学者所批评。关于这点，学界已有不少讨论。我们想向您请教的问题与此相关，但具体的提问方式可能恰好与之相反，即在您看来，“同时代”的文学批评是否可能以一种建设性的方式介入“同时代”的文学史研究？在强调两者区别的同时，文学批评可以为文学史研究提供怎样的资源？您认为两者的有效对话有无可能？

洪子诚：文学理论、文学史、文学批评三者的区分、关系，在近现代的西方和中国文学研究界是有争议的问题，这个问题不自“当代文学”始。80年代在大陆很流行的韦勒克、沃伦的《文学理论》和韦勒克的《批评的诸种观念》中译本，对西方学界这个问题的诸种观点做了梳理。粗略地说，大概文学史重视的是各个时代文学之间的关联，而批评则倾向在共时性的结构中来审视品评。但是这个区分不是绝对的，也存在两者的渗透、交叉。我们可以看到具有文学史品味的批评，也能看到具有批评品格的文学史。举例来说，80年代赵园、黄子平他们的批评，都表现了浓厚的文学史视野。至于具有批评性品格的文学史，例如林庚先生的《中国文学简史》（不是后来修改扩充的那部）、夏志清的《中国现代小说史》等。我喜欢的别尔嘉耶夫的《俄罗斯思想》，也有这个特征。我其实偏爱这样的批评性的文学史、思想史论著，它们睿智（或接近睿智）、美丽（或接近美丽）——有的篇章段落，也可以当作文学作品来读。我的理想是有一天能稍稍接近这样的著述，只可惜这个理想已经没有可能实现。我内心一直认为，做一个批评家更不容易，也更看重好的批评表现的生命活力。

我不知道别的研究者的工作方法，对我来说，当代文学史研究可以说离不开“同时代”的批评；如果不借重这些“资源”，我的工作无法进行。文学批评成果在文学史写作中既是需要清理的文学现象（如对萧也牧的批评，茹志鹃小说的讨论，朦胧诗的论争……），也为文学史提供相关材料，以及价值认定的重要参考。90年代编写文学史，我读了大量的自50年代到80年代的批评文字，贺桂梅也帮助我，整理了许多这类资料供我参考。

问：在《我的阅读史》中，有一篇《“限度”的意识》。您在其中具体讨论了“情绪的限度”、“创新的限度”与“概念的限度”三个话题。在我们看来，这体现了作为文学史家的您对于自身在处理历史议题时可能存在的“限度”具有的清醒自觉。自1990年代以来，“历史化”成为当代文学研究界普遍推崇的态度与方法。您的研究思路与风格常被作为这一潮流中的典范。但我们也注意到，同样主张“历史化”，在不同学者那里落实下来的具体形态却可能很不一样。同时，对于当代文学研究的“史学化”趋势，也有一些学者提出批评。那么，您对于“历史化”的理解是怎样的？您是否认为这一主张在当代文学研究中的实践也存在某种“限度”？如果有的话，在具体研究中又应当如何应对？同时，您对于“限度”的强调，也让我们想到了您经常将自己的“性格”概括为“犹豫不决”。关于“犹豫不决”，起初似乎是您在回答您在研究中何以经常不做明确判断时的说法，带有某种自谦与自省的意味；但渐渐地，学界开始逐渐肯定您的这一姿态，甚至在3月11日的研讨会上，有的学者明确提出“犹豫不决”乃是一种高明的“思想方法”。我们想知道，伴随着您的研究不断推进，您现在是否还经常“犹豫不决”？以及“犹豫不决”是否也可以作为某种有意追求？

洪子诚：你们提到的《“限度”的意识》，连同谈“一体化”的这两篇，在即将再版的《我的阅读史》中被我删去了。没有别的原因，就是再读的时候感到它们做作。删去是为了藏拙，不大好，但是一看到就感到别扭。关于“历史化”，我确实使用过这个概念，也可以说是90年代写当代文学史的时候，有意识使用的理念和方法。“历史化”的使用和理解，不同学者可能不同。“历史化”在我这里，主要是将概念、事件、作品尽可能“放回”到具体历史情境中审察，侧重注意作品、体裁样式、概念、艺术形态产生的历史条件，也就是关注某一“文学事实”是如何成为这样的“事实”的。“历史化”对我来说，不是“祛批评”，不是将“事实”在“历史”上加以固定，相反，倒是要暴露事物的构造性质，彰显它们的不稳定的性质。

“限度”“犹豫不决”等，确实主要基于性格。在最近和戴锦华老师就《文学的阅读》这本书的对话中我谈到，从上大学到80年代，我都为自己无法“跟上形势”而苦恼，我一直都很想“跟上形势”的，大多数时间都不满意自己“边缘”的处境。许多事情，潮流，政治的，文学的，时尚的，都要隔很长的一段时间弄明白，才能决定是适应还是不适应。当然，到了后来，知道自己这样的情况，原先的那种追赶的压力、焦虑也就放松下来，也转化为一种态度。人生活在世上，自然会留意在他人心目中的形象，总会有意无意地设计自己的姿态，所谓“适性任情”也是这样。不过，说“限度”“犹豫不决”是一种高明的“思想方法”，我想这个说法不大好，也不符合事实，不是这样的。赵园老师曾经为我的“犹豫不决”“软弱”辩护，说里面可能有“坚硬”的东西，她还是将这个看作性格缺陷的。不能就这样将它看作优点。

问：除去“犹豫不决”，您还经常用“新旧交杂”来描述自己。陈平原老师最近喜欢引用福泽谕吉的一句话——“一生而历二世”。此说用来形容您的人生与思想经历，似乎也很恰当。您曾经说自己是“80年代人”，而您的主要研究对象之一则是您曾经经历的50—70年代。在某种意义上，您的研究正是两个时代的对话与交叠。那么，对于两个时代的往复思考与彼此参照，是否为您的研究提供了一种别样的视野与经验？

洪子诚：记性不大好，我回忆不起来在什么地方说过是“80年代人”。“一生而历二世”——假如我们的生命足够长，许多人都是这样的。20 世纪的中国，因为战争、革命、政权交替、政治经济政策变更等等原因，而出现或大或小的转折。我出生在 30 年代末，有十余年生活在“旧时代”，按照阿城的说法，也是“从旧社会过来的人”。50—70 年代对我来说是重要时期，这个时期与 80 年代构成一种复杂的对比。现在，80 与 90 年代，仿佛也成为不同的“世代”了。在 90 年代后期到新世纪，说起“80 年代人”，尊敬的是看作前辈，不大尊敬的可能看作是“遗老”。世事变化多端，如果你经历过不同“时代”，如何处理不同时代赋予的思想情感，如何处理“今日的我”和“昔日的我”，协调它们之间的关系，这是“一生而历二世”的人都要面对的，而不同的人的处理方式也不同。虽然对既往世代形成的错误或不当的思想观念也持批判、反思态度，但还是那句老话——由于“性格”，总不能做到突变，完全的除旧布新，转眼间就换作另一个人，总是留下要超越的世代的残留物。因此，写出来的文章、论著，也总是不新不旧，或半新半旧的样子。这多少也是出于想保持自己生命的某种连续性的考虑。至于给研究工作带来的是利还是弊，真的不知道。

问：我们阅读了您即将出版的《读作品记》一书的书稿。此书从表面上看很像是您的《我的阅读史》的“姊妹篇”。但细读起来，两者好像又有不同。此书似乎更为接近您欣赏的木山英雄先生的文章作法——“把读书经验语言化”。我们想知道，在完成《我的阅读史》的写作后，您是如何又起意写作这一系列文章的？此外，您在此前的访谈中曾多次谈到自己晚年无意再进行“新的开拓”。但我们发现，您不仅屡有新著问世，而且其中的不少作品堪称具有开拓意义。我们想知道，您现在正在进行的研究工作或者写作计划是什么？这是我们的最后一个问题。十分感谢您接受我们的访谈。

洪子诚：我的研究、写作并没有明确的计划，常常带有相当的偶然性。当时说“无意新的开拓”也是真实想法。记得 90 年代初在日本上课，当时身体很不好，情绪比较低落，好不容易将两年的课应付下来，就想回到北京，再也不做研究了。但是后来的情况也出乎我的预计，还是写了不少东西。编写当代文学史完全不是计划中的事情，只是当时教研室觉得80年代初编写的《当代文学概观》已经不能适应教学需要。《问题与方法——中国当代文学史研究讲稿》的出现更是偶然，我上课之前完全没有想到要成为一本书。《材料与注释》也是在整理书籍材料的时候突发的念头。2009年到2014年，我在台湾几所大学上课，觉得讲稿和录音可以修订整理，这才有了一组名为《读作品记》的文章。《读作品记》和《我的阅读史》有关联，但也不同。我减弱了阅读在自身感情思想上留下的痕迹，主要是延伸、扩展到对当代一些思想、文学问题的思考，同时也想在这些文章中保留一下资料。今后还能写些什么，确实没有计划。可能会写一点读当代新诗、小说的随笔，或者还继续写一点当代文学史方面的东西。我常遗憾许多中外名著没有读，或者读得很潦草，希望能静下心来读一些，但目的不是为了研究，为了写文章。

原刊《汉语言文学研究》2017年第2期，此处收录的是作者提供的文档。

谈中国当代文学史

洪子诚、丁雄飞

问： 大体上，我们称1949年（或1942年）以后中国大陆的文学为“当代文学”。不过80年代以前的当代文学，虽然在直观的时间上距离我们很近，但从观念上、阅读感受上说，似乎是“五四”以来的现代文学距离我们更近。您觉得是现代文学还是当代文学离我们近呢？

洪子诚： 你说的远近，不是时间或空间上的“物理距离”，而是阅读上的心理距离。犹如顾城诗里说的，“你看我时很远，你看云时很近”。因为是心理距离，不同的人感受会很不一样，不能一概而论。对于当前读者的阅读选择和感受的取向，如果要有更令人信服的判断，需要做一些基本的调查、统计。不过，比起1949年到80年代之前的当代文学，说大多数文学读者更亲近“五四以来的现代文学”，我想还是能够成立的。文学的历史不是进化的发展史。我在《读作品记》这本书里，提到苏联作家爱伦堡1956年写的《司汤达的教训》。爱伦堡说，当我们谈到《红与黑》的时候，“要比谈我们同代人的作品觉得更有信心”，“《红与黑》是一篇关于我们今天的故事，司汤达是古典作家，也是我们的同时代人”。他还说，“如果说莎士比亚的悲剧还能够使共青团员们深深感动，那么，今天没有极端保皇分子的密谋不轨，没有耶稣会神学校，没有驿车，于连·索黑尔的内心感受在1957年的人们看来仍然很好理解……”在爱伦堡看来，19世纪的司汤达要比20世纪50年代的许多苏联作家距离那时的人们更近。

50—70 年代的许多“当代”作品，目前更多是在文学研究者的范围内谈论，也就是说，主要有研究上的意义，比较多地作为政治、社会状况的研究材料。这里的原因很复杂，拣主要的方面说，我想就是在探索现实遭到重重阻碍，在艺术上制定某种必须遵循的公式，以及将丰富的现实抽象为若干教条的创作环境下，不可能产生很多的有长久生命力的作品。

问：现代文学、50—70 年代文学、新时期文学，这之间的“断裂”是您反复论述的主题。但也有时间感不分裂的创作，如汪曾祺。汪曾祺 40 年代的小说（《复仇》）、60 年代的小说（《羊舍一夕》）和 80 年代的小说（《受戒》《大淖记事》）在阅读感受上似乎没有太大区别。很多人强调写作受时代影响，而您在 80 年代曾研究过许多“跨时代”作家（《读作品记》，332 页），汪曾祺是否体现了文学个人性的一面？

洪子诚：“转折”“断裂”是 20 世纪中国文学的事实。但是，不应该简单地把断裂、转折理解为一刀两断，截然对立；它的性质应该主要被理解为结构、关系的重构。在这个新旧的“断裂”关系上，金克木先生说得很好：“日日新”的宣告之外，也要见识“日光之下并无新事”；虽说“无新事”，可是“旧招牌下又出新货，老王麻子剪刀用的是不锈钢”。80 年代的“新时期文学”，也并不是全新的东西。盛行一时的伤痕文学、反思文学，其实仍延续着当代文学的那种革命激情，不过它接续的是“十七年”中受到排斥、被看作异端的那种批判性传统。因此，五六十年代因为“暴露黑暗面”受到批判的作家，在“新时期”就带着荆棘桂冠、英雄般地“复出”，从“弃民”的位置转而成为文学的主力。

至于说到汪曾祺，无疑他是当代最杰出作家之一，去掉“之一”大概也无不可。有很多的“跨时代”作家，后期却很少在创作上达到他那样的成就，丁玲、艾青都是这样。50 年代新起的作家，如王蒙、张贤亮他们，也比不上。这个问题，如果要评职称可以写很长，讲得很复杂的论文。按照套路简单说，那就是素养、艺术才能、语言能力有高低，还可以加上在纷繁喧嚣的潮流中，是否能努力保持独立的品格。说是“个人性”也不错。汪曾祺的启示是，写作自然要关注、介入“时代”，但是也要和“时代”保持距离，包括语言的距离，不管是什么样的“时代”。“紧跟时代”“与时俱进”等，并非在什么情况下都是真理。

记得 1988 年黄子平写过《汪曾祺的意义》的文章，很到位地指出他小说的艺术特色，也从文学史的角度讲述了他对现代文学中“现代抒情小说”的衔接和发展。我读汪曾祺，感动的地方有两个方面。一个是他对并不显赫的读书人和下层的平民百姓的理解和温情。他在地方民俗风情的背景上，细微且绝不勉强地发掘他们的人性，以及乐观的生活信心。另一个就是他对语言的敏感。他的语言风格：朴素，节制，但有丰富内涵和弹性。既有古典成分，也吸收了民间的和口语的因素。这和他在当代从事过与民间文学、戏曲相关的工作有关。60 年代初我在北大教写作课，教学小组的指导教师是现代汉语和古文字学家朱德熙，他和汪曾祺是西南联大同学。我们教学的范文选过汪曾祺的《羊舍一夕》，朱先生也在示范课上分析过这个短篇，推崇的就是它的语言（他也同时推崇赵树理）。像我这样一辈子操弄文字为生的人，常常苦恼于自己的语言乏味、媚俗，但又没有办法改变；无法拥有并有效吸取更多的资源，也经常抵御不住发出酸腐气味的政治、商业广告，以及网络与江湖骗子流行语的侵袭、劫持……我觉得艾兹拉·庞德说得很对，文化的健康来自语言的健康。

问：您在《1956：百花时代》《当代文学的概念》《材料与注释》，包括《读作品记》中都专门分析过周扬（“等人”）。周扬从 50 年代末的“执行”，到 60 年代初的“后退”，再到 80 年代的“重掌”（贺桂梅：《材料与注释中的“难题”》），从 30 年代对车尔尼雪夫斯基的心仪，到五六十年代对普列汉诺夫的重视（《读作品记》，299

页），其间有一系列的摇摆。您如何整体地看待周扬在社会主义文艺里的位置？

洪子诚：因为出版了《材料与注释》这本书，对周扬的看法已经被问过许多次了。我研究当代文学，对他当然有一定了解，却谈不上深入研究。在当代文学，特别是“十七年”和80年代他是重要人物。由于他也主管出版工作，负责全国大学文科教材的编写，他的影响不限于文艺，而是延伸到哲学社会科学各个方面。这些年对他的研究，有许多成果：许多回忆性文章，李辉先生对“知情人”的访谈，以及几部研究专著。但是还很不够。我也只是在“文学”的范围内有过一些零星的评述。他是个复杂的人。与他有过交集的人，对他的评价很分化，有讲了他很多好话的，也有至死不原谅他的，当然还有对他爱恨交加的。有国外学者将他比作日丹诺夫式的“文艺沙皇”，大概因为他作风霸道，在多次运动中对一些作家的迫害，但他也惜才，保护过有学问、有才华的知识分子。他被看作毛泽东文艺思想、路线的捍卫者和执行者，真诚期望建设辉煌的“社会主义文艺”，但是他的文艺观与毛泽东，以及更激进的文艺派别显然存在不小的分歧。从50年代初开始，他对培育“社会主义新人”，有一种开放的、注重精神丰富性的理解，可是在旁观者看来，他自己的性格、生活却很枯燥，似乎没有什么情趣，没留下什么“个人性”的文字和事迹。他喜欢做报告，往往长篇大论，有人就可惜他为什么不多翻译名著，《安娜·卡列尼娜》就不错。但我猜测，以他的观点，那是燕雀焉知鸿鹄之志，不懂得有大视野、管控大局和“雕虫小技”之间的云泥区分。几十年中，他的主张确实不断发生变化，甚至翻转。60年代批判他说他是“两面派”，90年代用了温情的说法：“摇摆的秋千”。摇摆、前后矛盾等，在当代其实不限于周扬，究其原因，还要更细致地分析。可能一方面是周扬的思想观念有复杂性，他在实践中做调整，另一方面是当代社会政治环境的制约，有些事情不是他个人能够左右的。他能掌握他人命运，但是他也是棋盘上的棋子。所以他肯定也有如何维护权力、地位的考虑。周扬的确是“文化官僚”，但他是“真有”文化的官员，这不是那些“真没有”文化的文化官员所能比拟和企及的。

鉴于周扬的地位和影响，研究他对于深入了解当代文化是个很好的切入点。不过研究有一定难度，主要是某些重要材料获取不易，他的个人性的材料，如书信、日记，也很稀缺。我读过一些和他接近、与他共事，或者在他领导下的人的回忆，总的感觉是，他们对他的了解也都是影影绰绰的，如果模仿顾城的说法，就是“看云时很近，看他时很远”了。

问：与周扬相关的，是“20 世纪”的“19 世纪”问题。一种检讨无产阶级文艺的思路是：无产阶级没能像资产阶级收编贵族文化那样，收编资产阶级的文化，从而在文化上领导后者。您在《读作品记》中关于现实主义的讨论与这一思路类似（《读作品记》，144，147，149，163，291 页）。但就像 20 世纪的现代主义有克服 19 世纪的现实主义的雄心，20 世纪的社会主义现实主义也意图超越之前时代的文类，设想全新的形式。这里，在“资源”与“威胁”、“继承”与“批判”之间，是否注定是一个悖论？

洪子诚：我 1999 年在学校上当代文学史研究的课（讲稿整理后以《问题与方法——中国当代文学史研究讲稿》为名出版），当时最后一堂课就讨论了这个问题。十七八年过去了，对我来说仍是无解。苏联的社会主义现实主义文学，以及中国 50 年代以后三十年的社会主义文学实践，是一个追求“纯粹”，抵制、剥离各种“非无产阶级”成分的过程。当代文学前三十年演化的轨迹，可以说是一场文学的“清洁”运动。这个过程通过开展接连不断的批判来实现；而批判、清理也在左翼文学内部展开。追求“绝对”“纯粹”，渴望的是创造一个理想、“完整”的世界，这激起了个人和集体不断从经验、从现实感性中抽离的冲动。这里的悖论是：社会主义文学需要与“传统”的文学形态（往往被冠以“封建主义”、“资产阶级”或“颓废”等名目）划清界限，剥离、抵制它们的影响，以证明它“新”

的特质和存在的理由。但是这样做的后果，就是让这一文学自身失去养分和活力，最后成为某种没有血肉的理念空壳，如“文革”期间的作品那样。问题的关键也许是，这种文学的提倡者，还没有能够具备转化“传统”，即“不会无保留地全盘接受，但不应忽略其中合理的、庄严的内核”的超越性能力；而稍具这一能力的，如胡风、冯雪峰他们，又先后在纯洁化运动中被逐出“伊甸园”。这里面确实有一点“宿命”的意味。拿对待19世纪现实主义文学来说，当代并非全部持否定态度，通常会肯定它们对封建主义、资本主义的批判。但是对“批判”的肯定，也可能会转而危害建立的新制度自身。可以说是让人烦恼的“双刃剑”。

“纯洁”是个美丽的词，许多人都想获得这样的境界。但是，它也可能是自己为自己挖掘的“陷阱”。鲁迅讥讽过20年代激进的革命文学倡导者的“彻底”。毛泽东也常说：金无足赤，人无完人；水至清则无鱼。可还是抵挡不住对“彻底”“纯洁”的追逐。有些混杂（但不那么混杂），结构内部存在矛盾、对立的不同的成分，形成制约，构成不稳定的平衡，其实有好处：能够在对比中做出选择性的超越，也让边缘性的主张不被强大的统识性思想碾碎。这是让文学探索葆有活力的条件，是俄苏社会主义现实主义文学、中国当代文学提供给我们的经验。

问：去年有学者称，中国的社会主义文学是世界文学，在冷战的二元普遍主义中，东西两个世界都把自己理解成唯一的世界（the world），而在文学的流通和交流（中国在世界）、作品文本的相互影响（中国和世界）、文学的世界想象（中国的世界）上，中国的社会主义文学都具有世界性。《读作品记》重点涉及了俄苏文学、法国文学与当代文学的关系，您能否接着说说1958年在塔什干召开的亚非作家会议，以及五六十年代日本文学的译介（《读作品记》，349页）对当代文学的影响？

洪子诚：上世纪80年代，中国当代文学的口号是“走向世界”，言下之意是，当代文学在“世界”之外，自外于“世界”，或被“世界”排斥，没有被接纳。那时候的“世界”，指的主要是西方文学。正如你说的，冷战时期，东西方都认为自己是唯一的世界，所以在50年代，当代文学以苏联为榜样的时候，“世界文学”指的是以苏联为首的社会主义现实主义文学。现在说中国社会主义文学具有“世界性”，好像是80年代的“走向世界”的回声（或“延长音”）。不过指向和目的却大不相同：80年代是要以西方文学为榜样，来放逐“当代”社会主义文学；现在提出“世界性”，则是要让它“起死回生”，申明当代社会主义文学的价值。这个提法，还是带着自我辩护的性质。所谓的“世界性”问题，暗含了某种焦虑，它的提问和论述方式，大概是冷战之后的“第三世界文学”所特有的。在冷战时期，“第三世界文学”十分自信。1958年，在当时作为苏联加盟共和国的乌兹别克斯坦的首都——塔什干召开亚非作家会议，以及在锡兰（现在的斯里兰卡）的科伦坡成立亚非作家常设事务局的时候，好像并没有讨论过亚非文学的“世界性”。当年发表的《告世界作家书》中说的是，“我们这些国家的作家继承着伟大的人道主义的古代文学传统，继续对现代世界文化和人类进步事业做出贡献”。当然，随着中苏交恶，世界政治局势发生变化，亚非作家会议后来也分裂、消亡了。

如果暂且将“世界性”的问题放在一边，而就中外文学交流史——对于中国当代文学与“世界”其他国家文学的关系的梳理——这一有待进一步研究的课题来说，这位学者所做的三个层面的区分很有启发性，提供了我们探究这个问题的有效路径。中外文学交流的状况，在这几十年的当代文学研究中是个薄弱环节，特别是当代“前三十年”部分，包括作品的译介、出版、影响，作家的往来，国际性文学组织的情况等，都有待开展全面的研究。大家都知道，从40年代末到70年代，当代文学与苏联文学的关系非常密切（既有正面的关系，也包括分裂和冲突），但是关于这一问题，仍没有出现具有学术深度的论著。我看到的研究当代中苏文学关系的专著，倒只有荷兰人福克马写于60年代中期的《中国文学与苏联影响（1956—1960）》，而它涉及的只是一个阶段，且论述对象主要是理论方面。前些年出版的《二十世纪中国翻译文学史》的当代部分，有周发祥等人撰写的“十七年及‘文革’卷”，以及赵稀方撰写的“新时期卷”。滕威对中国当代文学与拉美文学关系的研究是一项重要成果。申丹、王邦维任总主编的《新中国60年外国文学研究》六卷七册，从诗歌、小说、戏剧、流派、文论、译介等角度，对当代60年的外国文学研究做了问题性质的评述。但总的来说，包括你说到的那些国际文学组织，如世界和平理事会、亚非作家会议的研究，还做得很不够。我的一位韩国留学生做过“十七年”时期的《译文》（《世界文学》）杂志研究，整理过资料，但是没有成功。在五六十年代，除了苏联文学，当代文学与日本文学的关系也非常密切。中国作家与日本左翼、进步作家往来频繁，当代文学的作家作品在日本也有较大影响。我问过清华大学的王中忱教授，他说这方面的资料很多，可惜没有人花时间整理。当然研究有难度，主要是语言问题。如果真的要说明当代文学“在世界”，以及“在世界”的性质和程度，首先要在相关资料整理和研究上下功夫。

问：您在《〈《娘子谷》及其它〉：政治诗的命运》里，讨论了中国政治诗在80年代中后期的式微（《读作品记》，37页）。在今天，“十七年”文学，如郭小川的政治抒情诗，是否只能作为文学史对象，而非文学对象？这样的作品是否还有可能被视为文学阅读？

洪子诚：我在读大学的50年代，确实喜欢过郭小川的诗，现在则大抵把它们当作文学史研究的文学事实对待。是否还会有普通读者阅读，我不知道，有的话也不会普遍吧？但是应该也有喜欢的。大概十多年前，我去韩国首尔开一个学术会议，在从延世大学的住处到圣公会大学会场的小巴上，同行的一位中国学者严厉批评了当前的诗歌写作，作为反例，他非常深情地背诵了郭小川、贺敬之的诗。我虽然不同意他的看法，但也没有和他争论，觉得这属于个人的审美、爱好，是谁也说服不了谁的。

我说“政治诗式微”，并不是说诗歌不能处理政治议题，更不是说现在的诗与政治无关。相反，在个人性的情感、生活之外，与大多数人生活相关的政治问题，是诗歌需要积极涉及的。只不过，对于“政治”的理解和艺术表现方式，现在的写作同曾经的——包括创作于80年代的那些政治诗（有一个时期称为“政治抒情诗”）有很大的不同。类似当年那种形态的、鼓动式的、宣言式的“政治诗”已经不再有生命力。

问：如果集中地看《读作品记》涉猎的名字——叶夫图申科、爱伦堡、阿拉贡、维德马尔、胡风、冯雪峰、秦兆阳，您有意无意地勾勒了一条“异端的文艺路线”，一条区别于“外部质疑”的，“内部反思”的路线（《读作品记》，135页）。同样在这个意义上，您多次提到朱寨80年代主编的《中国当代文学思潮史》（《读作品记》，305页）。您对这条路线的看重，是否呼应了体现在您全部作品中的自由人文主义文学观和唯物主义文学观（指呈现文本的物质性）的对峙？

洪子诚：我的阅读虽然不被划分为不同阶级、政治派别的文学所限，但是研究好像比较侧重“社会主义文学”中的“内部”反思的派别。不过，“反思派别”“异端路线”等说法，都不能作为固化的概念来理解，也就是说不能把某些人不加分析地放在里面，更不能说在当代形成固定且持续的两个对立的派别、路线。在这里，“反思”或“异端”都要放到具体历史情境中才能说清楚。

我关注内部反思问题，开始并没有要勾勒什么“异端”的想法。从70年代末开始涉足“当代文学”，就觉得需要对它做“反思”，而不是简单地否定。而且比较起来，觉得某些体现“正统”“纯洁”的社会主义文学理论主张和创作成果，过于简单乏味，倒是不同时期的“内部反思”派的论述和创作比较有意思，其中呈现的智力、情感比较丰富。这些作为“反思者”的个人，也展现了热切追求中的苦闷、矛盾——包括后期的周扬在内。姚文元1957年在批判“修正主义文学逆流”的时候说，社会主义时代，人民不会再有痛苦，痛苦的是将被消灭的阶级。这个说法，典型地透露了这种理论和秉持这种理论的人的“无趣”。文学研究和创作自然不同，但是也有情感因素，不是说哪个重要就研究哪个。那些绝对化的革命文学捍卫者的思想和文字过于僵硬、单调、苍白。

抛开个人的情感、兴趣不说，我觉得当代社会主义文学的“内部反思”的状况，还是值得关注的。根本否定社会主义文学的人，觉得区分它内部思想观念的各个层面、清理其中的差异冲突没有意义，因为它本来就没有存在的理由和正当性。而90年代以来的、想“激活”社会主义文学能量的人，又往往无视它在实践过程中存在的问题，无视那些试图为社会主义文学寻找出路的人的艰苦——甚至搭上生命的探索，无视他们曾经所做的质疑和修正。如果当代社会主义文学尚有遗产可以继承，值得激活，那么，实践过程中发生的内部冲突，曾经出现的种种“修正”的状况，最好不要忽略。并不是反思者说得都对，而是借此可以深入了解这种文学主张和相应的制度究竟出现了什么问题。

问：2012年，莫言获得了诺贝尔文学奖。但在当代文学的记忆，及先前的书写中，莫言似乎没有那么重要。就某一线索看，他未必有残雪，甚至有刘索拉重要。您的《中国当代文学史》(1999，330页)和您参与写作的《中国当代文学概观》(2002，300页)论及他的时候，也不尽是溢美之词。莫言得奖会改写当代文学史吗?

洪子诚：他们几位在80年代的“先锋小说”潮流中，都影响很大，从“先锋性”说，好像残雪和刘索拉在文学界引起的“风暴”更大。残雪后期作品我关注不够，可能对她的价值认识不足。但刘索拉后来的主要精力和影响是在音乐方面，蓝调、摇滚什么的。从当代文学史的角度，也不能说她们就比莫言“重要”。莫言获得诺贝尔文学奖，在国内批评界分歧很大。有说他“了不起”的，也有批评得很严厉的。莫言还是当代优秀的小说家吧，我也同意有的学者的看法，与他有相似水平的作家还有多位。诺贝尔文学奖是个重要的奖项，获奖肯定会提升他的地位，会让他拥有更多的读者和研究者；得到这个奖项也可能会自我膨胀。“改写文学史”？很有可能。但是如果问我，因为年龄和精力关系，我不会再去修订我编写的文学史，所以也就不会改写。从个人阅读上说（这和文学史编写不能完全等同），我还是比较喜欢他 80 年代中期的作品，《透明的红萝卜》《红高粱》那些……

问：当代文学史的上限很明确（“一九四九年中华人民共和国成立……历史的巨手同时揭开了我国社会主义当代文学的篇章”，《当代文学概观》，1980，1 页），它的下限在哪里？一方面，您曾说当代文学终结于八九十年代之交（《材料与注释》，292 页；《我的阅读史》，2011，298 页），像今天的工人诗歌，在性质上就和六七十年代歌颂生产的诗歌是对立的（《读作品记》，327 页），但另一方面，当您引用张旭东的话，“当代文学本身要拒绝被历史化”（《问题与方法》，2015，3 页），当您评价程光炜的研究时说，不确定性是当代文学存在的理由（《读作品记》，304 页），您似乎有不一样的态度。

洪子诚：自我矛盾和混乱，原因大抵出在“当代文学”这个概念上。大概在 1997 年，我写过《当代文学的概念》的文章，专门讨论了这个问题。那篇文章描述了这个概念生成的背景、历史条件、内涵，以及后来的变迁和不同使用者对它的不同理解。我的文学史对“当代文学”的理解是：20 世纪中国的左翼文学，经由 40 年代解放区文学的“改造”，其文学形态和相应的文学规范，在 50 到 70 年代，成为唯一合法存在的形态和规范，而到 80 年代以后，这一文学形态逐渐解体。因此，我说八九十年代之交“当代文学”终结，指的就是“一体化”文学的解体和碎片化。但是采用什么概念来描述“终结”之后的文学，我还不知道，因为按照国家学科的划分，“当代文学”是指1949年以来迄今没有终点的文学，这就是矛盾、混乱的根源。20世纪中国文学时期的划分与命名，始终是个争论不休的问题，有各种设计，如仿照古代以朝代命名，有“民国文学”的说法，因此也有将1949年以后称为“共和国文学”的。没有统一的认识和统一的名分，是乱象，名不正言不顺。我就经常被问道：“你们的当代文学要‘当代’到哪一年？”我通常回答是，这个问题要由国家的学科规划部门来回答。不过，分期和命名上的差异，能更有效表明研究者不同的文学史观，他们对“当代”不同的认识，这个也不见得就是坏事。存在差异，比强制性地要求“舆论一律”要好得多。

问：我最后想问：什么是文学史？许多著作以“文学史”命名（就当代文学而言，除了您的《中国当代文学史》，1999年出版，2007年修订，还有陈思和主编的《中国当代文学史教程》，1999年出版，2006年修订；孟繁华、程光炜的《中国当代文学发展史》，2004年出版，2011年修订；董健、丁帆、王彬彬主编的《中国当代文学史新稿》，2005年出版，2011年修订；陈晓明的《中国当代文学主潮》，2009年出版，2013年修订），但文学史到底是文学作品史、文类史、文学思潮史，还是文学制度史？为什么中国现当代文学史里，鲜有讨论文学形式装置演进与时代关系的文类史研究，遑论亚文类史？

洪子诚：21世纪以来，多位学者，如陈平原、黄子平等，不断质疑文学史的必要和可能，批评中国文学史的写作热。因为学科建制、课程设计、利益驱使等原因，现在的中国不仅是经济大国，也是文学史大国，大到匪夷所思的地步。需要检讨的是，我也是推波助澜者之一。对于文学史热的批评是有道理的。我相信，再过不久，作为一种观念和一种著述方式的“文学史”就会消亡，我们这些写文学史的将会没事可做。好在我已经退休，没有再就业的问题。不过在它没有死掉之前，总还要变换各种花样地延续一段时间。那么，它会以什么样的形态出现？这个问题，我想引用北方和南方的两位学者的意见，让他们代我回答：“我们能否拥有一部包罗万象、百科全书式的文学史？在我们这个社会分化加剧、知识立场的分化也趋于激进的时代，也许将更多地出现的，会是某一种文学史：左派的文学史，纯文学的文学，或新媒介的文学史……”（贺桂梅）；“在文学史叙事日益多元的时代，除了内生于大学教育体制的文学史著之外，还有大量的阶层文学史、类别文学史甚至于‘一个人的文学史’”，“文学史的写法上也千差万别，如王德威哈佛版《中国现代文学史》则是‘星座图’形式的文学史”（陈培浩）。

原刊“澎湃新闻”2018年2月25日的《上海书评》专栏，此处收录的是作者提供的文档。

辑四：著述与评论目录

著　作

1. 《当代文学概观》，与张钟、佘树森、赵祖谟、汪景寿合著，由北京大学出版社 1980 年出版；1986 年修订再版，改书名为《当代中国文学概观》。

2. 《当代中国文学的艺术问题》，北京大学出版社 1986 年出版。

3. 《作家的姿态与自我意识》，陕西人民教育出版社 1991 年出版，少量修订并增写后记后，1998 年再版。

4. 《中国当代新诗史》，与刘登翰合著，人民文学出版社 1993 年出版，较大幅度修订后，北京大学出版社 2005 年修订再版。

《中国当代新诗史》韩文版，洪昔杓译，韩国산아사出版社 2000 年出版。

5. 《中国当代文学概说》，香港青文书屋 1997 年出版。少量修订并收入三篇论文后，以《当代文学概说》书名由广西教育出版社 2000 年出版。

《中国当代文学概说》韩文版改书名为《中国当代文学史》，朴贞姬译，韩国比峰出版社 2000 年出版。

6. 《1956：百花时代》，由山东教育出版社 1998 年出版，为谢冕、孟繁华主编的共 12 卷的“20 世纪中国文学总系”丛书中的一种。人民文学出版社 2017 年再版。

7. 《中国当代文学史》，北京大学出版社 1999 年出版，2007 年修订再版。

《大陆当代文学史》（上、下），台北秀威出版公司 2008 年出版，为《中国当代文学史》（修订版）的繁体字版。

《中国当代文学史》英文版，戴迈河（Michael M Day）译，荷兰布里尔出版社（Brill Academic Publisher）2007年出版，据中文初版，为张隆溪、施耐德主编的“布里尔中国人文研究丛书”的第一种。

《中国当代文学史》日本语版，岩佐昌暲、间ふざ子、武继平等译，日本东方书店2013年出版，据中文修订版。

《中国当代文学史》俄文版，卡尔波娃·塔蒂阿娜译，莫斯科俄罗斯东方出版中心2016年出版，据中文修订版。

《中国当代文学史》吉尔吉斯文版，罗莎·多可萨纳利耶娃译，吉尔吉斯东方文学与艺术出版社2017年出版，据中文修订版。

《中国当代文学史》哈萨克文版，延·斯塔尼斯拉夫译，吉尔吉斯东方文学与艺术出版社2017年出版，据中文修订版。

《中国当代文学史》越南文版，阮英俊译，裴伯均审核，河内国家大学出版社2020年版，据中文修订版。

《中国当代文学史》阿拉伯文版，拉莎·卡麦勒、艾哈迈德·赛义德合译，开罗希克迈特文化产业集团与蒂法福出版社、伊赫提拉夫出版社2021年联合出版。

8. 《两意集》，与么书仪合著，学苑出版社1999年出版。

9. 《问题与方法——中国当代文学史研究讲稿》，北京三联书店2002年出版，2015年、2017年两次增订再版。

10. 《文学与历史叙述》，河南大学出版社2005年出版。

11. 《回顾一次写作——〈新诗发展概况〉的前前后后》，与谢冕、孙绍振、孙玉石、刘登翰、殷晋培合著，北京大学出版社2007年出版。

12. 《两忆集》，与么书仪合著，北京大学出版社2009年出版。

13. “洪子诚学术作品集”，由北京大学出版社2010年出版，共八种：

《当代中国文学的艺术问题》

《作家姿态与自我意识》（即《作家的姿态与自我意识》）

《中国当代新诗史》（与刘登翰合著，2005年修订版）

《中国当代文学概说》

《1956：百花时代》

《中国当代文学史》（2007年修订版）

《问题与方法——中国当代文学史研究讲稿》（2002年版）

《当代文学的概念》

14.《学习对诗说话》，北京大学出版社2010年出版。

15.《我的阅读史》,北京大学出版社2010年出版,2017年增订版。

16.《阅读经验》，台北人间出版社2015年出版。

17.《材料与注释》，北京大学出版社2016年出版。

18.《文学的阅读》，北京出版社2017年出版，为“大家小书”书系中的一种。

19.《读作品记》，北京大学出版社2017年出版。

20.《中国文学1949—1989》，北京出版社2020年出版，为“大家小书”书系中的一种。据《中国当代文学概说》。

21.《洪子诚学术作品精选》，贺桂梅编，北京大学出版社2020年出版。

编　纂

1. 《中国文学 四（当代部分）》，与李平合编，为中国广播电视大学教材，北京大学出版社 1986 年出版。

2. 《中国当代文学作品精选（1949—1989）》，与谢冕合编，北京大学出版社 1995 年出版；2002 年改书名为《中国当代文学作品精选（1949—1999）》，出版增订版；2015 年删去书名中的起讫年份并对篇目再次增删修订出版第三版。

3. 《中国当代文学史料选（1948—1975）》，与谢冕合编，北京大学出版社 1995 年出版。

4. 《二十世纪中国小说理论资料（第五卷，1949—1976）》，北京大学出版社 1997 年出版。

5. “九十年代文学书系”，与李庆西同任总主编，社会科学文献出版社 1998 年出版。有诗歌卷、主流小说卷、先锋小说卷、女性小说卷、作家散文卷、学者散文卷六个分卷，各分卷主编是程光炜、蔡翔、南帆、戴锦华、耿占春、洪子诚。

6. “九十年代中国诗歌”丛书，主编，文化艺术出版社 1998 年出版。丛书有臧棣《燕园纪事》、张曙光《小丑的花格外衣》、黄灿然《世界的隐喻》、西渡《雪景中的柏拉图》、孙文波《给小蓓的骊歌》和张枣《春秋来信》六本诗集。

7. 《当代文学研究》，担任本卷主编，萨支山、周亚琴撰写，为“20 世纪中国文学研究”丛书中的一种，北京出版社 2001 年出版。

8. 《当代文学关键词》，与孟繁华主编，广西师大出版社 2002 年出版。

9.《中国当代文学史・作品选》（上、下），长江文艺出版社 2002 年出版。

10.《中国当代文学史・史料选》（上、下），长江文艺出版社 2002 年出版。

11.《在北大课堂读诗》，主编，长江文艺出版社 2002 年出版；北京大学出版社 2014 年出版修订版。

12.《中国当代文学史作品选》，北京大学出版社 2002 年出版，2008 年出版修订版。

13.《朦胧诗新编》，与程光炜合编，长江文艺出版社 2004 年出版。

14.《2005 诗歌选》，与臧棣任主编，为丛书“北大年选”中的一卷，北京大学出版社 2006 年出版。

15.《第三代诗新编》，与程光炜合编，长江文艺出版社 2006 年出版。

16.《中国新诗总系・60 年代卷》，人民文学出版社 2010 年出版，为谢冕总主编的 10 卷《中国新诗总系》中的一卷。

17.《诗歌读本》，与钱理群任主编，分学前卷、小学卷、初中卷、高中卷、大学卷，各卷分主编分别为王林、牟坚、西渡、张桃洲、徐志伟和姜涛，广西师范大学出版社 2010 年出版。

18.《中国新诗百年大典》，与程光炜任总主编，长江文艺出版社 2013 年出版。共 30 分卷，由大陆和台湾 30 位新诗研究学者担任分卷主编。

19.《时间和旗（百年新诗选・上）》《为美而想（百年新诗选・下）》，与奚密、吴晓东、姜涛、冷霜合编，三联书店 2015 年出版。

20.《未名诗歌分级读本》，与钱理群任主编，有小学卷 1—3，初中卷、高中卷共 5 卷，分别由牟坚、李宪瑜、冷霜、西渡、张桃洲担任分卷主编。负责具体编选，江苏凤凰少年儿童出版社 2019、2020 年出版。

21.《我在哪儿错过了你》，与刘鼎、卢迎华任主编，商务印书馆 2019 年出版。

22. 自 2005 年起，与谢冕、孙玉石共同主编《新诗评论》辑刊，由北京大学出版社出版。

23. 自 2005 年起，主编北京大学出版社“新诗研究丛书”。

24. 自 2006 年起，主编北京大学出版社“文学与当代史”丛书。

论　文

1963 年

《“社戏”的艺术技巧》，《北京大学学报》1963 年第 4 期，署名“向雷”。

1980 年

《关于对“写真实”的批判》，《新文学论丛》第 1 期，人民文学出版社，1980 年 5 月版。

1981 年

《论郭小川五十年代的诗歌创作》，《北京大学学报》1981 年第 6 期。

《在生活矛盾中发现自己——王蒙近作漫谈》，《当代文学研究丛刊》第 2 辑，中国社会科学出版社，1981 年 10 月版。

1985 年

《诗的“出路”》，《北京文学》1985 年第 11 期。

《冯至诗歌的艺术个性》，《当代文学研究丛刊》第 5 辑，中国社会科学出版社，1985 年 5 月版。

《革新及其限度——谈部分青年诗人的艺术探索》，《当代文学研究丛刊》第 6 辑，中国社会科学出版社，1985 年 5 月版。

1986 年

《形象的具体性与历史概括——田间诗歌艺术的一个问题》，《中国现代文学研究丛刊》1986 年第 2 期。

《田间》，收入《中国现代作家评传·第 3 卷》，山东教育出版社，1986 年 12 月版。

1988 年

《文学传统与作家的精神地位》，《文学自由谈》1988 年第 6 期。

1989 年

《同意的和不同意的》，《文学评论》1989 年第 1 期。

《诗的语言分析举例——之一：舒婷诗的句式》，《名作欣赏》1989 年第 6 期。

1990 年

《刘毅然的小说》，《文学自由谈》1990 年第 2 期。

1993 年

《诗与现实关系的调整——八十年代新诗发展的一个侧面》，《福建论坛》1993 年第 3 期，洪子诚、刘登翰。

1995 年

《目前当代文学研究的几个问题》，《天津社会科学》1995 年第 2 期。

《文学“转向”和精神“溃败”》，《中华读书报》1995 年 5 月 3 日。

《〈白玉苦瓜——故宫博物院所藏〉点评》，《诗探索》1995 年第 3 期。

《“人文精神”与文学传统》，《文艺争鸣》1995 年第 6 期。

1996 年

《“重写诗歌史”？》,《诗探索》1996年第1期，署名“子诚”。

《〈赶车传〉的潜文学价值》，《诗探索》1996年第1期。

《关于五十至七十年代的中国文学》，《文学评论》1996年第2期。

《个人“本质化”的过程》，《诗探索》1996年第3期。

1997 年

《“外来者”的故事：原型的延续与变异》，“重读《组织部来了个年轻人》”栏目，《海南师院学报》1997年第3期。

《“问题的批评”》，《北京文学》1997年第5期。

1998 年

《如何对诗说话》，《郑州大学学报》1998年第1期；后收入《中国诗歌90年代备忘录》，人民文学出版社，2000年1月版。

《读〈鼠疫〉的记忆》，《中华读书报》1998年4月15日。

《90年代文学书系·总序》，《90年代文学书系》，社会科学文献出版社，1998年2月版。

《90年代：在责任与焦虑之间》，90年代文学书系·学者散文卷《冷漠的证词》导言，社会科学文献出版社，1998年2月版。

《90年代中国诗歌·总序》，“90年代中国诗歌”丛书，文化艺术出版社，1998年3月版。

《我和“北大诗人”们》，《北大诗选》序言，中国文学出版社，1998年5月版。

《“当代文学”的概念》，《文学评论》1998年第6期。

《我们如何接近历史》，《文艺争鸣》1998年第6期。

《历史的清算》，《南方文坛》1998年第6期。

《当代作家的“存在方式”》，《南方日报》1998年12月2日。

1999 年

《百花时代下的〈文艺报〉风雨》，《当代文学研究资料与信息》，1999 年 1 月。

《〈中国现代文学三十年〉的“现代文学”》，《文学评论》1999 年第 1 期。

《“中国当代文学”》，《南方文坛》1999 年第 1 期。

《五四与“文化激进思潮”》，《羊城晚报》1999 年 5 月 4 日。

《无题有感》，《中华读书报》1999 年 8 月 4 日。

《二十世纪中国文学纪事》（下），《南方日报》1999 年 12 月 26 日，《当代作家评论》2000 第 1 期。

2000 年

《文学作品的年代》，《中华读书报》2000 年 1 月 12 日。

《郭小川：一个参照》，《中国图书商报》2000 年 2 月 1 日。

《双百方针》，《南方文坛》2000 年第 1 期。

《社会主义现实主义理论在中国的接受和转换·序》，《社会主义现实主义理论在中国的接受和转换》，安徽教育出版社，2000 年 10 月版。

《历史承担的意义》，《开放时代》2000 年第 3 期。

《林庚先生和新诗》，《诗探索》2000 年第 1—2 期。

《文本“缝隙”与“历史深处”》，《中华读书报》2000 年 6 月 14 日。

《当代文学的“一体化”》，《中国现代文学研究丛刊》2000 年第 3 期。

《浩然和浩然的作品》，《北京日报》2000 年 11 月 22 日。

《30 年代初的孔乙己造像》，《中国图书商报》2000 年 11 月 28 日。

2001 年

《近年的当代文学史研究》，《郑州大学学报》2001 年第 2 期。

《“严”上还要加“严”》，《中华读书报》2001 年 6 月 13 日。

《左翼文学与“现代派”》，《现代中国》第 1 辑，湖北教育出版社，2001 年 10 月版。

《“曾经北大”会带来什么》，《好书》2001 年第 6 期，《中国图书商报》2001 年 12 月 13 日，《博览群书》2002 年第 1 期。

2002 年

《编选“新诗大系”遇到的问题》，《新诗界》第 2 卷，新世界出版社，2002 年 5 月版。

《语文课外的书》，《中华读书报》2002 年 5 月 8 日。

《当代文学史写作及相关问题的通信》，洪子诚、李杨，《文学评论》2002 年第 3 期。

《期许与限度——关于“中国当代文学关键词”的几点说明》，洪子诚、孟繁华，《南方文坛》2002 年第 3 期。

《我们为何犹豫不决》，《南方文坛》2002 年第 4 期。

2003 年

《20 世纪 80 年代前期的诗歌》，《现代中国》第 3 辑，湖北教育出版社，2003 年 5 月版。

《推荐〈昌耀的诗〉》，《语文建设》2003 年第 7 期。

《中国当代的“文学经典”问题》，《中国比较文学》2003 年第 3 期。

2004 年

《读有关〈暗示〉的批评》，《海南师范学院学报》2004 年第 1 期。

《朦胧诗新编·序》，长江文艺出版社，2004 年 6 月版。

《发现和提出问题》，《南方文坛》2004 年第 4 期。

2005 年

《〈虚构的力量〉的力量》，《文艺报》2005 年 1 月 27 日。

《北岛早期的诗》，《海南师范学院学报》2005 年第 1 期。

《一首诗要从什么地方读起——北岛的诗》，《北大文学讲堂》（温儒敏、姜涛编），中央编译出版社，2005 年 3 月版。

《〈新诗三百首〉中的诗歌史问题》，《新诗评论》第 1 辑，北京大学出版社，2005 年 4 月版。

《当代文学史中的“非主流”文学》，《南开学报》2005 年第 3 期。

《“一体化”与“主旋律”——序〈历史的浮桥——世纪之交“主旋律小说”研究〉》，《海南师范学院学报》2005 年第 5 期。

《当代诗歌史的书写问题——以〈持灯的使者〉、〈沉沦的圣殿〉为例》，《郑州大学学报》2005 年第 4 期。

2006 年

《我的“巴金阅读史”》，《南方文坛》2006 年第 1 期。

《中国当代文学史·前言》，《当代作家评论》2006 年第 5 期。

2007 年

《批评的尊严——作为方法的丸山昇》，《文艺争鸣》2007 年第 2 期，《鲁迅研究月刊》第 2 期。

《当代诗歌的“边缘化”问题》，《文艺研究》2007 年第 5 期。

《诗歌的边缘化》（广西师范大学文学院讲座，张俊显整理），《东方丛刊》2007 年第 2 辑。

《〈新诗发展概况〉写作前后》，谢冕、孙绍振、孙玉石、刘登翰、洪子诚，《文艺争鸣》2007 年第 6 期。

2008 年

《几种现代诗解读本》，《新诗评论》2008 年第 1 期。

《“幸存者”的证言——“我的阅读史”之〈鼠疫〉》，《南方文坛》2008 年第 4 期。

《“怀疑”的智慧和文体——“我的阅读史”之契诃夫》，《上海文学》2008 年第 7 期。

《1960 年代的两岸诗歌问题》，《北京大学学报》2008 年第 4 期。

《“限度”的意识——“我的阅读史”之五》，《海南师范大学学报》2008 年第 4 期。

《有生命热度的学术——“我的阅读史”之乐黛云》，《文艺争鸣》2008 年第 10 期。

《在不确定中寻找位置——“我的阅读史”之戴锦华》，《文艺争鸣》2008 年第 12 期。

2009 年

《“边缘”阅读和写作——“我的阅读史”之黄子平》，《文艺争鸣》2009 年第 4 期。

《“文学史热”及相关问题》，《韩山师范学院学报》2009 年第 2 期。

《“一体化”论述及其他——“我的阅读史”之质疑与批评》，《文艺争鸣》2009 年第 6 期。

《有关〈切·格瓦拉〉的通信》，《天涯》2009 年第 5 期。

2010 年

《文学的焦虑症》，《文学报》2010 年 1 月 21 日。

《“作为方法”的“八十年代”》，《文艺研究》2010 年第 2 期。

《思想、语言的化约与清理——“我的阅读史”之〈文艺战线两条路线斗争大事记〉》，《中华读书报》2010 年 1 月 13 日；《文艺争鸣》2010年第2期。

《朱德熙先生的启示》，《中学语文教学》2010年第5期。

《致谢，及三点补充意见》，《南方文坛》2010年第3期。

《一部小说的延伸阅读——“我的阅读史”之〈日瓦戈医生〉》，《上海文学》2010年第6期。

《骆寒超先生文集出版感言》，《诗探索》2010年第3期。

《学术生活断片》，《东方论坛》2010年第5期。

2011年

《“组织部”里的当代文学问题》，《一九四九以后：当代文学六十年》（王德威、陈思和、许子东主编），上海文艺出版社，2011年3月版。

《“树木的礼赞”——一次诗歌会议后的札记》，《文景》2011年第3期。

《“大连会议”材料的注释》，《海南师范大学学报》2011年第4期。

《“当代”批评家的道德问题》，《南方文坛》2011年第5期，《中华读书报》2011年5月11日。

《从周扬的“两面派”说起——当代批评家的道德问题》，《当代文学研究资料与信息》2011年第5期。

《纪念三位诗人：商禽、张枣、许世旭》，《中华读书报》2011年11月16日。

《〈我的阅读史〉：为赞颂一切我所焚毁的……》，《中国艺术报》2011年11月18日。

2012年

《不期而遇的记忆》，《上海文学》2012年第8期；本文另以《与音乐相遇》为题，刊于内部刊物《中堂闲话》2012年第5期。

《谢冕的意义：在〈谢冕编年文集〉座谈会上的开场白》，《文艺争鸣》2012年第8期。

《材料和注释：1957年中国作协党组扩大会议》，《文学评论》2012年第6期。

《丙崽生长记——韩少功〈爸爸爸〉的阅读和修改》，《中国现代文学研究丛刊》2012年第12期。

《阅读的心情》，《韩山师院报》2012年12月31日。

2013年

《知青文学的来龙去脉》，《羊城晚报》2013年1月6日。

《两个王晓明？》，《中华读书报》2013年3月20日。

《阅读与阅读史》，2012年10月25日在嘉应学院文学院的讲座，张坚整理，《嘉应学院学报》2013年第10期。

2014年

《像牛汉先生那样真实生活》，《新文学史料》2014年第1期。

《材料与注释：毛泽东在颐年堂的讲话》，《现代中文学刊》2014年第2期。

《种种可能：周梦蝶和辛波斯卡》，《中华读书报》2014年6月11日。

《真伪之间和之外：读〈见证〉随感》，《中华读书报》2014年7月2日。

《纪念三位诗人》，《现代中国》第15辑，北京大学出版社，2014年7月版。

《材料与注释：张光年谈周扬》，《文学评论》2014年第4期。

《对杨绛小说经验的细读、感悟与阐释——序于慈江著〈杨绛，走在小说边上〉》，《中华读书报》2014年10月22日，《中国现代文学研究丛刊》2015年第1期。

2015 年

《新诗史中的“两岸”》，《文艺争鸣》2015 年第 1 期。

《当代的文学制度问题》，《中国现代文学研究丛刊》2015 年第 2 期。

《内部的困境——也谈样板戏》，《文艺争鸣》2015 年第 4 期。

《材料与注释：林默涵的检讨书》，《文艺争鸣》2015 年第 5 期。

《读作品记：〈塔可夫斯基的树〉》，《中华读书报》2015 年 7 月 15 日。

《“请听听吧，后辈同志们……”》，《读书》2015 年第 12 期。

2016 年

《没了“危机”，新诗将会怎样？》，《文艺争鸣》2016 年第 1 期。

《相关性问题：当代文学与俄苏文学》，《中国现代文学研究丛刊》2016 年第 2 期。

《读作品记：〈娘子谷〉及其他》，《诗探索》2015 年第 7 期。

《〈晚霞消失的时候〉：历史反思的文学方式》，《文艺争鸣》2016 年第 3 期；《中华读书报》2016 年 3 月 30 日。

《〈见证〉：真伪之间和之外》，《文艺争鸣》2016 年第 4 期；本文为《真伪之间和之外：读〈见证〉随感》（《中华读书报》2014 年 7 月 2 日）一文的修改和扩充版。

《〈苔花集〉到〈古今集〉》：被迫“纯文学”》，《文艺争鸣》2016 年第 5 期。

《〈司汤达的教训〉：“19 世纪的幽灵”》，《文艺争鸣》2016 年第 6 期。

《祝贺和感谢》，《诗探索》2016 年第 3 期。

《〈绿化树〉：前辈，强悍然而孱弱》，《文艺争鸣》2016 年第 7 期。

《当代文学中的“世界文学”》，《文艺争鸣》2016年第8期。

《刘登翰的新诗研究》，《华文文学》2016年第5期。

《当代文学的史料问题》，《长沙理工大学学报》2016年第6期。

《彼岸之观——跨语际诗歌交流·序》，《中国诗歌研究动态》2016年第1期。

2017年

《新诗的阅读》，《名作欣赏》2017年第1期。

《〈材料与注释·自序〉的几点补充》，《文艺争鸣》2017年第3期。

《〈人歌人哭大旗前〉：同时代人的关怀》，《北京青年报》2017年6月5日。

《〈玛琳娜·茨维塔耶娃诗集〉序：当代诗中的茨维塔耶娃》，《文艺争鸣》2017年第10期。

《重提“自我批评”：是偿还80年代反思运动留下的历史债务》，本文为2017年6月在中间美术馆的演讲，“界面新闻”记者张之琪编写演讲实录，“界面新闻”2017年6月23日。

2018年

《文学史中的柳青和赵树理（1949—1970）》，《文艺争鸣》2018年第1期。

《诗人的“手艺”概念》，《文艺争鸣》2018年第3期。

《易彬〈穆旦年谱（修订版）〉序》，《中国现代文学研究丛刊》2018年第7期。

《老顽童吕正惠亲近音乐的方式》，《中华读书报》2018年9月12日。

《新诗接受史研究的力作》，《江汉论坛》2018年第10期。

《“这世界真好，不让你只活在现在”》（周志文《冬夜繁星》

序），北京大学出版社 2018 年 10 月版，本文刊于《中华读书报》2017 年 9 月 6 日。

《“与二十世纪同行”：变动纷乱中的稳定与信赖》，“澎湃新闻”《上海书评》，2018 年 11 月 11 日。

2019 年

《死亡与重生？——当代中国的马雅可夫斯基》，《文艺研究》2019 年第 1 期，《诗探索》2019 年第 1 期。

《谈谈慢读传统》，《人民日报》2019 年 1 月 16 日。

《孟繁华：“我的”当代文学》，《南方文坛》2019 年第 1 期。

《保尔·艾吕雅的〈宵禁〉及其他》，《写作》2019 年第 1 期。

《“我在哪儿错过了你”专辑·主持人语》，《名作欣赏》2019 年第 10 期。

《给孩子们的诗歌读本》，《中华读书报》2019 年 4 月 10 日。

《怀念周先慎》，《文汇学人》2019 年 4 月 19 日。

《中国当代文学史编写的回顾》，《杭州师范大学学报》2019 年第 4 期。

《与〈臭虫〉有关——马雅可夫斯基，以及田汉、孟京辉》，《中国现代文学研究丛刊》2019 年第 8 期。

《可爱的燕子，或蝙蝠——50 年前西方左翼关于现实主义边界的争论》，《现代中文学刊》2019 年第 5 期。

《〈反华电影剧本《德尔苏·乌扎拉》批判集〉的读书笔记》，《文艺争鸣》2019 年第 10 期。

《内部的反思：“完整的人”的问题》，《读书》2019 年第 12 期。

2020 年

《〈恐惧与无畏〉的相关资料》，《新文学史料》2020 年第 1 期。

《〈新诗发展概况〉的编写》，《学术研究》2020 年第 3 期。

《“修正主义”遇上“教条主义”——1963 年的苏联电影批判》，

《中国当代文学研究》2020 年第 3 期。

《纪念他们的步履——致敬北京大学中文系五位先生》，《南方文坛》2020 年第 4 期。

《当代诗坛的两个“斯基”》，《南方文坛》2020 年第 5 期。

《红、黄、蓝：色彩的“政治学”——1958 年“红色文学史”的编写》，《文艺研究》2020 年第 11 期。

2021 年

《1950 年代的现实主义“大辩论”——以两部论文资料集为中心》《文艺争鸣》2021 年第 7 期。

《文学文本的历史解读》，《名作欣赏》2021 年第 7 期。

《“透明的还是污浊的？”——当代中国与南斯拉夫的文学关系》，《海南大学学报》（人文社会科学版）2021 年第 5 期。

《秦兆阳在 1956》，《中国当代文学研究》2021 年第 6 期。

《1964，我们知道的比莎士比亚少？》，《文艺研究》2021 年第 11 期。

访谈、对话

1. 洪子诚、静矣:《五六十年代文学的意义——洪子诚访谈录》,《北京文学》1998 年版第 7 期,《当代文学研究资料与信息》1998 年第 4 期。

2. 钱理群、洪子诚、旷新年、吴晓东:《现代文学的观念与叙述——〈中国现代文学三十年〉笔谈》,《文学评论》1999 年第 1 期。

3. 洪子诚、赵晋华:《我对教师这个职业更感兴趣——洪子诚访谈》,《中华读书报》1999 年 9 月 15 日。

4. 洪子诚、钱文亮:《当代文学史研究中的史料问题》,《文艺争鸣》2003 年第 1 期。

5. 洪子诚、刘复生、张宏、鲁太光、杨凯、李云雷参与,李云雷、刘复生整理:《洪子诚教授访谈》,《北京大学研究生学志》2003 年第 4 期。

6. 洪子诚、耿占春、敬文东、姜涛:《关于“文本分析”与“社会批评”(笔谈)》,《郑州大学学报》(哲学社会科学版)2004 年第 2 期。

7. 赵园、钱理群、洪子诚等:《20 世纪 40 至 70 年代文学研究:问题与方法》,《中国现代文学研究丛刊》2004 年第 2 期。

8. 谢冕、洪子诚、杨剑龙、徐敬亚:《诗意城市:上海先锋诗歌论》,《海南师范学院学报》(社会科学版)2004 年第 6 期。

9. 洪子诚、冷霜:《回答六个问题》,《南方文坛》2004 年第 6 期。

10. 洪子诚、吴晓东、贺桂梅、高远东、王风、姜涛、李国华、吕绍刚、牟利锋：《新历史语境下的“文学自主性”》，《上海文学》2005 年第 4 期；

11. 洪子诚、王光明、树才、周瓒、宋琳：《城市与诗——北京大学第六届“未名”诗歌节圆桌论坛实录》，《江汉大学学报》2006 年第 1 期。

12. 洪子诚、《南方周末》记者：《关于作家协会的答问》，《南方周末》2006 年 11 月 30 日，刊出时由记者加上《文学是组织出来的吗？》标题。

13. 洪子诚、北大内部教学交流刊物记者：《当代文学史教学及其他》，《海南师范大学学报》（社会科学版）2009 年第 1 期。

14. 洪子诚、贺桂梅：《穿越当代的文学史写作——洪子诚教授访谈录》，《文艺研究》2010 年第 6 期。

15. 洪子诚、何寒：《北大新诗研究所：未了的诗歌情结》，《中华读书报》2010 年 12 月 8 日。

16. 洪子诚、季亚娅：《文学史写作：方法、立场、前景——洪子诚先生访谈录》，《新文学评论》2012 年第 3 期。

17. 洪子诚、张彦武：《“怀疑”也是一种智慧》，《西部》2012 年第 11 期，本文以《我不大会随机应变——答燕舞先生问》为题，收入《文学史家·洪子诚画传》，《名作欣赏》2018 年第 5 期别册。

18. 洪子诚、吴晓东：《关于文学性与文学批评的对话》，《现代中文学刊》2013 年第 2 期。

19. 洪子诚、李云雷：《关于当代文学史的答问——文学史家洪子诚访谈》，《文艺报》2013 年 8 月 12 日。

20. 洪子诚、舒晋瑜：《当前情境下人文性、精神性很重要——关于〈二十一世纪中国文学大系〉访北京大学洪子诚教授》，《中华读书报》2015 年 3 月 25 日。

21. 洪子诚、李浴洋、李静：《重审当代文学中的“制度”与“人”——洪子诚教授访谈录》，《汉语言文学研究》2017 年第 2 期。

22. 洪子诚、《凤凰周刊》记者张丹丹：《专访北京大学中文系洪子诚教授：当代人如何写好当代文学史》，《凤凰周刊》2017年第14期（5月15日）。

23. 洪子诚、杨宸：《“微弱的叙述”与“不确定”的力量——访文学史家洪子诚》，《中国文艺评论》2017年第8期。

24. 洪子诚、“澎湃新闻”记者丁雄飞：《洪子诚谈中国当代文学史》，“澎湃新闻”《上海书评》2018年2月25日。

25. 洪子诚、王风：《关于“样板戏”的“样板”一词的通信》，《现代中文学刊》2018年第2期。

26. 钱理群、洪子诚：《文学阅读的社会空间与当代精神发展的可能性》，《文艺争鸣》2018年第6期。

27. 洪子诚、郑莹、凌晨、宫健子：《洪子诚：有点消极，不怎么浪漫》，《南方人物周刊》2018年第22期（7月23日）。

28. 洪子诚、解志熙：《清华园里谈读书》，《文艺争鸣》2018年第7期。

29. 洪子诚、王贺：《当代文学史料的整理、研究及其问题——北京大学洪子诚教授访谈》，《新文学史料》2019年第2期。

30. 洪子诚、李静：《朝向现实与未来的文学史——洪子诚教授访谈录》，《当代文坛》2019年第4期。

31. 洪子诚、戴锦华、贺桂梅、毛尖：《当代中国人的情感结构与文学经典——以阅读为中心的对话》，《文艺研究》2019年第12期。

32. 吴晓东、毛尖、贺桂梅、姜涛、洪子诚:《文本·情感结构·跨媒介——关于〈我在哪儿错过了你〉一书的对话》，《文艺争鸣》2020年第2期。

33. 洪子诚、辛搏文:《用思想穿透史料——洪子诚访谈》，《长江文艺评论》2020年第1期。

34. 洪子诚、黄子平、李浴阳、刘欣玥、李超宇:《形式与历史——关于〈灰阑中的叙述（增订本）〉的对话》，《文艺争鸣》2020年第 10 期。

35. 洪子诚、舒晋瑜:《怎样面对文学的当代史》,《中华读书报》2021 年 1 月 27 日。

36. 洪子诚、贺桂梅、姚丹、王秀涛:《作为“当代事件”的文学史书写》,《当代文坛》2021 年第 2 期。

37. 洪子诚、陶东风:《关于见证文学与文学见证的对话》,《广州大学学报》(社会科学版)2021 年第 5 期。

学版）2005 年第 3 期。

54. 颜水生、田文兵、廖述务、康艳琴：《文学史观与文学史写作——对三部新型当代文学史的阅读与比较》，《海南师范学院学报》（社会科学版）2005 年第 4 期。

55. 刘黎琼：《出入文学史写作的内与外——浅论洪子诚的当代文学史著述》，《当代作家评论》2005 年第 5 期。

56. 高秀芹：《北大人物 · 自省而内敛的洪子诚教授》，《粤海风》2005 年第 5 期。

57. 霍俊明：《变动中的当代新诗史叙述——以〈中国当代新诗史〉初版与修订版为例》，《文艺评论》2005 年第 6 期，《诗探索》2006 年第 1 期。

58. 黄雪敏：《新诗史写作：可能与限度》，《江汉大学学报》2006 年第 2 期。

59. 张立群：《论“新诗史的写作”——以洪子诚、刘登翰〈中国当代新诗史〉（修订版）为个案》，《南方文坛》2006 年第 3 期。

60. 叶玲玲、于双：《智者与勇者的合璧——洪子诚〈中国当代文学史〉》，《财经界》2006 年第 9 期。

61. 郜元宝：《作家缺席的文学史——对近期三本中国当代文学史的教材的检讨》，《当代作家评论》2006 年第 5 期。

62. 曾令存：《当代文学史构造的一种尝试》，《嘉应学院学报》2006 年第 5 期。

63. 白焰：《谈中国当代文学史编写的不同理念》，《中国大学教学》2006 年第 11 期。

64. 昌切：《再审当代文学》，《文艺研究》2007 年第 5 期。

65. 顾艳：《洪子诚教授》，《广州文艺》2007 年第 6 期。

66. 吴玉杰：《多元文学史观与“个人撰史”现象》，《文艺争鸣》2007 年第 12 期。

67. 韩毓海：《关于中国当代文学的基本历史态度》，《粤海风》2008 年第 1 期。

68. 赵园：《读〈回顾一次写作〉》，《文艺争鸣》2008年第2期。

69. 孙绍振：《道德忏悔和历史反思》，《文艺争鸣》2008年第2期。

70. 钱理群：《如何“回顾”那段“革命历史”？》，《文艺争鸣》2008年第2期。

71. 刘复生：《保留差异：文学史阐释的意义》，《文艺争鸣》2008年第2期。

72. 孙玉石：《〈概况〉的自我“示众”与叩问》，《文艺争鸣》2008年第2期。

73. 姜涛：《反思的向度》，《文艺争鸣》2008年第2期。

74. 冷霜：《在两次“重写文学史”之间》，《文艺争鸣》2008年第2期。

75. 霍俊明：《重回纵横交错的历史场阈——〈回顾一次写作——《新诗发展概况》的前前后后〉的新诗史意义》，《南方文坛》2008年第2期。

76. 曾令存：《当代文学研究中的“40—70年代文学”》，《文艺争鸣》2008年第4期。

77. Rossella Ferrari：《洪子诚、戴迈河著〈中国当代文学史〉》，《中国季刊》（*The China Quarterly*）第194期，2008年6月。

78. Bonnie McDougall：《洪子诚、戴迈河著〈中国当代文学史〉》，《中国研究》（*The China Journal*）第60期，2008年7月。

79. 段从学、张雅秋、姜涛、冷霜、周瓒、孙晓娅、张桃洲：《文本背后的新诗史：个人经验、审美话语与政治——关于〈回顾一次写作〉的对话》，《中国诗歌研究动态》2008年第2期。

80. 霍小青：《文学史命名与写作中的历史思维反思》，《四川理工学院学报》（社会科学版）2008年第6期。

81. 孙民乐：《历史意识与文学史反思——以洪子诚中国当代文学史研究为线索》，《海南师范大学学报》（社会科学版）2009年第3期。

82. 侯桂新：《洪子诚与当代文学史写作的主体性》，《南方文坛》

2009 年第 4 期。

83. 陈明华：《问题意识与方法意识——对洪子诚当代文学研究范式的一种解读》，《内蒙古大学学报》（哲学社会科学版）2009 年第 5 期。

84. 林凌：《“当代文学”之未完成与新的可能——读洪子诚先生著〈问题与方法〉》，《现代中文学刊》2009 年第 5 期。

85. Liang Luo：《洪子诚、戴迈河著〈中国当代文学史〉》，《中国研究书评》（*China Review International*）2009 年第 4 期。

86. 程光炜：《知识与控制——论三本中国当代文学史对 80 年代文学的再生产、再评价和再传播》，《华夏文化论坛》第 4 辑（吉林大学出版社，2009 年 3 月版）。

87. 郭铁成：《对“回顾”的“回顾”》，《文艺争鸣》2010 年第 3 期。

88. 刘莉芳：《由〈问题与方法〉看当代文学史写作的可能性》，《文学教育》（上）2010 年第 2 期。

89. 王景科、李文莲：《简评陈思和、洪子诚先生的当代文学史》，《时代文学》（双月上半月）2010 年第 1 期。

90. 颜水生：《中国当代文学史写作的反思与突围》，《湖南城市学院学报》2010 年第 2 期。

91. 谢冕：《一束鲜花的感谢——祝贺〈洪子诚学术作品集〉出版》，《文艺争鸣》2010 年第 9 期。

92. 赵园：《有感于洪子诚先生文集的出版》，《文艺争鸣》2010 年第 9 期。

93. 曹文轩：《一个人与一个学科》，《文艺争鸣》2010 年第 9 期。

94. 张志忠：《建构复杂性的诗学——洪子诚的学术品格略论》，《文艺争鸣》2010 年第 9 期。

95. 陈晓明：《“一体化”：封存还是开放？——洪子诚的文学史思想论略》，《文艺争鸣》2010 年第 9 期。

96. 孙民乐：《重塑文学史的知识性格——洪子诚文学史研究

的意义》，《文艺争鸣》2010年第9期。

97. 张洁宇：《学者姿态与学科意识——谈洪子诚先生的当代文学研究》，《文艺争鸣》2010年第9期。

98. 贺桂梅：《文学性与当代性——洪子诚的当代文学史研究》，《文艺争鸣》2010年第9期。

99. 赵祖谟:《洪子诚文学史研究的格局及其形成》,《南方文坛》2010年第3期。

100. 姚丹：《“一个人的文学史”——洪子诚学术研究的范式意义》，《南方文坛》2010年第3期。

101. 小疼:《北大: 聆听洪子诚为80年代以来的中国新诗把脉》,《诗歌月刊》2010年第10期。

102. 李科：《中国当代文学史教材刍议》，《华中人文论丛》2010年第1期。

103. 魏巍:《在尴尬中叙述文学的历史——质疑“当代文学史”》,《当代文坛》2011年第4期。

104. 黄涌：《作为生命体验的阅读》，《中华读书报》2011年7月6日。

105. 陈琳媛：《当代文学的另一种言说——洪子诚〈中国当代文学史〉简评》，《剑南文学》（经典教苑）2011年第7期。

106. 贺桂梅：《直面当代历史的“情感结构”：读洪子诚〈我的阅读史〉》，《现代中国》第14辑（北京大学出版社，2011年12月版）。

107. 石祥、刘卫东：《洪子诚版、陈思和版当代文学史与“十七年”文学叙事》，《北京电力高等专科学校学报》（社会科学版）2012年第5期。

108. 丁宁:《当代文学史的“完成”与“未完成”——论洪子诚〈中国当代文学概说〉的文学史研究方法与问题》,《楚雄师范学院学报》2012年第8期。

109. 周聚群：《关于〈中国当代文学史〉教材及教学的思考》，

《河南教育学院学报》（哲学社会科学版）2012 年第 6 期。

110. 吴晓东：《“文学保守自己的秘密”》，《中华读书报》2012 年 12 月 26 日。

111. 王瑶:《阅读是与自己相遇——谈洪子诚〈我的阅读史〉》,《韩山师院报》2012 年 12 月 31 日。

112. 徐敏：《心智的觉解：论洪子诚文学史叙述伦理》，《中国现代文学研究丛刊》2013 年第 2 期。

113. 李一：《“靠近历史”的文学史写作——浅谈洪子诚〈问题与方法——中国当代文学史研究讲稿〉》,《文艺生活》(中旬刊)2013 年第 5 期。

114. 李海音：《批判意识与悲剧精神——重读洪子诚〈作家姿态与自我意识〉》，《海南师范大学学报》（社会科学版）2013 年第 2 期。

115. 李飞:《洪子诚“一体化”探究的价值与意义》,《大众文艺》2013 年第 4 期。

116. 王仁宝：《方法、立场、问题——浅论洪子诚先生的文学史写作》，《华中师范大学研究生学报》2013 年第 1 期。

117. 徐敏：《“问题的个人”与“第一文本”——以洪子诚〈我的阅读史〉为中心》，《南京晓庄学院学报》2013 年第 4 期。

118. 徐敏：《“价值中立”与文学史书写——洪子诚〈中国当代文学史〉方法论探析》，《南京师大学报》（社会科学版）2013 年 4 期。

119. 夏中义：《当代旧体诗与文学史正义——以洪子诚〈中国当代文学史〉上编为研讨平台》，《安徽师范大学学报》（人文社会科学版）2013 年第 5 期。

120. 闫晓昀：《从文学史文本看中国当代文学学科建设的不足——以洪子诚版〈中国当代文学史〉为例》，《东方论坛》2014 年第 1 期。

121. 岩佐昌暲、武继平：《洪子诚著〈中国当代文学史〉日文版译后记》，《中国现代文学研究丛刊》2014 年第 6 期。

122. 张一帆：《“当代文学”的文学史意义——以洪子诚中国当代文学史研究为中心》，《云梦学刊》2014 年第 6 期。

123. 吴晓东:《诗歌阅读: 世界性与世纪性难题》,《中华读书报》2014 年 12 月 24 日。

124. 加藤三由纪：《洪子诚著，岩佐昌暲等译〈中国当代文学史〉》，《中国研究月报》（*Monthly journal of Chinese*）2014 年 12 月。

125. 黄文倩:《超越文本分析的视野——读洪子诚〈阅读经验〉》,《文艺报》2015 年 1 月 23 日。

126. 吕正惠：《作为生命价值依托的文学》，《中华读书报》2015 年 3 月 11 日。该文为台北人间出版社版洪子诚《阅读经验》的“序”。

127. 金涛：《新诗为何离不开细读？》，《中国艺术报》2015 年 5 月 20 日。

128. 陈思广：《问题设计与大二中国当代文学阅读教学——以谢冕、洪子诚主编〈中国当代文学作品精选〉为例》，《海南师范大学学报》（社会科学版）2015 年第 8 期。

129. 贺桂梅:《洪子诚: 燕园里的一个甲子》,《中华文化画报》2015 年第 9 期。

130. 杨辉、马佳娜：《“寻根文学”与贾平凹文学史评价的限度——以陈思和、洪子诚〈文学史〉为中心》，《唐都学刊》2015 年第 6 期。

131. 刘婧婧：《在历史的迷雾中穿行——评洪子诚、陈思和的两部当代文学史》，《时代文学》（下半月）2015 年第 11 期。

132. 许永宁：《文学史书写视域下的朦胧诗经——以洪子诚四本文学史著作为中心》，《长沙理工大学学报》（社会科学版）2015 年第 6 期。

133. 吴昊：《当代诗歌细读的可能性——评洪子诚〈在北大课堂读诗（修订版）〉》，《海南师范大学学报》（社会科学版）

2015年第12期。

134. 杨辉：《再“历史化”：〈创业史〉的评价问题——以洪子诚〈中国当代文学史〉为中心》，《西北大学学报》（哲学社会科学版）2016年第1期。

135. 赵园：《非常年代的阅读》（下），《书城》2016年第4期。

136. 陈丹玲：《文学研究与史家风度——评洪子诚与陈平原的文学史治学方式》，《名作欣赏》2016年第23期。

137. 高慧斌：《诗人这百年做得并不差甚至可以说足够好》，《辽宁日报》2016年9月23日。

138. 高慧斌：《做“合格”的诗人不容易　做“合格”的读者同样不易》，《辽宁日报》2016年10月14日。

139. 高慧斌：《问“诗为何离我们远去”后还可问“我们为何离诗远去”》，《辽宁日报》2016年10月19日。

140. 高慧斌：《新诗自身的传统需要我们重视》，《辽宁日报》2016年10月27日。

141. 马春光：《当代诗歌：历史寻踪与美学辨析——以三部当代诗歌史著为中心》，《文艺争鸣》2016年第11期。

142. 吴晓东：《别有一种会心》，《中华读书报》2016年12月28日。

143. 海飞：《这里藏着文学研究的风向——2016年读洪子诚的〈材料与注释〉》，《博览群书》2017年第1期。

144. 刘复生：《思想的左右互搏：〈材料与注释〉的“书法”》，《中国现代文学研究丛刊》2017年第2期。

145. 李韧筠：《在还原历史与价值判断之间——浅评洪子诚〈中国当代文学史〉》，《文艺生活》（中旬刊）2017年第2期。

146. 钱理群：《历史书写的化约问题与恢复复杂性、丰富性的可能性——读洪子诚先生〈材料与注释〉》，《文艺争鸣》2017年第3期。

147. 杨联芬、邢洋：《真相与良知——洪子诚〈材料与注释〉

引起的思考》，《文艺争鸣》2017 年第 3 期。

148. 贺桂梅：《材料与注释中的“难题”》，《文艺争鸣》2017 年第 3 期。

149. 旷新年：《围城档案——由〈材料与注释〉探讨当代文学研究的问题与方法》，《文艺争鸣》2017 年第 3 期。

150. 孙民乐：《文学史的“救赎”——读洪子诚先生〈材料与注释〉》，《文艺争鸣》2017 年第 3 期。

151. 钱文亮:《带引号的“当代”:兼谈文学史家的有为与无为》,《文艺争鸣》2017 年第 3 期。

152. 何吉贤：《“材料”如何说话？——也谈洪子诚〈材料与注释〉》，《文艺争鸣》2017 年第 3 期。

153. 李云雷:《重返历史的态度与方法——洪子诚〈材料与注释〉的启示》，《文艺争鸣》2017 年第 3 期。

154. 王晓宇：《当代文学史写作：个人经验的“借重”与“抑制”——评洪子诚新作〈材料与注释〉》,《湖北职业技术学院学报》2017 年第 1 期。

155. 钱文亮：《当代文学的“材料与注释”——“光启读书会”评〈材料与注释〉》，《现代中文学刊》2017 年第 2 期。

156. 高丹：《洪子诚新书〈文学的阅读〉：写一点东西来纪念死去的诗人们》，“澎湃新闻”《文化课》栏目，2017 年 4 月 26 日。

157. 刘琳：《思与史的织解——重读三本文学史的体会》，《才智》2017 年第 13 期。

158. 郑立峰：《中国当代文学史编写的问题——从洪子诚编写的〈中国当代文学史〉说起》，《名作欣赏》2017 年第 14 期。

159. 韩惠欢：《历史视域下的文学史叙述——以洪子诚〈中国当代文学史〉为例》，《榆林学院学报》2017 年第 3 期。

160. 姚丹:《诗与真——〈材料与注释〉中的“主观”与“客观”》,《汉语言文学研究》2017 年第 2 期。

161. 姜涛：《检讨“真诚”之迷思：作为原理性的思考》，《汉语言文学研究》2017 年第 2 期。

162. 鲁太光:《“寻找文学”的文学史写作——读〈材料与注释〉兼谈文学史研究中的情感问题》,《汉语言文学研究》2017 年第 2 期。

163. 李静:《〈材料与注释〉:“历史化”的技艺与经验》,《汉语言文学研究》2017 年第 2 期。

164. 石岸书:《叙述的“后退”——从〈中国当代文学史〉到〈材料与注释〉》,《汉语言文学研究》2017 年第 2 期。

165. 罗雅琳:《1950—1970 年代文学研究中的三种“真诚”》,《汉语言文学研究》2017 年第 2 期。

166. 毕光明:《“断裂”与“关联”:当代文学“一体化”之争再思考——兼谈“50—70 年代文学”与“新时期文学”之关联研究的意义》,《文学评论》2017 年第 4 期。

167. 李亚:《重读洪子诚的〈中国当代文学史〉》,《名作欣赏》2017 年第 30 期。

168. 陈国恩:《当代文学史料学及其应用的几个问题》,《中国文学研究》2017 年第 4 期。

169. 郭剑敏:《中国当代文学教学与研究中的历史化趋向——从洪子诚、陈思和、程光炜的文学史写作谈起》,《人才培养与教学改革——浙江工商大学教学改革论文集(2017)》(浙江工商大学出版社,2019 年 1 月版)。

170. 李公明:《“材料”与“注释”的……另一种力量》,“澎湃新闻”2018 年 2 月 8 日。

171. 孟繁华:《中国当代文学研究的“乾嘉学派”——以洪子诚、程光炜、吴俊等的研究为例》,《文艺争鸣》2018 年第 2 期。

172. 陈培浩:《文学史写作与 90 年代的知识转型——以洪子诚的研究为例》,《文学评论》2018 年第 2 期。

173. 李松睿:《时间变形记——读洪子诚的〈材料与注释〉》,《长江文艺评论》2018 年第 2 期。

174. 贺桂梅:《文学史家洪子诚:学术研究与生命品格(主持

人语）》，《名作欣赏》2018 年第 13 期。

175. 曾笑盈：《一位“95 后”研究生眼中的洪子诚老师》，《名作欣赏》2018 年第 13 期。

176. 毕光明：《洪子诚的学术生命力》，《名作欣赏》2018 年第 13 期。

177. 钱文亮：《一种有历史品格的“深度批评”——洪子诚的新诗研究及其他》，《名作欣赏》2018 年第 13 期。

178. 张涛:《当代文学研究“生长记”——洪子诚著作阅读札记》,《名作欣赏》2018 年第 13 期。

179. 生媛媛：《阅读经验介入文学史写作的可能——评洪子诚〈我的阅读史〉（第二版）》，《金华职业技术学院学报》2018 年第 4 期。

180.Edward Gunn:《洪子诚著，戴迈河译〈中国当代文学史〉》,《中国现代文学》（*MCLC Resource Center Publication*）2018 年 9 月。

181. 梅向东：《“当代文学史”的余华书写——以洪子诚、陈思和为例》，《宜宾学院学报》2018 年第 10 期。

182. 梅向东：《当代文学史观与“当代文学史”建构——以三种著作为例》，《常州大学学报》（社会科学版）2018 年第 6 期。

183. 罗岗：《“当代文学”：无法回避的反思——一段学术史的回顾》，《当代文坛》2019 年第 1 期。

184. 刘璐：《探问人心与拒绝告别——关于洪子诚先生的中国当代文学史研究》，《当代文坛》2019 年第 1 期。

185. 李建立：《“外国人教师”的学术反思——洪子诚文学史观念转型的一个节点》，《中国现代文学研究丛刊》2019 年第 2 期。

186. 张勐：《文学史论的另一面相：以三部讲堂实录型著述为视点》，《杭州师范大学学报》（社会科学版）2019 年第 2 期。

187. 陈培浩:《丰富的“矛盾”——洪子诚文学史研究的“矛盾”与辩证》，《中国当代文学研究》2019 年第 3 期。

188. 李云飞：《重写当代文学史的新可能——读洪子诚〈材料

与注释〉》《读作品记》，《世界华文文学论坛》2019年第2期。

189. 刘复生：《“幸存者”与“债权人”：“30末”学人的启蒙主义——以洪子诚、钱理群、李陀为例》，《探索与争鸣》2019年第9期。

190. 张皓涵：《“声音”的交锋与“人”的难题——以洪子诚〈材料与注释〉为考察中心》，《贵州工程应用技术学院学报》2019年第5期。

191. 贺桂梅：《进入当代文学历史的三种路径——〈洪子诚学术精选·编者说明〉》，《文艺争鸣》2020年第1期。

192. 孟繁华：《治史传统与当代经验——谢冕、洪子诚的文学史研究》，《东北师大学报》（哲学社会科学版）2020年第2期。

193. 孟繁华：《史识、史料与文学史的写作实践——从洪子诚钩沉的两则文学史料说起》，《中国当代文学研究》2020年第2期。

194. 杨莼莼、徐妍：《当代文学空间中的个人阅读——读洪子诚先生〈我的阅读史〉》，《石家庄学院学报》2020年第4期。

195. 唐小林：《洪子诚的“短板”和“盲区”》，《文学自由谈》2020年第4期。

196. 孟繁华：《那个“不那么淡漠的旁观者”——在〈洪子诚学术作品精选〉座谈会上的发言》，《南方文坛》2021年第3期。

197. 冷霜:《在“微弱的叙述”的内面——〈洪子诚学术作品精选〉读后》，《南方文坛》2021年第3期。

198. 刘鼎：《读〈材料与注释〉有感》，《南方文坛》2021年第3期。

199. 任慧:《“个人心灵史”或“历史备忘书”——评洪子诚〈我的阅读史〉》，《粤海风》2021年第3期。

学位论文

1. 沈坛龙：《中国当代文学史书写范式的嬗变 ——以洪子诚、

董健、陈晓明等的文学史书写为核心》，东南大学硕士论文，2015年。

2. 高天义：《洪子诚〈中国当代文学史〉经典化现象研究》，南昌大学硕士论文，2020年。

3. 冯明明:《洪子诚文学史观研究》，辽宁大学硕士论文，2021年。